英国教育史研究丛书
易红郡 主编

从民族性到全球化

英国“现代英语”教育的变迁研究

稂建中 著

FROM NATIONALISM TO GLOBALISM

Development of “Modern English” Education in Great Britain

河北大学出版社
·保定·

出 版 人：朱文富
选题策划：何　东
责任编辑：徐延风
助理编辑：陈浩苏
装帧设计：赵　谦
责任校对：王亚薇
责任印制：常　凯

图书在版编目（CIP）数据

从民族性到全球化 ：英国“现代英语”教育的变迁研究 / 粮建中著. -- 保定 ：河北大学出版社，2022.3
（英国教育史研究丛书 / 易红郡主编）
ISBN 978-7-5666-1965-5

Ⅰ. ①从… Ⅱ. ①粮… Ⅲ. ①教育史－研究－英国－近代 Ⅳ. ① G556.19

中国版本图书馆 CIP 数据核字（2021）第 261790 号

CONG MINZUXING DAO QUANQIUHUA
YINGGUO XIANDAI YINGYU JIAOYU DE BIANQIAN YANJIU

出版发行：河北大学出版社
地址：河北省保定市七一东路2666号　邮编：071000
电话：0312-5073003　0312-5073029
网址：www.hbdxcbs.com
邮箱：hbdxcbs818@163.com
印　　刷：保定市正大印刷有限公司
幅面尺寸：170 mm × 240 mm
字　　数：400 千字
印　　张：30.25
版　　次：2022年3月第1版
印　　次：2022年3月第1次印刷
书　　号：ISBN 978-7-5666-1965-5
定　　价：115.00 元

总　　序

2000—2003 年我在北京师范大学攻读博士学位期间，就选择了英国教育史作为自己的研究领域，后来陆续出版了四部关于英国教育史方面的著作。我从 2013 年开始招收博士生，由于一直是在教育原理方向招生，因此刚开始有几位博士生选题时没有关注英国教育史。后来，根据张斌贤教授、刘铁芳教授的建议，我开始有意识地要求学生选择英国教育史专题作为博士学位论文的选题，以便形成较为稳定的团队研究方向。在迄今毕业的 8 位学术型博士生中，已有 5 位从事英国教育史研究，他们根据自己的专业兴趣选题，并已通过博士学位论文的答辩。这套丛书就是他们研究成果的汇集，研究领域涉及现代英语教育的变迁、英国幼儿学校的发展、英国大学开放教育、英国职前教师教育、英国学校音乐教育等。此外，我的博士学位论文也纳入了这套《英国教育史研究丛书》。虽然 2005 年 1 月我的博士学位论文已由湖南教育出版社正式出版，但当时的发行量相当少，面世的仅有二百余册；2013 年 12 月至 2014 年 12 月我在伦敦大学教育学院访学时，又找到了不少新的英文文献。因此，该书纳入这套丛书重新出版时进行了比较大的修改，篇幅也有所增加。

目前国内教育史学界关于美国教育史的研究居多，研究成果也较为丰富，并且形成了以北京师范大学和河北大学为主的美国教育史研究基地。英国是位于西欧一隅的小岛国，它在人类文明史上具有重要地位。英国最早实现了工业化，成为近代大工业的先行者；英国最早实行政治变革，为西方民主制度树立了榜样。英国的教育同样引人注目，英国既是当今世界教育强国之一，也是全球范围内最具吸引力的留学目的地之一。据统计，过去20年我国赴英留学生的数量大幅增加，我国赴英留学生已成为非欧盟学生中的主力军。英国大学的悠久历史和优良传统，以及英国高等教育质量的良好声誉，是中国学生选择赴英留学的重要动机。当今英国教育的发展，与其教育传统及变革密不可分，研究英国教育的历史和传统，有助于我们更深刻地认识英国教育的特质，以及英国教育走向现代化的机制。然而，目前国内关于英国教育史的研究略显单薄，相关成果并不多见，类似的研究丛书似乎没有。《英国教育史研究丛书》的出版，不仅弥补了这方面的不足，为外国教育史学科建设贡献微薄之力，而且能为我国教育改革和发展提供一些历史参照。由此可见，无论从出版价值、社会效益还是理论意义而言，《英国教育史研究丛书》的出版都是一种有益的探索。

这套丛书首次出版包括以下五册。

易红郡著的《从冲突到融合：20世纪英国中等教育政策研究》。该书将教育史研究和政策分析相结合，将20世纪英国中等教育政策的发展划分为三个不同的时期，从教育政策的角度详尽、系统地研究了不同时期英国中等教育的历史变迁，并从政治学、社会学、经济学、历史学、文化学等方面，着重分析了20世纪以来不同时期英国中等教育政策的变动与得失，总结了英国中等教育政策发展的经验，探讨了影响英国中等教育政策形成的内外因素及其内在机制。

粮建中著的《从民族性到全球化：英国“现代英语”教育的变迁研究》。该书主要从英格兰民族国家的建立、民族文学的发展和民族语言的形成等方面分析英国“现代英语”教育变迁的背景，重点探讨16世纪之后英国“现代英语”教育的民族特性，以及17世纪之后英国“现代英语”教育的文化殖民特性；进而分析18世纪末和19世纪英国“现代英语”教育的全球化视野及其影响因素；最后从语言文化教育、民族身份教育和国家发展战略等维度，反思英国“现代英语”教育的价值及局限性。

唐超著的《从个人实验到国家主导：19世纪英国幼儿学校的发展研究》。该书将19世纪英国幼儿学校的发展历程分为四个阶段，分别是新拉纳克幼儿学校的实验（1800—1823）、民间幼儿学校运动的兴起（1824—1838）、民办公助下幼儿学校的推进（1839—1869）及国家主导下幼儿学校的普及（1870—1900），主要考察了不同阶段幼儿学校的教育实践及其发展特点。研究表明，19世纪英国幼儿学校的性质是从民间慈善转变为国家福利，教育场所则经历了从家庭、教会到社会的转移，同时教育的内容也逐渐走向世俗化。

李慧迎著的《战后英国大学开放教育资源研究：基于质量文化的视角》。该书将战后英国大学开放教育资源的发展置于特定的历史背景之下，并以质量文化为分析视角，考察五种不同形式的开放教育及开放教育资源，即海外办学中的开放教育资源、开放大学的开放教育资源、产业大学的开放教育资源、开放学习项目中的开放教育资源、慕课中的开放教育资源；进而分析其内部质量保障机制和内外部的质量评估过程；最后总结战后英国大学开放教育资源的特点及动因，从中得出对我国开放教育资源发展的启示。

周亦斌著的《传承与嬗变：英国都铎时期学校音乐教育的演进研究》。该书以英国都铎王朝时期（1485—1603）的主要学校为研究对象，首先考察了西方学校音乐教育的缘起（古希腊时期）、英国学校音乐教育的肇始（中世纪早期），以及英国学校音乐教育的变迁（中世纪晚期）；其次将英国都铎时期学校音乐教育的演进划分为恢复（1485—1547）、重构（1547—1558）及渐变（1558—1603）三个阶段，阐述了每一阶段学校音乐教育的形态及其成因；最后分析了英国都铎时期学校音乐教育演进的趋势，并总结其演进的特征。

《英国教育史研究丛书》只是一个剪影，我们力图从不同的视角勾勒英国教育发展的历史轨迹；出版《英国教育史研究丛书》也是我们的一种尝试，后续有关英国教育史的研究成果也会纳入其中。我们希望能继续深化和推进这一领域的研究，期待得到外国教育史学界同人的指导，同时形成自己团队的研究特色。但由于我们的研究水平和能力有限，尤其是语言表达风格各异，丛书中还存在不少瑕疵，敬请各位学者和读者批评指正！

最后，感谢吴式颖先生、史静寰教授、张斌贤教授、杨汉麟教授、贺国庆教授、朱文富教授、肖朗教授、刘宝存教授、刘铁芳教授等在上述5位作者博士论文答辩过程中给予的悉心指导。感谢朱文富教授在这套《英国教育史研究丛书》出版过程中给予的大力支持。感谢河北大学出版社马力老师、何东老师的精心策划！

2021年10月3日

目　　录

图表目录

导　论

“Britain”这个词起源于希腊语和拉丁语。罗马人在43年占领不列颠（拉丁写法为Britannia）后，将被征服的当地居民称为不列颠人（Britons）。这些当地居民的母语是凯尔特语（Celtic），他们的祖先凯尔特人（Celts）是不列颠已知的最早居民。不过，从埃夫伯里巨石建筑遗址和圆形巨石阵（stonehenge）① 这样的著名历史遗迹来看，凯尔特语或许并不是这里最初的语言。随着盎格鲁-撒克逊人（Anglo-Saxon）、罗马人、北欧威金人、诺曼人的先后入侵，这个被称之为不列颠群岛的语言愈加丰富了。盎格鲁-撒克逊语历经日耳曼诸部落的颠沛生活，在不列颠走向融合，又以其开放的胸怀，吸收了拉丁语、挪威语、法语、希腊语等欧洲语言的优秀元素，孕育出独特的英格兰民族语言和文学。这一语言先后将拉丁语拉下神坛，将法语逐出皇宫，帮助英格兰在宗教改革中摆脱中世纪的蒙昧，在工业革命中领跑世界，又跟随海外殖民的风帆，植根到日不落帝国的土壤。揭开英语发展和传播的历史扉页，我们能看到英语教育在英国历史的卷轴里浓墨重彩的印记，如同王冠上的一颗宝石，熠熠生辉，给全世界英语国家和非英语国家留下一笔丰厚的精神财富。

---

① 有研究表明，大不列颠岛的土著居民是来自比利牛斯半岛的伊比利亚人，他们以创造了巨石文化而著称。

一、研究缘起

时至21世纪的今天，各种机器翻译软件和即时翻译App在我们的工作和生活中得以广泛的应用，全世界各地的人们在跨文化交往中存在的语言障碍似乎变得越来越少，“技术之手”让那曾经推倒巴别塔(Babel)[①] 的“上帝之手”也黯然失色。一方面，在经济全球化的社会语境下，英语因其历史和现实的优势发展成为世界通用语，无论在生活中还是在学术上，英语都是走向世界的时空穿梭机和通行证；另一方面，在各国历史发展语境中，各民族和族群举着民族身份的大旗坚守着各自独有的语言和文化传统，将民族语言作为维系各自精神家园的纽带和身份独立的标识。

以中国为例，汉语普通话是我国的国语和官方语言，现在使用汉语的人有超过96 800万人（不包括转用汉语的少数民族人口），其他55个少数民族使用120种以上不同民族语言。与此同时，改革开放以来，各级政府大力提倡外语教育，全国各地出现盛况空前的外语热。据教育部公布的数据，2017年全国在校小学生10 093.70万人、初中生4442.06万人、特殊教育生57.88万人、高中生3970.99万人、高等教育在学总规模3779万人。[②] 另据国家统计局相关统计，截至2017年全国具有大学教育程度人口为1.9593亿人。所有大学生都要求掌握至少一门外语，加上其他层次的学生，我国大约有超过五分之一的人口可能使用汉语之外的语言。

---

① 巴别塔（Babel）又称通天塔。《圣经·旧约·创世纪》第11章宣称，当时人类联合起来兴建希望能通往天堂的高塔；为了阻止人类的计划，上帝让人类说不同的语言，使人类相互之间不能沟通，计划因此失败，人类自此各散东西。

② 参见教育部《2017年全国教育事业发展统计公报》，http://www.moe.gov.cn/jyb_sjzl/sjzl_fztjgb/201807/t20180719_343508.html，访问日期：2018年12月6日。

不论是少数民族语言，还是其他外语，人们在学习和使用过程中都必然牵涉到与汉语的关系问题。语言的选择，对于个人而言可能是工作、学习或生活的需求；对于一个族群而言可能是生存、社交或心理归属的需求；而对于一个国家而言，则可能是民族文化、身份认同或国家安全的需求。语言选择可能因特定地域的经济状况、政治局势、文化交流等方面的发展变化导致在不同历史时期发生局部调整甚至替代性改变。例如，在我国 20 世纪五六十年代因为中俄之间独特的关系，俄语的教学处于压倒性优势；到 70 年代后随着中俄关系破裂、欧美关系改善以及其他因素的影响，英语旋即成为各级学校外语教学的首选。在我国各少数民族地区，本族语和汉语在不同时期学校教学中的比重也呈显著性变化。但在中国历史上很长一段时间里，汉语一直是优势语言，即使在遭到外族入侵甚至外族统治期间，汉语仍然是社会各阶层作为社交、教学和工作的语言。

在英国历史上，与中国显著不同的是，不同历史时期曾出现语言的更迭。5 世纪初，盎格鲁（Angles）、撒克逊（Saxons）和朱特（Jutes）等日尔曼部落进入不列颠东部和南部地区并不断繁衍生息，走向融合的盎格鲁-撒克逊人发展了独特的盎格鲁-撒克逊语或古英语（Anglo-Saxon or Old English，5—11 世纪），而本地凯尔特语的生存空间被不断挤压。此前占领不列颠岛的罗马人因为罗马帝国内忧外患自顾无暇，竟自撤离不列颠岛。不过随着基督教的引入，尤其是 6 世纪之后，拉丁语逐渐成为当地的教会语言。8 世纪晚叶，北欧丹麦威金人也曾入侵英格兰，定居英格兰东部地区，但丹麦语除了一些词汇进入了古英语外，并没有形成稳定的族群语言。1066 年，英王忏悔者爱德华（Edward the Confessor）死后，法国封建主诺曼底威廉公爵（Duke William of Normandy）以数百人的军队神奇地颠覆了英王哈罗德（King Harold）的统治，从此，英王室和贵族均使用法语，甚至议会的议案也用法语书写。在此后数世纪，英国历史上出现普通老百姓说英语、王公贵族用法语、教会及其教会学校用拉丁语的独特局面。古英语吸收了大量的拉丁语和法语后逐渐发展成为中世纪英语（Middle English，1066/1150—1489/1500年）。当亨利七世1485年即位英王后，英国开始都铎王朝的统治，1489年英语重新回到英国议会。中世纪英语在文艺复兴时期吸收了大量拉丁语、希腊语、法语等词汇，句法结构逐渐完善，发展成为现代英语（Modern English，1489/1500—现在）。16世纪英国开始宗教改革，詹姆斯一世下令将《圣经》翻译成英文，并于1611年出版《钦定版圣经》（*King James Version of the Bible*）。从此，普通老百姓可以自己读懂圣经，教会开始用英语布道，用英语传递上帝的启示，解读《圣经》不再是说拉丁语的神父们的专利，拉丁语一统教会天下的局面被彻底打破。随着17世纪英国资产阶级革命，17、18世纪英国发展航海并进行海外殖民，19世纪英国工业革命完成，英国逐渐建立起所谓的日不落帝国（the Sun-Never-Set Empire），英语也发展成为帝国语言。

上述英语发展简史，尤其在16世纪到19世纪期间，如同一幕幕英国宫廷、教会和社会大戏。这一独特的社会现象，以及影响英国语言教育变迁的“话语主体”因素——社会阶层、特定团体与族群，以及具有影响力的个体——吸引着无数痴迷的学者一头扎入故纸堆，挖掘前朝遗事，梳理历史脉络，探寻民间逸闻，分析发展机理。然而单纯的“历史说”“权力说”和“经济说”都无法有效地解释英国语言教育的独特演变历程，这其中仍然还有许多空间需要开发，许多谜团需要解答。在英国16世纪到19世纪，社会各“话语主体”在各历史阶段的独特社会语境下开展权力博弈，同时受宗教信仰、民族意识、政治诉求、科技引擎、经济驱动、地缘情势、文化传承、社会责任、身份认同等诸要素的综合影响，使得英国语言教育呈现出各阶段独具特色的历史特征。

二、研究目的和研究意义

（一）研究目的

语言的首要功能就是交流。就一个族群而言，语言是维系族群关系的纽带也是进行日常生活交流的工具；就一个民族而言，语言是民族主义的核心。“在追求民族独立的过程中，语言可以用来界定种族差异；民族独立后，语言加以推广后可以形成民族主义所需的全国性交际共同体。”① 但语言本身和对语言的选择及使用都并非一成不变。某一族群语言可能在与外族通婚、结盟、吞并等社会与历史进程中变化、发展或者消亡。族群个体在与外族交往中可能采用不同语言。例如，“当经济压力或政治压力要求一个语言社团的人必须和另一个说不同语言的社团接触，并在后者的语言环境中开展某种交际时，前者就必须做出语言顺应，要么体现为语言转用（language shift），要么体现为社会双语（societal bilingualism）”②。无论是一个族群，还是一个独立的民族国家，语言的选择和使用牵涉到语言规划和语言教育政策问题。影响一个国家的语言规划和语言教育政策的因素必然是多维的，同时也是复杂的。或许在某一个特定历史时期，某一种因素起主导作用，也可能因为某一特定历史事件导致骤变，但从长远而言，总是诸多因素在综合地起作用。如果片面地强调某一特定因素，必然会失之偏颇。例如，如果单纯从宗教的、历史的、政治的或经济的视角来剖析英国语言教育的历史变迁，可能在某一局部或某一阶段接近历史真实，但从全局或整个历史时期来看，或许存在谬误，从而招致质疑甚至批评。

---

① 苏·赖特：《语言政策与语言规划——从民族主义到全球化》，陈新仁译，商务印书馆，2012，第8—9页。

② 苏·赖特：《语言政策与语言规划——从民族主义到全球化》，陈新仁译，商务印书馆，2012，第7页。

马克思主义哲学观在研究事物发展原因时，往往会从内因和外因两个方面来分析问题。而且，这种内因和外因在不同历史时期可能会发生变化，可能相互转化，也可能同为内因或外因。从16世纪到19世纪，英国的英语教育呈现历史继承性和阶段性的双重特征。语言自身的发展规律，重大社会变革与历史事件，语言族群或语言社区的社会身份或社会心理，民族政治与经济地位，社会阶层或利益集团的影响力与政治话语权，国家安全与战略规划等，在不同历史时期发挥着不同的作用。本研究的主要目的在于运用马克思主义内外因分析方法论，首先对英国“现代英语”教育变迁进行历史描述和综合分析；然后基于社会语言学话语分析理论，从宏观、中观、微观三个层面，针对权力集团、教育团体和特定社会群体或个体的话语身份建构，对教育历史研究文献、教育政策文本、文学著作等系统分析，剖析各阶段宗教、政治、经济、文化诸多要素，分析教会教育、学校教育、社会教育（媒体、经典著作、文学作品）等对英语教育的影响，阐释特定社会群体或个体（传教士、国王或贵族、教师及教育研究者、文学家及科学家、翻译家等）在语言教育中体现的宗教信仰、民族意识、社会责任、身份认同等社会文化及心理特征。总之，本研究旨在回溯英国历史上“现代英语”教育的发展脉络，探究英国“现代英语”教育的综合驱动要素，以期对我国语言教育提供宏观和微观层面的借鉴。

（二）研究意义

本研究拟从史学、教育学、教育政策学、社会学、社会语言学等角度，在梳理英国从16世纪到19世纪期间“现代英语”教育的历史变迁基础上，分析其演变历程和发展特征，并运用马克思主义哲学方法论、历史研究法、文献研究法和比较研究法，从外因和内因两方面分析各个发展阶段的宗教、政治、经济和文化诸要素以及其特定社会语境下特定话语主体——不同社会阶层（如中产阶级）、社会群体（如贵族、神职人员等）以及其他具有社会影响的人群（如语言学家、教育家、哲学家等）——他们如何通过权利博弈影响英语教育，以及英语教育如何对当地语言、文化、身份建构等方面产生影响。这一研究无论在理论上还是在实践上都具有重要意义。

1. 理论意义

（1）进一步拓展英国教育史研究的领域

此前的英国教育研究，有涉及不同历史阶段，如中世纪英国教育、战后英国教育、21 世纪英国教育等；有涉及不同层次，如高等教育、中小学教育等；有涉及不同领域，如人文教育、科学教育等；有涉及不同思想流派，如古典主义教育、自由主义教育等；也有涉及英国语言教育的研究，但主要集中在国外，而且大多散见于其他研究话题之中，如古典教育、人文教育等。本研究拟对英国“现代英语”教育进行专题研究，进一步拓宽了英国教育史研究的领域。

（2）丰富英国教育史研究的理论视角

英国教育研究大多基于社会学视角，从经济、政治等角度分析教育政策。本研究拟从史学、教育学、教育政策学、社会学、社会语言学等视角对英国“现代英语”教育进行研究。除了经济、政治因素外，宗教信仰、文化交流、民族融合等因素都可能对语言的更替、融合与变异等产生显性或隐性的影响。

（3）为英国教育史研究提供新的方法

教育史研究多按历史主线分阶段对史实进行梳理，或者按专题基于一定逻辑顺序对相关史料进行分析。本研究综合了以上两种方法：一方面，基于历史主线分析英国英语教育各历史阶段的发展特点；另一方面，在某一特定时期，针对某一特定语境，运用社会语言学话语分析方法考察不同话语主体的社会心理和文化认同，并尝试运用文本分析方法对特定话语主体作品进行案例分析和描述，从更深层次挖掘英国“现代英语”教育的综合动因。

2. 实践意义

2013 年 9 月到 10 月，习近平主席先后提出与相关区域各国共同建设“丝绸之路经济带”① 和“21 世纪海上丝绸之路”②（即所谓“一带一路”）的倡议。“一带一路”沿线 65 个国家，有 53 种官方语言，分属九大语系，语言资源丰富，语言状况复杂。③ 曾任教育部语言文字信息管理司司长的李宇明教授强调，解决语言规划问题对于实现“一带一路”倡议具有十分重要的意义。④ 他认为，语言竞争主要在“第二语言”层面，汉语的国际竞争也主要来自英语之外的“第二方阵”的语言。⑤ 沈骑教授指出，面向“一带一路”建设，中国语言规划正面临“语言功能规划”“外语语种规划”“语言传播规划”“语言服务规划”“丝路话语规划”等五大任务。⑥ 在这样的现实语境下，研究英国“现代英语”教育具有明显的实践意义。

（1）为我国语言规划提供借鉴

类似英国从民族国家走向世界的发展过程，中国目前也正处在走向世界的征途之中。尽管目前社会发展阶段和国际形势已与几个世纪之前大不相同，但我们仍然能从其发展历程中找到共通之处，或者从其历史经验中找到相似乃至相反的借鉴。例如，在 17 世纪之后的海外

---

① 2013 年 9 月 7 日，习近平主席在哈萨克斯坦纳扎尔巴耶夫大学发表演讲时表示：为了使欧亚各国经济联系更加紧密、相互合作更加深入、发展空间更加广阔，我们可以用创新的合作模式，共同建设“丝绸之路经济带”，以点带面，从线到片，逐步形成区域大合作。

② 2013 年 10 月 3 日，习近平主席在印尼国会发表演讲时表示：中国愿同东盟国家加强海上合作，使用好中国政府设立的中国—东盟海上合作基金，发展好海洋合作伙伴关系，共同建设“21 世纪海上丝绸之路”。

③ 王辉、王亚蓝：《“一带一路”沿线国家语言状况》，《语言战略研究》2016 第 2 期。

④ 李宇明：《“一带一路”需要语言铺路》，《人民日报》2015 年 9 月 22 日，第 7 版。

⑤ 李宇明：《语言竞争试说》，《外语教学与研究》2016 第 2 期。

⑥ 沈骑：《“一带一路”倡议下中国语言规划的五大任务》，《光明日报》2017 年 5 月 7 日，第 12 版。

扩张过程中，英国竭力在殖民地区推行英语教育，将英语由一种民族语言发展成为一种国际通用语。在当今已有英语作为国际通用语的现实语境下，我国可以更多地考虑汉语作为“一带一路”沿线区域通用语的规划问题。

（2）为我国语言教育政策提供启示

英国历史上曾经有过宗教传播语言（拉丁语）、王室宫廷语言（法语）和民族语言（英语）的此消彼长。而在今天中国的语言教育政策中，既要处理好汉语作为民族语言和官方语言与英语作为国际通用语之间的关系；又要处理好汉语作为国内通用语与各少数民族语言作为族群语言之间的关系。在学校教育中，尤其是中小学教育，包括汉语区和少数民族地区，通用语和族群语言的教学定位与学时分配都是需要慎重考虑和认真解决的问题。

（3）为我国语言教学实践提供参考

在英国，由于古典语言教育和现代语言教育的不同定位，其语言教学理念、教学内容、教学方法、评价手段在不同时期存在差异。在目前中国的语言教学中，如何进行古汉语和现代汉语教学，如何进行少数民族语言教学，如何进行外语教学，以及在语言教学中如何处理语言、文学、文化的关系，同样值得更深入地理论研究和实践探索。在这些方面，英国的英语教学无疑能给我们提供有益的参考。

三、文献综述

关于英国的语言教育研究，除一些期刊论文之外，主要散见于有关英国教育及英国社会研究的著述之中。总体而言，讲述英国教育的较多，讲述英国语言教育的较少；讲述英语史的稍多，讲述英语教育史的很少。具体地说，期刊论文主要从多元文化视角对英国近现代的语言政策或语言规划方面进行宏观分析，以及英语作为第二语言和作为外语的教学研究等的分析；专著主要从历史、语言学、文学及其教育视角对英语的发展、英国语言教育的内容与方法进行描述性研究或对比研究，涉及中世纪、文艺复兴时期和殖民地时期。本书拟从纵向的历史维度和横向的社会语境各话语主体维度对英国的英语教育进行系统分析。以下的文献综述也主要采取这两条主线进行述评：一是研究者如何历史地分析各阶段英语教育特点；二是研究者如何系统地分析影响各特定历史阶段英语教育的关键要素，以期在此基础上更明晰地剖析本研究的方向和重要观点。此外，综述部分对有关语言政策和语言教育政策也做了一个简要的述评。

（一）英语史和英国英语教育研究

这里的英语史主要涉及英语发展史和英国文学史。大量英语发展史和英国文学史著作中包含有关英语教育的史实和教育思想，因而英语史研究是英国英语教育研究的基础。在中国知网用“英语史”检索到中文图书 85 种、期刊 78 篇，无相关博士论文；用“history of English language”在 library genesis 数据库中检索到英文图书 101 种；在 EBSCOhost 数据库中检索到英文期刊文献 1375 篇。上述文献主要是西方学者对英语发展史和英国文学史的研究。在中国知网用“英国英语教育”检索到中文期刊论文 6 篇、博士论文 2 篇，没有相关中文图书。用“English language education in Great Britain”和“English language teaching in Great Britain”在 EBSCOhost 数据库中分别检索到英文期刊文献 49 篇和 71 篇；在 library genesis 数据库中未检索到相关英文图书文献；但在中国知网外文文献中检索到 3027 条相关图书、期刊论文。上述文献覆盖大不列颠不同时期不同层次的学校教育，其中有些涉及英语教育或教学的内容。

1. 英语发展通史及教育研究

20 世纪中后期和 21 世纪初先后出版了约 10 种（套）专门研究英语发展史的著作。加兰·坎农（Garland Cannon）1972 年出版的《英语史》从语言学角度研究英语发展史。[①] 该书前三章简要介绍语言形成与分化的一般历史状况和规律，第四章概述该书所遵循的生成和转换理论与研究方法，从第五章开始运用这一理论和方法分别剖析古代英语、中世纪英语、现代英语和当代英语的语音、词汇和句法三大要素及其演变。作者基本上以重大历史事件作为英语发展阶段的依据，把449—1100年的英语定义为古代英语，并把449年裘特人（又译朱特人）登陆肯特看作英语的开端。作者赞同外借词是古英语词汇的重要来源，语音变化不大，语法规则经过历史演变发展而成，并受到拉丁语影响；作者相信英语教育深受印刷术和活字发明的影响，英语作为教学语言在教授拉丁语过程中得到发展，词典的出现使得英语更加规范。

20世纪末出版的《剑桥英语史》（*The Cambridge History of the English Language*）六卷本是另一套从语言学层面研究英语发展历史的鸿篇巨制。理查德·霍格（Richard M. Hogg）主编的《剑桥英语史》第Ⅰ卷从历史学和语言学视角论述诺曼征服之前的古代英语（1066年以前），包括印欧语系及日耳曼语族的源流，涉及语音与形态学、句法学、语义学与词汇、方言学、专有名词学以及文学语言等诸方面。[②] 诺曼·克莱克（Norman Clake）主编的《剑桥英语史》第Ⅱ卷涵盖1066至1476年的中世纪英语发展史。[③] 该书针对中世纪英语的研究，通过考察英语方言特征，法语和拉丁语对英语的影响，英语拼写和标准化，英语从社会实用语言向文学语言的发展过程，阐释中世纪英语的语音学与形态学、方言学、句法学、词汇与语义学，以及其作为文学语言

---

① 加兰·坎农：《英语史》，尹敬勋译，中国对外翻译出版公司，1987。

② Richard M. Hogg(eds.), *The Cambridge History of the English Language*, *Vol.* Ⅰ, *The Beginnings to 1066*(Cambridge:Cambridge University Press,1992).

③ Norman Clake(eds.), *The Cambridge History of the English Language*, *Vol.* Ⅱ, *1066-1476*(Cambridge:Cambridge University Press,1992).

的发展特征。罗格·拉斯（Roger Lass）主编的《剑桥英语史》第Ⅲ卷则涉及1476到1776年的早期现代英语时期。[①] 在这一期间，英国由一个岛国发展成为西至美洲东至印度的大帝国，在社会语言学和历史学背景下，英语语言在“元音巨变”之后，口头语和书面语两方面都发生了显著性变化，在语音学与形态学、句法学、词汇与语义学等角度呈现出早期现代英语特征，并产生地域性和社会变体。苏珊娜·罗曼（Suzanne Romaine）主编的《剑桥英语史》第Ⅳ卷涵盖1776至1997年的英语发展。[②] 早期现代英语（Early Modern English）时期突出反映现代英语形成，但从17世纪末开始，随着标准英语核心语法的建立，英语语言进入稳定发展时期；1776年之后，英语词汇出现显著增长，除了拉丁语和法语词汇外，科技词汇、殖民地新词也极大地丰富了英语词汇；与此同时，句法、语音、专有名词学、英语语法和文学语言得以进一步完善。罗伯特·伯奇菲尔德（Robert Burchfield）主编的《剑桥英语史》第Ⅴ卷侧重分析英国英语和海外英语的起源及发展特征。[③] 约翰·阿尔杰奥（John Algeo）主编的《剑桥英语史》第Ⅵ卷重点讨论北美英语，尤其是美式英语的发展。[④] 在美国早期，从初等教育到高等教育，其英语语言和文学教育在很大程度上沿袭了英国模式，这在很大程度上巩固了对英国语言和文化的尊重和继承。可以说，《剑桥英语史》系列是迄今最全面、最翔实、最规模宏大的英语发展通史，

① Roger Lass(eds.), *The Cambridge History of the English Language, Vol. Ⅲ, 1476-1776* (Cambridge: Cambridge University Press, 1999).

② Suzanne Romaine(eds.), *The Cambridge History of the English Language, Vol. Ⅳ, 1776-1997* (Cambridge: Cambridge University Press, 1998).

③ Robert Burchfield(eds.), *The Cambridge History of the English Language, Vol. Ⅴ, British English and Overseas: Origins and Development* (Cambridge: Cambridge University Press, 1994).

④ John Algeo(eds.), *The Cambridge History of the English Language, Vol. Ⅵ, English in North America* (Cambridge: Cambridge University Press, 2001).

为研究英语教育的发展提供了重要线索。

此外，英国语言学家丹尼斯·弗里伯恩（Dennis Freeborn）的《英语史：从古英语到标准英语》（*From Old English to Standard English：A Course Book in Language Variation Across Time*）以历史文本为基础，通过对历史文本的介绍、阐释和评论，以及基于方言和文学作品的研究，描述了英语的演变。[①] 英国语言学家艾尔伯特·鲍（Albert C. Baugh）和托马斯·凯布尔（Thomas Cable）的《英语史》（*A History of the English Language*）则从历史描述的角度系统介绍了英语发展过程中的重要事件，阐述英语各个发展阶段的演变，英语方言的形成和发展，英语在世界上的使用现状等。[②] 大卫·伯恩利（David Burnley）1992 年出版的《英语史：资源参考》（*A History of the English language：A Source Book*）详细介绍了英语的起源与发展，涵盖古英语到现代英语。该书的 2000 年版扩充了各阶段英语的语言特征描述，并增加了 18 世纪到现在阶段的相关内容。[③] 芭芭拉·芬内尔（Barbara A. Fennell）的《英语语言史》（*A History of English：A Sociolinguistic Approach*）沿用了传统英语史著作惯用的编排方法，描述英语从古英语、中世纪英语和早期现代英语三个发展阶段，并从社会语言学角度阐释英语与其他语言的相互影响。[④] 理查德·瓦特（Richard J. Watts）的《语言神话与英语历史》（*Language Myths and the History of English*）从语言学和社会语言学的角度阐释英语的发展

---

① Dennis Freeborn, *From Old English to Standard English：A Course Book in Language Variation Across Time* (Shanghai: Shanghai Foreign Language Education Press, 2009).

② Albert C. Baugh and Thomas Cable, *A History of the English Language* (Beijing: Beijing Foreign Language Teaching and Research Press & London: Routledge, 2001).

③ David Burnley, *A History of the English Language：A Source Book*, *2nd ed.* (London: Routledge, 2000).

④ Barbara A. Fennell, *A History of English：A Sociolinguistic Approach* (Beijing: Peking University Press, 2005).

历史，其中涉及中世纪英语如何构建和破除神话，进而发展成标准英语。①

在国内较早研究英语发展史的是北京大学李赋宁教授，他编著的高校文科教材《英语史》于 1991 年由商务印书馆出版，包括有关英语来源和演变过程的论述和一些早期英语读本的介绍，阐释了古英语、中古英语和早期现代英语的主要特点。② 张勇先的《英语发展史》系统论述了古英语、中世纪英语、早期现代英语、现代英语的历史发展过程，并分析了英语词汇及英语修辞、风格和文体、英语变体、英语对汉语的影响等。③

上述有关英语通史研究的共同特点是在各历史时期社会背景下考察英语的发展变化，既联系重大历史事件（如外族入侵），也突出其他重要影响因素（如宗教、文学、印刷术等），既描述英语在各发展阶段的语言特点，也分析英语在其他国家和地区的变体发展。英语的发展深受语言接触和文化传播的影响，语言教育在这一过程中起着积极作用。

2. 英语专门史及教育研究

（1）“古英语”及其教育研究

语言学家笔下的“古英语”实际上属于欧洲中世纪早期的英语形式，也称“盎格鲁-撒克逊语”。有关英格兰古英语的英文文献主要涉及历史、语言学、文学、翻译和教育等方面。

寿纪瑜根据《英国历史文献》现代英语译本翻译出版了《盎格鲁-撒克逊编年史》。④《英国历史文献》的编写肇始于 9 世纪末，记载了公

---

① Richard J. Watts, *Language Myths and the History of English* (Shanghai: Shanghai Foreign Language Education Press, 2018).

② 李赋宁：《英语史》，商务印书馆，1991。

③ 张勇先：《英语发展史》，外语教学与研究出版社，2014。

④ 纪寿瑜：《盎格鲁-撒克逊编年史》，商务印书馆，2004。

元前50年至1154年英国历史，具有很高的历史学价值。弗雷德·罗宾逊（Fred C. Robinson）在《拉丁语原稿中有关盎格鲁-撒克逊语起源的句法注释》（“Syntactical Glosses in Latin Manuscripts of Anglo-Saxon Provenance”）一文中描述拉丁语文本中的盎格鲁-撒克逊句法注释实例，分析该语言现象，并揭示其对于研究古英语和文化的价值。他认为拉丁语原稿中的古英语注释不仅为研究盎格鲁-撒克逊语的语义提供有价值的线索，也可用于研究其语序和语法关系，因为这些词法注释既为盎格鲁-撒克逊本地语读者提供拉丁文本的对等词汇，其句法规则也有助于读者理解拉丁语句法，为复杂拉丁语词序寻找简单对等结构。① 布鲁斯·米歇尔（Bruce Mitchell）和弗雷德·罗宾逊在《古英语指南》（*A Guide to Old English*）中从语言学角度对古英语的语音、词汇屈折变化、构词、句法进行了系统介绍，并从历史学、人类学以及语言文学角度回顾了盎格鲁-撒克逊研究。② 尼科尔·迪森扎（Nicole Guenther Discenza）在《纯正英语》（*The King's English*）一书中论及了9世纪末阿尔弗雷德大帝将波伊提乌的《哲学的慰藉》等经典著作由拉丁语翻译成古英语，这些译作使盎格鲁-撒克逊精英们得以接触古典文学、历史、科学和基督思想，同时盎格鲁-撒克逊文学因其自身的缺陷而备受贬责。③ 克里斯汀·劳拉（Christine Rauera）在《古英语殉教史的资源》（“The sources of the Old English Martyrology”）一文中指出，9世纪时期盎格鲁-撒克逊人的文学教育不足，当时很少有作品

---

① Fred C. Robinson, “Syntactical Glosses in Latin Manuscripts of Anglo-Saxon Provenance,” *Speculum* 48, no. 3(1973): 443-475.

② Bruce Mitchell and Fred C. Robinson, *A Guide to Old English* (Maiden & Oxford: Wiley-Blackwell, 2011).

③ Nicole Guenther Discenza, *The King's English* (New York: State University of New York Press, 2005).

面世，即便是拉丁文作品也语言低劣。[1] 总之，古英语对拉丁语作品的注释和翻译，以及古英语文学教育，都体现出古英语的教育功能。

国内关于英格兰古英语的研究主要集中在文学文本方面。肖明翰的《英语文学传统之形成：中世纪英语文学研究》全面探讨古英语文学和中古英语文学的发展历程，并深入分析了其中的杰出作品。[2] 此外，几乎所有的英国文学史著作都会提到古英语史诗《贝奥武甫》(Beowulf)。例如，李赋宁在《英国文学论述文集》一书中就从背景、内容和句法的角度评论了这部作品。[3]

（2）“中世纪英语”及其教育研究

“中世纪英语”在欧洲历史上属于中世纪晚期。相关文献主要从语言学和文学视角探讨中世纪英语及其教育。

基于语言学视角，卡尔·布鲁纳（Karl Brunner）的《中世纪英语语法纲要》(*An Outline of Middle English Grammar*）从语音、词汇的屈折变化及其用法等方面概述了中世纪英语的主要特征。[4] 西蒙·霍洛宾（Simon Horobin）和杰里米·史密斯（Jeremy Smith）的《中世纪英语简介》(*An Introduction to Middle English*）在概述中世纪英语的基础上，具体论述了拼读、词汇和语法特征，以及其变化趋势和文本分析。[5] 约翰·克拉克（John Clark）的《早期英语：古英语和中世纪英语研究》(*Early English : A Study of Old and Middle English*）

---

① Christine Rauera, “The Sources of the Old English Martyrology,” *Anglo-Saxon England* 32,(2002):89-109.

② 肖明翰：《英语文学传统之形成：中世纪英语文学研究》（上、下册），社会科学文献出版社，2009。

③ 李赋宁：《英国文学论述文集》，外语教学与研究出版社，1997。

④ Karl Brunner, *An Outline of Middle English Grammar*, Trans. Grahame Johnston (Oxford: Basil Blackwell, 1970).

⑤ Simon Horobin and Jeremy Smith, *An Introduction to Middle English* (Edinburgh: Edinburgh University Press, 2002).

一书论及了古英语和中世纪英语的语音、词汇以及方言和文学作品等内容。① 马丁·韦克林（Martyn F. Wakelin）的《发现英语方言》（*Discovering English Dialects*）一书描述了英国各区域方言的特征，包括影响北方语词汇的中世纪挪威语、北方内陆的方言边界、现已灭绝的康沃尔人说的凯尔特语古老名词形式等。② 在国内，张加民的《诺曼征服与中世纪英语》一文从语言学角度对中世纪英语进行研究，认为诺曼征服从拼写、读音、语法、词汇等方面促进了古英语向中世纪英语的演变，其结果是英语越来越从综合型语言转向具有明显分析型特点的语言。③

基于文学视角，玛丽莲·科里（Marilyn Corrie）的《简明中世纪英语文学参考》（*A Concise Companion to Middle English Literature*）主要阐述了中世纪英语文学的背景、文学创作及作品研究等。④ 安·哈斯克尔（Ann Haskell）主编的《中世纪英语文选》（*A Middle English Anthology*）收集了包括《农夫皮尔斯》在内的 29 篇中世纪英语文学作品。⑤ 伯罗（J. A. Burrow）与托维尔-皮特（Thorlac Turville-Petre）的《中世纪英语》（*A Book of Middle English*）是米歇尔和罗宾逊的《古英语指南》的姊妹篇，除了从语言学视角对中世纪英语的语音、词汇屈折变化、句法进行分析外，还收录了 1150—1400 年的代表作品。⑥

---

① John W. Clark, *Early English : A Study of Old and Middle English* (New York: Norton Library, 1964).

② Martyn F. Wakelin, *Discovering English Dialects* (Oxford: Shire Publications, 1978).

③ 张加民：《诺曼征服与中世纪英语》，《河南大学学报（社会科学版）》2004 年第 3 期。

④ Marilyn Corrie, *A Concise Companion to Middle English Literature* (Maiden & Oxford: Wiley-Blackwell, 2009).

⑤ Ann Haskell (eds.), *A Middle English Anthology* (Detroit: Wayne State University Press, 1985).

⑥ J. A. Burrow and Thorlac Turville-Petre, *A Book of Middle English 2nd ed.* (Maiden & Oxford: Blackwell Publishing, 1996).

许多研究者将中世纪英语文学进行文本分析，例如，伯罗的《乔叟、兰格伦和霍克利夫的诗歌中的“男子气概”诸版本》（“Versions of ‘Manliness’ in the Poetry of Chaucer，Langland，and Hoccleve”），[①] 提姆·马肯（Tim William Machan）的《〈农夫皮尔斯〉中的语言接触》（“Language Contact in Piers Plowman”）等。后者从社会语言学视角分析威廉·兰格伦的拉丁语诗歌《农夫皮尔斯》，主人公是双语者，在不同场合使用不同语言并相互弥补。作者认为，这反映出诗人坚持拉丁语的权威地位，同时鼓励外借词语，以及拉丁语和英语之间的语码转换。[②]

在国内，刘意青和刘炅的《简明英语文学史》论及了中世纪英语的历史背景和主要文学成就，并着重介绍乔叟如何用伦敦方言创作英语诗歌，使得英语成为一种文学语言，试图表明英语的丰富性和表现力足以用于文学创作。[③] 正是在乔叟和其他同时代作家的努力下，古英语得以发展成为中世纪英语。李赋宁在《英国文学论述文集》中对乔叟、马珞礼以及中世纪英国戏剧进行了评论。[④] 肖明翰的《英语文学传统之形成——中世纪英语文学研究》（上、下册）全面探讨了古英语文学和中古英语文学的发展历程，并深入分析了其中的一些代表作品。[⑤] 肖明翰的《英语文学之父——杰弗里·乔叟》一书系统探讨了“乔叟的创作发展与他的生活经历和同时代的物质、文化现实之间的内在联系”，重点分析了“乔叟的文学成就和创作思想，并特别注重探讨乔叟

---

① J. A. Burrow, “Versions of ‘Manliness’ in the Poetry of Chaucer, Langland, and Hoccleve,” *Chaucer Review*, no. 3(2013): 337-342.

② Tim William Machan, “Language Contact in Piers Plowman,” *Speculum*, no. 2(1994): 359.

③ 刘意青、刘炅：《简明英国文学史》，外语教学与研究出版社，2008，第 11—22 页。

④ 李赋宁：《英国文学论述文集》，商务印书馆，1991，第 32—49 页。

⑤ 肖明翰：《英语文学传统之形成——中世纪英语文学研究》（上、下册），社会科学文献出版社，2009。

在创建英语文学传统上的探索与贡献”。[①] 肖明翰还在《中世纪英语戏剧的早期发展》一文中认为中世纪的神秘剧和道德剧都取得了很高的成就，为文艺复兴时期英语戏剧的繁荣打下了基础。[②]

此外，还有针对这一历史阶段的实用文本的分析研究。例如，格维林·多德（Gwilym Dodd）基于1425—1450年英国政府玉玺保管处公文的分析，发现中世纪英国官员的语言转变，尽管他们在公函写作中同时使用三种语言，但其中一个明显的语言变化是越来越多地使用英语，他认为这是英国民族心理逐渐形成的反映。[③] 劳拉·莱特（Laura Wright）在《混合语言账目作为语言分析的素材》（“Mixed-Language Accounts as Sources for Linguistic Analysis”）一文中呈现了英国中世纪后期一些商业账目的文本类型，以及历史词典编纂者如何从此类文本中提取素材。[④]

在英语教育方面，尼古拉斯·奥姆（Nicholas Orme）在《英国中世纪和文艺复兴时期的教育与社会》（*Education and Society in Medieval and Renaissance England*）一书中专章专题地论述了英国12世纪到宗教改革期间的学校和社会。期间，英语在教育中的地位发生了重要变化。在诺曼征服之前的撒克逊时期，本地小学生仅学习拉丁字母，用英语读写（而在当时的欧洲大陆，本地语一般不用于写作）；在诺曼征服后，因为诺曼人习惯于拉丁语文学和公文，并用法语教授

---

① 肖明翰：《英语文学之父——杰弗里·乔叟》，社会科学文献出版社，2005。

② 肖明翰：《中世纪英语戏剧的早期发展》，《四川师范大学学报（社会科学版）》2009年第4期。

③ Gwilym Dodd, “Trilingualism in the Medieval English Bureaucracy: The Use-and Disuse-of Languages in the Fifteenth-Century Privy Seal Office,” *Journal of British Studies*, no. 2(2012): 253-283.

④ Laura Wright, “Mixed-Language Accounts as Sources for Linguistic Analysis,” in *Multilingualism in Medieval Britain* (c. 1066-1520): Sources and Analysis, eds. Judith A. Jefferson and A. Putter (Turnhout: Brepols Publishers, 2013), pp. 123-126.

拉丁语，这一习惯传入英国，于是英国的学校（包括文法学校）加强了拉丁语读写教学，并把法语作为学习拉丁语之前的基础课程，这种状况一直持续到14世纪；到14世纪中期，许多学校教师逐渐用英语替代法语作为拉丁语的教学语言；随后出现英语注释或英译版哲学经典，以及拉丁语-英语词典（1438年）和英语-拉丁语词典（1440年），用英语进行拉丁语教学使得英语自身的发展不断受到拉丁语的影响。① 尼古拉斯·奥姆还在《威尔士中世纪教育》（“Education in Medieval Wales”）一文中指出文法学校是威尔士中世纪传播和使用英语的重要机构。② 琼·西蒙（Joan Simon）的《都铎王朝英格兰的教育与社会》（*Education and Society in Tudor England*）一书在分析宗教改革之前15世纪英格兰社会背景时也谈到了英语教育问题。③ 她发现，15世纪时随着国民经济的发展，英语从众多地方方言中脱颖而出，成为人们日常交流和经济往来的通用语言，并逐渐发展成为一种民族语言，极大地扩展了英国中产阶级的视野；同时，英语开始用于法律事务和议会，用于兰格伦、乔叟的诗歌和威克利夫的散文。这一来自不列颠东南部的方言逐渐转变为纯正英语。

（3）“现代英语”及其教育研究

在16世纪之后，这一历史时期的英语大致被历史学家们定义为“现代英语”（其中1500—1700年为“早期现代英语”时期）。自1611年《钦定版圣经》正式出版后，很快成为英国教堂通用版《圣经》，这是英语发展史上的一个里程碑。17世纪之后的英国语言教育见证了英

① Nicholas Orme, *Education and Society in Medieval and Renaissance England* (London and Ronceverte: Hambledom Press, 1989), pp. 1-21.

② Nicholas Orme, "Education in Medieval Wales," *The Welsh History Review*, no. 4 (2015): 607-644.

③ Joan Simon, *Education and Society in Tudor England* (Cambridge: Cambridge University Press, 1966), pp. 18-19.

语作为民族语言逐渐发展成为世界通用语言的过程。与“现代英语”有关的英文文献有400余种，其中“早期现代英语”著作179种；关于“现代英语”教育（教学）的英文期刊文献有40余篇，中文期刊文献400余篇。

从语言学视角，查尔斯·巴伯（Charles Barber）的《早期现代英语》（*Early Modern English*）描述了1500—1700年英语的变化、说英语者对该语言的态度、读音、词汇和语法。[①] 特图·内瓦莱宁（Terttu Nevalainen）的《早期现代英语导论》（*An Introduction to Early Modern English*）是一本英语专业本科生教学用书，概述1500—1700年的英语发展，从语言学角度分析早期现代英语的形态、词汇和句法，从社会语言学角度分析早期现代英语的社会变化，以及在大不列颠岛和北美的传播。[②] 英格丽·奥斯特德（Ingrid Tieken-Boon van. Ostade）的《晚期现代英语导论》（*An Introduction to Late Modern English*）向读者介绍乔治王、摄政王和维多利亚时代人们读写所用的语言，阐释了晚期现代英语（1700—1900年）的语言发展，讨论了该时期的语言与教育、语言与社交以及语言文体等。[③]

英国“现代英语”的一个重要发展就是英国文学的迅猛发展。约翰·斯蒂芬（John Stephen）的《文学、语言和变迁：从乔叟到现在》（*Literature , Language and Change : From Chaucer to the Present*）一书从历史视角分析14世纪中期到现在的文学英语，比较不同时期的文学文本，论述不同时期文学作品的突出特点及其历史变化。[④] 大卫·

---

① Charles Barber, *Early Modern English* (London: Andné Deutsch, 1976).

② Terttu Nevalainen, *An Introduction to Early Modern English* (Edinburgh: Edinburgh University Press, 2006).

③ Ingrid Tieken-Boon van. Ostade, *An Introduction to Late Modern English* (Edinburgh: Edinburgh University Press, 2009).

④ John Stephen, *Literature , Language and Change : From Chaucer to the Present* (London: Routledge, 1990).

洛温斯坦恩（David Loewenstein）在《剑桥早期现代英语文学史》（*Cambridge History of Early Modern English Literature*）一书论述从宗教改革到复辟时期的英国文学，涵盖了这一历史时期的英格兰文学及苏格兰、爱尔兰和威尔士文学，并且提供了崭新的研究视角和方法。① 菲利普·戴维斯（Philip Davis）的《维多利亚人》（*The Victorians*）是牛津英国文学史的断代篇（1830—1880年），一方面坚持一个作者写一个断代的策略，每个章节由“时代背景”和“作家作品”构成，另一方面又打破年代顺序，将文学文本置于历史社会语境，分析社会“背景”及其反映的思想观念。②

关于宗教改革或文艺复兴时期的英语教育，前面提到的尼古拉斯·奥姆的《英国中世纪和文艺复兴时期的教育与社会》、威廉·哈里森·伍德沃德（William Harrison Woodward）的《文艺复兴时期教育研究》（*Studies in Education During the Age of the Renaissance, 1400-1600*年）、琼·西蒙的《都铎王朝英格兰的教育与社会》都有涉及，但主要着眼于宏观的教育学视角。他们对语言教育有一个共识，无论是宗教改革时期还是文艺复兴时期，英语在学校教育中逐渐成为教学语言，大量采用拉丁语和英语之间的互译和回译等方法进行教学。伊恩·格林（Inn Green）把他在牛津大学的授课讲义汇集成《早期现代英语教育中的人文主义和新教主义》（*Humanism and Protestantism in Early Modern English Education*）一书，探讨了“1530—1760年英国教育中的古典主义和伦理主义”，“1560—1760年在英国学校和教区教

① David Loewenstein, *Cambridge History of Early Modern English Literature* (Cambridge: Cambridge University Press, 2004).

② Philip Davis, *The Victorians* (Beijing: Foreign Language Teaching and Research Press; Oxford: Oxford University Press, 2007).

学中调和美德与仁慈”等话题。[①] 英国爱丁堡大学语言学系霍华德教授（A. P. R. Howatt）在《英语教学史》（*A History of English Language Teaching*）一书中系统论述了从16世纪到20世纪的英语教学改革和实践。[②]

国内的研究者对英国“现代英语”教育研究令人意外地少见，相关研究主要涉及英语语言和文学。例如，牛道生的《英语的全球化及其对世界的影响》系统描述了英语的诞生与演变，分析英语如何称霸世界。[③] 不少学者涉猎文艺复兴时期的英国文学研究，除前面提到的李赋宁《英国文学论述文集》外，王守仁、方杰的《英国文学简史》提到这一时期的文学家更多。[④] 刘意青、刘炅的《简明英国文学史》选择性地论述了这一特定历史时期的特定作家对英语语言和语言教育所做的贡献，包括乔叟、斯宾塞、弥尔顿、莎士比亚等。[⑤] 李维屏、张定铨等《英国文学思想史》按思想史的脉络论述英国文学中的宗教思想、人文思想、启蒙思想等，从侧面反映英语如何从古英语走向现代英语的光辉历程，以及特定代表人物的语言教育思想，例如，威廉·兰格伦、托马斯·莫尔、弗朗西斯·培根、约翰·洛克（John Locke，1632—1704年）等。[⑥]

（二）影响英国语言教育的要素研究

英国尼古拉斯·奥斯特勒（Nicholas Ostler）的《语言帝国：世界语言史》（*Empire of the World : A Language History of the World*）

---

① Inn Green, *Humanism and Protestantism in Early Modern English Education* (Farnham: Ashgate Publishing, 2009).

② A. P. R. Howatt, *A History of English Language Teaching* (Shanghai: Shanghai Foreign Language Education Press, 1999).

③ 牛道生：《英语的全球化及其对世界的影响》，北京大学出版社，2013。

④ 王守仁、方杰：《英国文学简史》，上海外语教育出版社，2006。

⑤ 刘意青、刘炅：《简明英国文学史》，外语教学与研究出版社，2008。

⑥ 李维屏、张定铨等：《英国文学思想史》，上海外语教育出版社，2012。

一书回顾了曾在世界上有着重要影响力的语言如何从本土传播到世界各地，论述了语言在传播过程中所遭受的失败，其中就包括希腊语、拉丁语、法语、西班牙语、英语等语言。[①] 正如尼古拉斯·奥斯特勒所说，导致语言变迁的因素十分复杂，其中涉及政治、经济、宗教、文化教育等方面。研究影响英国语言教育变迁要素的文献十分散乱，往往夹杂在论述上述话题的著作之中，甚至只有只言片语。

1. 政治与经济因素对英国语言教育的影响研究

无论是政治上还是经济上，英国的社会史就是一部侵略与融合、革命与重构的历史。世俗王权、贵族阶级、新兴阶级为争取更大的话语权必然在教育领域发挥影响，因而政治和经济的因素对英国语言教育起着最关键的作用。

拉尔夫·格利罗（Ralph D. Grillo）在《优势语言：英法语言与层级体系》（*Dominant Languages：Language and Hierarchy in Britain and France*）一书中从宏观理论上对英法权力与语言之间的关系进行跨学科分析，追溯在社会、政治、经济、文化等因素背景下的语言战争史，对不同社会地位的语言（或方言）使用者进行层级体系建构。[②]

英国伦敦大学比较教育学家和教育历史学家安迪·格林（Andy Green）曾主持过英国政府部门若干研究和咨询工作以及欧盟等国际组织的项目，是英国教育和技能部特别研究小组成员。他的《教育与国家形成：英、法、美教育体系起源之比较》（*Education and State Formation：The Rise of Education Systems in England，France and the USA*）一书论述了各国国民教育体系发展的不平衡性、国民教育体系的社会起源、教育与国家形成、欧洲大陆的教育和中央集权制，以

① 尼古拉斯·奥斯特勒：《语言帝国：世界语言史》，章璐等译，上海人民出版社，2011。

② Ralph D. Grillo, *Dominant Languages：Language and Hierarchy in Britain and France*(Cambridge:Cambridge University Press,1989).

及美国和英国的教育发展特征，综合分析了国家形成以及其他社会政治与经济诸因素对教育发展的影响。[1] 在安迪·格林看来，一方面，文艺复兴的人文主义思想打破了中世纪经院哲学对教育思想的束缚，而自由主义传统思想在很大程度上制约了英国国家教育体系的形成，致使英国到19世纪后期才建立全国性教育体系。教育机构的多样性和各教育部门间长期缺乏整合构成当时英国教育体系的主要特征。另一方面，在17世纪的英国，国家也曾积极参与教育。例如，将文法学校纳入类似于全国的教育体系；在实力逐渐增强的中产阶级的推动下，发展大众教育；通过压制诸侯和教会的独立，都铎王朝把英国打造成为一个民族国家，并把英语确立为唯一的官方语言。[2]

阿萨·布里格斯（Asa Briggs）曾担任英国社会史学会和文化史学会的主席，他的《英国社会史》第二个中文版是基于企鹅出版社1999年版翻译而成。[3] 在这本著作中，布里格斯采取语言和文学研究与社会科学研究两者并重的研究方法，试图将社会史与文化史结合起来。同时，与其他完全按历史发展顺序的历史研究著作不同，作者以不同主题作为横向线索，将各阶段的社会文化资料按历史发展顺序进行细致地描述。关于影响语言及其教育的各种社会因素，布里格斯首先认同外族入侵因素，无论是凯尔特语、撒克逊语，还是诺曼法语，都是外族入侵的结果。其次是政治因素，诺曼法语和拉丁语在13世纪末仍然是法律、宫廷和教育的语言，而1258年亨利三世的《牛津条约》这一公告的英语版本，是“法语和拉丁语的茫茫荒野中的一块本土绿洲”[4]。

---

① 安迪·格林：《教育与国家形成：英、法、美教育体系起源之比较》，王春华等译，教育科学出版社，2004。

② Andy Green, *Education and State Formation: The Rise of Education Systems in England, France and the USA* (New York & London: Palgrave MacMillan, 1990).

③ 阿萨·布里格斯：《英国社会史》，陈叔平、陈小惠等译，商务印书馆，2015。

④ 阿萨·布里格斯：《英国社会史》，陈叔平、陈小惠等译，商务印书馆，2015，第94—95页。

直到14—15世纪英法百年战争之后，以英语为母语的亨利四世建立兰开斯特王朝，英语的地位才得以提高。最后是技术与经济因素，先是印刷术，然后是海外贸易和工业革命，对英语的传播和推广起着至关重要的作用。

也有些学者从政治经济视角研究各历史时期英国社会及其对英国语言的可能影响。约翰·吉林厄姆和拉尔夫·A.格里菲思（John Gillingham & Ralph A. Griffiths）的《中世纪英国：征服与同化》（双语版）从诺曼国王到英法百年战争，系统分析了中世纪英格兰在政治、法律、宗教、经济、人口与社会等领域的发展变化。① 诺曼征服不仅给英格兰带来一个新的王室，也带来了一个新的统治阶层、一种新的文化和语言。从12到14世纪，受过良好教育的英格兰人都是三语习得者，以英语为母语，懂一些拉丁语，还能熟练运用法语进行交流。其中法语在这个国际化的社会中尤其重要，它不仅是法律和产业管理的实用性语言，也是歌曲、韵文、中世纪史诗和浪漫传奇的语言。在作者看来，教会在与王室此消彼长的权力博弈中对语言的使用产生影响。英国国民性在教会层面的表现逐渐明显，12世纪只有一个教皇是英国人，14世纪的大多数教皇都出生在法国，到15世纪，很少有外国人在英国教会中任职了。这种变化也反映在英国的语言教育上。到14世纪后期和15世纪，识字的普及和使用英语的人越来越多，说法语和懂法语的优势已一落千丈，在政府和私人组织中的正式事务中，英语和法语一样成为普遍使用的语言。特别地，坎特伯雷的主教会议使用英语进行记录，1399年亨利五世使用英语向议会致辞，这些事实标志着英语作为书面文字的最后胜利。此外，乔叟的英语文学作品也使英语作者获得了空前的自信，英语逐渐成为“征服者的民族语言，而非被征

① John Gillingham and Ralph A. Griffiths：《中世纪英国：征服与同化》，沈弘译，外语教学与研究出版社，2013。

服者的民族语言”[①]。

保罗·兰福德（Paul Langford）的《十八世纪英国：宪制建构与产业革命》（双语版）虽然没有直接论述政治与经济对语言教育的作用，但从侧面间接地反映了不同社会阶层对教育的不同诉求。[②] 自 1688 年“光荣革命”之后，《权利法案》在议会得以通过，标志着英国君主立宪制的建立，资产阶级和新贵族通过把持议会来操纵国家政权，也通过议会影响英国教育；同时，在 18 世纪英国工业革命和海外贸易之中，中产阶级的实力大大增强，他们通过捐款办校等方式影响教育。但兰福德认为，中产阶级的自我社会认同意识并不强，对教育的影响也十分有限，一方面，向出身卑微的儿童提供正规系统教育的文法学校其实很少，社会捐款不足以维持此类文法学校的开支；另一方面，大学教育仍具有浓厚的宗教特征，部分职能是为了培养神职人员，部分是为上流社会和富人提供博雅教育。[③] 克里斯托弗·哈维和科林·马修（Christopher Harvie & H. C. G. Matthew）的《十九世纪英国：危机与变革》（双语版）通过科技文献分析英国的经济，通过报刊资料分析英国的经济和立法，还从文学和政治小说中分析英国的政治和宗教。[④] 在教育方面，本书作者比较了福音派和“广教会派”或国教的教育主张，前者主张国家教育，而后者反对国家教育。在教育实践中，对于想上大学的学生来说，“人文教育”（特别是拉丁文和希腊文等古

---

① John Gillingham and Ralph A. Griffiths：《中世纪英国：征服与同化》，沈弘译，外语教学与研究出版社，2013，第 326—328 页。

② Paul Langford：《十八世纪英国：宪制建构与产业革命》，刘意青、康勤译，外语教学与研究出版社，2013。

③ Paul Langford：《十八世纪英国：宪制建构与产业革命》，刘意青、康勤译，外语教学与研究出版社，2013，第 177—178 页。

④ Christopher Harvie and H. C. G. Matthew：《十九世纪英国：危机与变革》，韩敏中译，外语教学与研究出版社，2013。

典学科）仍是他们的主修课业。[1] 作者还注意到，文学激进分子的“工业小说”被中产阶级阅读大众所接受同化，并对劳苦大众的阅读产生影响，例如，诗人拜伦勋爵（Lord Byron）和珀西・比希・雪莱（Percy Bysshe Shelley）接替柯尔律治和华兹华斯成为新的文学激进分子，托马斯・哈代等人的英语小说则是直接面向劳苦大众。[2]

斯蒂芬斯（W. B. Stephens）的《英国教育：1750—1914》（*Education in Britain ：1750-1914*）系统分析了 18 世纪中后期到 20 世纪初的英国初等、中等和高等教育以及教育与科学、技术、经济等要素之间的关系。[3] 作者认为，从 17 世纪末开始，与之前到古典文法学校接受教育不同，英格兰和威尔士劳动阶层热衷于将孩子送到各类使用英语进行教学的初等学校就读；到 18 世纪后期，苏格兰的慈善学校也开始使用英语作为教学语言；到 19 世纪初，尤其在发达工业城市民众的英语读写水平已经得到大幅提升。

2. 宗教对英国语言教育的影响研究

5 世纪，罗马帝国入侵英格兰，基督教也随着传入。教会通过建立教堂布道，通过兴办学校传教等多种途径操纵或影响英国教育。

法国历史学家加布里埃尔・孔佩雷（Gabriel Compayré）在《教育学史》（*The History of Pedagogy*）中论述了基督教徒在中世纪教育中的影响。[4] 在中世纪，教学机构大多属于教会的组织机构，或者受教会资助；在教师方面，包括大学在内的教师大多在教会担任职务，或者

---

① Christopher Harvie and H. C. G. Matthew：《十九世纪英国：危机与变革》，韩敏中译，外语教学与研究出版社，2013，第 221—223 页。

② Christopher Harvie and H. C. G. Matthew：《十九世纪英国：危机与变革》，韩敏中译，外语教学与研究出版社，2013，第 242—244，266 页。

③ W. B. Stephens, *Education in Britain ：1750-1914* (Basingstoke and New York: Palgrave MacMillan, 1998).

④ 加布里埃尔・孔佩雷：《教育学史》，张瑜、王强译，山东教育出版社，2013。

由教会提供津贴；在教学内容上，修道院、教堂学校以及后来的大学中开设的“七艺”（Seven liberal arts）构成了中世纪的中等教育，其中“三艺”（Trivium）包括文法（拉丁文法）、逻辑和修辞，即使在大学，拉丁文也是首要的教学语言，使用拉丁文进行教义问答，主要课程偏重神学和人文学科。孔佩雷认为不能把中世纪的黑暗愚昧完全归因于教会，还有其他情形也不利于教育的发展。例如，作为教育不可或缺的工具，民族语言尚未形成，记录和传播知识的语言仅仅被上层阶级少数人所掌握。① 到文艺复兴时期，宗教对教育的控制逐渐减弱，新教改革对欧洲各国教育产生积极影响。孔佩雷认为，17 世纪马丁·路德（Martin Luther，1483—1545 年）在德国的新教改革促进了初等教育的发展。例如，利用公共财政开办公共学校。不过路德仍然把宗教教育放在首位，并且教学语言不是人们所希望的母语，而是拉丁语、希腊语和希伯来语。显然路德“还没有摆脱旧思想的束缚，没有认识到民众使用的语言才是普及教育的基础”，不过他为语言教学提出了良好的建议，他指出：“语言教学必须在具体的现实世界中而不是在抽象的文法规则中进行。”② 与德国相比，英国的宗教改革对于英国的语言教育产生了不同的影响，特别是英文版《圣经》的翻译和大量发行使得拉丁语失去了在教会和学校教育中的优势地位。

约翰·S. 布鲁巴克（John S. Brubacher，1898—1988 年）的《教育问题史》（*A History of the Problems of Education*）一书专章论述了宗教教育与道德教育。宗教通过控制教会学校和世俗学校的课程影响语言教育，例如，18 世纪 80 年代英国教会开办的主日学校，主要教

---

① 加布里埃尔·孔佩雷：《教育学史》，张瑜、王强译，山东教育出版社，2013，第 54—55 页。

② 加布里埃尔·孔佩雷：《教育学史》，张瑜、王强译，山东教育出版社，2013，第 91—92 页。

学内容就是识字和阅读，其次才是宗教和道德教育。[①] 琼·西蒙在《都铎王朝英格兰的教育与社会》一书中论述英格兰宗教改革期间的教育时指出：“尽管英格兰当时尚未建立完整的中等教育体系，而进一步发展的文法学校、公学和大量涌现的慈善学校，为城市工商业培养人才，也为英语教育的普及创造了条件；同时，高等教育实行去宗教化，并对大学学术进行重新定位，将英语写作引入学术研究。”[②] 托马斯·马丁·林赛（Thomas M. Lindsay）的《宗教改革史·上卷》（*A History of the Reformation*）主要讲述德国的宗教改革，谈到英国的人文主义者在宗教改革中起着重要作用，宗教改革反过来极大地影响了英国人文主义思想的发展，并促进英语在宗教、文学和教育领域的迅速普及。[③]

国内的相关研究相对较少。易红郡教授在《英国教育的文化阐释》一书中从文化的视角专章论述了“教育变迁中的宗教影响”。[④] 作者认为宗教对英国的语言教育产生显著影响：第一，基督教修道院是英国学校教育的发祥地，它们在英格兰教授拉丁文和希腊文，也教授教会音乐、宗教历法、宗教韵文诗歌等，同时也带动英国古典研究的复兴；第二，由于教会与王室的较量，英国大学发展十分缓慢，中世纪大学充溢着浓厚的宗教神学色彩，在很长时期内拉丁语是唯一的教会和学术语言；第三，也由于国教派和非国教派的对立，使得英国教育发展跌宕起伏，而英文版《圣经》的出现间接地提升了英语在学校教育中

---

① 约翰·S. 布鲁巴克：《教育问题史》，单中惠、王强译，山东教育出版社，2012，第 340 页。

② Joan Simon, *Education and Society in Tudor England* (Cambridge: Cambridge University Press, 1966), pp. 18-19.

③ 托马斯·马丁·林赛：《宗教改革史·上卷》，孔祥民等译，商务印书馆，2016。

④ 易红郡：《英国教育的文化阐释》，华东师范大学出版社，2009。

的地位。[1] 许志强在《近代早期英国民族国家意识的产生与发展》一文中认为英国通过宗教改革，建立国教，出版英文版《圣经》，促进了英语语言文化的发展。[2] 张奎武在《〈圣经〉对英国文学的影响初探》一文中分析英文版《圣经》的发展历史，指出《圣经》对于文学的价值不仅体现在英国文学自身的特色之中，更体现在其对世界文学的影响之中。[3]

3. 教育团体及个体对英国语言教育的影响研究

这里的教育团体及个体主要涉及学校、教师、学生和教育家（研究者）。他们通过不同方式对英国语言教育产生影响。

查尔斯·霍默·哈斯金斯（Charles Homer Haskins）是美国著名历史学家，他的学术研究主要集中在中世纪法国和英国的制度史、思想史、科学史等方面。2007 年上海三联书店翻译出版的《大学的兴起》收录了哈斯金斯 1923 年发表的“The Rise of Universities”和 6 篇他本人撰写的论文及其他学者有关哈斯金斯的论文。[4] 在该书的主体部分，哈斯金斯重点阐述了“中世纪的教授”和“中世纪的学生”这两个话语主体在大学兴起中所起的作用；该书收录的论文则进一步明确了他们对语言教育的影响。例如，《牛津大学的起源》一文作者 T. E. 霍兰指出，在 12 世纪末，牛津的神学和文学研究被世俗法学的研究侵蚀掉了，从侧面反映了教师和课程在一定程度上对语言教育产生的影响；[5] 哈斯金斯在《拉丁语体育文学》一文中指出，拉丁语不仅是谈判协商

① 易红郡：《英国教育的文化阐释》，华东师范大学出版社，2009，第 1—36 页。

② 许志强：《近代早期英国民族国家意识的产生与发展》，《齐齐哈尔大学学报（哲学社会科学版）》2015 年第 10 期。

③ 张奎武：《〈圣经〉对英国文学的影响初探》，《东北师大学报（社会科学版）》1986 年第 2 期。

④ 查尔斯·霍默·哈斯金斯：《大学的兴起》，梅义征译，上海三联书店，2007。

⑤ T. E. 霍兰：《牛津大学的起源》，郭子林、刘渝译，载查尔斯·霍默·哈斯金斯《大学的兴起》，上海三联书店，2007，第 134 页。

和国际交往的正式用语，教会传教布道和教会国际往来的通用语，同时也是学校的教育用语，这在当时的教材和演讲资料、学生之间的谈话以及学者之间的交流互动中都有所体现。[①]

艾伦·B. 科班（Allen B. Cobban）的《中世纪大学：发展与组织》（*The Medieval Universities: Their Development and Organization*）原出版于1975年，系统论述了欧洲中世纪大学起源与发展，以及大学的相关组织。[②] 在该书中，作者谈到“学生型大学”“教师型大学”的起源和英国牛津大学、剑桥大学及其他大学的自我管理模式。并反映出相关组织管理对语言教育产生的影响。具体地说，学校通过对教学语言的要求影响语言教育，因为英国中世纪大学的讲座和学术练习都使用拉丁文，对所有学生的唯一入学条件要求是其拉丁文水平必须足以应付大学听讲的需要。[③]

除了学校教师团体，教育家个体对教育的影响也不容忽视，例如，约翰·洛克的教育思想影响了几个世纪。罗伯特·R. 拉斯克（Robert R. Rusk）、詹姆斯·斯科特兰（James Scotland）的《伟大教育家的学说》（*Doctrines of the Great Educators*）就洛克的绅士教育思想进行了专章论述。关于语言教育，斯科特兰强调英语是英国人的母语，孩子们学习法语和拉丁语时不要忽视英语的学习，因为法语是一门活的语言，拉丁语是绅士绝对要学的语言，而英语是英国绅士要经常使用的语言和受教化的语言。[④] 乔伊·帕尔默（Joy A. Palmer）在《教育究竟

① 查尔斯·霍默·哈斯金斯：《拉丁语体育文学》，滕海区译，载查尔斯·霍默·哈斯金斯《大学的兴起》，上海三联书店，2007，第141页。

② 艾伦·B. 科班：《中世纪大学：发展与组织》，周常明、王晓宁译，山东教育出版社，2013，第230页。

③ 艾伦·B. 科班：《中世纪大学：发展与组织》，周常明、王晓宁译，山东教育出版社，2013，第230页。

④ 罗伯特·R. 拉斯克、詹姆斯·斯科特兰：《伟大教育家的学说》，朱镜人、单中惠译，山东教育出版社，2013，第114—115页。

是什么？100位思想家论教育》（*A Hundred Thinkers on Education*）一书中谈到100位思想家论教育，其中英国的不仅有洛克，还有纽曼（John Newman）、密尔（John S. Mill）、达尔文（Charles Darwin）、拉斯金（John Ruskin）、斯宾塞（Herbert Spencer）、阿诺德（Thomas and Matthew Arnold）、赫胥黎（Thomas Henry Huxley）、巴特勒（R. A. Butler）等。[①] 他们对英国的教育，包括语言和人文教育都有着重要影响。

4. 民族认同对英国语言教育的影响研究

民族认同不仅与共同居住的地域有关，与语言的关系尤为密切。国内外针对英语与英格兰民族身份之间的关系也有一些不同时期和不同角度的研究。

首先，关于英格兰民族身份与语言的关系。凯西·施兰克（Cathy Shrank）在《国家形成》（“The Formation of Nationhood”）一文中讨论莎士比亚在他两部戏剧中如何通过两个人物探究民族身份的本质，在《约翰王》（*King John*）中，英格兰被定位为“王国”（a Realm or a Kingdom），而《温莎的风流娘儿们》（*The Merry Wives of Windsor*）则把英格兰当作共存和语言联结的“人们的社区”（a community of people）。[②] 这两种观点都有支持者和批评者，但至少很早之前人们就把语言看作民族身份的一个重要特征。阿迪斯·巴蒂菲尔德（Ardis Butterfield）在《民族历史》（“National Histories”）一文中探讨中世纪到文艺复兴时期有关英格兰民族的三个问题：民族与现代的关系、

---

① 乔伊·帕尔默：《教育究竟是什么？100位思想家论教育》，任钟印、诸惠芳译，北京大学出版社，2008。

② Cathy Shrank, “The Formation of Nationhood,” In *The Oxford Handbook of Shakespeare*, ed. Arthur F. Kinney (Oxford: Oxford University Press, 2011).

民族与语言的关系、民族与英格兰或英格兰气质的关系。[①] 这些问题深受英法长期关系的影响，需要在民族的背景下考察英语与法语之间的关系，例如，将盎格鲁-法语作为本地语可能有利于理解英格兰的民族概念。

其次，关于民族语言和文化同化。珍妮特·索伦森（Janet Sorensen）的《十八世纪不列颠文学作品中的帝国语法》（*The Grammar of Empire in Eighteenth-Century British Writing*）是一部语言与文化政治学著作。作者创造性地发展了语言概念和文化身份理论。此前的研究者认为，民族语言是民族身份赖以形成的单一文化核心。这一观念在不列颠社会语境下必然导致两种截然相反的反应：苏格兰人和苏格兰盖尔语文化应该同化到盎格鲁规范中，还是坚持自己的文化民族主义主张？为避开文化同化与文化民族主义主张的矛盾，索伦森针对18世纪盎格鲁-苏格兰文学文化，提出“帝国语法”和“文化民族主义”模式两个概念：前者是指基于人类思想普遍结构，所有语言共享相似的语法，后者指所有语言都深深根植于特定的文化社区和生活方式。作者认为，盎格鲁-苏格兰文化的形成模式是在“所有语言和文化”框架内的“差异摩擦”，或者说是“都市”英语与“外围”苏格兰文化之间的不断交互。[②] 这种“求同存异”的解决方案既在理论上解决了英国民族语言和文化同化之间的矛盾，也有力地说明了英语作为民族语言在民族身份建构中的重要意义。

最后，关于语言教育与民族身份建构。安迪·格林1997年出版的《教育、全球化与民族国家》（*Education, Globalization and the Nation*

---

① Ardis Butterfield, "National Histories," In *Cultural Reformations: Medieval and Renaissance in Literary History*, eds. Brian Cummings and James Simpson (Oxford: Oxford University Press, 2010).

② Janet Sorensen, *The Grammar of Empire in Eighteenth-Century British Writing* (Cambridge: Cambridge University Press, 2000).

State）试图探讨全球化视野下民族国家如何控制教育，民族教育体系如何应对国际化，民族国家如何在多元社会中通过教育发展民族文化等话题。① 英国是一个多民族国家，但只有一个君主、一个议会和一种共同语（英语）。1707 年《联合法案》之后英国政府就试图通过教育影响苏格兰的民族身份建构；1870 年《初等教育法》颁布之后，英格兰和威尔士引入公立初等学校，弥补当时的自愿教育体系，同时推行英语教学。格林认为，新教作为一种共同文化和英语作为一种共同语言，在教育体系中对于英国文化和民族身份建构发挥着重要作用。迈克尔·拜拉姆（Michael Byram）在《从外语教育到跨文化公民教育》（*From Foreign Language Education to Education for Intercultural Citizenship*）一书中说，民族国家往往强行要求说不同语言的人使用同一语言，例如，19 世纪英国政府强行要求威尔士人学英语，英帝国在海外殖民地强行推行英语并导致各种英语变体的产生。②

国内关于民族认同因素对英国英语教育的影响研究相对较少。周巧红在《英语嬗变研究》一书中从社会因素、生理与心理因素、语言系统内在因素三个方面分析了英语发展变迁的原因，她把人们熟知的外来侵略、对外扩张、地理位置、文化（宗教）运动、科技发展等归入社会因素，而把惰性和崇拜心理列入生理与心理因素，语言系统内在因素则包括连锁反应、补偿机制、扩散机制和类推规律等。③ 上述因素与民族身份的形成有关，但作者似乎并没有明确地将民族身份与英语教育的发展直接联系起来。张伟、郭方在《语言、印刷媒介与近代早期英国民族国家的形成》一文中认为英语印刷品与英国民族国家的

---

① Andy Green, *Education, Globalization and the Nation State* (Basingstoke and New York: Palgrave Macmillan, 1997).

② Michael Byram, *From Foreign Language Education to Education for Intercultural Citizenship* (Shanghai: Shanghai Foreign Language Education Press, 2014), p. 126.

③ 周巧红：《英语嬗变研究》，湖南人民出版社，2006。

形成有关，主要表现为英语印刷品的大量印行，英语印刷文件进入国家运行体系，英语成为文化教育印刷品的主要语言。① 程冷杰、江振春在《英国民族国家形成中的语言因素》一文中针对语言、民族认同和民族国家之间的关系，通过分析英语语言在英国不同历史阶段的发展特点，认为英语在英国发展成为独立的民族国家中起到重要作用。② 这些研究反映了民族认同与英国语言教育之间互为因果的逻辑关系。

（三）语言规划、语言政策及语言教育政策研究

英国一向奉行自由主义教育政策，长时间实行私人捐资助学制，实行国家教育比较晚，不过语言规划、语言政策和语言教育政策对于英国的语言教育也有一定的影响。

1. 有关语言规划与语言政策的宏观理论研究

语言规划和语言政策研究的历史并不长，有关语言规划和语言政策的宏观研究文献主要集中在 20 世纪 90 年代和 21 世纪初。大多数学者着重考察 19 世纪到 20 世纪世界各国语言规划和语言政策实践，试图以此为基础建立语言规划和语言政策的理论框架，对涉及该学科的主要问题进行理论探讨。

胡安·科巴鲁维亚斯（Juan Cobarrubias）和乔舒亚·费什曼（Joshua A. Fishman）1983 年出版专题文集《语言规划进展——国际视角》（*Progress in Language Planning: International Perspectives*），收录了包括艾纳·豪根（Einar Haugen）、博纳德·斯波斯基（Bernard Spolsky）等人 16 篇从不同视角研究语言规划基本问题的论文。③ 美国

---

① 张伟、郭方：《语言、印刷媒介与近代早期英国民族国家的形成》，《杭州师范大学学报（社会科学版）》2009 年第 5 期。

② 程冷杰、江振春：《英国民族国家形成中的语言因素》，《外国语文》2011 年第 3 期。

③ Juan Cobarrubias and Joshua A. Fishman(eds.), *Progress in Language Planning: International Perspectives*(Berlin, New York & Amsterdam: Mouton Publishers, 1983).

语言学家罗伯特·库珀（Robert L. Cooper）的《语言规划与社会变迁》（*Language Planning and Social Change*）一书涉及语言规划的定义研究，语言规划的三个层次（语言地位规划、语言本体规划和语言习得规划）以及其相关的社会变迁。[①] 卡普兰和巴尔道夫（Robert B. Kaplan and Richard B. Baldauf Jr.）的《语言规划：从实践到理论》（*Language Panning：From Practice to Theory*）不仅从语言规划的概念出发讨论了语言地位规划和本体规划，还基于这一框架进行了语言规划的实证研究。[②]

以色列语言学家博纳德·斯波斯基的《语言管理》一书讨论了各种语域——家庭域、宗教域、工作域、学校域、司法与医疗域、军队域、政府域、语言活动者群体域、超国家组织域等的语言管理。[③] 肖哈米（Elana Shohamy）的《语言政策、隐意图与新方法》（*Language Policy：Hidden Agendas and New Approaches*）一书重点讨论了语言规范与政策以及影响语言政策的机制。[④] 英国的社会语言学家丹尼斯·埃杰在《语言规划与语言政策的驱动过程》一书中从理论上系统论述了影响语言规划和政策行为的动机，包括三个主要方面：一是整体层面的语言规划和政策的七种动机；二是语言政策制定者或语言规划者对特定语言或语言变体的态度；三是旨在实现的具体目标，或希望满足的需求。[⑤]

---

① Robert L. Cooper, *Language Planning and Social Change* (Cambridge: Cambridge University Press, 1989).

② Robert B. Kaplan and Richard B. Baldauf Jr., *Language Panning: From Practice to Theory* (Clevedon and Bristol: Multilingual Matters Ltd., 1997).

③ 博纳德·斯波斯基：《语言管理》，张治国译，商务印书馆，2016。

④ Elana Shohamy, *Language Policy: Hidden Agendas and New Approaches* (London and New York: Routledge, 2006).

⑤ 丹尼斯·埃杰：《语言规划与语言政策的驱动过程》，吴志杰译，外语教学与研究出版社，2012。

2. 国外有关语言政策与语言教育政策的研究

除了宏观的理论研究，也有许多学者试图针对民族化和全球化语境下不同国家和地区的语言政策问题进行广泛的理论和实践探索。

例如，苏·赖特在《语言政策与语言规划——从民族主义到全球化》一书中论述不同历史时期世界语言特点和语言规划情况，包括欧洲中世纪封建时期的语言连续体到民族主义时期的语言马赛克，后殖民地时期的超越社团的语言，英语从帝国语言到全球化语言的规划与推广，以及后民族主义时期的语言政策及规划。[①] 美国社会语言学家戴维·约翰逊（David Johnson）的《语言政策》（*Language Policy*）一书基于民族志的方法对世界各国的语言政策进行系统研究。[②] 哈罗德·希夫曼（Harold F. Schiffman）的《语言文化和语言政策》（*Linguistic Culture and Language Policy*）从语言政策与语言文化的相互关系出发考察20世纪中后期法国、印度、美国等地的语言政策。[③] 斯波斯基的《语言政策》（*Language Policy*）从广泛的视角探讨了语言政策中的一些热点问题，如规范语言和不良语言、单语制和双语制等，并专门讨论了英语的传播问题。[④]

詹姆斯·托尔夫森（James W. Tollefson）的《语言教育政策：关键问题》（*Language Policies in Education：Critical Issues*）涵盖语言教育政策、后殖民教育中的本土语言、语言和全球资本主义、语言与社会冲突、语言与社会变化等方面的研究。[⑤] 托马斯·里森托

---

① 苏·赖特：《语言政策与语言规划——从民族主义到全球化》，陈新仁译，商务印书馆，2012。

② 戴维·约翰逊：《语言政策》，方小兵译，外语教学与研究出版社，2016。

③ Harold Schiffman, *Linguistic Culture and Language Policy*, *2nd ed*. (London and New York: Routledge, 2002).

④ Bernard Spolsky, *Language Policy* (Cambridge: Cambridge University Press, 2004).

⑤ James W. Tollefson (eds.), *Language Policies in Education：Critical Issues* (London, New York: Routledge. 2002).

(Thomas Ricento)的《语言政策导论：理论与方法》(*An Introduction to Language Policy*：*Theory and Method*)是一部专题文集，从理论和方法视角探讨语言政策问题以及一些相关热点问题，例如，语言政策与民族身份、少数民族教育、语言帝国主义等。① 他的另一部著作《语言政策与政治经济：全球背景下的英语》(*Language Policy and Political Economy*：*English in a Global Context*)从基本理论到个案研究广泛讨论了政治经济对全球化语境下英语语言政策的影响。② 迈克尔·拜拉姆是英国杜伦大学教育学院荣誉教授，也是欧洲理事会语言政策部门(the Council of Europe Language Policy Division)的项目顾问，他的研究领域为语言教育政策、语言教育、跨文化交际及跨文化公民教育等方面。他在《从外语教育到跨文化公民教育》一书中，试图在政策制定者、语言教师和政治教育者之间建立更多的连接点和对话，力图构建一个跨文化公民教育的框架。③

戴维·科尔森(David Corson)的《课程中的语言政策》(*Language Policy Across the Curriculum*)④ 和《学校中的语言政策：教师和行政管理人员的资源》(*Language Policy in Schools*：*A Resources for Teachers and Administrators*)⑤ 分别从微观的课堂和学校教育管理资源的角度探讨语言政策。

---

① Thomas Ricento, *An Introduction to Language Policy*: *Theory and Method* (Maiden, Oxford and Carlton: Blackwell Publishing Ltd., 2006).

② Thomas Ricento, *Language Policy and Political Economy*: *English in a Global Context* (Oxford and New York: Oxford University Press, 2015).

③ Michael Byram, *From Foreign Language Education to Education for Intercultural Citizenship* (Shanghai: Shanghai Foreign Language Education Press, 2014).

④ David Corson, *Language Policy Across the Curriculum* (Clevedon: Multilingual Matters Ltd., 1990).

⑤ David Corson, *Language Policy in Schools*: *A Resources for Teachers and Administrators* (Mahwah, London: Lawrence Erlbaum Associate, Inc. Publishers, 1999).

3. 国内有关外语政策与外语教育政策的研究

国内学者研究外语政策和外语教育政策相对较少，但最近十多年学者们对它们的研究越来越多。学者们的研究涉及国外的外语政策（外语教育政策）和国内的外语教育政策两个方面，或者将二者结合起来，尝试借鉴国外的相关经验指导中国的外语教育实践。

鲁子问等在《外语政策研究》一书中系统论述了外语政策的内涵、功能、制定、执行和评价，并分析了欧洲、美国及中国 20 世纪以来的具体案例。① 赵蓉晖主编的《国家战略视角下的外语与外语政策》一书主要从理论、历史与现实等角度论及中国的外语战略和外语教育规划。② 李娅玲的《中国外语教育政策发展研究》则从理论基础和分析框架入手，系统分析了中国各历史时期的外语教育政策演变、发展特征及前瞻。③ 王克非等在《国外外语教育政策》一书中论述了外语教育与社会经济发展的互动、欧盟的外语和外语教育的演变与政策、国外主要非英语国家的外语教育（尤其是英语教育）的历史与现状。④ 以上研究者均未具体涉及英国语言教育政策问题。

束定芳的《中国外语战略研究》在研究中国外语战略目标、任务及规划时，以剑桥大学语言课程设置作为案例介绍了英国外语教育政策，但只涉及 21 世纪的外语教育现状。⑤ 由张西平、柳若梅主编的《世界主要国家语言推广政策概览》一书中提到早在 15 世纪欧洲人发现新大陆进而统领全世界之时，“语言作为立国的工具”就得到了人们的认可。17—19 世纪，英国在征战、殖民和贸易方面取得了巨大成功，在 18 世纪时，英国政府就把掌握英语语言知识看作是“教化属地内有

---

① 鲁子问等：《外语政策研究》，北京大学出版社，2012。

② 赵蓉晖主编《国家战略视角下的外语与外语政策》，北京大学出版社，2012。

③ 李娅玲：《中国外语教育政策发展研究》，北京大学出版社，2012。

④ 王克非等：《国外外语教育研究》，外语教学与研究出版社，2012。

⑤ 束定芳：《中国外语战略研究》，上海外语教育出版社，2012。

色人种最重要的方式"，对英属殖民地普遍实行种族隔离的教育政策，由此使英语逐渐成为文化和经济上步入殖民地主流社会的正式渠道和富有魔力的钥匙。[①] 曹德明主编的《国外语言文化推广机构研究》一书涵盖欧美和亚洲主要国家的语言文化推广机构，其中包括英国文化委员会的运作机制。[②]

（四）国内外研究评析

从文献综述可以看出，国内外涉及英国教育的研究成果颇多，但大多属于历史和社会考察。对于本课题研究的重点——英国"现代英语"教育的研究则相对较少，且不成系统。首先，关于英国"现代英语"教育的历史变迁，已有研究主要从历史、社会和文学视角，基于史实和文本，采用历史事实或过程描述、语言或话语分析及文学文本分析等方法，论述英语史和英国文学史，缺乏对英语教育的专题研究。其次，关于影响英国"现代英语"教育历史变迁的要素，已有研究主要从社会背景、重大历史事件、王室与教会权力之争、文学成就等角度出发，偏重史实和文本分析，涉及政治、经济、宗教和文化等方面，而从文化角度分析文化差异与身份认同，分析英国社会各阶层、势力群体或个人作为话语主体对英语教育的影响研究则相对较少。

国内的相关研究也大多注重历史和文学两个方面。总的来说，有关英国语言变迁的历史主要参考国外已有的研究成果，比较缺乏新意，有关英语教育方面的研究也大多局限在英语教学的微观层面；对英国文学的研究以历史背景介绍和作家作品流派分类为主，尽管也有文学评论和文本分析研究，但很少与教育结合起来，除个别研究者涉及文学思想史研究外，大多数研究者都把文学与教育学割裂开来。国内针对影响英国英语教育变迁的因素研究相对更少一些，除少数学者涉及

---

① 张西平、柳若梅主编《世界主要国家语言推广政策概览》，外语教学与研究出版社，2008，第1—2页。

② 曹德明主编《国外语言文化推广机构研究》，时事出版社，2016。

宗教和文学等因素外，有关政治、经济和文化，特别是社会交往、民族身份和社会心理等要素方面的研究更加欠缺。

近年来，由于国际环境和国内形势的影响，人们对国外尤其是战后的语言政策越来越关注，但实际上作为社会文化中的一个较为稳定的元素，如同宗教一样，语言，尤其是民族语言，我们更应该关注它的历史传承。英国英语教育历史源远流长，在冲突、融合、传播和拓展过程中给我们留下十分宝贵的经验和教训。

本书试图在前人研究的基础上，通过梳理英国16世纪到19世纪的现代英语教育历史变迁，从英国各历史阶段各社会阶层、势力群体和个人作为话语主体的角度，分析影响英国“现代英语”教育历史变迁的综合驱动因素，以期为我国语言政策和语言教育政策的制定及实施提供借鉴。

四、概念界定

本研究涉及的主要概念有古英语、中世纪英语、现代英语、语言与语言教育等。这些概念均属于语言学、社会语言学和应用语言学范畴。

（一）古英语、中世纪英语与现代英语

1. 古英语

古英语或古代英语一般指5世纪开始居住在不列颠岛东南部的盎格鲁-撒克逊人所讲的语言。

不同学者对古英语的年代划分稍有不同。加兰·坎农把449—1100年的英语称为古英语。他没有对古英语下一个明确的定义，但他认为英语是从449年裘特人亨吉斯特和霍撒两兄弟登陆时开端的，他们的登陆处在不列颠东南部海岸，凯尔特人称为肯特的地方。5—6世纪，盎格鲁人、撒克逊人和裘特人携家带口来到不列颠。定居在肯特、威地

岛及以北的裘特人说肯特语（Kentish），肯特西和泰晤士河以南的撒克逊人说西撒克逊语，泰晤士河以北的盎格鲁人说盎格鲁语。[①] 芭芭拉・芬内尔把古英语界定为 5 世纪到 1100 年。[②] 丹尼斯・弗里伯恩把盎格鲁-撒克逊时期延续到 1150 年，并把诺曼征服之前的英语称为古英语。[③] 理查德・霍格也把 1066 年（诺曼征服）之前的英语称为古英语。[④] 张勇先综合了上述观点，认为古英语是 449 年至 1066 年的英语，并给古英语下了一个比较明确的定义：古英语也称盎格鲁-撒克逊英语（Anglo-Saxon English），是由盎格鲁-撒克逊人和朱特人等日耳曼部落从欧洲大陆带到不列颠的由若干日耳曼方言合成的语言。[⑤] 本研究拟采信张勇先对古英语的定义和时间划分。

2. 中世纪英语

中世纪英语并不等同于中世纪的英语。欧洲中世纪通常指 476 年（西罗马帝国灭亡）到 1453 年（东罗马帝国灭亡），即文艺复兴和大航海时代之前。而英国的中世纪英语一般从诺曼征服开始计算，一直延续到都铎王朝的建立，属于欧洲中世纪历史的中晚期。

加兰・坎农不赞同严格按政治事件进行断代，只粗略地把 1100—1500 年划分为中世纪英语，并将 1100—1250 年的盎格鲁-诺曼语称为早期中世纪英语，1250—1350 年为英语全国通行时期，而 1350—1500 年占支配地位的英语则被称为晚期中世纪英语。[⑥] 芭芭拉・芬内尔同样

---

① 加兰・坎农：《英语史》，尹敬勋译，中国对外翻译出版公司，1987，第 63—64 页。

② Barbara A. Fennell, *A History of English : A Sociolinguistic Approach* (Beijing: Peking University Press, 2005), p. 1.

③ Dennis Freeborn, *From Old English to Standard English : A Course Book in Language Variation Across the Time* (Shanghai: Shanghai Foreign Language Education Press, 2009).

④ Richard M. Hogg, *The Cambridge History of the English Language , Vol. Ⅰ, The Beginning to 1066* (Beijing: Peking University Press, 2002).

⑤ 张勇先：《英语发展史》，外语教学与研究出版社，2014，第 20 页。

⑥ 加兰・坎农：《英语史》，尹敬勋译，中国对外翻译出版公司，1987，第 126 页。

把 1100—1500 年称为中世纪英语。[①] 丹尼斯·弗里伯恩也粗略地把 11—14 世纪的英语称为中世纪英语。诺曼·克莱克（Norman Clake）则将之明确到 1066—1476 年。[②] 他以卡克斯顿在伦敦办起第一个印刷厂为时间节点。[③] 而张勇先将其延至 1489 年，因为这一年英国议会全面停止使用法语。[④] 上述学者不约而同地没有对中世纪英语下一个明确的定义，英语中使用 Middle English 或 Medieval English，而中文译名通常为“中世纪英语”或“中古英语”。本研究拟采信张勇先的断代，即从 1066 年至 1489 年，并将中世纪英语定义为英国诺曼征服之后到英国议会全面停止使用法语之前的这一段时期人们所使用的英语。

3. 现代英语

“现代英语”是相对于古英语和中世纪英语而言的。但因为时间跨度太大，内容太多，历史语言学者们往往习惯地把它划分为两至三个阶段。

学者们对“现代英语”的时间划分意见也不一致。加兰·坎农将 1500—1900 年划分为现代英语，又将 1500—1660 年划为早期现代英语，1660—1800 年划为权威英语，1800—1900 年划为晚期现代英语，而把 1900 年之后定义为当代英语。[⑤] 芭芭拉·芬内尔把 1500—1800 年划为早期现代英语，1800 年至今划为现代英语，并把 1509 年亨利八世

---

① Barbara A. Fennell, *A History of English : A Sociolinguistic Approach* (Beijing: Peking University Press, 2005), p. 1.

② Norman Clake, *The Cambridge History of the English Language*, *Vol. Ⅱ*, *1066-1476* (Cambridge: Cambridge University Press, 1992).

③ 威廉·卡克斯顿（William Caxton）1474 年在欧洲大陆印刷出版了第一本英语书《特洛伊故事集》，1476 年从欧洲大陆回到英国，在伦敦建立了英国第一家印刷厂，1484 年出版了《坎特伯雷故事集》（第二版）。

④ 张勇先：《英语发展史》，外语教学与研究出版社，2014，第 58 页。

⑤ 加兰·坎农：《英语史》，尹敬勋译，中国对外翻译出版公司，1987，第 169 页。

登基和 1789 年乔治・华盛顿就任美国总统作为两阶段的标志性事件。[①] 罗格・拉斯在《剑桥英语史》（卷Ⅲ）中，将早期现代英语起止年限定为 1476 年和 1776 年，即以卡克斯顿在伦敦创办第一家印刷厂为起点，以美国独立战争爆发为终点。[②] 丹尼斯・弗里伯恩把 15—17 世纪划为早期现代英语，18 世纪及之后为现代英语。[③] 艾伯特・鲍和托马斯・凯布尔没有单独划分“早期现代英语”，他们把 1500—1800 年的三百年时间一分为二，即“文艺复兴”阶段（1500—1650 年）和“呼吁权威”阶段（1650—1800 年）。[④] 苏珊娜・罗曼在《剑桥英语史》（卷Ⅳ）中将晚期现代英语起止年限定为 1776 年和 1997 年。[⑤] 张勇先直接区分了两个阶段，即早期现代英语（1489—1801 年）和现代英语（1801—现在）。加兰・坎农认为文艺复兴时期的英语还是一个学习的过程，1660—1800 年是一个规范化、标准化的阶段，19 世纪则是一个“英语传播”的时期。张勇先把加兰・坎农的前两个阶段合二为一，他认为英国的文艺复兴、宗教改革和工业革命是英语的发展期，海外扩张、国际贸易和工业革命为英语的完善和传播奠定了物质基础，到进入 19 世纪之前，英语已经成为一门可以与拉丁语和法语相媲美的语言。[⑥]

本研究综合加兰・坎农、芭芭拉・芬内尔和张勇先的断代方案，

---

① Barbara A. Fennell, *A History of English : A Sociolinguistic Approach* (Beijing: Peking University Press, 2005), p. 1.

② Roger Lass, *The Cambridge History of the English Language, Vol. Ⅲ, 1476-1776* (Cambridge: Cambridge University Press, 2000).

③ Dennis Freeborn, *From Old English to Standard English : A Course Book in Language Variation Across Time* (Shanghai: Shanghai Foreign Language Education Press, 2009).

④ Albert C. Baugh and Thomas Cable. *A History of the English Language* (Beijing: Foreign Language Teaching and Research Press; London: Routledge, 2001).

⑤ Suzanne Romaine, *The Cambridge History of the English Language, Vol. Ⅳ, 1776-1997* (Cambridge: Cambridge University Press, 1999).

⑥ 张勇先:《英语发展史》,外语教学与研究出版社,2014,第 128 页。

总体上“现代英语”为1500年至今（但仍然重视1489年的标志性意义），并将1800年作为一个分界节点，区分早期现代英语和晚期现代英语，同时出于本研究时段的考虑，有关晚期现代英语的论述只涉及19世纪末之前的文献。

（二）语言与语言教育

语言是一种人类非本能地运用自动生成的符号交流思想、情感和愿望的方式。[①] 简单地说，语言是言语交流的一种方式。这里反映出语言的两个特征：首先，语言是用于交流的，与有目的的行为有关，具有实用性特征；其次，语言是社会符号，语言的交流只有在所有参与者广泛理解了人类的那些非言语的暗示、动机、社会文化角色等互相关联的因素之后才能有效进行，因此语言是社会的、约定俗成的。[②] 语言包括语音、语法和词汇三个基本构成要素，并通过这些构成要素表达意义或意图。语言与文化密切相关，每一种语言都是一种特定文化的基本和重要组成部分。如果说两个人属于同一种文化，这就意味着他们用类似的方式解释世界，并用他们能相互理解的方式表达自己和对周围世界的思想和情感。[③] 同一种族通常拥有共同的文化和语言，在民族国家的构建过程中，语言又成为一种联结的纽带。于是语言具有了文化和政治的双重属性。不论是出于文化身份认同还是政治目的，语言教育在民族国家的建立中都占有重要地位。

语言教育与语言教学是一对相互联系又有区别的概念。前者既与宏观层面的语言规划、语言政策和语言教育政策有关，也与语言教育特有的规律和具体要求有关，属于社会语言学和教育学范畴。后者指

---

① Edward Sapir, *Language: An Introduction to Study of Speech* (New York: Harhcount, Brance & Company, 1921), p. 221.

② 胡壮麟：《语言学教程》，北京大学出版社，2002，第2页。

③ S. Hall (eds.), *Representation: Cultural Representation and Signifying Practice* (London and Thousand Oaks: Sage, 1997), p. 2.

一种有目的、有计划、有特定方法的教学活动，旨在培养、提高受教育者的语言能力，通常包括第一语言和第二语言的教学。① 语言教学属于应用语言学范畴，也是教育学中课程与教学论的一个方向。但有时候，人们把语言教育与语言教学等同起来。例如，菲利普斯（J. K. Phillips）在《外语教育：谁的定义?》（"Foreign Language Education: Whose Definition?"）一文中认为语言教育主要包括四个学习类别：交际能力、熟练程度、跨文化经验和多元文化修养。② 本研究中的语言教育主要涉及宏观层面的语言政策和语言教育政策，如在英国学校教育中采用法语或英语教授拉丁语；也涉及具体的语言教学，如英国学校教育中的双语教材、拉丁语与法语或拉丁语与英语之间的互译教学法等。

五、研究方法和研究思路

（一）研究方法

语言教育是一个综合性、跨学科的研究领域，它涉及历史学、社会学、语言学和教育学等多学科领域。本研究旨在探索英国现代英语教育的历史变迁及其内在综合驱动要素，既需要梳理有关语言教育历史文献、分析社会政治经济等领域背景，又需要进行各类文本解读、话语分析和社会身份建构的理论探索。本研究主要采取以下方法：

1. 历史研究法

历史研究法是通过系统地搜索和组织数据，以更好地了解历史现

---

① H. H. Stern, *Fundamental Concepts of Language Teaching* (Oxford: Oxford University Press, 1983).

② J. K. Phillips, "Foreign Language Education: Whose Definition?" *Modern Language Journal*, no. 2(2007): 266-268.

象及其可能的因果关系的方法。[①] 按照历史的发展顺序，对历史资料进行检索、收集、梳理和分析，结合有关史料和重大历史事件，有利于探寻事物发展背后的历史真相和影响因素。本研究涉及英国 16—19 世纪现代英语教育的历史变迁，运用历史分析法，既可以横向了解英国本土与海外殖民地相关的英语教育历史，又可以纵向把握英国现代英语教育的发展脉络、规律和特征。

2. 文献研究法

文献研究法涉及对二次文献和一次文献的研究。二次文献是作者对其他人所提出的研究、理论、教育的实践与方案等所做的评述，而一次文献是实际从事研究工作的人所撰写的出版物。[②] 检索、阅读、记录、鉴别和整理二次文献可以对别人在这个方面所做的研究有一个整体认识，并逐渐形成自己研究的思路和方法。但二次文献往往表现为对自己的研究选题支撑不足，或缺乏新意。因此需要寻找一次文献进行补充，而且一次文献更为关键。本研究的文献工作主要包括：

①收集和整理与英国 16—19 世纪现代英语教育有关的文献，并对这些文献进行梳理和分析归纳。

②收集这一时期有关教育的各级机构（政府、教会、学校等）的政策文本、相关团体的教育诉求文本、有关教育家的著作、有关文学家的作品等，并对这些文本中涉及语言教育的内容进行文本分析，寻找新的突破点。

3. 比较研究法

一般说来，比较研究法是一种定量研究，通常需要进行分组，以

---

① 梅瑞·迪斯高尔、乔伊斯·高尔、沃尔特·博格：《教育研究方法》（第六版），徐文彬、侯定凯、范皑皑等译，北京大学出版社，2016，第 400 页。

② 梅瑞·迪斯高尔、乔伊斯·高尔、沃尔特·博格：《教育研究方法》（第六版），徐文彬、侯定凯、范皑皑等译，北京大学出版社，2016，第 64—65 页。

比较不同自变量或不同因变量引起的相对变化或差异。[①] 本研究拟对英国不同历史阶段不同语言教育发展进行考察，通过比较分析，既有利于厘清思路、总结特点、揭示发展轨迹和规律，也有利于寻找差异、发现空间、获取启迪和借鉴。

（二）研究思路

本研究以英国“现代英语”教育的历史变迁为出发点，运用历史研究、文献研究和比较研究等方法，分阶段对16—19世纪现代英语教育的政策和现状进行考察，从社会、政治、经济、宗教、文化等角度，总结归纳其历史发展特点和历史演变，并通过整理英国各社会阶层、势力群体或个人对于语言教育的影响，分析影响英国语言教育变迁的内在综合驱动要素。

本研究第一步是背景分析，从英格兰民族国家的形成、民族文学的发展、民族语言的确立以及“现代英语”教育的兴起等方面描述英国“现代英语”教育的背景。第二步是特征分析，首先针对英语作为英格兰民族语言、威尔士和苏格兰通用语及英国移民的第二语言的相关教育分析“现代英语”教育的民族特性，其次从英语教育对殖民地本族语教育、社会生活和意识形态等方面的影响分析其文化殖民特性，最后从驱动要素、政策调整和文化转向分析现代英语教育的全球化视野。第三步是综合评价，从英语教育作为英国语言文化教育、民族身份教育和国家发展战略等角度综合分析英国“现代英语”教育的价值与局限。

本研究从时代背景和史实出发，先宏观再微观，从教育政策到教育机构，从教育目的到教育内容和方法；先描述再分析，基于现状归纳特征，分析其背后的驱动要素，以及对当时社会各方面产生的影响。

---

① 梅瑞·迪斯高尔、乔伊斯·高尔、沃尔特·博格：《教育研究方法》（第六版），徐文彬、侯定凯、范皑皑等译，北京大学出版社，2016，第239页。

在背景和要素分析中，把史实放入当时社会语境的大背景之下，抓住主要的社会关系，考察不同话语主体在话语实践中如何影响知识和信仰体系的建构，如何影响和重构话语秩序。具体地说，本研究拟从社会语言学理论视角出发，通过对相关历史文献进行二次分析和对一手文献进行文本分析，指出了仅仅从历史、权力、经济单一视角出发分析英语语言教育的缺点和不足，探究了英国16—19世纪各社会阶层、势力群体及个人在各历史阶段的社会语境下话语身份的建构及其对语言教育的影响。最后，归纳总结有关英国“现代英语”教育研究的成就与不足，针对后期英国语言教育研究规划和我国语言规划及语言教育政策提出合理化建议。

六、研究的理论视角

语言教育既属于教育学范畴，也属于文化学范畴。关于语言教育史，我们不仅可以从历史学和语言学层面进行研究，也可以将它与社会学、文化学结合起来。例如，从社会语言学视角对语言教育历史发展要素进行“话语分析”（discourse analysis）。

（一）话语理论

在人文和社会科学领域，语言研究出现“文化转向”的同时，文化研究也出现了一种“语言学转向”。学者们认为“语言”是理解世界和建构文化的主要工具和媒介。正如雷蒙德·威廉斯（Raymond Williams，1921-1988年）所说：“文化是英语语言中最复杂的两三个概念之一。”[①] 理解一种文化就是在物质和制度的背景下探索如何通过语

---

① Raymond Williams, *Keywords: A Vocabulary of Culture and Society*, *Revised ed.* (New York: Oxford University Press, 1985), p. 87.

言的指示性实践产生意义。[1] 正是基于这样的原因，裴迪南·德·索绪尔（Ferdinand de Saussure）在20世纪初提出语言和言语这一对语言学概念。前者指语言的共同构成规则和形式，后者指语言规则在实际使用中的具体体现。[2] 在这个基础上，语言学家米歇尔·福柯（Michel Foucault）提出了“话语”的概念，用以指特定社会语境中人与人之间从事沟通的具体言语行为，及特定说话人与受话人之间在特定社会语境中通过文本而展开的沟通言语活动，包括说话人、受话人、文本、沟通、语境等要素。[3]

与“话语”有关的概念就是“话语分析”。早期的“话语分析”研究是20世纪50年代末以哈里斯（Zellig Harris）[4] 和米切尔（T. F. Mitchell）[5] 为代表。20世纪60年代海姆斯（D. Hymes）主编了一本《文化和社会中的语言：语言学和人类学读本》（*Language in Culture and Society : A Reader in Linguistics and Anthropology*）论文集，其中有些论文涉及对话语结构活动的研究。[6] 海姆斯提出话语模式的描述方法、概念、术语和理论框架，用以指导言语社区话语分析，并发现各种言语社区的话语规则。20世纪70年代有关话语分析的专著和文集开始大批出现。社会学开始了对日常交际言语的分析，试图发现其规

---

① Chris Baker and Dariusz Galasińsky. *Cultural Studies and Discourse Analysis*(London: Sage Publications,2001),p. 4.

② Ferdinand de Saussure,*Course in General Linguistics*,W. Baskin trans. (1915)(New York,London:McGraw-Hill,1966).

③ 1970年春天,米歇尔·福柯当选为法兰西学院(College de France)院士,在就职演说《话语的秩序》(L'ordre du Discours)中提出“话语”的概念。

④ Zellig Harris,“Discourse Analysis,”*Language* 28,no. 1(1952):1-30.

⑤ T. F. Mitchell,“The Language of Buying and Selling in Cyrenaica,”*Hespéris*,no. 44(1957):31-71.

⑥ D. Hymes(eds.),*Language in Culture and Society : A Reader in Linguistics and Anthropology*(New York:Harper & Row Publishers,1964).

律性特征。语言哲学家奥斯汀（J. L. Austin）、塞尔（J. Searle）和格莱斯（H. Grice）所创立的言语行为理论（Speech Act Theory）成为话语分析的一种理论框架。① 拉波夫和范舍尔（Labov & Fanshel）基于言语行为理论创立了话语分析模式和方法，并将其运用到语言变体研究，阐释了社会和语言因素对某一语言社区中语言变体模式的影响。②

社会语言学研究语言和社会的关系，研究者们都会谈到“身份”问题。尽管“身份”并不稳定，但可通过社会实践和规范的、可预见的行为使之暂时稳定下来。③ 这里的“身份”体现出两种情形，即独特的个性身份和具有共同特质的为他人所认同的身份。“社会语言学普遍认为决定语言和身份的最初和最重要的场所是家庭和本地社区。”④ 而民族身份的获得往往要基于共同的文化、信仰、价值观念和行为。迈克尔·拜拉姆认为个人的民族成员身份要通过社交获得，并通过与他人的语言交互得以内化和保持。⑤

当话语分析广泛用于外语课堂教学、新闻、政治、流行文化等教育、社会和文化语境的研究时，“话语身份”成为研究者关注的焦点之一，研究者不断探索在不同情境中话语主体如何突出其“话语身份”或如何实现“身份认同”。

以往关于“话语身份”的研究大多数处于微观层面，也很少突破语言本体的研究。但近年来开始有学者尝试运用话语理论讨论教育机

---

① J. L. Austin, *How to do Things with Words* (Oxford: Oxford University Press, 1984).

② William Labov and David Fanshel, *Therapeutic Discourse: Psychotherapy as Conversation* (New York: Academic Press, 1977).

③ Chris Baker and Dariusz Galasińsky, *Cultural Studies and Discourse Analysis* (London: Sage Publications, 2001), p. 31.

④ Ben Rampton, *Language in Late Modernity: Interaction in an Urban School* (Cambridge: Cambridge University Press, 2006), p. 22.

⑤ Michael Byram, *From Foreign Language Education to Education for Intercultural Citizenship* (Shanghai: Shanghai Foreign Language Education Press, 2014), p. 138.

构身份建构的话题。广东外语外贸大学陈建平教授 2016 年和 2017 年先后发表两篇文章，他在《中外大学机构身份话语建构比较研究》一文中通过审视国内外大学机构身份建构研究的理论与方法以形成适用于高校机构身份话语建构模式的比较研究框架（如图 0-1 所示）。“这个框架由宏观、中观、微观分析形成整体，对接批评话语分析的语篇—历史分析方法的历史语境分析层面，通过引入高等教育理论视角，形成了中观分析的三个核心维度，较好地解决了微观分析和宏观分析之间的连接”。[①] 这一框架更有利于探索中外高校机构身份的话语建构模式。他在《中英美大学机构身份的话语建构策略比较》一文中基于此前的分析框架，比较不同社会文化语境下大学身份建构话语策略。[②] 这是身份话语建构理论和实践研究的新尝试。

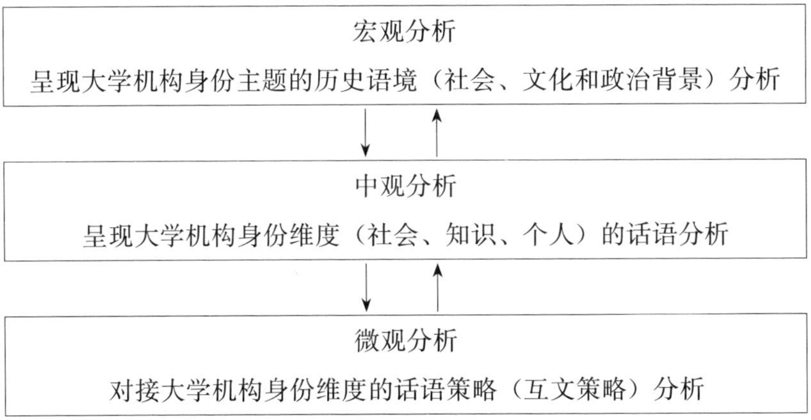

图 0-1　大学机构身份话语建构策略及建构模式分析框架

（二）英国语言教育话语分析

本研究认为，上述话语身份建构模式也可扩大到语言社区、民族

① 陈建平:《中外大学机构身份话语建构比较研究》,《中国外语》2016 年第 4 期。

② 陈建平:《中英美大学机构身份的话语建构策略比较》,《现代外语》2017 年第 1 期。

和民族国家。如图 0-2 所示，在大不列颠，不同地域说不同语言者具有不同的话语身份。

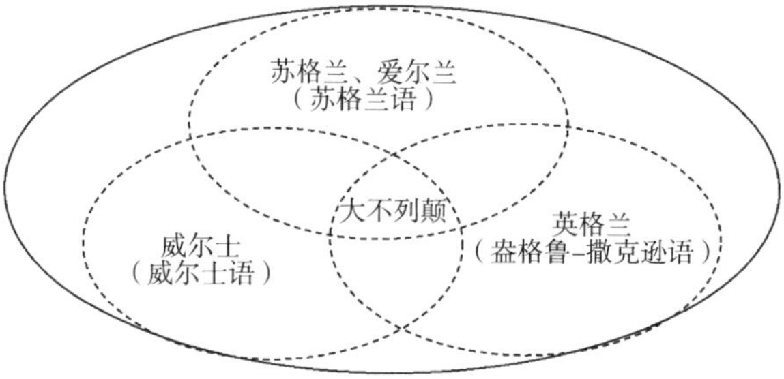

图 0-2　不列颠主要民族及语言谱图

在本研究中，在某一特定历史时期，族群、教会、王室与贵族、新兴资产阶级、中产阶级、平民以及其他的势力团体和个人都在某一特定文化语境下构建话语身份，或寻求身份认同。通过话语身份建构，族群内部与族群之间、社会各阶层或势力团体之间不断凸显其话语身份或寻求身份认同，体现出文化的多样性和趋同性，并对语言的选择和运用产生直接影响。如图 0-3 所示，在英国，不同话语主体（如新兴资产阶级）通过特定语言社区情境（如议会）影响教育话语，建构特定话语秩序。

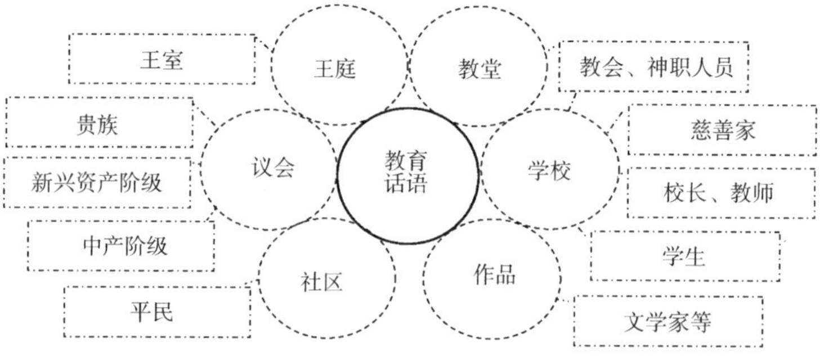

图 0-3　英国教育话语身份建构体系

本研究初步建立英国语言教育话语分析理论框架（如图 0-4 所示），基于相关话语群体（如族群、教会、王室、学校等）和个体（如教育家、文学家等）的文献资料，通过文本分析，归纳他们通过何种话语策略，凸显话语身份和寻求身份认同，影响语言教育。

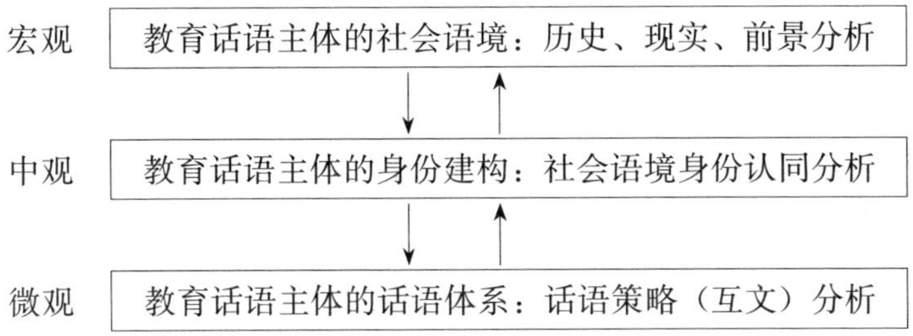

图 0-4　英国语言教育话语分析理论框架

这一理论框架基于社会语境，囊括权力因素、经济因素、历史因素等，并且延伸到具体“人”的层面，有利于挖掘各社会群体或个体在语言教育过程中的社会心理与身份认同建构。

第一章　英国“现代英语”教育地位的确立

英格兰民族以盎格鲁-撒克逊族群为基础，进而发展成一个民族国家。英语语言以盎格鲁-撒克逊语为基础，经历了从古英语到中世纪英语，再到“现代英语”的漫长发展过程。期间，英格兰在领土主权上先后受到古罗马、威金人、诺曼法国人等外族入侵和统治；在宗教信仰上从崇拜本民族神祇到皈依基督教，又改革本国天主教派，建立国教；在语言上从早期普遍使用古英语发展到诺曼王朝多语并存的局面（即教会使用拉丁语、王室和贵族使用诺曼法语、平民使用英语），再到都铎王朝建立之后，英语开始成为普遍使用的语言，并从普通民众的生活语言发展成为文学语言，在作家、语言学家和教育家们的共同努力下，最终发展成为规范的标准语言。从 16 世纪开始，“现代英语”教育在英国社会、学校和家庭的优势地位得以确立。

第一节　民族国家的建立

顾名思义，“民族国家”既有其“民族学”属性，也有其“政治学”属性。尽管中西方学者对“民族国家”的认识尚未统一，但这并不妨碍人们从不同角度对民族国家进行界定，也不影响人们探究其形成要素。

马克思的“国家理论”建立在资本主义战胜封建主义的基础上，

“通过保障私人财产，国家成为一个独立的整体，与市民社会并列并游离于其外；但它仅是一种组织形式，是资产阶级保护内部和外部利益，保障自己的财产和利益所必须的”[①]。他的“国家”概念指的是现代国家，本质上是资本主义国家，与经济结构密切关联。意大利马克思主义者安东尼奥·葛兰西（Antonio Gramsci）则认为：“如果想把每种意识形态斗争都直接归因于经济结构，那是不妥的。”在他看来，矛盾冲突主要在于内部的组织性特征。[②] 他的“霸权理论”似乎更关注国家权力行使过程中各社会力量之间的关系，关注国家在确保统治阶级的霸权中所起的广泛意义上的“教育”和教化职能，以及民族、宗教和文化体制的历史特性。[③] 这两个理论是分别在考察 19 世纪德国和 20 世纪意大利的基础上建立起来的，还不能被看作是一般性的“国家理论”，至少不能被用来解释英国的一切。

不过，我们仍然可以汲取马克思、恩格斯和葛兰西有关“国家”形成的理论，用以考察英国民族国家的形成，以及其国家与教育，特别是与语言教育之间的关系。

英国民族国家的形成时期从 8 世纪延续到 18 世纪，这期间经历了从族群到民族王国，再到多民族的独立国家的漫长历史发展。

一、从族群到民族王国

关于英吉利民族的早期历史，除了威尔士修道士吉尔达斯

① K. Marx and F. Engels. *The German Ideology*, E. J. Arthur(eds.)(London: Lawrence & Wishart, 1970), p. 80.

② A. Gramsci, *Selections from the Prison Notebooks*, Q. Hoare and G. Nowell Smith (eds.)(London: Lawrence & Wishart, 1971), p. 408.

③ 安迪·格林：《教育与国家形成：英、法、美教育体系起源之比较》，王春华等译，教育科学出版社，2004，第 102 页。

（Gildas，约 516—570 年）在 540 年左右完成的《哀诉不列颠的毁灭》（*Liber querulus de excidio britanniae*）外，我们主要得感谢下列两位：一位是诺森布里亚贾罗修道院的修士，人称“可敬的比德（the Venerable Bede）”，他在 731 年完成了《英吉利人民教会史》（*Ecclesiastical History of the English People*）；另一位是 9 世纪后期的阿尔弗雷德大帝（Alfred the Great，871—899 年在位），他组织编纂了《盎格鲁-撒克逊编年史》（*The Anglo-Saxon Chronicle*）。

（一）族群起源

有关英格兰人的祖先，据比德的研究，“这些新来的人来自日耳曼的三个较为强大的民族，即撒克逊人、盎格鲁人和朱特人”[①]。

这些部落在大约 5 世纪从北欧入侵不列颠群岛，其中盎格鲁人和撒克逊人主要生活在大不列颠东部和南部地区（如图 1-1）。后来的考古发掘也大体上证实了比德的分析。《盎格鲁-撒克逊编年史》（简称《编年史》）也记录了当时一些首领到达苏格兰南方海岸的史实，比如 Aelle 于 477 年来到苏塞克斯，Cerdic 和 Cynric 于 495 年来到韦塞克斯：

> 这一年，有两个首领率领 5 艘船进入不列颠，即 Cerdic 和他的儿子 Cynric……他们在同一天与威尔士人作战。他死后，儿子 Cynric 继任，在位 6 年，然后又延续 20 个春秋。Cynric 死后，他的儿子 Ceawlin 继位，在位 17 年。Ceawlin 死后，Ceol 继位，在位 5 年。他死后，兄弟 Ceolwulf 继位，也在位 17 年。他们都是由 Cerdic 一脉相传。[②]

---

① 比德：《英吉利教会史》，陈维振、周清民译，商务印书馆，1996，第 48 页。

② Martin Wall, *The Anglo-Saxon Age: The Birth of England* (Stroud: Amberley Publishing, 2016), p. 32.

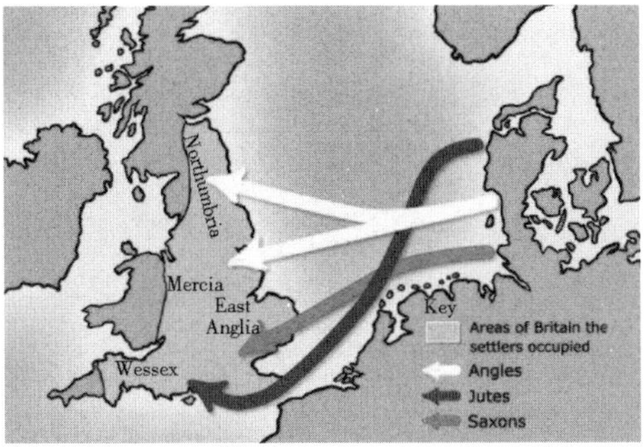

图 1-1　日耳曼民族入侵不列颠

类似上述的记录很多，这种编撰方式被认为是为了保存神圣的系谱，试图确立盎格鲁-撒克逊王朝更替不间断的证据。

那些王国和地区在大约 600 年时为自己贴上的标签——“盎格鲁人”“撒克逊人”“朱特人”等——很可能是为了表明其统治者和上层集团的来历。[①] 当时英国的氏族社会开始瓦解，封建社会逐渐萌芽。日耳曼诸部落以盎格鲁-撒克逊人为主，形成了一些小国，国王是世袭的封建君主，同时也是最大的土地所有者。[②]

6—7 世纪也是英格兰从族群逐渐发展为民族的历史时期。盎格鲁-撒克逊人十分好斗，战争使当时结构松散的地方村落发展成为强大的诸王国。到 7 世纪初，盎格鲁-撒克逊人先后在英格兰建立起七个强国（如图 1-2 所示），他们分别是肯特（Kent）、韦塞克斯（Wessex）、东盎格利亚（East Anglia）、苏塞克斯（Sussex）、埃塞克斯（Essex）、诺森布里亚（Northumbria）和麦西亚（Mercia）。这个时期史称“七国时代”，也成为后来英吉利王国的雏形。

---

① John Blair, *The Anglo-Saxon Age* (Beijing: Foreign Language Teaching and Research Press, 2013), pp. 3-4.

② 孙正达主编《英国》，当代世界出版社，1997，第 9—10 页。

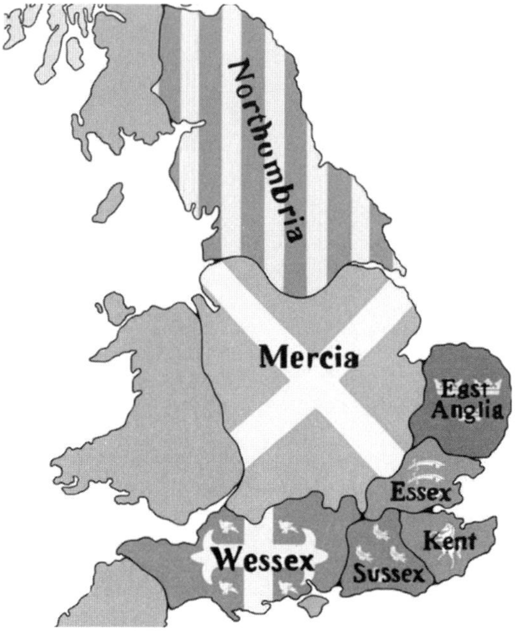

图 1-2　英格兰七王国

此外，还有许多王国在部族扩展中，或者在大国解体中不断涌现。来自不同王国的国王，先后对全部或者大多数盎格鲁-撒克逊民族实施过某种形式的统治。比德就提到过他们中苏塞克斯的艾拉（Aelle）、韦塞克斯的卡伊琳（Ceawlin）、肯特的埃塞尔伯特（Æthelberht）、东盎格利亚的雷德沃尔德（Raedwald）、诺森布里亚的爱德文（Edwin）和奥斯瓦尔德（Oswald）等。[①]

（二）英吉利民族的形成要素

民族是指经长期历史发展而形成的稳定共同体，一群基于历史、文化、语言与其他人群有所区别的群体。人类最早的社会集团是原始群，随着生产力的发展和生产的需要，才结成稳定的集体——氏族，

① 比德：《英吉利教会史》，陈维振、周清民译，商务印书馆，1996，第 111 页。

几个亲属氏族又结合成部落。二次社会大分工破坏了氏族部落内部的血缘关系，在更大规模上以地缘关系结合成规模更大的共同体——民族。一个民族的形成往往基于不同要素，英吉利民族的形成源自于血缘关系与主从关系、财富与权力、共同记忆等诸多要素的共同作用。

1. 血缘关系与主从关系

一种比较能被普遍接受的观点认为，在整个盎格鲁-撒克逊历史阶段，血缘关系与主从关系是维系英吉利民族最牢固的社会纽带。[①]

在英格兰，一个家族和依附者们有时会组成一个定居点，共同分享资源。这种“亲缘”关系给定居地留下印记，体现在大量地名的后缀（如-ing，-ingham，-tington 等），例如，Hastings 的意思是 the people of Haesta（哈斯塔的族人），Reading 的意思是 the people of Reada（拉达的族人），Workingham 的意思是 the farm of Wocca's people（沃卡族人的田地）。

盎格鲁-撒克逊人秉性骄傲、独立，既有很强的家族观念，又有英雄情结。所有男人都相信自己终将一死，但必须在战场上像英雄般死去，为效忠主人而死，从而获得永恒的名声。为抵御共同的敌人，他们会团结起来，选出自己的首领，或者在君王的统领下作战。部族对主人宣誓效忠，如同下面这首古英语诗歌所唱：

> 我发誓，我决不从我站立之处后退一步，
> 我将奋勇向前，
> 用战斗为朋友和主人复仇。
> 我的行为决不会给斯图尔的勇士们带来耻辱，
> 现在主人已经倒下，了无生气。

---

① John Blair, *The Anglo-Saxon Age*(Beijing: Foreign Language Teaching and Research Press, 2013), p. 5.

——既已离家，
没了主人，我也决不离开战场。
唯有刀尖或利刃，
才能夺去我的生命。[①]

最早的威尔士诗歌所描述的社会与盎格鲁-撒克逊社会非常相似，同样强调忠于首领，重视财产和赏赐，重视武士们之间的同袍关系。[②]这些来自游吟诗人口头传颂的故事、诗歌中的传奇和民间神话一直被认为是我们研究英格兰民族历史的最可靠资料来源。

2. 财富与权力

如果说血缘关系与主从关系是构建族群和民族的重要纽带，财富与权力则是首领或国王凝聚各自部族和同盟的核心要素。

通常，首领或国王会通过神话塑造自己的伟大形象。盎格鲁-撒克逊社会的重要神祇是古斯堪的纳维亚后期神话中的那些神灵：提乌（Tiw）、沃登（Woden）和托尔（Thor）。[③] 人们视自己的部族首领为北欧诸神（如沃登）临凡。[④] 英吉利国王们的祖先都被奉为半传奇式的人物，说书人在烟雾缭绕的草堂里传颂着他们的英雄事迹。国王死后，随从们会将他和大量珍宝一起埋葬，并歌颂他的丰功伟绩。就像中世纪史学家杰弗里（Geoffrey of Monmouth）笔下的亚瑟王（King Arthur）一样，流传下来的史诗《贝奥武甫》也记录了东盎格利亚人

---

① John Blair, *The Anglo-Saxon Age* (Beijing: Foreign Language Teaching and Research Press, 2013), p. 6.

② John Blair, *The Anglo-Saxon Age* (Beijing: Foreign Language Teaching and Research Press, 2013), p. 12.

③ John Blair, *The Anglo-Saxon Age* (Beijing: Foreign Language Teaching and Research Press, 2013), p. 6.

④ Martin Wall, *The Anglo-Saxon Age: The Birth of England* (Stroud, GL: Amberley Publishing, 2016), p. 14.

在萨顿胡（Sutton Hoo）的海边为他们的国王祈祷：

> 他们颂着挽歌以表悲伤，
> 歌颂着他，哀悼着他们的国王。
> 他们赞美他的气概和浑身的武艺，
> 他们说，在全世界的国王里，
> 他最亲切，最和蔼，
> 他对待臣民最仁慈，对待名声最钟爱。[①]

更重要的是，首领或国王需要通过赏赐财富和珍贵武器吸引高贵武士。史学家们发现7世纪的政权更迭频仍，国王们似乎很快就获得了至高无上的权力，却很难保持长久。究其原因，一种观点认为，这是“因为权力和征服是通过军事实力获得的，而军事实力是通过赏赐聚集的，赏赐又依赖于财富，而财富又得靠权力和征服才能获得”[②]。例如，在比德眼里，德伊勒（Deira）王国的“奥斯温王（King Oswine）英俊魁梧，说起话来和蔼可亲，彬彬有礼。他对所有人慷慨大方，不管他们身份高低。正因如此，他为有着与君王身份相称的心地、外表和行为，而深受所有人爱戴。附近四面八方的人，甚至是最有身份的人都纷纷向他投靠”[③]。但是，当一个国王失势了或者去世了，之前遭到亲族流放的王室成员和贵族就可能重新寻找一个既慷慨大方又意趣相投的君王。

---

① Robert Tombs, *The English and Their History* (New York: Vintage Books, 2016), p. 29.

② John Blair, *The Anglo-Saxon Age* (Beijing: Foreign Language Teaching and Research Press, 2013), p. 16.

③ 比德：《英吉利教会史》，陈维振、周清民译，商务印书馆，1996，第180页。

3. 共同记忆

8世纪初期尽管离统一的英格兰王国仍然十分遥远，英格兰人已经开始意识到他们在种族和文化上是一个统一体。他们不仅有着亲近的血缘关系，而且说着相似的语言，有着相似的文化背景。这时已经出现了“英吉利人”（English People，or gens Anglorum）的概念。比德的著作《英吉利教会史》的书名就证实了这一点。他们自称英吉利人，将自己看作是英吉利民族的一员，建立英吉利王国，然后又将他们的国家命名为英格兰。这都是历史的产物：一是由于在他们身上所发生的一切，二是出于在不断的历史变迁中，他们对自己经历的记忆。① 具体地说，皈依基督教和抵御外敌是英吉利人的共同记忆，是构成共同民族意识的基石。

首先，基督教不仅是整个西方文明的基石，同时也是英格兰文明的基石。因为基督教，“英吉利人”被赋予了如影随形的宗教文化内涵，形成了除亲族关系之外另一种新的身份认同。

如前所述，盎格鲁-撒克逊社会的主要神祇是提乌、沃登和托尔等北欧诸神，他们的名字不仅由星期二、星期三和星期四流传了下来，也保存在 Tuesley（位置在萨里郡）、Wednesbury（位置在斯塔福德郡）、Thursley（位置在萨里郡）等地名里。即使在皈依基督教后，英格兰人仍然用他们过去的女神 Eostre 为基督教的重要节日——复活节（Easter）命名。②

597年，受罗马教皇格里高利（St. Gregory）派遣，一位名叫奥古斯汀（Augustine）的罗马修士率领传教团来到肯特。或许因为来自法兰克的王后是基督徒的缘故，肯特国王埃塞尔伯特（King Æthelberht）

---

① Robert Tombs. *The English and Their History*（New York：Vintage Books，2016），p. 3.

② John Blair. *The Anglo-Saxon Age*（Beijing：Foreign Language Teaching and Research Press，2013），p. 6.

也很快接受了洗礼。奥古斯汀在坎特伯雷建立了一座修道院（拉丁语为 monasterium，古英语为 mynster，现代英语为 minster 或 monastery），并于 601 年就任首任坎特伯雷大主教。随后埃塞克斯、东盎格利亚、诺森布里亚、韦塞克斯等王国也相继皈依基督教。到 7 世纪 60 年代，基督教在几乎所有英格兰王国建立了修道院。

基督教在英格兰的传播影响着英格兰社会生活的方方面面。国王接受基督教，因为有利于他们的统治；贵族们接受基督教，因为他们发现在物质利益上能实现双赢；普通老百姓接受基督教，除了一种对神的崇拜和心理寄托，或许更是因为他们找到了一种除亲族关系之外的文化联结和身份认同。“在以亲族为基础的英格兰人看来，与由一位主教在城镇大教堂里官僚式地管理其主教区的罗马模式相比，修道院作为宗教组织和集聚地的核心单位更符合情理：毕竟修道院院长，如同所有日耳曼首领一样，是其家庭的父亲。”① 于是，基督教教区与英格兰人的社区合一，教会在城镇或要塞建立修道院，或者人们在建了修道院的地方聚居而形成城镇。例如，635 年，韦塞克斯的首任主教在被赐予的一处罗马要塞（位于泰晤士河上的罗切斯特）建造他的主教驻地，比德将该要塞称之为“镇子”（civitas）。在 9 世纪后期比德作品的译本中，人们并非将 urbana loca 翻译为“城镇”（towns），而是译为“修道院所在地”（minster places）。② 考古发现证明，有些城镇的生活遗迹都围绕在修道院周围，手工业者和工匠们构成最初有组织的社区。

其次，如果说“英吉利人”的身份最初是一个宗教概念，那么在抵御外族入侵的过程中，“英吉利人”被赋予了政治内涵，继而改变了

① John Blair. *The Anglo-Saxon Age* (Beijing: Foreign Language Teaching and Research Press, 2013), p. 25.

② John Blair. *The Anglo-Saxon Age* (Beijing: Foreign Language Teaching and Research Press, 2013), p. 30.

不列颠岛的政治结构。[①]

《编年史》记载了789年威金人（the Vikings，意思是“北欧海盗”，指当时入侵不列颠的挪威人和丹麦人）对韦塞克斯的第一次攻击。此后威金人对英格兰南方和北方（包括林迪斯凡、贾罗、艾奥纳等）的攻击不断，尤其在9世纪中期对肯特的袭击，无论是规模还是频率，都严重威胁到英格兰的古老文明（如图1-3所示）。阿尔弗雷德大帝作为韦塞克斯人的国王在民族危难中拯救了英格兰，他组建军队，致力于确保自己王国的安全，同时也加强他在丹麦防线以西和以南地区的权威。据《编年史》记载，在5月初时：

> 复活节以后的第七周，他骑马到塞尔伍德以东“埃格伯特之石”。在那里所有的萨默塞特人和威尔特郡人以及大海那边的汉普郡人都来与他会合，他们很高兴见到他。过了一夜，他从当地的营地前往伊利，又过了一夜，去到埃丁顿。在那里，他同全体丹麦军队作战，将他们赶跑，一起追到堡垒那里。[②]

在这种形势下，其他王国愿意接受韦塞克斯的控制，或者说宁愿选择他而不是丹麦人。

886年，阿尔弗雷德攻占伦敦。有人说，如果我们需要一个英吉利王国的诞生日，这个时间应该是最好的。[③] 阿尔弗雷德没有将他的臣民称为撒克逊人，而是用了一个最早出现在麦西亚的“Anglecynn”（英吉利人），亦即“Englishkind”来表示，并把他们的语言称为

① Robert Tombs. *The English and Their History* (New York: Vintage Books, 2016), p. 29.

② 寿纪瑜：《盎格鲁-撒克逊编年史》，商务印书馆，2004，第82页。

③ Eric John, In John Campbell. *The Anglo-Saxons* (Oxford: Phaidon Press, 1982), p. 160.

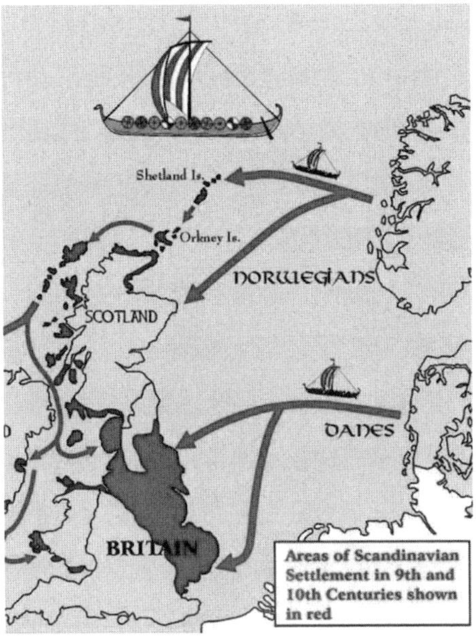

图 1-3 挪威人和丹麦人入侵不列颠

"Englisc"。他寻求一种我们称之为民族构建的政策——"他试图说服他的臣民，他是在重建英吉利，尽管是循着比德提供的模式，他实际上是在创建一个英吉利民族。"[①] 他命令制定法典，既结合了韦塞克斯、麦西亚和肯特的习俗，又用《圣经》教义和教会法加以修饰。这是统一和地位的象征，而不仅仅是统治工具，毕竟当时的法律实际上是口头的和遵循惯例的"民权"。[②] 虽然阿尔弗雷德被认为是"Anglecynn"土地的捍卫者，但也有学者似乎并不认同他们在当时已经成为一个民族。[③]

---

① Sara Foot, "The Making of Angelcynn: English Identity before the Norman Conquest," *Transactions of the Royal Historical Society*, no. 6(1996): 27, 32-33.

② Robert Tombs, *The English and Their History* (New York: Vintage Books, 2016), p. 31.

③ Robert Tombs, *The English and Their History* (New York: Vintage Books, 2016), p. 32.

Englaland（或 Englalond）一词到 10 世纪以后才出现。不过，阿尔弗雷德所使用的 Anglecynn 已经成为 9 世纪末盎格鲁-撒克逊人共有的标志。至少可以说，在抵御外敌入侵的斗争中，盎格鲁-撒克逊人的民族意识已经明显增强。

（三）英吉利民族王国的形成

10 世纪前期正是英吉利王权的形成期。920 年，所有不列颠的统治者归顺“韦塞克斯王”老爱德华（Edward the Elder，899—924 年在位），尊他为“父亲和君王”——不过这只表示地位，而非主权。① 924 年，爱德华的儿子阿特尔斯坦（Athelstan，924—939 年在位）继位，他征服了丹麦人占领的东北部，他也被尊为不列颠的最高君主。937 年，他又粉碎了丹麦人与苏格兰人的联合入侵，从而巩固了他作为“rex Anglorum”（英吉利国王）的地位，并成为第一个自称“英吉利国王”（King of the English）的君主和第一个真正统治所有英吉利人的君主。到 973 年这种“归顺”达到高潮：8 个不列颠国王对爱德华的孙子埃德加（Eadgar，959—975 年在位）宣誓效忠。

这一时期的 Anglecynn 可以称之为一个萌芽期的民族国家。他们的边界得以广泛建立；有了清晰而同质的惯例法体系；有了英吉利人的教堂，他们为国王和他的军队祈祷；也有了自己的货币制度，数百万的银币上印着国王的头像和头衔；基于郡（scir，亦即 shire）的管理体系也开始在全国多数地方得以建立，武士贵族，亦即领主（thegns），和自由民（ceorls）定期到郡法庭和地方法庭开会，大领主和高级教士，当时的议会成员（witans，亦即 the councillors）应国王召集参与典礼、献策、解决争端、审理叛国案件、支持王室议案等。② 所有这些

---

① Robert Tombs, *The English and Their History* (New York: Vintage Books, 2016), p. 34.

② Robert Tombs, *The English and Their History* (New York: Vintage Books, 2016), p. 36.

既反映出英吉利统治者自上而下的强有力统治，也体现英吉利民众自下而上对社区公共生活的积极参与，更重要的是体现了英吉利社会框架正在逐渐形成。到 1000 年之前，英吉利就已拥有了“英格兰”（Englalond）这个出现在《编年史》中的名字。

二、从民族王国到民族国家

1066 年忏悔者爱德华死后，他的表兄弟、诺曼底威廉公爵自称为爱德华的合法继承人，带领军队在哈斯丁斯（Hastings）打败了枢密院推选的继承人哈罗德，随后由约克大主教奥尔德雷德（Archbishop Aldred of York）在威斯敏斯特大教堂为其主持加冕仪式，从而开创了诺曼底王朝。威廉一世（William Ⅰ）（又称征服者威廉，William the Conqueror，1066—1087 年在位）剥夺哈斯丁斯战役幸存的英格兰贵族和叛乱者的土地，采取封建分封制，将剥夺来的土地赐给自己的追随者，将课税等权力授予他的伯爵、男爵，将等级和权力依附其支配的土地，通过这种方式加强对全国的控制。英格兰的封建化过程历经诺曼底王朝、金雀花王朝、兰开斯特王朝和约克王朝，这一时期也是英格兰民族主义的发展时期。期间，既有王室、贵族和教会的权力博弈，又有国内与国外、国内敌对势力之间的血腥斗争；既有王朝和王权的更迭，又有社会各阶层力量的兴衰，社会诸要素共同作用促进了英格兰民族国家的形成。

（一）经济基础

从诺曼底王朝（1066—1154 年）开始，国王通过土地和爵位分封制，将产业与政权相结合，加速了英格兰的封建化进程，为英格兰民族国家的政治统治奠定了经济基础。

征服者威廉虽已正式加冕为王，他的宝座依然摇摇欲坠。从 1067 到 1070 年，每年都有反抗诺曼人统治的起义爆发。此后的几个王朝也不时发生叛乱。英格兰人不愿意在自己的国家中成为受压迫的多数派，因为那样意味着他们所接受的不仅是一个新的王室、一个新的统治阶级，还有新的文化和语言。从狭义民族主义视角看，诺曼人对英格兰的统治是外族对本民族的同化，但从整个历史进程来看，这加速了英格兰的封建化进程。

具体地说，英格兰统治者采取了如下手段：

1. 采用激烈手段攫取原有贵族财产，重构统治阶层

在威廉一世统治期间，或战争，或流放，或没收，一场英国历史上最大的财产大挪移将 4000—5000 名英格兰领主消灭殆尽。他们有的被处决，有的被监禁，更多地被驱逐，或者沦为受压迫者。威廉每征服一地，便“留少数诺曼人居守，赐以土地，授以政府之职权”，对于那些参与哈斯丁斯战役及其他战役抵抗威廉的撒克逊诸王及其贵族，威廉将“其地主之权力悉数充公”，“其充公之土地，或为王用，或分予功臣，全无吝啬。予其弟罗伯（Robert of Martain）之庄园共计七百九十三所。予其弟鄂多（Odo）者，四百九十三所。予奥兰（Alan of Britany）者四百四十二所。以此种土地赐予诺尔曼领袖人物，因非一时之事，因撒克逊人财产之充公非在一时也”[①]。1076 年，最后一个英吉利伯爵华旦（Waltheof）也被砍头。[②]“撒克逊人之上等阶级，逐杀殆尽，悉数沦为平民。”[③] 到 1086 年，只剩下 4 位英吉利贵族还拥有少量土地，盎格鲁-撒克逊贵族这一群体已经不复存在，他们的位置被新来的接近 200 名诺曼精英们所占据。《末日审判书》即是明证。在 1066 年，只有不到 30％的温切斯特财产拥有者使用非英格兰本土的姓氏，但到 1207 年，这个比例上升到了 80％。其中大多数都是威廉

---

① E. P. Cheyney，《英国史·上卷》，余楠秋译，上海民智书局，1933，第 93 页。

② Robert Tombs, *The English and Their History* (New York: Vintage Books, 2016), p. 47.

③ E. P. Cheyney，《英国史·上卷》，余楠秋译，上海民智书局，1933，第 95 页。

(William)、罗伯特（Robert）和理查德（Richard）等法国姓氏。[①]

征服者威廉采取土地和贵族爵位分封制让其诺曼随从管理英格兰。这些诺曼贵族在获得土地的同时，也承担管理、纳税、参战等义务。“以土地赐诸贵族，非使其有完全所有权，盖以履行兵役，及其他义务于国王，为条件。每地主必备军士若干名，若以其产业之大小为比例，以履行兵役为授予土地之代价，此即为所谓封建制度之基础。”在此基础上，“威廉择其扈从之大者，受昔日英国伯爵（Earl）之尊号，与大陆之 Caunt 略相当……贵族中受此爵位者仅十有二人……其权力限制于一郡，不过有征其税收之权，如有田产、佃户众多之地主耳”[②]。土地承租人获得土地赏赐，但同时他们必须侍奉和帮助国王，即政治服务和战争时期的军事服务，在有些情况下，还要向国王提供财政援助。国王可以随意授人以官职，还可以任意处置继承人和被监护人的婚姻，当继承人年幼或没有继承人，国王可以将其土地授予任何其他人。[③] 也正因为如此，贵族和侍从们极力讨好国王，想方设法得到国王的恩泽，以获得（大法官以下的）职位，继承领地产权，获得土地保护等。

2. 通过教会清洗、土地分封和授职等手段操纵教会及其财富

与欧洲大陆国家不同，英格兰国王始终没有放弃对教会的控制，这主要是因为主教或修道院长的职位有双重意义，他们是教会的管理者，似乎应完全由教会任命，但他们也是有土地的贵族，且属众无数，理应向国王宣誓效忠，并在战时应召出征。

诺曼征服后，国王首先对英吉利教会进行了清洗。1070 年，多位英吉利主教被撤职，教会高层基本都被来自法国或意大利的高级教士

---

① John Gillingham and Ralph A. Griggiths, *Medieval Britain* (Beijing: Foreign Language Teaching and Research Press, 2013), pp. 3-4.

② E. P. Cheyney,《英国史 · 上卷》，余楠秋译，上海民智书局，1933，第 94 页。

③ John Gillingham and Ralph A. Griggiths, *Medieval Britain* (Beijing: Foreign Language Teaching and Research Press, 2013), pp. 49-50.

所取代。“撒克逊主教及主持死亡后，或以故革职后，悉以诺尔曼人代之。”[①] 除了一位主教和两位修道院长仍是英格兰人外，在此后的很长一段时间里，英国都没有任命过英吉利主教和修道院长。1083 年，当格拉斯顿伯里（Glastonbury）的僧侣试图抵制诺曼祈祷书时，士兵的箭矢从唱诗班阁楼上倾泻而下，死伤多名僧侣，“鲜血从祭坛上流到台阶上，又从台阶上流到地板上”[②]。

国王把持着教会高层的任命，同时又想方设法掠夺教会的财富。红脸威廉（William Rufus）（即威廉二世，William Ⅱ，1087—1100 年在位）把教会视作可供敲竹杠的富裕组织，他从不着急任命主教和修道院长，因为这些职位空缺时他可以挪用教会的收入。他指定贝克的安塞姆（Anselm of Bec）为坎特伯雷大主教（在这个职位空缺了 4 年之后），却不支持大主教改革教会的主张，以至于后者在 1097 年选择离开，把坎特伯雷大教堂的地产权全部留给了国王。1100 年红脸威廉独享 3 个主教辖区和 12 个修道院的收入。[③] 亨利一世（Henry I，1100—1135 年在位）虽然在教皇和大主教的压力下声明放弃世俗主教授职仪式，但实际上国王的祈愿仍然是主教任职的决定因素。[④] 此后的国王从某种程度上放弃了形式上对教会的控制，却保留了对教会的现实操纵。

3. 通过与诺曼贵族和教会的博弈，谋取对英格兰和诺曼底领地的控制

从 10 世纪埃德加国王开始，国王加冕需要由坎特伯雷大主教主持加冕仪式，使之具有近似神甫的地位，从而不受凡人评判。因此，大

---

① E. P. Cheyney，《英国史・上卷》，余楠秋译，上海民智书局，1933，第 95 页。

② 寿纪瑜：《盎格鲁-撒克逊编年史》，商务印书馆，2004，第 239 页。

③ John Gillingham and Ralph A. Griggiths. *Medieval Britain*（Beijing：Foreign Language Teaching and Research Press，2013），pp. 11-12.

④ John Gillingham and Ralph A. Griggiths. *Medieval Britain*（Beijing：Foreign Language Teaching and Research Press，2013），p. 15.

主教的支持对王位继承人顺利即位意义重大。同时，有影响力的贵族，特别是贵族联盟也对王位继承产生重大影响。

威廉一世以诺曼底公爵的身份获得英格兰王位的继承权。在他死后，二儿子红脸威廉得到了包括坎特伯雷的兰弗朗克大主教（Archbishop Lanfranc of Canterbury）在内的一些大人物的支持，继承了英格兰王位（即威廉二世）；而大儿子罗贝尔（Robert）则继承了诺曼底爵位。正是这一土地继承结果导致了英格兰和诺曼底的持续动荡局面。英格兰国王没能同时兼任诺曼底公爵，这不仅对英格兰国王的统治地位不利，也严重影响诺曼贵族们分处两地的既得利益。1089 年，威廉二世对诺曼底公国提出了所有权要求，他利用从英格兰民间和教会获得的大量财富换取诺曼贵族的支持，并利用罗贝尔筹措资金参与教皇倡议远征的机会，迫使罗贝尔最终以一万马克的价格将诺曼底抵押给了威廉。[①] 此后的亨利一世也利用威廉一世宫廷圈子那帮贵族和英国教会对他的效忠维持对英格兰的统治。[②] 到布卢瓦的斯蒂芬（Stephen of Blois）时代，权贵们已经无须头疼，因为接受斯蒂芬为英格兰国王就必须承认其在诺曼底的控制地位。就这样，几代君王的努力终于促进了英格兰-诺曼底政治结构的形成。

（二）政治基础

国王与有影响力的臣民之间的博弈促进了英格兰立法与司法的发展进程，为英格兰民族国家的建立夯实了政治基础。

国王，以及以王室和皇家为中心的宫廷，是英国政府和政治的中心和支点。但是，“对于英国政府和政治来说，最为关键的就是国王和

---

① John Gillingham and Ralph A. Griggiths, *Medieval Britain* (Beijing: Foreign Language Teaching and Research Press, 2013), p. 11.

② John Gillingham and Ralph A. Griggiths, *Medieval Britain* (Beijing: Foreign Language Teaching and Research Press, 2013), p. 14.

具有影响力的臣民之间的关系”①。可以说，从一开始，英格兰国王的政治统治就与权贵的利益捆绑在一起。国王的恩泽可以决定一个人甚至一个家族的兴衰，权贵们的支持也影响着王权的起落和稳固程度。

1. 贵族势力对王权的限制

当贵族的势力越来越大时，此消彼长之下，王权在政治管理上受到越来越大的制约。

首先，王室成员和贵族的支持在一定程度上影响着王位的继承。尽管英格兰有顺位继承的惯例，但当国王没有指定或没有合适的继承人时，权贵们的支持就显得尤为重要。诺曼征服就是一个明显的例子。忏悔者爱德华死后无嗣，大贵族韦塞克斯伯爵哈罗德·戈德温森（Harold Godwineson）被拥立为英王，但作为爱德华王后侄孙的诺曼底公爵威廉宣称他才是爱德华的合法继承人，并指责哈罗德背信弃义（据说哈罗德曾许诺，若当王便让位于威廉），然后在教皇的许可和诺曼贵族的支持下，出兵英格兰并取得胜利。

其次，英格兰权贵们的领土权力对于保持王国的和平和政府统治的成功来说极其重要。例如，15 世纪，在威尔士边境地区的权贵，还有在英格兰北部的内维尔家族（the Nevilles）和珀西家族（the Percies），他们对当地的社会和政治有着无以替代的控制力，甚至可以说他们是比官僚系统或民事政府更为有效的统治支柱。这些权贵们和英格兰 6000 至 9000 名乡绅、骑士们有着相同的利益，权贵们给予金钱、土地和职位，乡绅、骑士们回报以“忠诚的服务”。白金汉公爵就曾于 1454 年将自己的徽章给了 2000 名扈从，让后者为其服务。②

最后，国王是事实上最大的封建领主，许多王室成员和仆人同时

① John Gillingham and Ralph A. Griggiths, *Medieval Britain* (Beijing: Foreign Language Teaching and Research Press, 2013), p. 81.

② John Gillingham and Ralph A. Griggiths, *Medieval Britain* (Beijing: Foreign Language Teaching and Research Press, 2013), p. 119.

也是拥有大量地产的贵族。在1129—1130年，财政部有22 865英镑的收入，其中大约12 000英镑来自王室拥有的土地租金，只有不到3000英镑来自征税，另外约7200英镑算是统治权或司法权收入。[①] 国王需要巨额经费养活一大群侍从，一个臃肿的行政管理队伍，还有一支庞大的王室军队。当他到各地巡视时，需要当地的贵族和商人们为他庞大的出行队伍做出安排并提供一切所需物品；当他派军队试图征服威尔士、苏格兰、爱尔兰等地时，需要贵族们提供钱物满足军资所需；当他派遣扈从去管理新开拓的地区时，需要庞大的行政支出和平定叛乱的军事支出。此外，为了维护王权，国王需要不断地给贵族和教会以恩泽，尤其是在他们统治初期遇到继承王位有争议时，国王把土地赐予势力强大的人，以换取他们对国王的忠诚。

2. 民权对王权的约束

英国议会的发展，从制度上实现了民权对王权的约束。

为了维持国王的统治，专横而贪婪的国王会想方设法掏臣民的腰包，不断提高税赋比例，或者不时地增加新的税种。例如，亨利二世（Henry Ⅱ，1154—1189年在位）只在1155—1156年和1161—1162财年征收了两次土地税，但他向骑士们征收了免服兵役税（scutage），向城镇居民征收摊派税（tallage）；又如，约翰王按人们的收入和动产来征税，其中1207年按1∶13的比率征收此项税收高达60 000英镑，远远超过其他税种的收入。[②]

国王可以直接通过王室土地、庄园和司法权获得收入，但是所有征税项目必须经过其他人同意：或是教皇，或是教士，或是商人，或是王国各社区。例如，1275年的关税制度先经国王的顾问与商人们讨

① John Gillingham and Ralph A. Griggiths, *Medieval Britain* (Beijing: Foreign Language Teaching and Research Press, 2013), pp. 53-54.

② John Gillingham and Ralph A. Griggiths, *Medieval Britain* (Beijing: Foreign Language Teaching and Research Press, 2013), p. 55.

论后提交议会通过才实施的。[①] 其直接影响是，尤其在没有海外战争或者战事频率很低的年代，国王很难找到征税的借口。

从 12 世纪后期开始，国王已经习惯于跟各郡的社区讨价还价。反过来，这促使各社区在全国代表会议时选择能为他们说话的代表。从 13 世纪 50 年代起，代表各郡和市镇的骑士、自耕农和自由民——即下议院代表——开始逐渐扮演一个更加引人注目的角色。当然，“全王国各社区”的代表多数是贵族，或者是曾经作为贵族随从参加过会议的人，或是被各郡选出来作为代表的骑士，甚至一些市长、市政议员们也成为下议院议员。他们在大多数领域中，如司法、政治、立法等，能够代表“全王国各社区”处理有关会议事务，但是一旦税收进入会议议程，他们就不那么配合了。例如，1290 年的议会会议从 4 月一直开到了 7 月，解决了大部分议题，但因为贵族们不同意征税，国王最后干脆把议会解散了。[②]

英国议会由中世纪谏议国王的会议衍生而来，包含大主教、主教、修道院院长、伯爵、男爵，以及各郡和各自治区代表。到爱德华三世（Edward Ⅲ，1327—1377 年）在位期间议会一分为二：下议院（House of Commons，由各郡与各自治区代表组成，即平民院）与上议院（House of Lords，由领有圣职者及贵族组成，亦称贵族院）。至此，英国议会走完了从萌芽到成形的历程。15 世纪早期及之前，国内贵族及神职人员影响重大，上议院更具权势；到 15 世纪晚期，贵族势力逐渐削弱，下议院的影响力与日俱增。英国议会成为民权约束王权的重要手段。

---

① John Gillingham and Ralph A. Griggiths, *Medieval Britain* (Beijing: Foreign Language Teaching and Research Press, 2013), p. 57.

② John Gillingham and Ralph A. Griggiths, *Medieval Britain* (Beijing: Foreign Language Teaching and Research Press, 2013), pp. 58-59.

3. 司法对宪政的贡献

皇家司法体系的建立和普通法的统一实施既限制了贵族领主和教会的司法权，也为英格兰君主立宪制度的建立奠定了基础。

在诺曼征服之前，虽然深受北欧习惯法和教会法的影响，英格兰主要沿用盎格鲁-撒克逊习惯法。7世纪《埃塞尔伯特法典》有“英格兰第一部成文法”之称；10世纪的《阿尔弗雷德法典》是对既存习惯法的记录与汇编。[①] 贤人会议协助国王制定并颁布法律，审理涉及国王和贵族等级的重大案件，并享有对贵族案件的专属审判权，其判决具有终审效力。[②] 各郡及以下有多层级的地方法庭，负责调解、审判地方案件；此外，还有不受国王干涉的领主封建法庭和庄园法庭。[③] 教会没有独立的教会法庭，但教会贵族参与世俗法庭的审判工作。

诺曼征服后，英格兰习惯法开始受到诺曼习惯法的影响，并统一使用法语法律。一个变化是分设世俗法庭和教会法庭，使得教会拥有司法特权；二是御前会议（Curia Regis）代替贤人会议，主要承担司法职能，因而又被称为国王法庭。亨利二世1164年颁布《克拉伦敦宪章》（*Constitution of Clarendon*），限制教会司法权；1166年颁布《克拉伦敦法令》（*The Assize of Clarendon*），授权巡回法庭重要刑事司法权；1176年颁布《北安普敦法令》（*The Assize of Northampton*），扩大国王法庭的司法权。[④] 通过这些措施，国王政府不断扩大王室法庭的司法权限，削弱地方法庭和封建领主法庭的司法权，将分散的地方习惯法逐步融为一体，形成统一的全国普通法。

从亨利二世统治时起，皇家法官就开始频繁地举行地方性审判（巡回审判），这就使得在全国范围内实施统一的习惯法或普通法成为

---

① 程汉大：《英国法制史》，齐鲁书社，2001，第6页。
② 程汉大：《英国法制史》，齐鲁书社，2001，第32页。
③ 程汉大：《英国法制史》，齐鲁书社，2001，第34—35页。
④ 程汉大：《英国法制史》，齐鲁书社，2001，第56页。

可能。例如，亨利二世会派出一些可信的人担任法官，如伯爵、男爵、主教、修道院院长或王室顾问，让他们去执行特别的司法和调查任务。到12世纪末，出现了一群精通法律事务的专业法官，其中主要是非神职人员，由他们组成的“专业”法庭逐渐占据了司法领域的主导地位。① 到13世纪，一种法律的职业跟法律学校、法律文献和法律语言一起得到了发展。② 除了法官，职业律师和令状也随之出现。

13世纪制定的最重要的成文法是1215年《大宪章》，是反叛的贵族强迫国王约翰（King John，1199—1216年在位）签署的一份文件，主要阐述封建法的基本规则，主要目的是保障封建贵族和教会的特权及骑士、市民的某些利益，限制王权。不过，“《大宪章》的主要意义还不在于其具体内容，而在于它是英国第一个宪法性文件，具有根本法的性质”③。“一个法令如果与王国的习惯法相抵触，特别是与自由的《大宪章》相抵触，它就无法实施。”④ 尽管《大宪章》不久即被约翰王撕毁，失去效力，但《大宪章》被用作争取权利的法律依据，是英国君主立宪制的法律基石。

（三）思想基础

英法百年战争进一步培植了英格兰人的民族意识，在地缘政治和民族心理方面为英格兰民族国家的形成奠定了思想基础。

“作为一种自然和社会历史发展的产物，民族是特定地域内的特定血缘集团成员，随着互相交往的扩大和经济文化的发展，逐渐认识到自身所具有的共同特质，逐渐由松散的血缘集团扩大凝固成稳定的共

---

① John Gillingham and Ralph A. Griggiths, *Medieval Britain* (Beijing: Foreign Language Teaching and Research Press, 2013), p. 61.

② John Gillingham and Ralph A. Griggiths, *Medieval Britain* (Beijing: Foreign Language Teaching and Research Press, 2013), p. 62.

③ 程汉大：《英国法制史》，齐鲁书社，2001，第103页。

④ W. S. Holdsworth, *A History of English Law*, *Vol. 2* (London: Methuen, 1922), p. 219.

同体，而不仅是有共同血缘、地缘、语言等的自然共同体。”① 当这一共同体成员通过一系列的社会体验认识到其同一性时，民族就可能产生。

1. 民族意识的觉醒是民族国家建立的首要前提

在封建制度下，盎格鲁-撒克逊人还没有真正形成民族意识，他们不把诺曼人当作“外国人”加以排斥，而诺曼人在很长时间里一直把自己当作法国人。诺曼国王也曾一度是诺曼底公爵或继续拥有法国大量的领地，英法因为产业、姻亲等因素而关系密切，但随着其法国的领地旁落，英法之间的矛盾日益尖锐，战事不断。直到英法百年战争时期，英格兰人意识到自己是有别于任何欧洲大陆民族的统一体，开始形成英吉利民族的概念。②

1337 年，爱德华三世发动了英法百年战争，期间断断续续历经 100 余年。尽管英军在 1346 年的克雷西战役中大获全胜，但巨大的战争开支迫使国王不得不经常召开议会，以谋求征税的可能，结果使得议会权力再次加强，君主专制进一步削弱。亨利五世于 1415 年再度点燃了英法冲突的战火，但百年战争最终以英国的失败于 1453 年落下帷幕。“对英国来说，英法战争的失败并不是一件坏事，英法战争前，英、法两国的经历相互交叉，彼此纠缠，两个国家分不清你我。英法战争使两个国家都意识到自己的民族身份，从而为两国形成民族国家创造了条件。”③

随后英国发生了一场玫瑰战争（1455—1485 年）。爱德华三世的两支后裔，约克家族和兰开斯特家族为争夺王位不惜兵戎相见，自相残杀，打了 30 年内战，彼此的力量消耗殆尽。结果鹬蚌相争，渔翁得利，

① 齐世荣主编《英国：从称霸世界到回归欧洲》，三秦出版社，2005，第 15 页。
② 齐世荣主编《英国：从称霸世界到回归欧洲》，三秦出版社，2005，第 7 页。
③ 齐世荣主编《英国：从称霸世界到回归欧洲》，三秦出版社，2005，第 13—14 页。

伯爵亨利·都铎（1457—1509年）异军突起，1485年，都铎在博斯沃思战役打败理查三世，随即称王即位，建立都铎王朝，史称亨利七世。“这个王朝代表着国家统一和民族和解……由都铎王朝建立了国家的专制王权，开始向民族国家的方向发展。”① 都铎王朝在英国历史上有着重要的历史地位，其原因在于它建立了民族国家。

2. 统一的地缘政治环境和强有力的中央政府是民族国家形成的关键要素

不列颠岛作为孤悬于欧洲大陆西端的小岛，总面积仅244 200平方公里，南部隔着英吉利海峡与法国相对。北部和西部分别是苏格兰高地和威尔士山地，只有东南部的英格兰地势平缓、土地肥沃、气候湿润。历史上，无论是罗马帝国，还是丹麦人，都只占领过英格兰的部分地区。威尔士、苏格兰和爱尔兰地区在相当长的一段时间内都是独立的部落和王国。即使在诺曼征服之后，英格兰国王们对威尔士、苏格兰乃至爱尔兰也没有投入太多的精力。

11世纪的威尔士是一个山区中众多小王国的集合体，虽然英格兰国王们在传统上宣称在这里有最高统治权，但他们并没有实施永久性的军事或行政控制。后来，盎格鲁-诺曼的男爵家族开始逐步蚕食威尔士的领土，如克莱尔家族（the Clares）、莫蒂默家族（the Mortimers）、莱西家族（the Lacys）、布劳斯家族（the Braoses）等边疆贵族，他们将征服的领土变成英格兰统治体系之外的“私人”贵族领地。直到爱德华一世（Edward Ⅰ，1239—1307年在位）的统治时期，诺曼人的威尔士征服才大功告成。爱德华一世决心将君权凌驾于不列颠群岛所有领土之上。1284年，通过《威尔士法令》（*The statute of Wales*），新得到的土地都按照英格兰的模式划分为郡：弗林特（Flint）、安格尔西

---

① 齐世荣主编《英国：从称霸世界到回归欧洲》，三秦出版社，2005，第14页。

(Anglesey)、梅里奥尼斯（Merioneth）和卡那封（Caernarfon）。[①] 1301年，在威尔士西部和北部领土上建立的诸侯国被赠予国王的长子，爱德华王子成为第一位在英格兰出生的威尔士亲王。到1536年，第一个《联合法案》(*Act of Union*）在英格兰和威尔士通过，二者彻底合并。

11世纪的苏格兰由一个国王所统治——即苏格兰国王，苏格兰的教会也是相对独立的。苏格兰国王的力量足够强大，其国土也过于偏僻，因而很少受到英格兰人的骚扰。直到1286年苏格兰国王亚历山大三世去世后，爱德华一世受邀帮助解决王位的继承问题，他抓住了一个能在苏格兰行使最高君主权力的机会，迫使苏格兰人承认他为苏格兰的“大领主”，并在1296年以后的半个世纪里入侵苏格兰多达20次，在低地建立了一个不太稳固的军事和行政机构。[②] 不过由于苏格兰人的抵抗和法国的干预，英格兰国王对苏格兰的征服遭遇挫败。此后，一直到1603年，苏格兰与英格兰组成共主联邦；1707年《联合法案》通过后，苏格兰王国与英格兰王国正式合并为大不列颠王国。

第二节　民族文学的发展

英格兰民族文学起源于盎格鲁-撒克逊时期，见证了英格兰民族从荒蛮走向文明的历史过程，渗透着浓厚的基督教精神和鲜活的世俗生活，凝聚着英格兰人的集体精神价值，是英国文化的重要组成部分。

---

① John Gillingham and Ralph A. Griggiths, *Medieval Britain* (Beijing: Foreign Language Teaching and Research Press, 2013), p. 43.

② John Gillingham and Ralph A. Griggiths, *Medieval Britain* (Beijing: Foreign Language Teaching and Research Press, 2013), p. 85.

一、民族文学的发端

英雄史诗《贝奥武甫》始创于8世纪，唯一手稿成于10世纪，是迄今为止发现的英国盎格鲁-撒克逊时期最古老、最长的一部较完整的文学作品，也是欧洲最早的方言史诗。它与法国的《罗兰之歌》（*The Song of Roland*）、德国的《尼伯龙根之歌》（*Nibelungenlied*）并称为欧洲文学的三大英雄史诗。从历史意义上而言，《贝奥武甫》标志着英国文学的诞生。

《贝奥武甫》的确切作者已不可考，一般认为可能是一位从北欧移民到不列颠的教士，熟悉基督教教义和日耳曼文化。[①] 全诗3182行，由两个核心故事构成，上篇讲述斯堪的纳维亚勇士贝奥武甫帮助丹麦王罗瑟迦（Hrothgar）铲除半人半兽怪物格伦德尔（Grendel）及其水妖母亲的故事；下篇讲述贝奥武甫成为国王后英明治国，最终与火龙妖魔殊死搏斗、为民捐躯的英勇事迹。

首先，《贝奥武甫》究竟是一部世俗魔怪诗，异教英雄史诗，还是基督教寓言诗，人们对此莫衷一是。但更多的学者倾向于认为这是一部根植于盎格鲁-撒克逊乃至日耳曼历史文化中的作品，“史诗中有关这位超凡英雄的故事与日耳曼传统中其他一些故事所指述的人物有引人注目的相似之处”，“《贝奥武甫》与历史和文化有着千丝万缕的联系，而这种联系大大削弱了认为它是部基督教劝喻作品的观点的可能性”[②]。或者说，《贝奥武甫》是基督教与日耳曼传统的并存和融合，诗人为解决两者之间的矛盾，刻意地将异教词汇基督教化或者使用已经被基督教化的异教词汇，“使诗中提到的神灵、人物、事件乃至一些价值观念

---

① 李维屏、张定铨等：《英国文学思想史》，上海外语教育出版社，2012，第9页。

② 王继辉：《〈贝奥武甫〉与魔怪故事传统》，《外国文学评论》1996年第1期。

都可以从基督教和异教两个不同层面进行解读”①。彼时教会正致力于推动以基督教征服盎格鲁-撒克逊英国，诗人用这样的策略化解两种文化间的剧烈冲突。② 无论如何，在当时北欧基督教作为优势意识形态的语境下，史诗用魔怪等意向讽喻现实，并带有明显的基督教烙印，都是可以理解的。

其次，鉴于史诗里的故事发生在丹麦，主人公贝奥武甫是斯堪的纳维亚的勇士，《贝奥武甫》究竟是北欧的史诗还是英国的史诗，人们颇有存疑。但英国人和诸多英国文学史研究者更愿意相信它是盎格鲁-撒克逊民族的史诗。其中显而易见的原因是，这部史诗现存最早的羊皮书版本是用古英语写就的，使用的词汇和修辞符合中古时期的特征和日耳曼诗歌的创作手法。更重要的理由则是因为“其中所反映的精神正好代表盎格鲁-撒克逊的英格兰。英国人的始祖正好来自北欧。所以这部北欧气味浓厚的史诗亦无妨称之为英国史诗”③。有人甚至说《贝奥武甫》就是罗马历史学家塔其图斯（Tacitus）在《日耳曼人》（*Germania*）一书中描述的古老日耳曼文化的再现，它已经不仅仅是一部简单的诗作，其价值更在于它是一种历史文献。④ 贝奥武甫的英雄事迹展现了日耳曼民族的英雄时代及其价值观念，而故事中的丹麦王罗瑟迦则是“盎格鲁-撒克逊时期的王权理念的化身”⑤。但考虑到其考古证据的不足，我们认为《贝奥武甫》作为英格兰民族史诗的文化意义大于其历史意义。

---

① 肖明翰：《〈贝奥武甫〉中基督教和日耳曼两大传统的并存与融合》，《外国文学评论》2005 年第 2 期。

② 王继辉：《再论〈贝奥武甫〉中的基督教精神》，《外国文学》2002 年第 5 期。

③ 梁实秋：《英国文学史》，新星出版社，2011，第 9 页。

④ Archibald Strong, *A Short History of English Literature* (New York: Oxford University Press, 1921), p. 3.

⑤ 王继辉：《〈贝奥武甫〉中的罗瑟迦王与他所代表的王权理念》，《外国文学》1996 年第 1 期。

《贝奥武甫》作为英格兰民族史诗的文化意义就在于它反映了盎格鲁-撒克逊民族的独特文化。《贝奥武甫》以丹麦和挪威为叙事语境，以魔怪故事为叙事形式，被游吟诗人口头传诵了数个世纪，一直流传到10世纪时基督教文化占统治地位的英格兰，其故事离奇动人，并能使听众产生强烈的认同，而这种认同正是源自本民族共有的价值内核。[①] 史诗中贝奥武甫的形象有着日耳曼蛮族的勇武秉性，在得知半人半兽的格伦德尔为祸丹麦后，他劝慰丹麦国王：

智慧的国王，请不要悲伤。
与其哀悼，毋宁复仇！
匆匆人生，无非一场争斗，
死期未卜，唯有荣誉不移，
壮士捐躯，舍此还有什么奢望？

No sorga, snotor guma! Sēlre bio ǣghw ǣm
pæt hē his frēond wrece, ponne he fela murne.
Ūre ǣghwylc sceal ende gebidan
worolde lifes; wyrce sē pe mōte
dōmes ǣr dēape; pæt biδ driht-guman
unlifgendum æfter selest.
(1384—1389)

同时，他也有着作为氏族首领的王者荣耀和责任担当，在得知恶龙威胁着高特的臣民，贝奥武甫毫不犹豫地率领勇士奔赴战场：

为此，勇武的国王，
风族人的统领，武士们的护者，
显贵们的主人，决定复仇，
他吩咐扈从们取出，
那战功赫赫的铁盾。(2335b—2339a)

① 王春雨：《野蛮与文明的融合变奏——英雄史诗〈贝奥武甫〉的蛮族文化传统与英国文化精神》，《东北师范大学学报（哲学社会科学版）》2013年第6期。

贝奥武甫为人民而战斗和牺牲的精神同基督教是一致的；更重要的，主人公愿意为邻国而斗争的精神也体现出诗人对民族团结和社会和平的向往，从侧面反映出英格兰民族意识的萌芽。[①] 独特的日耳曼文化传统和普世的基督精神共同构成了英格兰民族的文化特质，或许这正是《贝奥武甫》在英国民族文学史上占据重要地位的主要原因。

二、民族文学的奠基

在诺曼征服后，英格兰三种语言并存，诺曼王庭和贵族说法语，普通老百姓说盎格鲁-撒克逊语，而教廷和学者们用拉丁语。在此后的很长一段时间里，几乎没有用英语写作的文学作品，编年史和宗教诗都是拉丁语版，盎格鲁-诺曼时期最盛行的文学形式——传奇故事——最初也都是用法语写作。这些传奇故事实际上是一种骑士文学，宣扬对国王和领主的忠诚，它们讲述贵族故事，与普通民众几乎无关。

一直到 14 世纪末，英语才开始重新成为英格兰的优势语言，英国文学也真正开始奠基。14 世纪西北部和中部地区的文学复兴主要是指头韵体的无脚韵诗，得到当地绅士和贵族如博亨家族（赫里福德伯爵）和莫蒂默家族（马奇伯爵）的赞助，产生了像《高文爵士和绿衣骑士》（*Sir Gawain and The Green Knight*）和《农夫皮尔斯》（*Piers the Plowman*）这样具有想象力的作品；南部和东部地区的诗歌创作很大程度上受到法国和意大利文艺复兴早期作品的影响，例如杰弗里·乔叟（Geoffrey Chaucer，1343—1400 年）和他朋友约翰·高尔（John Gower，1330—1408 年）等诗人，用英语创造了多部英国文学的杰作，

① 肖明翰：《〈贝奥武甫〉中基督教和日耳曼两大传统的并存与融合》，《外国文学评论》2005 年第 2 期。

获得了国王、贵族、绅士和市民的赞助。[①]

（一）兰格伦的《农夫皮尔斯》

在黑暗而贫瘠的中世纪，只有一部作品显示出英格兰大众文学的存在，那就是威廉·兰格伦（William Langland，约 1330—1400 年）的 7000 行长诗《农夫皮尔斯》。这是一部头韵体寓言长诗，用中世纪英语中西部方言撰写。该诗由一系列梦幻经历构成，描述主人公威尔梦游莫尔文山（Malvern Hills）的见闻，在梦中受神圣教会的点化，目睹了人世间一系列闹剧：“俗世平原上追名逐利的芸芸众生、钩心斗角的老鼠议会、奖赏与虚伪的流产婚礼、七大罪孽的忏悔以及饥饿对半亩土地上无赖们的惩治，顿悟的威尔决心步皮尔斯的后尘去朝拜真理，探求善、中善和至善。”[②]

一方面，诗人反映了 1381 年前后英国社会现实的各个方面。“兰格伦很可能是英国文学史上第一个对英格兰社会进行全方位展现的文学家。”[③] 14 世纪的英国经历着自诺曼征服以来最深刻的社会变革，新兴中产阶级不断挑战旧的封建等级制度，政坛更迭、百年战争、黑死病、农民起义等导致社会动荡和人们的价值与信仰矛盾。在一定程度上，《农夫皮尔斯》“是英国社会各阶层、各种政治力量、各种利益集团、特别是各种新旧宗教思想流派之间的对话。”[④]

例如，诗人尖锐地批评了封建制度后期英国社会的种种腐败现象：

---

① 肯尼思·O. 摩根：《牛津英国通史》，王觉非译，商务印书馆，1993，第 232—233 页。

② 沈弘：《〈农夫皮尔斯〉B 文本汉译本序》，《外国文学评论》1998 年第 1 期。

③ 肖明翰：《寓意陷阱与〈农夫皮尔斯〉的不确定性》，《外国文学研究》2008 年第 3 期。

④ 肖明翰：《寓意陷阱与〈农夫皮尔斯〉的不确定性》，《外国文学研究》2008 年第 3 期。

现在奖赏就要嫁给魔鬼后代——
虚伪这舌尖如蛇的可憎奸佞；
欺诈用甜言蜜语使人们着魔，
但促成这桩婚事的却是谎言。①

歌颂了劳动人民的正直与勤劳，表达了对贫苦劳动者极大的同情：

但穷人们却在苦难深渊中挣扎，
主啊，对那些一生中历尽磨难，
饱尝饥荒旱灾的人们，请赐安慰。
他们在寒冬腊月里衣不遮体，
赤日炎炎的夏日仍饥肠辘辘；
基督啊，请在天国慰藉不幸者——②

同时，体现了他和他所代表的社会群体的价值追求。作为虔诚的基督徒，他相信人世间的一切丑恶现象都与宗教道德的缺失有关：

正如诚实圣洁来自神圣教会，
由正义者来传播上帝的法律；
所有的邪恶也同样源于教会，
即亵渎圣职的传教士和教士。③

他对君主也仍然抱有希望，期盼英明的君主能够惩治恶行，远离谗佞：

---

① 兰格伦：《农夫皮尔斯》，沈弘译，中国对外翻译出版社，1990，第 21 页。
② 兰格伦：《农夫皮尔斯》，沈弘译，中国对外翻译出版社，1990，第 199—200 页。
③ 兰格伦：《农夫皮尔斯》，沈弘译，中国对外翻译出版社，1990，第 211—212 页。

“不行！”国王回答，“愿基督帮助我！
我再审之前绝不能放走邪恶，
倘若轻易脱身，他会笑掉大牙，
下回还要加劲殴打我的臣民。
……”①

在另一方面，诗人对英格兰民族语言和文学的发展做出了很大贡献。古英语属于日耳曼语系，多音节词的重音一般落在第一个音节，在古英语诗行中能很自然地形成头韵，带有朗朗上口的节奏和高昂激越的基调。“作者情有独钟地承袭了源于古英语诗歌的头韵诗体裁，不仅发掘了被同时代诗人乔叟、哥瓦等人所忽视的题材，而且还将当时仅局限于穷乡僻壤的本土诗歌形式引入了以法国‘优雅’（courtly）尾韵诗体为时髦的中古英语诗歌的华丽殿堂。”② 例如：

There wandered a hundred, in hoods of silk,
Serjeants(=lawyers) they seemed, and served at the Bar(=law court),
Pleading the Law, for pennies and for the pounds.
Unlocking their lips never for love of our Lord.
Thou mightest better mete(=measure) the mist on Malvern Hills
Than get a mutter from their mouth—save thou show thy money. ③

① 兰格伦：《农夫皮尔斯》，沈弘译，中国对外翻译出版社，1990，第 48 页。
② 沈弘：《〈农夫皮尔斯〉B 文本汉译本序》，《外国文学评论》1998 年第 1 期。
③ 刘炳善：《英国文学简史》，上海外语教育出版社，1991，第 12 页。

这里的“hundred/hoods, Serjeants/seemed/served, Pleading/pennies/pounds, lips/love, mightest/mete/mist/Malvern, mutter/mouth/money”都分别形成头韵。这样的例子比比皆是，可以说，兰格伦在诗中将头韵发挥到了极致。同时，或许诗人为准确传达基督教义，不可避免地使用了许多拉丁语和法语引文，但诗人在字里行间都期望传教士们能用普通老百姓能懂的英语进行传教：

> “我听不懂，”豪金说，“你得用英语说。”
> “用英语，”忍耐答，“很难解释清楚，
> 但我姑且一试，只求你能理解。”①

这也是为了改变以往用拉丁语传教，导致基督教义无法让普通老百姓理解的尴尬局面：

> 俗人若懂拉丁语，会择人而赐，
> 在将家产奉送僧侣教士之前，
> 能按照上帝的教诲三思而行。②

从这个意义上，诗人兰格伦希望借助文学作品中的人物之口，向王廷和教会提议，用英语传教十分重要，毕竟：

> 英格兰、威尔士曾是异教天下，
> 直到圣格里高利派来传教使团。③

---

① 兰格伦：《农夫皮尔斯》，沈弘译，中国对外翻译出版社，1990，第204页。
② 兰格伦：《农夫皮尔斯》，沈弘译，中国对外翻译出版社，1990，第220页。
③ 兰格伦：《农夫皮尔斯》，沈弘译，中国对外翻译出版社，1990，第225页。

（二）乔叟的《坎特伯雷故事集》

英国是最后一个兴起文艺复兴的欧洲国家，而杰弗里·乔叟的诗作代表了文艺复兴早期英国文学的最高成就。他的诗集《新生》（*La Vita Nuova*；*the New Life*）充满了对纯洁爱情的赞颂。他的诗歌与但丁的诗歌相比，乔叟的爱情诗更贴近生活，更世俗化，更多地取材于人世间的爱情经历。[①] 他的《公爵夫人颂》（*The Book of the Duchess*，1369 年）是英国文学史上第一部具有深远影响的英国宫廷爱情诗。不同于之前英国流行的法语宫廷爱情诗，乔叟第一个摆脱宫廷爱情诗歌的窠臼，没有去歌颂骑士和与之效忠的贵妇之间的爱情故事，而是取材于现实，表达丈夫对亡妻至真至切的思念之情。“乔叟要表达的是现实和人性中最深层、最本质的东西，因此就应该选择最具有永恒意义的主题和材料，描写生活中最平常、最有可能发生的事情。这是乔叟创作思想的核心，是其作品的最基本特点。”[②]

乔叟的诗作很多，但代表着他最高成就的当属《坎特伯雷故事集》（1387 年）。《坎特伯雷故事集》讲述了诗人与另外 29 名从伦敦去坎特伯雷朝圣的香客，他们在旅途中讲故事消遣。香客来自不同社会背景和职业，有骑士、修士或教士、修女或修女院院长、托钵僧，有商人、地主、磨坊主、海员、律师、医生，还有管家、厨师或伙夫、采购，以及差役、农夫等。诗人以他们所讲的故事为题材，用诗歌的形式，创作出一部长达两万行的文学巨著，包括总引、21 个完整故事、3 个故事片段以及结语。这些故事既有骑士浪漫故事和传奇，也有历史传说和市井故事；既有悲剧故事和动物寓言，也有宗教奇迹和寓意故事，题材、体裁丰富，形式多样。

《坎特伯雷故事集》之所以重要，首先在于它是英国文学史上第一

---

① 李维屏、张定铨等：《英国文学思想史》，上海外语教育出版社，2012，第 25 页。

② 肖明翰：《英语文学之父——杰弗里·乔叟》，社会科学文献出版社，2005，第 244 页。

部杰出的现实主义长诗。这部作品具备现实主义文学作品的三大特征：真实客观地再现社会现实，具有典型的人物形象，并将人物置于真实的历史环境之中。[①] 在《坎特伯雷故事集》里，无论是故事的讲述者，还是故事里的人物，都有着典型的性格特点，栩栩如生的外部形象和鲜活的生活气息。这与诗人的生活经历息息相关。乔叟在出使意大利期间，深受现实主义文学家薄伽丘、彼特拉克和但丁等的影响。例如，《坎特伯雷故事集》采用了类似于框架故事集《十日谈》的叙事形式，和类似于但丁《神曲》中以第一人称叙述游历的结构模式。但乔叟的创作文风和文学思想都与它们显著不同，乔叟更加关注英格兰社会现实和现实生活中的英格兰人。可以说，“在英语文学史上，乔叟是第一个全方位注重叙事层面的真实性或可信性的作家，也是第一个不仅具有明显的现实主义倾向而且直接表达了一些现实主义创作思想的诗人”[②]。在《坎特伯雷故事集》中，古老的故事通过虚构的情境直指 14 世纪的英格兰社会现实，香客们独特的艺术形象、各具特色的言谈，以及故事反映的各个社会阶层的现实生活，形成了中世纪后期英国社会的缩影。“他们的故事内容与体裁，以及他们讲故事的方式，完全适合他们各自不同的教育、气质和职业，以至于把任何一个故事放到任何别的人口中，都不合适。”[③]

乔叟之所以被尊为“英语文学之父”，还在于他的另一个重要贡献——他将中世纪英语带入了英国文学的殿堂。“对英语的重视和对英语文学语言的探索与实验是乔叟文学思想的重要组成部分。”[④] 14 世纪后期，中世纪英语得到了迅速发展，为英国文学的繁荣奠定了基础。

---

① 李维屏、张定铨等：《英国文学思想史》，上海外语教育出版社，2012，第 34 页。

② 肖明翰：《乔叟文学思想初探》，《外国文学》2011 年第 3 期。

③ Caroline F. E. Spurgeon(eds.), *Five Hundred Years of Chaucer Criticism and Allusion, 1357-1900*, Vol. 2(New York: Russell, 1960), p. 278.

④ 肖明翰：《乔叟文学思想初探》，《外国文学》2011 年第 3 期。

不过，中世纪英语作为日常语虽然一直在英国民间通用，但作为书面语和文学语言，仍然还不够成熟。于是，乔叟努力把现实生活中鲜活的语言，特别是英语口语，融入自己的诗歌创作之中。乔叟一生重视英语，也坚持使用民族语言从事文学创作，因为在他看来，真正懂英语的英国人更能使用自己的语言描绘英国社会，表现英格兰人的生活、思想与情感。一方面，他通过讲故事的方式，用英语口语来反映现实生活中不同阶层人物的社会地位、教养、性格和观点上的差异；同时，他还以实际生活中的语言为基础，不断探索和实践各种适合英语表达的韵律和诗节形式；此外，他还在诗中大量吸收法语、意大利语和拉丁语中的词汇，丰富英语的表达式。难怪有人评价说：“乔叟成功地使英语胜任于任何体裁的创作，他的文学成就在很大程度上正是体现在他对英语语言发展的巨大贡献上。”①

乔叟在《坎特伯雷故事集》中采用伦敦方言进行写作，不仅是第一位将普通人的生活语言搬进文学殿堂的英国诗人，也是英国现代诗歌的奠基人，还是“现代英语”的奠基人。

首先，他奠定了“现代英语”诗歌的基本表现形式，将英诗从古英语诗歌的头韵体改造为音步体，确立了英语诗歌发展的方向。② 在他的诗歌中有大量的五音步诗行，《坎特伯雷故事集》里大量使用的五音步抑扬格（iambic pentameter）后来成为英诗诗行的基本形式。五音步抑扬格的双行同韵对偶句，即英雄双韵体，为后人所喜爱和模仿。例如，在《骑士的故事》（*Knight's Tale*）中：

> But, not/to make/too long/a tale/of this,
> He fought/with Creon/, Who/was King/of Thebes,

① 肖明翰：《乔叟文学思想初探》，《外国文学》2011年第3期。

② 李维屏、张定铨等：《英国文学思想史》，上海外语教育出版社，2012，第41页。

And killed him, as befits a valiant knight;
And af/ter that/he took/the town/by storm,
And wall/and beam/and raf/ter he/tore down,
And to/the lad/ies he/restored/again,
The bo/dies of/their hus/bands who/were slain,
For funeral rites, as was the custom then. ①

在这里，每一行都可切分为五音步（按音节用斜线隔开），合抑扬格（轻重轻重反复），双行同尾韵（如 this/Thebes，storm/down，again/slain）。这样的例子在《坎特伯雷故事集》中俯拾皆是。音步体的采用，使得英诗摆脱了头韵的局限，更自由地表达思想。

其次，乔叟竭力对英语语言进行改革，统一并简化古英语。例如，中世纪英语中有 34 个定冠词，乔叟用一个 the 取代了它们，并用 a 作为不定代词；他借鉴法语语法，用 s 作为名词的复数形式。② 乔叟的这些努力对英语用法的规范化、语法标准的统一有着重大的贡献。

最后，乔叟大量吸收外来词，丰富英语词汇，增强英语的表现力。例如，受诺曼法语的影响，乔叟的文学作品中存在大量法语词源。据统计，在《坎特伯雷故事集》的序诗“最初的 100 个词中，有 35 个英语词源的实义词，16 个为法语词源。从第 209—221 行，有 26 个实义词为英语词源，16 个为法语词源”③。也就是说，诗中的法语词源实义词占英语词源实义词的一半左右。虽然这些法语词不一定全部由乔叟

① Geoffrey Chaucer, *Canterbury Tales* (Beijing: Foreign Language Teaching and Research Press; Oxford: Oxford University Press, 1995), p. 26.

② 李维屏、张定铨等：《英国文学思想史》，上海外语教育出版社，2012，第 40—41 页。

③ 杨红秋：《诺曼人入侵对英语词汇的影响——读乔叟〈坎特伯雷故事集〉》，《山东外语教学》1986 年第 1 期。

引入，但他将这些词用到了他的英国文学作品之中。

更重要的，他试图为懂英语的人进行写作，使得他的文学作品带有特定的民族特性。乔叟在另一部重要诗作《声誉之宫》（509—511行）中说：“现在听我说，所有/能懂英语的人/听我把我的梦来讲述。”[①] 与同时代的兰格伦和高尔相比较，“兰格伦主要在古英语头韵体诗歌传统中创作，高尔从未走出法语宫廷诗歌传统，而乔叟却创造性地融合了法语宫廷诗传统、意大利新文学传统和英格兰本土诗歌传统并开拓出未来六百余年英诗的发展道路。”[②] 莎士比亚、弥尔顿以及其他伊丽莎白时代的英国文学家都深受乔叟诗歌的影响。

14 世纪下半叶是英国语言和文学发展史上最重要的一个时期之一，也有人称之为“乔叟时代”。“正是在这一时期，英语成为可以同法语和意大利语匹敌的文学语言，英国文学也发展成为能与法国文学和意大利文学媲美的民族文学。”[③] 尽管乔叟的文学作品深受外来影响，他作为英国文学传统的奠基者和开拓者的贡献，无疑是巨大的。

第三节 民族语言的形成

语言是日常生活与文化交流的工具，也是民族文化的载体，是民族认同的核心要素。在 1000 多年前，英语只是盎格鲁-撒克逊人的民族语言；到 15 世纪末 16 世纪初，英语已经发展成为英格兰人的民族语言。但期间，英语经历了一个漫长而曲折的历史过程，诸多因素促进了它的阶段性发展。

---

① Geoffrey Chaucer,“The House of Fame,”In *The Complete Works of Geoffrey Chaucer*, ed. The Rev. Walter William Skeat M. A. (Oxford: The Clarendon Press, 1900), p. 738.

② 肖明翰：《乔叟的作者意识与“乔叟性”》，《外国文学评论》2015 年第 3 期。

③ 肖明翰：《乔叟对英国文学的贡献》，《外国文学评论》，2001 年第 4 期。

一、盎格鲁-撒克逊时期的古英语

（一）古英语的形成

如前所述，在5世纪来自北欧的日耳曼部落——盎格鲁人、撒克逊人和朱特人——入侵不列颠岛之前，居住在岛上的是同样来自欧洲大陆的凯尔特人，他们讲凯尔特语。在英语形成之前凯尔特语是在不列颠岛上所能发现的唯一具有史料依据的最早的语言。今天居住在苏格兰北部和西部山地的盖尔人（Gales）仍使用这种语言。尽管不列颠曾遭到古罗马帝国的数度入侵，并在长达400余年里都是罗马的一个省，但是“在不列颠的凯尔特人长期以来都出人意料地对拉丁语无动于衷，即使在过去400年中它都是国家官员的语言和文化的代表。拉丁语从未成为不列颠普通人的语言”①。罗马人在410年左右撤离之后，似乎只留下了哈德良长城（Hadrian's Wall）等少量的遗迹。

盎格鲁-撒克逊指的是盎格鲁和撒克逊两个民族结合的民族，通常用来形容5世纪初到1066年诺曼征服之前，生活于大不列颠东部和南部地区，在语言、种族上相近的民族。盎格鲁-撒克逊人是英吉利民族的前身，他们的语言——盎格鲁-撒克逊语（即古英语）——是现代英语的雏形和基础（如图1-4所示）。“现代英语中最常用的100个单词中，有96个来自盎格鲁-撒克逊方言，另外4个中有3个是古诺斯语单词（they，their，them）和一个法语单词（number）。”② 即便在“七王国”时期及之后的很长一段时间里，盎格鲁-撒克逊语也主要是本族群和部落的一种用于日常交流的语言。“大众的、本土的英格兰文化，由非基督教民歌、英雄歌曲和诗歌组成，它们不是由书面文字记录下

① 尼古拉斯·奥斯特勒：《语言帝国：世界语言史》，章璐等译，上海人民出版社，2011，第267页。

② 张勇先：《英语发展史》，外语教学与研究出版社，2014，第27页。

来的，而是由游吟诗人保存和传递的。”[①] 在当时，大众识字和高度的贵族文化是不相容的。

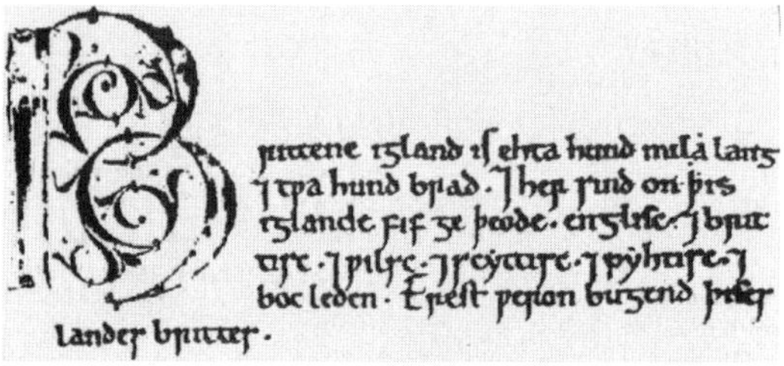

图 1-4 《皮特·伯勒编年史》开篇

基督教在不列颠的传播引发了一场语言文字革命，拉丁字母在不列颠取代了日耳曼部落使用的如尼文（Runes）字母。[②] 在早期很长一段时间里，基督教会垄断了英格兰的文化与教育，他们使用拉丁语传教，信徒也通过学习和使用简单的拉丁语参加各种教会仪式。但拉丁语对盎格鲁-撒克逊语的影响是革命性的，用拉丁字母取代如尼文字母进行写作，是现代英语字母的起源和开端。古英语最初共有 24 个字母（如图 1-5 所示），后来有 6 个字母被淘汰，又加上 8 个字母，最终形成了使用至今的 26 个字母。

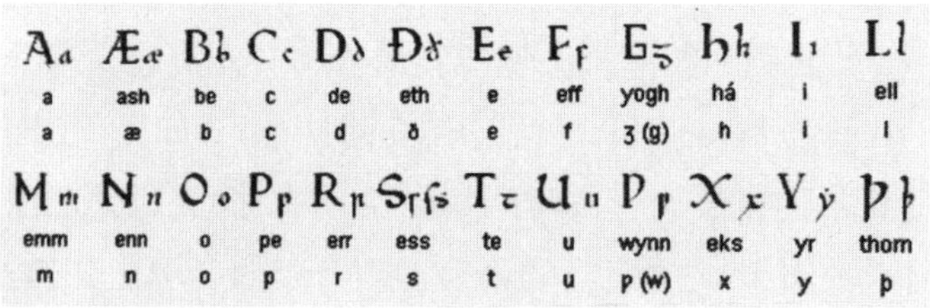

图 1-5 古英语字母表：24 个字母

① 徐辉、郑继伟：《英国教育史》，吉林人民出版社，1993，第 8 页。
② 张勇先：《英语发展史》，外语教学与研究出版社，2014，第 31 页。

北欧海盗的入侵也在词汇和语法方面影响着古英语。在丹麦法区域（英格兰东部和东北部后来的称呼），丹麦士兵们很快建立起了他们的社会，讲丹麦语的族群定居在那片区域。即便是他们皈依了基督教，被置于英格兰的统治之下，丹麦法区仍然保持其特有的社会组织和法律传统。不过，威金人的语言并非与盎格鲁-撒克逊语完全不相容。由于他们与盎格鲁-撒克逊语有很近的亲缘关系，人们便很容易掌握并理解对方的语言，其结果之一便是许多来自古斯堪的纳维亚语的外来语进入英语，同时也对英语语法产生重大影响，使得英语语法进一步简化。“在现代英语中，大约有7%的基础单词有着明显的古斯堪的纳维亚语血统（例如：take，get，keep，leg，sky，skin和skirt），正是这两种语言的融合，造成了英语中第三人称代词（he，it，she，they）各自的差别甚大。”①

（二）古英语的教育与传播

语言自身的发展是一个方面，语言教育又是问题的另一个重要方面。阿尔弗雷德在894年哀叹英格兰的学术普遍衰微，以至于只有很少的人能听懂礼拜时的英语讲道，能把拉丁文书信翻译成英文的则更少了。10世纪的英格兰急需读写能力和学术的复兴。在这一进程中，诸多因素促进了古英语的发展。

1．阿尔弗雷德的突出贡献

阿尔弗雷德大帝可能是第一位意识到盎格鲁-撒克逊语作为民族语言的重要性并将其教育付诸实施的国王。

作为英格兰历史上最有知识的国王，阿尔弗雷德刻苦学习拉丁文，并试图复兴本民族文化。第一，他组织朝中的知识分子一起翻译欧洲学术著作，他计划将男子应该阅读的书都翻译成英文，如格里高利的

---

① 尼古拉斯·奥斯特勒：《语言帝国：世界语言史》，章璐等译，上海人民出版社，2011，第284页。

《牧师的忧心》（*Pastoral care*）、波齐尔斯的《哲学的慰藉》（*Boethius's Consolation of Philosophy*）、奥罗西厄斯（Orasius）的《世界通史》（*Compendious History of the World*）和比德的《英吉利人民教会史》等，以期给年轻人提供足够的途径学习和阅读英文；第二，他倡导盎格鲁-撒克逊语言，试图在俗人和神职人员中传播本地语教育，编撰《盎格鲁-撒克逊编年史》，成为第一部用本民族语写成的编年史；第三，他效仿在法兰西发展文化教育事业的查理曼大帝，也在自己的王宫建立宫廷学校。[①] “他下令从欧洲大陆聘请学者来讲学，将王国的一半收入投入教会学校，以期英格兰人民识文断字。”[②] 对普通人而言，懂盎格鲁-撒克逊语就足够了，只有想成为牧师的人才有必要继续学习拉丁文。由于阿尔弗雷德对教育的重视，盎格鲁-撒克逊语不仅用于日常交流，还可以用于阅读学术著作，并且用于写作，把法律以及当地的诗歌记录下来。

2. 教会活动的间接影响

在坎特伯雷大主教邓斯坦（Dunstan）的领导下，基督教会对 10 世纪的教育、拉丁文研究、文学和艺术的复兴做出了重大贡献。

在当时，大教堂成为牧师工作和学习的中心。寺院是教士过隐居生活、潜心研究《圣经》的场地，寺院也是各类书籍（包括课本和用于礼拜的书籍以及法律和学术著作）的保存之地，同时寺院还是教育场所。尽管没有记载表明当时有寺院学校，但每个社区的寺院都需要培养新人，包括修士和修女。学习文法和歌咏是担任神职人员所不可缺少的。[③] 对于不懂拉丁语的英格兰人而言，与其通过培训他们学习拉丁语来接受基督教义，还不如直接用英语向他们布道。或许正是基于

---

① 徐辉、郑继伟：《英国教育史》，吉林人民出版社，1993，第 9 页。

② 西蒙·詹姆斯：《英格兰简史：从公元 410 年到 21 世纪的帝国兴衰》，钱峰译，化学工业出版社，2016，第 24 页。

③ 徐辉、郑继伟：《英国教育史》，吉林人民出版社，1993，第 9—10 页。

这一考虑，“某些寺院，特别是主教埃塞窝尔德（Aethelwold）领导下的温切斯特寺院以及格拉斯通伯雷、拉姆塞、伍斯特和埃富萨寺院，在拉丁语和盎格鲁-撒克逊本土语言方面，学术活动达到了高水平。后者用于不懂拉丁文的教士的教学、写布道词和描写圣徒的生活，写有关药草、治疗和符咒的书，翻译拉丁文来建立计算复活节的历法”①。尽管寺院的学术和教育活动主要是培养修道士和牧师，以便他们能胜任神职，但也间接地刺激了社会教育和盎格鲁-撒克逊语的发展。

3. 政务需求的直接影响

在政府中，书面英语也变得越来越重要。例如，皇家的许可状越来越多地采用书面英语。尽管盎格鲁-撒克逊时期的政府档案文书大多用拉丁语书写，但随着社会的发展，王室需要加强对各领地财产和城市工商业的管理，各类政令、法律文书、财务记录等开始越来越多地采用拉丁语和英语两种语言，或者直接采用英语。但在当时，书籍的制作十分费力和缓慢，因而价格昂贵，只有富裕的悠闲阶层、能阅读并在经济上买得起书的教士和特权者才有机会获得书籍。因此，除了少数贵族子弟外，拉丁文和英语写作实际上仍然为修道士所垄断。

尽管有部分职业教士直接为国王或政府提供相关服务，但仍然无法满足政务对人才的需求。有些不想成为修道士的男孩也到寺院里接受教育。据有关资料，“大约写于1000年的埃弗里克的《对话》，是一本由拉丁语和盎格鲁-撒克逊语隔行对照的书，以对话的形式描写了与一位教师和一位修道士在一起的一群来自典型职业家庭的孩子……”②。尽管《对话》可能只是一本用于寺院教学的拉丁语教科书，但至少已经把盎格鲁-撒克逊语搬上了教科书，说明盎格鲁-撒克逊语作为其民族语言已经由日常交际语逐渐成为书面语，并进入了教学环节。

---

① 徐辉、郑继伟：《英国教育史》，吉林人民出版社，1993，第10—11页。

② 徐辉、郑继伟：《英国教育史》，吉林人民出版社，1993，第11页。

（三）古英语的民族特性

在受到诺曼人带来的法语影响之前，盎格鲁-撒克逊语基本保留了日耳曼语所有的特点——词汇量有限、语法相对复杂。具体地说，古英语的发音与现代英语不同；一些单词在形态和意义方面与现代英语相同或相似，或者形态相同而意义不同；古英语单词的性、数、格繁复，曲折变化更多；等等。此外，古英语具有鲜明的民族特性，含有古英语成分的地名在英国的中部和西南部依然常见，例如，Oxford（牛津）一词中的“ford”指“河流经过的地方”，Birmingham（伯明翰）一词中的“ham”表示“村庄”。[①]

英国时任首相丘吉尔（Winston Churchill）在二战期间的一次电台演讲中曾讲过一段非常著名的话：“We shall fight on the beaches，we shall fight on the landing grounds，we shall fight in the fields and in the streets，we shall fight in the hills；we shall never surrender.”这段话里除了“surrender”是外来词，其他所有单词都来自古英语。丘吉尔正是利用古英语的民族特性唤起英国民众的民族记忆和热忱，团结起来与法西斯展开战斗。

二、中世纪英语

中世纪是一个欧洲历史专业术语，一般指从476年（西罗马帝国灭亡）到1453年（英法百年战争结束、拜占庭帝国灭亡）这一历史时期。关于中世纪英语或中古英语，学者们有不同断代分期，有的语言学者把1150到1450期间的英语称为中世纪英语。[②] 本文中世纪英语指1066

---

① 张勇先：《英语发展史》，外语教学与研究出版社，2014，第43—45页。

② Dennis Freeborn, *From Old English to Standard English：A Course Book in Language Variation Across Time*(Shanghai：Shanghai Foreign Language Education Press. 2009), p. 83.

年（诺曼征服）到 1489 年（英国议会停止使用法语）期间的英语。[①]这一时期处于欧洲中世纪历史的中晚期，在英国历经了诺曼底王朝和金雀花王朝两个法裔王朝，直到 1485 年威尔士贵族后裔创建都铎王朝。这一时期在英国有三种语言并存：拉丁语、法语和英语，其中拉丁语是基督教会使用的语言，法语是上层社会使用的语言，而英语是下层社会普通人使用的语言。也正是在这一时期，英语得以迅速发展，古英语在法语、拉丁语等外来语的影响下，经过语言学家、文学家、教育家的努力和普通民众数百年的使用，使之由一种民间语言转变成“标准语”。

（一）“诺曼征服”对英语语言演变的影响

1. 对英语语言地位的影响

在诺曼征服之后最初的 100 年里，英国贵族被歼灭殆尽，上层社会基本上被诺曼法国贵族和说法语的主教们占据，在他们眼里，英语粗俗、下流，难登大雅之堂。英国议会不使用英语，国王不会说英语，政府管理、教会、法律和文学方面使用的语言都是法语和拉丁语，英语成为社会最底层的语言。

1066 年的诺曼征服以及 1153—1154 年的安茹征服，不仅给英国带来了法语和法国文化，而且不断加强了法国文化在英国的主导地位。[②]可以说，从 1086 年起，直到 1204 年，英格兰和诺曼底的历史和文化就盘根错节地交织在了一起。例如，建筑师们和艺术家们在教会建筑中通常采用来自国外的设计式样，尤其来自法国。1174 年坎特伯雷大教堂的高坛被大火烧毁后，被请来进行重建的是法国建筑师桑斯的威廉（William of Sens）；亨利三世在重建威斯敏斯特大教堂时也深受法国建

---

① 张勇先：《英语发展史》，外语教学与研究出版社，2014，第 58 页。

② John Gillingham and Ralph A. Griggiths, *Medieval Britain* (Beijing: Foreign Language Teaching and Research Press, 2013), p. 3.

筑风格的影响。

到 13 世纪，法语作为法国的民族语言和一门国际语言，对英格兰的重要性达到了一个前所未有的高度。它除了是盎格鲁-诺曼宫廷的上流社会交际语言外，也取代了盎格鲁-撒克逊语成为政府部门尤其是法律和产业管理中的实用语言，甚至也成为歌谣、韵文、中世纪史诗和浪漫传奇的文学语言。①

来自法国的新学问也对英格兰的识字运动和高等教育产生重大影响。一批学者从巴黎大学回到英格兰，带回他们的研究成果和国际视野，并按照巴黎大学的模式，积极投身英格兰的高等学府建设。② 在 12 世纪后期和 13 世纪，先后出现牛津、剑桥等大学，英语开始进入英国的高等教育和学术领域。

2. 对英语语言自身的影响

随着时间的推移，诺曼法国人逐渐与英吉利民族融合。特别是到 14 世纪末，这时的英语已经与古盎格鲁-撒克逊语有所不同了。本阶段的英语在结构上并没有大的变化，通用词汇也基本得以保留，但英语语音不断丰富，词汇量大幅度增长，英语语法进一步简化。

《盎格鲁-撒克逊编年史》不仅描述了从诺曼征服到 12 世纪中期的史实，而且也为这一时期英语的变化提供了证据。有学者发现不同版本的《盎格鲁-撒克逊编年史》在语言表达上有差异，如最初的版本在彼得伯勒（Peteborough）火灾中被毁，后来重写的两个版本增加了 1122—1131 年和 1132—1154 年的史实，使用的语言不同于截至 1121 年的《盎格鲁-撒克逊编年史》版本，明显地存在法语书面语对英语单

① John Gillingham and Ralph A. Griggiths, *Medieval Britain* (Beijing: Foreign Language Teaching and Research Press, 2013), p. 4.

② Lesley M. Smith(eds.), *The Making of Britain: The Middle Ages* (London: Macmillan Publishers LTD., 1985), p. 30.

词拼写的影响，如用“th”替代“þ”，用“qu”替代“cw”等。[①]

诺曼法语对英语词汇的影响主要体现在以下三个方面：一是诺曼人使用的许多词语进入了英语，其结果是英语词和法语词并存。如撒克逊牧民用“calf”（牛）、“swine”（猪）、“sheep”（羊）等英语词汇表示其饲养的家畜，诺曼贵族们会用“veal”（牛肉）、“pork”（猪肉）、“mutton”（羊肉）等法语词汇表示其餐桌上的肉食；盎格鲁-撒克逊人会用“build，ask，begin，wet”等英语词汇，而诺曼法国人会用“construct，inquire，commence，humid”等词汇表示同样的意思。[②]二是由于不同文化，诺曼法语给英语带来许多新词。例如，在诺曼法国人入侵英国时，他们的军队由 cavalry（骑兵）组成，于是将大批战马带到英国，现代英语中与马匹有关的词汇基本都来源于法语，如“tournament”（马上比武大会）、“joust”（马上枪术比武）、“stallion”（公马）、“panels”（鞍垫）等。三是许多法语词加古英语后缀构成新词，如“gently”（温柔地）、“beautiful”（美丽的）等。[③]“正是由于英语既不是殖民者的语言也不是学校里教授的语言，它才发展成一种极其丰富的语言，随着时间的推移，它所通行的社会层次也逐渐升格。”[④]在中世纪时，由于社会地位的差异，法语被认为比英语高贵；如今，仍然有人认为英语质朴，而法语优雅。但无论如何，法语词大量进入英语，极大地丰富了英语语言。

在诺曼时期，中世纪英语语法得到进一步简化，甩掉了很多复杂

---

① Dennis Freeborn, *From Old English to Middle English* (Shanghai: Shanghai Foreign Language Education Press, 2009), p. 90.

② 刘炳善: *A Short History of English Literature* (Shanghai: Shanghai Foreign Language Education Press, 1991), p. 7.

③ 张勇先：《英语发展史》，外语教学与研究出版社，2014，第 102—104 页。

④ 阿萨・勃里格斯：《英国社会史》，陈叔平等译，中国人民大学出版社，1991，第 64 页。

的条条框框。名词、形容词和代词的词尾曲折变化逐渐消失。例如，所有名词都可以用同一个冠词 the 来修饰；除少量名词复数保持原样外（如 child/children，ox/oxen，foot/feet，tooth/teeth，mouse/mice，man/men，woman/women 等），名词开始用-es 或-s 作词尾表示复数概念。大量的规则动词取代了不规则动词，多数动词以-ed 结尾表示过去式（如 climb/climbed）；动词时态种类增多，开始使用 be，have，shall，will 等助动词表示将来时态、完成时态和进行时态以及被动语态；“主语＋动词＋宾语”的句子结构趋于稳定；等等。① 从古英语到中世纪英语，最大的变化在于古英语单词许多屈折变化的消失和词序的逐渐稳定。语法形式上的简化和句子结构的稳定为英语的推广和正式成为文学语言奠定了基础。

（二）中世纪晚期英语教育及其推广

1. 中世纪晚期英语教育

识字的普及和英语的频繁使用是 14、15 世纪英格兰的两大变化。“它们表明英国人对公共事务的认识在增长，也反映了他们的爱国主义和民族主义感情。”② 中世纪后期，能读写的人已经不限于贵族、教士或者政府官员。例如，1373 年的一件诉讼案中，28 个见证人中有 11 人说他们有学识（懂拉丁语和英语）；15 世纪中期一些诉讼案中也有类似比例具有读写能力的见证人，包括商人、农民、裁缝和水手。③ 这些数据接近于托马斯·莫尔爵士（Sir Thomas More）16 世纪初所做的估计——50％以上的英国人具有相当的识字能力。越来越多有文化的俗人成为财务主管和政府部门秘书，即便是农村的自耕农也写私人信件，行会的章程也要求学徒具有一定的读写能力。有证据表明，到15 世纪，不少俗人有着某种阅读习惯，例如，在伦敦等地，现存的《盎格鲁-撒

① 张勇先：《英语发展史》，外语教学与研究出版社，2014，第 95 页。
② 肯尼思·O. 摩根：《牛津英国通史》，王觉非译，商务印书馆，1993，第 229 页。
③ 肯尼思·O. 摩根：《牛津英国通史》，王觉非译，商务印书馆，1993，第 230 页。

克逊编年史》手写本就有数百份，其中大部分都是用英语写的。[①]

作为老百姓的民间语言，英语广泛应用于社会各阶层，社会地位逐渐提升。亨利三世与贵族们达成的《牛津协议》（*Provisions of Oxford*）就是用拉丁语、法语和英语三种文字写成的，1258 年 10 月 18 日同时用法语和英语正式颁布，这是诺曼征服以来首次用英语颁布政令。1362 年，议长首次用英语致开幕词。这一年议会还通过了《诉讼法》（*Statute of Pleading*），规定各种诉讼都应使用英语。1388 年，虽然大多数商业行会提交给议会的报告还是拉丁文本，但已经有一些商业行会开始使用英语和法语。议会文件也经历了由拉丁语到法语再到英语的过程。1485 年以后，在议会里同时采用法、英两种语言。到 1489 年，议会禁止使用法语，英语成为唯一的官方语言。

2. 促进中世纪晚期英语教育的诸要素

14—15 世纪的诸多要素共同驱动英语地位的提升，英语逐渐取代法语成为民族语言。

第一，从 1337 年到 1453 年，英法两国之间战争不断，英国的诺曼法国人不得不重新考虑自己的归属，最后主动放弃“敌人”的语言（法语），转而使用人数众多的士兵们的语言（英语）。

第二，14 世纪开始在英国流行的黑死病夺走了英国三分之一的人口，其中包括许多讲拉丁语的神职人员，幸存下来的大多是没受过拉丁语教育、母语是英语的平民百姓，拉丁语师资的缺乏导致学校转向英语教学，这在客观上为英语地位的提升创造了条件。

第三，1382 年，牛津学者约翰·威克里夫（John Wycliffe）主持翻译的第一部英文《圣经》问世，将拉丁语拉下神坛，打破了拉丁语垄断基督教会的局面，使得只会说英语的普通信徒可以直接“与上帝对话”。

---

① 肯尼思·O.摩根：《牛津英国通史》，王觉非译，商务印书馆，1993，第 231 页。

第四，乔叟等文学家用英语进行创作，使得英语由民间的口头语言成为可以与拉丁语、法语媲美的文学语言，极大地提升了英国人的民族语言自信力。

此外，印刷术对英语的传播产生了巨大影响。威廉·卡克斯顿是英国第一位印刷商，1474 年他在欧洲大陆印刷出版了第一部英语书《特洛伊故事集》（*The Recuyell of the Historyes of Troye*）；1476 年回到英格兰，在伦敦建立了英国第一家印刷厂；1484 年他出版了《坎特伯雷故事集》（第二版）；1490 年出版了维吉尔的史诗《埃涅阿斯纪》（*Æneides/Eneydos*，另译《伊尼德》）。到 1491 年去世时，卡克斯顿总共出版了约 100 本书。在印刷出版过程中，卡克斯顿遇到的最大难题是用词和拼写没有可依据的统一标准。卡克斯顿关注的第一个问题是方言词的选择；第二个问题与文体有关，即需要在粗俗的和雅致的词汇之间做出选择。[①] 无论如何，印刷术的传播和发展为标准语的形成和书面语的标准化奠定了基础。

到 15 世纪，英国开始出现形成标准语言的条件和基础。从 1066 到 1400 年，拉丁语和法语是英格兰的官方书面语。英语书面语呈地域和个体差异，直到 15 世纪才开始出现官方标准。现在的标准英语就是源于中东部的中世纪英语方言。伦敦在当时是英格兰的政治、贸易和商业中心，伦敦方言在社会上处于优势地位，无论是社会交流，还是官方文书，大多采用伦敦方言。同时，伦敦方言也是受教育阶层的书面语，鉴于此，其他方言必然争相仿效。15 世纪中期，基于伦敦方言发展起来的“官方文书标准”（chancery standard）开始在英语标准化过程中扮演了一个重要角色。官方文件和正式场合所用的英语通常会以“官方文书标准”为基础，以便于政令的下达。这不仅在一定程度上统

---

① 张勇先：《英语发展史》，外语教学与研究出版社，2014，第 75 页。

一了各地的方言，而且也为印刷商提供了参照体例。① 尽管印刷商不一定完全采用这一标准，但"官方文书标准"也为英语下一步的标准化发展做出了很大贡献。

三、现代英语

如前所述，尽管语言学家们对"现代英语"的断代分期有不同见解，大多数学者较为认可"早期现代英语"（1489—1801 年）和"晚期现代英语"（1801—现在）的分期，其中早期现代英语时期是英语规范化发展的阶段，也是英语作为大不列颠民族语言的确立时期。

1489 年英国议会停止使用法语，英语的地位进入一个新的阶段，在社会众多领域中，英语逐渐取代了拉丁语和法语。但对英语自身而言，仍然存在方言之间的发音和拼写不统一、书面语和口头语差别大等问题。从乔叟到塞缪尔·约翰逊（Samuel Johnson，1709—1784 年）之间大约 400 年时间里，英语发生了显著的变化。现代人很容易发现，《坎特伯雷故事集》很难读懂，而简·奥斯汀的《傲慢与偏见》（*Pride and Prejudice*，1813 年）则与目前使用的英语相差无几。事实上，从 16 世纪开始，人们发现英语词汇和语法已经很少有不通用或不熟悉的情形，此时的英语与当代英语已经很少有显著的差异。②

（一）早期现代英语的发展特点

除了 15 世纪发生"元音巨变"（Great Vowel Shift），16、17 世纪是英语发展变化最大的时期。期间，英语语法发生了一系列变化。例如，人们开始将助动词和主要动词合在一起使用；动词第三人称单数

---

① 张勇先：《英语发展史》，外语教学与研究出版社，2014，第 77 页。

② Dennis Freeborn, *From Old English to Standard English: A Course Book in Language Variation Across Time* (Shanghai: Shanghai Foreign Language Education Press, 2009), p. 330.

形式-th 改为-s；表示第二人称概念的代词 you 替代了 ye，thou，thee，以及第三人称代词 its 替代了 his 等。[①] 同时，在词汇方面，这一时期英语词汇也得到进一步丰富，主要表现为出现大量新词。布莱恩·噶纳尔（Bryan A. Garner）曾对 1500—1659 年出现的新词做过统计[②]（如表 1-1 所示）。

表 1-1 布莱恩·噶纳尔 1500—1659 年英语新词统计表

时间	新词数量/个
1500—1519 年	1104
1520—1539 年	2704
1540—1559 年	2955
1560—1579 年	3341
1580—1599 年	5110
1600—1619 年	5192
1620—1639 年	2824
1640—1659 年	1717

这些新词大多来源于希腊语、拉丁语、法语、意大利语和西班牙语。第一，中世纪时借用的法语词和拉丁语词大多已被英语化了，发音和拼写与英语基本无异。第二，由于文艺复兴和工业革命的影响，从希腊语和拉丁语中新借了许多词汇，除少数整词借用外（如 appendix，axis 等），大多数通过去掉或改写词尾和后缀等方式使之英语化，如 conclusioneum 改为 conclusion（结论）、activitas 改为 activity

---

① 张勇先：《英语发展史》，外语教学与研究出版社，2014，第 161 页。

② Geoffrey Hughes, *A History of English Words* (Oxford: Blackwell, 2000), p. 152.

（活动）等。[①] 第三，由于国际贸易与交流的影响，许多法语、意大利语和西班牙语词汇直接进入英语。此外，还有许多词汇，特别是科技词汇，是通过词素合成创造出来的，例如，当铁路机车问世时，人们用拉丁语词 locus（位置）和 motives（移动）合成为 locomotive 表示“火车机车”；television（电视）是来自希腊语的 tele-（表示“远距离”）和来自拉丁语的-vision（表示“看”）合并而成的。[②] 这些变化既反映了英国社会的变迁，也体现了英语的包容性和创新性。

英国社会在这一时期经历了“文艺复兴”“宗教改革”“工业革命”“启蒙运动”和海外殖民所带来的巨大变化，英国的政治、宗教、经济、科技、文化、教育等方面都以各自的方式影响着“现代英语”的发展。

（二）早期现代英语的发展标志

标准语言或官方语言，有其确定的语法规则和词汇选择，尽管可能有不同的方言口音，其书写形式应该是统一的。标准语言并不在于语言自身的优越性，而在于其社会和政治影响，从而得到使用和发展。

1611 年《钦定版圣经》和 1755 年约翰逊的《英语词典》（*A Dictionary of the English Language*）是英语标准化发展中的两个具有里程碑意义的标志。

1.《钦定版圣经》

《钦定版圣经》中的《新约全书》（*The New Testament*）译自希腊文，《旧约全书》（*The Old Testament*）译自希伯来文。该英语译本语言清新简练，像诗歌一样富有韵律，还包括许多脍炙人口的成语和格言。对当时的人来说，学习《钦定版圣经》既可以传播基督教福音，也可以提高英语水平。从这个意义上说，《钦定版圣经》对普及和发展英语语言起到了非常重要的作用。

---

① 张勇先：《英语发展史》，外语教学与研究出版社，2014，第 162 页。

② 张勇先：《英语发展史》，外语教学与研究出版社，2014，第 165 页。

2. 约翰逊的《英语词典》

《英语词典》的出版对规范英语词汇起到了非常重要的作用。针对16—17世纪英语外来词汇剧增的现实情况，许多有识之士发出规范英语的呼声，如德莱顿（John Dryden，1631—1700年）、伊芙琳（John Evelyn）和笛福（Daniel Defoe，1660—1731年）这三位作家分别于1664、1665和1667年提出过规范英语的议题。1712年《格列佛游记》的作者斯威夫特（Jonathan Swift，1667—1745年）在他的《修正、改进和确定英语语言的提议》（*A Proposal for Correcting，Improving，and Ascertaining the English Tongue*）中倡议成立专门的组织来解决英语词汇、拼写和语法方面存在的不规范问题。1604年《英文难字字母顺序表》（*A Table Alphabetical of Hard Usual English Words*）收录了2543个来自希伯来文、希腊文、拉丁文和法文的单词。1721年纳萨内尔·贝利（Nathaniel Bailey）的《通用词源字典》（*A Universal Etymological Dictionary*）重点解释了包括外来词在内的一些通用单词的出处。1755年塞缪尔·约翰逊的《英语词典》收录了42 000多个词条，每个单词都有确定的拼写、读音、释义和词源，并引用114 000条引语作为例句，其中大多数来自1560—1660年出版的文学作品。① 这些图书，特别是约翰逊的《英语词典》的出版，是英语发展史上具有划时代意义的里程碑。

此外，18世纪下半叶，英国还出版了大量的语法著作。其中最重要的两本是罗伯特·洛思（Robert Lowth）的《英语语法简介》（*A Short Introduction to English Grammar*，1762年）和林德利·玛瑞（Lindley Murray）的《英语语法》（*English Grammar*，1795年）。这些著作对于统一和规范英语语法，进而确立和巩固英语书面语的地位起着十分重要的作用。

① 张勇先：《英语发展史》，外语教学与研究出版社，2014，第157—159页。

（三）英国文学对“现代英语”发展的重要作用

语言和文学的发展是相辅相成的。17—18 世纪英国文学的繁荣得益于早期现代英语的发展和人们英语水平的提高，反过来也极大地推动了英语语言的规范和推广。

1. 英语过渡时期的英国文学

在伊丽莎白时代（Elizabethan Age，1558—1603 年），莎士比亚（William Shakespeare，1564—1616 年）、斯宾塞（Edmund Spenser，1552—1599 年）、菲利普·锡德尼（Phillip Sidney，1554—1586 年）和马洛（Christopher Marlowe，1564—1593 年）等是英国文学史上英语戏剧和诗歌领域的巨匠。在雅各宾时代（Jacobean Era，1603—1625 年），诗人兼剧作家本·江森（Ben Johnson，1571—1637 年）、诗人约翰·邓恩（John Donne，1572—1631 年）对 17 世纪英国诗歌也产生了重要影响。他们是使用早期现代英语进行文学创作的代表人物，其作品具有从中世纪英语向现代英语过渡的鲜明特征。

2. 英语标准化时期的英国文学

17 世纪中期，英国文学向理性时代（the Age of Reason）过渡。约翰·弥尔顿（John Milton，1608—1674 年）的文学史诗《失乐园》（*Paradise Lost*）、《复乐园》（*Paradise Regained*）和《力士参孙》（*Samson Agonistes*）以无韵体诗的体裁，从清教徒的视角，体现了崇尚理性的人文主义宗教观。约翰·班扬（John Bunyan，1628—1688 年）的《天路历程》（*The Pilgrim's Progress*）是一部散文体叙事作品，描述了基督教眼里的 17 世纪，以浅显的文字和丰富的想象塑造了英语散文的风格，备受读者欢迎，成为 17—18 世纪的英语书籍中，阅读广泛程度仅次于《钦定版圣经》的作品。班扬使用的创作语言接近 17 世纪 70 年代的日常口语，是“工匠、农夫和商贩的语言”，而“不是智者和学者的语言”，深受英国罗切斯特主教托马斯·斯普拉特

（Thomas Sprat，1635—1713 年）等人推崇。[①] 这些文学文本显示，印刷书籍中使用的语言拼写在当时已经标准化了，在语言形式上与现在相差无几，只是在习语和用法上带有那个时代的特征。[②]

3. 英语普及时期的英国文学

18 世纪早期是英国诗歌和小说的一个辉煌时期。亚历山大·蒲柏（Alexander Pope，1688—1744 年）是新古典主义的伟大诗人，乔纳森·斯威夫特则是 18 世纪的讽刺文学大师，他们仿效罗马的古典文明，向古人学习各种体裁的诗歌。理查德·斯蒂尔（Richard Steele，1672—1729 年）和约瑟夫·艾迪生（Joseph Addison，1671—1729 年）创办期刊，用文字教育新贵阶层学习文明礼仪，被认为是“上流社会的传声筒”。[③] 丹尼尔·笛福的《鲁滨逊漂流记》（*The Adventures of Robinson Crusoe*）面向底层人群，以浅显的文字引领又一个大众阅读时代。18 世纪中期有着“英国小说之父”称号的塞缪尔·理查森（Samuel Richardson，1689—1761 年）则迎合中产阶级读者，以一部感伤小说《帕梅拉》（*Pamela*）感动了整个欧洲。[④] 18 世纪下半叶进入散文时期，哲学家大卫·休谟（David Hume，1711—1776 年）、历史散文家爱德华·吉本（Edward Gibbon，1737—1794 年）以新古典主义方式让散文成为一种名副其实的艺术。更引人注目的是散文作家塞缪尔·约翰逊，无论是他的《英语词典》还是文学批评，都为他赢得了那个时代的权威角色和文学领袖的地位。

英语向着标准化的方向发展，在一定程度上是诗歌发展的结果，

---

① Dennis Freeborn, *From Old English to Standard English: A Course Book in Language Variation Across Time* (Shanghai: Shanghai Foreign Language Education Press, 2009), p. 364.

② Dennis Freeborn, *From Old English to Standard English: A Course Book in Language Variation Across Time* (Shanghai: Shanghai Foreign Language Education Press, 2009), pp. 364-365.

③ 张勇先：《英语发展史》，外语教学与研究出版社，2014，第 175 页。

④ 张勇先：《英语发展史》，外语教学与研究出版社，2014，第 176 页。

但在伊丽莎白时代，散文散发出来的语言魅力在很大程度上归因于它向大众语言的靠近。[①] 尽管农夫、车夫、商贩以及市民的语言只是英语的来源之一，但也正是因为英语文学语言的大众化特性，才使得英语具有如此强大的生命力。

从1801年起，英格兰、威尔士、苏格兰、爱尔兰合称“大不列颠及爱尔兰联合王国”。这一年也标志着“晚期现代英语”的开始。至此，英语作为英国的民族语言已正式确立。19世纪之后，“现代英语”进入一个新的发展时期，主要特征是：大量吸收外来词和创造新词，不断向外扩展，成为很多国家主要的外交和贸易语言，并产生多种语言变体。

第四节　“现代英语”教育的兴起

在英国的中世纪（11—16世纪早期），特别是早期，教会控制着几乎一切有组织的教育。文法学校和歌咏学校是英国主要的中等教育机构，其主要任务是拉丁文教学或者用法语进行拉丁文教学，属于精英教育，培养的学生为教会和市政服务，或者升入大学继续学习。包括牛津和剑桥在内的大学对学生的要求首先是具备文科基础，精通拉丁文，在大学期间学习“七艺”，其中文法、逻辑和修辞“三艺”是大学的基础课程，之后是“四艺”（Quadrivium）——算术、天文、几何和音乐，教学语言主要是拉丁语和法语。

从14世纪后期开始，大众教育开始得到发展，尽管拉丁语文法仍然在正规学校课堂占据支配地位，英语教学已开始崭露头角；15世纪时，特别在新兴商人阶层，英语识字水平大大提高；1500年以后，教

① 阿萨·勃里格斯：《英国社会史》，陈叔平等译，中国人民大学出版社，1991，第162页。

育不再完全处于教会的垄断之下，同时，英语成为唯一的本地语（vernacular），城市各世俗阶层大多掌握了英语。据托马斯·莫尔1533年的估计，50%的英国人能读英语。在16世纪的英国，“现代英语”教育已经兴起，文艺复兴、宗教改革和语言学家的贡献成为主要的驱动因素。

一、文艺复兴的影响

14—17世纪欧洲文艺复兴从意大利开始兴起，15世纪末扩展到英国。文艺复兴成为教育史上的一个重要时期，是由于当时意大利的一些知识分子发现了一批古罗马和古希腊的文献，这引起教育思想和课程观念的显著变化。劳伦斯·斯通（Lawrence Stone，1919—1999年）在给威廉·哈里森·伍德沃德《文艺复兴时期教育研究》一书的序言中写道：“中世纪大学的目的已经从培养出身卑微的教授并使之服务于文化水平较低的军事贵族这一目的的转变成培养和改善贵族阶级自身，把这个人数不多的社会精英群体转变成一群出身高贵和道德高尚的人，他们在古典文化方面受过文学和修辞学的训练。”① 这一教育目的的转变对于英国现代英语教育的兴起也同样产生影响。

文艺复兴对于英国教育的影响首先在于人文主义在英国的传播和发展。在1531年出版的《行政官之书》（*The Book Named the Governor*）中，托马斯·埃利奥特爵士（Sir Thomas Elyot，1490—1546年）提出了人文主义教育的基本原则，确信那样去教育儿童，他们就会成为非常优秀和聪明的人，他们将成为“行政官”，值得拥有权力和荣誉，值

① 威廉·哈里森·伍德沃德：《文艺复兴时期教育研究》，赵卫平、赵花兰译，山东教育出版社，2013，第5页。

得成为贵族，去解决那些涉及国内外进步的伟大变革的社会和政治问题。[①] 在 1555 年一位无名作者写给菲茨沃特勋爵（Lord Fitzwater）的《绅士的教育》（*Institution of a Gentleman*）中，强调教育的目的就是为了培养“绅士”——他们不仅有良好的出身，而且“很明白为了未来他应该有渊博的知识，精通多国语言，有能够保卫国家的强健体魄，或者至少应该能在战事上献计献策……而且，理所应当的是，绅士应该举止优雅，跟各阶层的人都知道怎么打交道……”[②]。汉弗莱·吉尔伯特爵士（Sir Humphrey Gilbert，1539—1583 年）在 1573 年出版的《伊丽莎白女王的学园》（*Queen Elizabeth's Academy*）中提出的方案则是“为了女王陛下的护卫以及其他贵族青年和绅士的教育，在伦敦建立一所学园”，在女王陛下的宫廷里，从此将都是高贵的绅士和有美德的人。[③] 克莱兰（Cleveland）在《青年贵族的学校》（*Institution of a Nobleman*）中肯定了高贵品质依赖于教育和训练，他尤其强调判断力、想象力和记忆力的重要性。[④] 这些著作都反映了英国文艺复兴时期的人文主义教育原则和主张，其自由教育思想对英国语言教育也产生了重要影响。

这些著作对于英国语言教育的影响不仅体现在教育思想上，也体现在教育规划和策略上。例如，埃利奥特强调家庭语言教育，他认为最好的办法是：“一位贵族的儿子从婴孩时期起就要持续不断地使他逐渐习惯于说纯正的和漂亮的拉丁语。同样，如果可能的话，这个男孩

---

① 威廉·哈里森·伍德沃德：《文艺复兴时期教育研究》，赵卫平、赵花兰译，山东教育出版社，2013，第 301—306 页。

② 威廉·哈里森·伍德沃德：《文艺复兴时期教育研究》，赵卫平、赵花兰译，山东教育出版社，2013，第 309 页。

③ 威廉·哈里森·伍德沃德：《文艺复兴时期教育研究》，赵卫平、赵花兰译，山东教育出版社，2013，第 315—317 页。

④ 威廉·哈里森·伍德沃德：《文艺复兴时期教育研究》，赵卫平、赵花兰译，山东教育出版社，2013，第 318—319 页。

的保姆和他周围的其他妇女也要说纯正的、有礼貌的、正确的和发音清晰的英语……”[①] 埃利奥特比伊拉斯谟（Erasmus）更了解一个男孩在努力学习文学和语言课程时所花的力气，更了解在集中注意力学习那些已死亡的语言的基础知识时长期保持兴趣的难度。他主张通过阅读文学著作进行语言教学，“只有首先掌握了古典语言纯正的秘密，一种相应的和谐才能在近代的民族语言中得到实现”[②]。吉尔伯特主张古代语和现代语之间的平衡，例如，修辞学的练习应该包括用英语演说政治和军事主题。他强调精通本国语的必要性，因为“应用知识时主要是用通俗的语言，如布道、地方议会、国会、委员会和联邦的其他政府机关”[③]。克莱兰也认为母语是“最主要的理解工具”，他强烈反对在日常交谈中用拉丁语取代本国语。他说，“其他那些人太自以为是，以至于当我们学习英语时，他们只让儿子跟着他们的家庭教师说拉丁语长大，这使得当他们听到‘到长大时必须去学校学习他们的母语’时，只能用拉丁语回答”[④]。尽管这些人文主义作者们仍然重视拉丁语或希腊语文学著作的学习，他们意识到了学习“现代英语”的重要性，并就家庭语言教育和学校语言教学的规划和教学策略提出了重要的指导意见。

---

① 威廉·哈里森·伍德沃德：《文艺复兴时期教育研究》，赵卫平、赵花兰译，山东教育出版社，2013，第 288 页。

② 威廉·哈里森·伍德沃德：《文艺复兴时期教育研究》，赵卫平、赵花兰译，山东教育出版社，2013，第 297 页。

③ 威廉·哈里森·伍德沃德：《文艺复兴时期教育研究》，赵卫平、赵花兰译，山东教育出版社，2013，第 315 页。

④ 威廉·哈里森·伍德沃德：《文艺复兴时期教育研究》，赵卫平、赵花兰译，山东教育出版社，2013，第 320—321 页。

二、宗教改革的驱动

都铎王朝初期，英国教会由罗马教廷所控制，掌握英国三分之一的地产。随着人文主义和宗教改革思想的传播，以及新兴资产阶级和新贵族对财富的追求，逐渐强大的专制王朝开始主导英国的宗教改革。1534 年，亨利八世执政时期，英国议会通过《至尊法案》(*Supremacy Act*)，规定国王是英国教会的最高首脑，教皇无权干涉英国教会事务，从此英国完全脱离罗马教廷的控制，成为一个新教国家。1559 年，伊丽莎白一世执政时期，议会重新颁布《至尊法案》，重申英国国王是教会的最高首脑，并要求全国教会统一崇拜仪式，即使用英文版的《公祷书》(*The Book of Common Prayer*)。事实上，英语也越来越在宗教仪式中得到普及。担任圣保罗教堂高级主持人的理查德·马尔卡斯特曾说：“为什么不全部使用英语？……（英语）丝毫不逊色于措辞严谨精细的希腊语，或者吐音清晰、庄严堂皇的拉丁语。”①

宗教改革对教育的影响主要表现在王权对教权的征服。② 教会对于教育的影响力在逐渐下降，政府和民间对教育的影响力在逐渐加强。与此同时，英语的地位开始凸显。

在高等教育层面，为教会培养精英的大学神学教育寿终正寝。国王把从修道院没收来的财产捐赠给剑桥等大学，皇室亲自任命院长，在大学设立钦定教授席位；限制宗教法课程，鼓励学习民法，取消拉丁语语法课程，开设希腊语，英语进入课堂并成为教学语言。

在初等和中等教育层面，英格兰修道院制度解体后，歌咏学校和附属于修道院的文法学校不复存在。教育慈善事业随之出现，最大的

---

① 阿萨·勃里格斯：《英国社会史》，陈叔平等译，中国人民大学出版社，1991，第 155—156 页。

② 徐辉、郑继伟：《英国教育史》，吉林人民出版社，1993，第 70 页。

捐赠者是商人阶层，特别是伦敦富裕的企业家和批发商。教育慈善的主要形式是创办学校，既为穷人子弟开办初级学校，又为富人子弟开办文法学校。在农村，幼儿学校为大量的农村儿童提供初级教育，主要教孩子识字和阅读，因而又称为 ABC 学校，当然有些学校也教写和算，或者还开办专门的写作学校。尽管拉丁语、希腊语和希伯来语等古典语言仍然是文法学校的重要课程，但枯燥单调的教学只能吸引极少数的男孩。英语阅读和写作逐渐成为必修科目，女孩和男孩一样可以进入幼儿学校和英语学校，在没有其他教育设施的农村地区，女孩甚至也进入文法学校就读一段时间，以便学习英语阅读和写作。[①] 显然，英语读写已逐渐成为初等和中等教育中的重要课程。

同时，学徒制成为技术教育和商业教育的重要组成部分。除了跟从师傅学艺外，书本的学习和私人教师的教学也是重要补充。1570 年以后，为获得秘书技能，除了写作教师的教学外，学习者也可以从专业作家英语手稿的印刷本和字母写作手册中学习。例如，约翰·舒特的《建筑业基础》一书是第一本英语版的建筑学书。[②] 许多类似的书是从意大利语、荷兰语和拉丁语翻译过来，译者通常是具有一定技能并且有在伦敦工作经验的教师，这些技术类书籍的英译本对英国学徒的职业和技术训练起到了重要作用。

从 16 世纪到 17 世纪，由于教育管辖权由教会向世俗转移，英国的教育发生了很多变化。一是教育慈善事业的迅速发展改变了英格兰的教育模式，教育机构变得多层次、多种类、多广度，并逐渐向平民和穷人开放。二是教育思想逐渐变得多元化。一方面，自由教育思想占据优势地位，在培养贵族的学园和大学里，古典人文学科仍然是主要课程内容。另一方面，专科教育和职业教育也开始得到发展，科学知

---

① 徐辉、郑继伟：《英国教育史》，吉林人民出版社，1993，第 78—83 页。

② 徐辉、郑继伟：《英国教育史》，吉林人民出版社，1993，第 84—85 页。

识和职业技能越来越受到重视。例如，在大学里，医学越来越受欢迎；民法取代罗马法并占有一席之地，大量的贵族子弟进入大学专科或法律协会学习。三是语言教学和教学语言变得多样化。在大学里，拉丁语逐渐失去统治地位，希腊语成为经典著作的学习语言，而英语成为主要的教学语言；在初等和中等教育层次，尽管拉丁语在文法学校仍然盛行，英语阅读和写作还是成为学校的重要课程，同时英语也是课堂的教学语言。

基于上述变化，英国大众的识字水平大大提高。17 世纪 40 年代，某些社会和经济地位较高的社会群体，如贵族、绅士、专业人员、商人等，他们的识字能力被认为已达到了充分的水平。1642 年，议会命令男性公民都要宣誓表忠，并亲笔签名或画押，其中三分之一的人采取了亲笔签名的方式。[①] 这表明大众识字水平已有很大提高。

三、语言学家的贡献

除了人文主义作者，16—18 世纪英国的英语语法学家们也对“现代英语”及其教学做出了重要贡献。

从 15 世纪末开始，受教育者所说的伦敦方言被称为英语标准语，书面英语中的语法和词汇都在逐渐标准化，其他方言在书面文本中仅用来呈现方言的差异性。人们发现字母很少与英语读音相对应，许多单词的拼写与读音不相匹配。许多作者一致认为有必要有统一的拼写形式、语法和词汇。到 16 世纪，英国出版了最初的英语字典、拼写书和语法书。

1569 年，英国教育家和语法学家约翰·哈特（John Hart）出版《正字法》（*Orthographie*）一书，他批评当时的英语拼写混乱，提出改

① 徐辉、郑继伟：《英国教育史》，吉林人民出版社，1993，第 93—94 页。

革英语拼写体系，旨在构建一个声音与符号一一对应的拼写体系。[①] 约翰·哈特及其他16、17世纪的作者试图将英语塑造成完美的语言。但他们的努力并没有实质上改变16世纪时的书面英语拼写，也没能准确预示17世纪晚期和18世纪的所谓“礼貌”口音。[②] 即便是受教育的人用标准英语写作，却仍然可能用地方方言说话；而当他们用方言写作时，更是怎么说话就怎么拼写，因而保留着许多词汇、语法和读音的方言特征。

1663年，约书亚·普尔（Joshua Pool）出版《实用修辞学》（*Practical Rhetorick*）一书，该书的主题是“演讲术”（elucution），关注文体风格，尤其强调修辞（tropes and figures）。1673年，乔治·福克斯和艾利斯·胡克斯（George Fox and Ellis Hookes）的《正确拼读教学》（*Instructions for Right Spelling*）涉及拼写、阅读和写作。1687年，赫特杜德郡的斯特福德主教文法学校校长（Master of the Grammar School of Bishop-Stortford in Hartfordshire）克里斯托弗·库珀（Christopher Cooper）出版《英语教师或英语语言教学艺术的发现》（*The English Teacher or The Discovery of the Art of Teaching and Learning the English Language*）一书。他被认为是19世纪以前最好的语言学者，他的书是英格兰出版的最全的英语发音记录之一。他并没有提出拼写改革建议，但他致力于教授当时最常使用的拼写体系。[③] 在那些自认为属于上层社会的人们眼里，乡下和市郊方言的发音往往被认为低人一等。库珀作为教师，在他书中“关于粗俗的发音”章节

---

① Susana Doval Suárez,"The English spelling reform in the light of the works of Richard and Mulcaster and John Hart,"*Sederi*,no. 7(1996):128.

② Dennis Freeborn,*From Old English to Standard English :A Course Book in Language Variation Across Time*(Shanghai:Shanghai Foreign Language Education Press,2009),p. 383.

③ Dennis Freeborn,*From Old English to Standard English :A Course Book in Language Variation Across Time*(Shanghai:Shanghai Foreign Language Education Press,2009),p. 370.

中，也暗示一个人的发音往往决定了他的拼写。[①]

尽管存在多种方言，当作者们用普遍认同的词汇和语法形式进行写作时，标准语言就形成了。地方和阶层方言不如标准语言有规则和系统化，因而被认为是粗劣的。

18 世纪期间出版了许多小册子、文章和语法书籍，讨论修正、改善甚至将语言固定到某种完善的形式。但在当时，谈到英语的状态时，反复出现的一个词是“堕落”（corruption）。英国作家、政论家乔纳森·斯威夫特曾对英语的“堕落”表示深切的关注，他尤其对刻意的用词深恶痛绝，用“英语语言的堕落”（the corruption of our English tongue）来表示英语正变得糟糕和腐败。为此，他专门发表过一系列文章，倡导建立一个类似于法国 1634 年建立“法兰西学院”的“学院”（academy）机构来规范和维持英语语言的标准。[②] 他的目的是将语言确定下来，不再受进一步变化的影响。塞缪尔·约翰逊则把这项工作落到实际行动上，他在 1747 年发表《英语词典计划》（*The Plan of a Dictionary of the English Language*），并于 1755 年出版《英语词典》。[③] 这部词典在此后的 150 年间一直被作为英语的标准参考文献，直到 1928 年的《牛津英语词典》（*The Oxford English Dictionary*）出版。

斯威夫特和约翰逊都认为从 1558 年伊丽莎白女王治下到 1642 年内战时期是改善英语语言的黄金时期，但他们也清楚，英语并没有达到“完美的境地”（state of perfection）。不过，18 世纪晚期的语法学家们

---

① Dennis Freeborn, *From Old English to Standard English : A Course Book in Language Variation Across Time* (Shanghai: Shanghai Foreign Language Education Press, 2009), p. 375.

② Dennis Freeborn, *From Old English to Standard English : A Course Book in Language Variation Across Time* (Shanghai: Shanghai Foreign Language Education Press, 2009), p. 390.

③ Dennis Freeborn, *From Old English to Standard English : A Course Book in Language Variation Across Time* (Shanghai: Shanghai Foreign Language Education Press, 2009), p. 391.

把这一荣耀披到了18世纪早中期作家的语言上，如艾迪生、斯蒂尔、蒲柏和斯威夫特。[①] 这一时期被称为奥古斯都时期（Augustan Age）。

在文艺复兴和宗教改革的大背景下，语法学家们直接推动了英语的标准化进程和现代英语教育的发展。尽管在这一时期古希腊和古罗马的语言和文学仍然是教育的基础，拉丁语和希腊语仍然是完美语言的典范，作家们还在模仿古希腊文学的形式，如史诗、颂歌和悲剧等，许多作家试图复兴母语，致力于用“礼貌”的母语进行创作，而18世纪语法学家们所认可的标准语言也正是这一民族“有学识和礼貌的人”（the learned and polite persons）的语言。在这里，“礼貌的”意思是优美的、优雅的、文雅的、有教养的（polished，refined，elegant，well-bred）等。[②] 学者们认为普通老百姓的语言低下，他们致力于“礼貌语言”的教育与传播，直接或间接地改变民众的语言习惯，从而为现代英语教育兴起创造了条件。

本章小结

英国“现代英语”教育地位的确立受到多种因素影响。英格兰民族国家的形成从政治、经济、宗教、文化和社会心理等方面为“现代英语”教育地位的确立奠定了前期基础。英格兰民族文学的发展不仅将英格兰民族的共同记忆凝聚成独特的民族文化，而且将民族语言从口头表达提升到了文学语言。这不仅增强了民族文化的自信，而且为“现代英语”教育提供了丰富的书面语言素材。英格兰民族语言通过漫长的历史进化，以东南部地区方言为基础，不断融合外来词语、语法

① Dennis Freeborn, *From Old English to Standard English : A Course Book in Language Variation Across Time* (Shanghai: Shanghai Foreign Language Education Press, 2009), p. 393.

② Dennis Freeborn, *From Old English to Standard English : A Course Book in Language Variation Across Time* (Shanghai: Shanghai Foreign Language Education Press, 2009), p. 398.

结构和修辞，形成一种规范化的现代语言系统，为“现代英语”教育确立了标准和参照。文艺复兴和宗教改革是英国“现代英语”教育兴起的社会和文化大背景，而英语语言学家则为“现代英语”教育在语言本体的标准化方面做出了基础性贡献。雅斯贝尔斯说过：“要成为人，须靠语言的传承方能达到，因为精神遗产只有通过语言才能传给我们。”[①] 英语作为英格兰民族的语言，不仅传承了英格兰民族的精神遗产，而且塑造了英格兰人。

① 雅斯贝尔斯：《什么是教育》，邹进译，生活·读书·新知三联书店，1991，第84页。

第二章　英国“现代英语”教育的民族特性

英国以其岛国地理优势以及抵御外敌入侵的能力，较早地实现了领土和文化的统一。哈斯丁斯（Adrian Hastings）认为，14 世纪晚期是英国民族成形的时间。[①] 特别是英法百年战争之后，英格兰人在民族语言得到发展后产生了民族认同意识。随后的英国宗教改革和资本主义经济发展也从信仰归属和经济依存关系等方面推动了英格兰民族的形态建构。与当时处在普世性“基督教大世界”统治下的欧洲大陆相比，英格兰的民族和国家观念明显超前。格林菲尔德也认为“最初的民族观念产生于 16 世纪的英国，可能除了荷兰以外，英国是世界上第一个民族国家，也是此后 200 年间世界上唯一的民族国家”[②]。到伊丽莎白统治末期，英国民族意识的形成过程已基本完成。[③] 安迪·格林说：“通过压制诸侯和教会的独立，都铎王朝把英国打造成了一个民族国家，成功地实现了早期的国家集权，并把英语确定为唯一的官方语

---

① Adrian Hastings, *The Construction of Nationhood-Ethnicity, Religion and Nationalism* (Cambridge: Cambridge University Press, 1997), p. 51.

② Liah Greenfeld, *Nationalism: Five Roads to Modernity* (Cambridge: Harvard University Press, 1992), p. 14.

③ George H. N. Seton-Waston, *Nations and States: an Enquiry into the Origins of Nations and the Politics of Nationalism* (London: Methuen Publishing, 1977), p. 33.

言。”① 从这个意义上说，英语语言是英格兰建立民族国家的核心构成要素。在近代英格兰、威尔士和苏格兰以及英国入境移民的不同社区语境，英语教育从不同侧面反映出典型的民族特性（nationalism）。

第一节 作为英格兰民族语言的英语教育

民族语言教育既是一个语言学概念，也是一个教育学概念。现代语言学奠基人、瑞士语言学家索绪尔曾说：“在很大程度上，构成民族的也正是语言。”② 在他看来，语言与民族、文化、地理、历史等有着密切的联系。他不仅构建了普通语言学理论，还提出了社会语言学概念。1972 年费希曼（J. Fishman）进一步将社会语言学的研究范围分为宏观和微观两个方面，微观社会语言学以语言为出发点，研究社会方言和语言变异，考察社会因素对语言结构的影响；宏观社会语言学则以社会为出发点，研究语言在社区组织中的功能。③ 民族语言学属于社会语言学范畴，是语言学与民族文化学有机结合的一个语言学分支，主要研究语言与文化之间的关系，以及不同民族对世界认知方式的区别。语言作为构成民族的一个最基本、最明显的特征，是民族感情、民族意识、民族心理形成的基础。④ 换句话说，民族语言是民族文化产生和发展的必要条件。一个民族的思想、观念、意识、道德等都要通过本民族的语言来形成。一个人在掌握了母语的同时也就意味着他掌

---

① 安迪·格林：《教育与国家形成：英、法、美教育体系起源之比较》，王春华等译，教育科学出版社，2004，第 261 页。

② 索绪尔：《普通语言学教程》，高名凯译，商务印书馆，1980，第 43 页。

③ J. A. Fishman, “The Relationship between Micro-and Macro-Sociolinguistics in the Study of Who Speaks What to Whom and When,” In *Sociolinguistics*, eds. J. Pride and J. Holmes (London: Penguin Books, 1972), pp. 15-51.

④ 王鉴：《民族教育学》，甘肃教育出版社，2002，第 138 页。

握了一种民族认识世界的思维模式。从这个意义上，民族语言教育实质上是一种民族文化的传承。

民族语言教育涉及民族语言政策和语言教育政策等方面的内容。对于多民族语言或多方言民族语言的地域而言，民族语言政策与政治、经济和历史文化密切相关。从语言政策的视角而言，民族标准语的规定，是促进语言统一的有效措施。民族标准语以代表性的方言作为基础，又有超方言的性质，具有较为系统规范的语音、语法、词汇系统方面的基本特征，是民族语言发展到统一化程度的标志。① 民族标准语易于为各相邻方言区居民接受，有利于推广使用，能满足民族地区及居民的各种需要。从语言教育政策的视角而言，民族语言教育体现了民族或国家的大政方针。有些国家和地区实施单一的民族语言教育政策，有些则实施双语或多语民族语言教育政策，即在学校教育中同时使用民族地方语和民族通用语（或民族标准语）。民族语言教育政策，既能有效提高本民族凝聚力，也能激发民众的民族感情和民族自豪感。

一、英格兰的英语教育政策

如前所述，约翰·威克里夫的英译《圣经》奠定了英国民族语言的基础；1450 年在英国的法律文书中，英语取代拉丁语和法语，成为通用语言；从 1489 年开始，议会禁止使用法语，英语成为英格兰唯一的官方语言。但英语作为英格兰民族语言的教育经历了一个漫长和渐进的过程。文艺复兴、宗教改革、工业革命、海外贸易等社会变革，王权的式微、新兴资产阶级和新贵族的崛起、中产阶级的形成等社会力量的变迁，无不对包括英语教育在内的民族教育产生影响。不同于此前受教会控制的教育现状，英国文艺复兴和宗教改革之后，英格兰

① 王鉴：《民族教育学》，甘肃教育出版社，2002，第 141 页。

民族教育呈现出一些新的特点，“现代英语”作为英格兰民族语言的教育受教育政策影响逐渐得到发展。尽管没有专门针对“现代英语”教育的文件，英格兰王室对于英语教育的政策也可以从其他法规和文书中反映出来。

（一）英语作为宗教教育和虔敬布道的语言

16 世纪之后，英国政府通过立法，规定英语替代拉丁语成为宗教教育和教会活动的语言。“亨利为了他的宗教的民族特点，规定用英吉利语代替拉丁语传道，每一个教区有一本英语《圣经》。”[①] 英语《圣经》是迈尔斯·科弗代尔（Miles Coverdale，1488—1569 年）根据威廉·廷代尔（William Tyndale，1494? —1536 年）的译本翻译的，包含许多珍贵的散文语言，作为英国人民的共同遗产，在《圣经》里流传了下来。

1559 年伊丽莎白一世加冕为王，为确保伊丽莎白女王的新国教统治，教育受到严格控制。1559 年的皇家法令规定：学校纳入政府管辖之下；非国教徒不得担任教师；任何人都必须经过品格和思想考察，并得到主教许可，才能从事教学；学校教科书和其他书籍须经政府批准后方可出版发行。[②] 到 1604 年，想在公共学校或绅士家里从事教学工作的人，都要宣誓效忠皇室、《三十九条信纲》和《公祷书》。此外，根据新的宗教法规，为了教育每一个学生遵奉国教，教师有责任按规定教授英语和拉丁文教义问答。[③] 教会再次成为国家一体化的工具，同时间接地促进了语言教育的一体化。

（二）通过普及教育提高民众英语读写能力

长期以来，“英国这个主要依赖自我调节的社会依赖于自发的组织——教会、公谊团体和巨大的慈善组织网络——来对付精神和物质

① 霍利迪：《简明英国史》，洪永珊译，江西人民出版社，1985，第 48 页。

② 程汉大：《英国法制史》，齐鲁书社，2001，第 244 页。

③ 徐辉、郑继伟：《英国教育史》，吉林人民出版社，1993，第 74 页。

的沦丧”[①]。在教育领域，除了家庭，教会和慈善机构一直扮演着十分重要的角色，而政府很少主动干预，毋宁说全国的教育制度。到 19 世纪 60 年代，人们开始强烈表示，教会的自发性努力不足以提供适于工业国家需要的初级教育制度。

1861 年的《教育法典》是教育立法的开始，明文规定了小学教育“阅读”“书写”和“算术”等教学内容和要求。1870 年《初等教育法》（*Elementary Education Act*）又称《福斯特法案》（*Forster's Education Act*），为英格兰和威尔士 5 到 12 岁的儿童制订了学校教育框架，法案规定“新成立的教育局，有权调查每个学区的学校，并在必要时开办新的小学或者改善旧的学校……使 5 到 12 岁的儿童都能接受教育”。这个法案被认为是奠定英国国家教育制度和实行普及初等教育的第一个法案，使英国的初等教育形成公立体制与私立体制并存的局面。此外，英国政府先后于 1876、1891、1893、1899 年颁布了一系列有关初等教育的法案。这些法案的一个共同目的是通过普及初等教育提高民众的基本英语读写能力。

19 世纪英国政府也先后出台了多个针对中等教育的法案。例如，《1840 年文法学校法》（*Grammar Schools Act 1840*）允许文法学校将收入用于古典语言教学之外的教学支出。基于克拉伦登委员会的报告，《1868 年公学法》（*Public Schools Act 1868*）赋予当时几个主要公学更大的自主管辖权，除了由神职人员教授的古典语言类课程外，可以扩展到更广泛的课程内容。在道恩顿委员会的报告基础上，《1869 年受捐助学校法》（*the Endowed Schools Act 1869*）旨在重组受捐助的 782 所文法学校，改变文法学校分布不均衡的现状，并试图建立全国性的中等教育体系。尽管文法学校仍然侧重古典学科和拉丁语文法，中等学校已经普遍把英语作为教学语言，并把英国文学作为必修课程。

---

① 肯尼思·O. 摩根：《牛津英国通史》，王觉非等译，商务印书馆，1993，第 513 页。

二、英格兰的英语教育

（一）初等教育中的英语教育

1. 教育机构

都铎王朝相对安定的社会生活环境导致了 16 世纪英格兰的人口增长。“教区名册、遗嘱、学校记录、家庭合影等资料都表明，1560 年以后的英格兰是一块充满儿童的土地。总人口从 1539 年的不足三百万人上升到 1600 年的四百万人。”[①] 儿童教育随之成为英格兰社会面临的重要问题。宗教改革之后，除了教会组织，慈善事业成为 15 世纪 60 年代到 17 世纪 40 年代初等教育的重要教育资源，例如为穷人子弟开办初级学校，为富人子弟开办文法学校。

16 世纪的学校教育主要有三种形式：一是在“小学校”对大多数人进行基本识字能力教学；二是为培养孩子们成为学徒，在学校用英语传授数学和记账等实用知识；三是在文法学校教授严格的古典语言和语法课程，再加上宗教教育，旨在培养绅士及城镇贵族子弟，以使他们能进入大学或法律学院深造。[②]

17 世纪末之前，初等教育的发展主要是基于功利主义目的，因而大多数都是为了满足本地的需求，将学校设立在城镇或农村地区。[③] 到 17 世纪末，教育的慈善事业几乎完全转向穷人的初级学校教育；18 世纪大多数人口的初等教育也由私人提供并由慈善事业捐办。18 世纪上

---

① 徐辉、郑继伟：《英国教育史》，吉林人民出版社，1993，第 69 页。

② Lawrence Stone, “The Educational Revolution in England, 1560-1640,” *Past & Present*, no. 28(1964): 42-44.

③ Helen M. Jewell, *Education in Early Modern England* (London: Macmillan Press Ltd., 1998), p. 96.

半叶慈善学校盛行，就学儿童达3万人以上。[①] 18世纪末，慈善学校仍以各种方式为穷人提供初等教育。学校包括城镇的英语学校和公共学校，也包括最初级的家庭幼儿学校，甚至还有劳作学校、导生制学校和星期日学校。[②] 到19世纪初，这类学校已遍及英格兰，就读儿童在25万人以上。[③] 1807年，不信奉国教徒和自由主义的教会人士共同组织了英语及外语学校教育会，1811年国教教会设立了全国教育会，这两者都以促进教育贫穷儿童为目的。[④] 到19世纪中后期，作为慈善学校的补充，公立初等学校蓬勃发展，新成立的地方教育局被赋予监督地方学校的职能，有关英语课程及其教学内容在一定程度上得到了较好的规范。

2. 教育目的

（1）宗教教育

在英国宗教改革时期，英语成为虔敬布道的语言，识字能力也越来越成为16、17世纪发展文化生活的关键。出于与天主教进行斗争的目的，新教十分重视儿童教育，教育成为皈依（conversion）的工具，在儿童行“坚信礼”（confirmation）之前，教会承担主要的教义问答教学责任。[⑤] 1523年温肯·德·沃德（Wynkyn de Ward）发行了以主祷文为主要内容的英文版启蒙书。1534年约翰·比德尔（John Byddell）用本地语（英语）撰写了第一部启蒙书，不仅用于儿童教育，也用于

---

① 中国大百科全书总编辑委员会：《中国大百科全书·教育》，中国大百科全书出版社，1985，第494页。

② 徐辉、郑继伟：《英国教育史》，吉林人民出版社，1993，第110—112页。

③ 中国大百科全书总编辑委员会：《中国大百科全书·教育》，中国大百科全书出版社，1985，第494页。

④ 戴维·罗伯兹：《英国史：1688年至今》，鲁光恒译，中山大学出版社，1990，第208页。

⑤ Rosemary O'Day, *Education and Society 1500-1800* (London and New York: Longman, 1982), p. 43.

基督徒的宗教教育。《1538 年禁令》要求，所有儿童被吸收进入基督教会之前，必须能背诵启蒙书的内容，教会的初级学校教员负责教儿童学习阅读英文版的信条、主祷文、十诫以及福哉玛丽亚。在社会捐办的初级学校里，宗教教育仍然是一项重要内容，以满足儿童参加教会活动的客观需要。

（2）读写能力培养

在 15 世纪，英格兰普遍只要求儿童学会英语阅读；到 16 世纪，英语已成为唯一的本地语，伦敦的行业协会要求其成员在做学徒时能用本地语进行读写。在当时，“尽管读写能力并非职业要求的主要内容，但识字测验常常被用于某些经济领域的限制性招聘或作为会员地位升迁的限制性手段”①。慈善机构为穷人子弟捐办的初级学校形式多样，他们的一个共同目的是培养儿童的本地语（即英语）读写能力。5 到 6 岁入学的幼儿学校主要教英语拼写和阅读，因而又称为 ABC 学校；到 8 岁时学生进入“英语学校”，学习阅读、计算和写作。除了宗教教育之外，这些学校旨在培养孩子初步的英语阅读能力和一定的劳动技能，为学生将来从事熟练的职业工作做准备。这些学校和机构为英格兰儿童读写能力的培养做出了巨大的贡献。有关英格兰英语识字能力的研究数据各不相同（从 30%—60%不等），但从总体趋势而言，在 16—17 世纪，英格兰人的识字能力在逐渐提高；城市常住人口，尤其是像伦敦这样的大城市居民的识字能力明显高于市郊或农村地区居民（详见表 2-1 所示）。

在这一历史时期，“现代英语”教育在初级教育中开始得到迅速发展，但在中等和高等教育中发展比较缓慢。

---

① Rosemary O'Day, *Education and Society 1500-1800* (London and New York: Longman, 1982), p. 11.

表 2-1　伦敦及市郊居民 1580—1639 年识字水平①　　单位：%

区域	文盲	识字者
赫特福德郡	74%	26%
伯克郡	74%	26%
斯特普尼和白教堂等伦敦郊区	52%	48%
伦敦市区	24%	76%

3. 读写教学

在新教的教会学校，教义问答是对年轻人进行宗教教育的重要部分。教义问答通常采取辩论的形式：提出问题，然后回答问题。教义问答是一种口语练习，但记忆能力十分重要，阅读教义问答文本有助于学习相关问题和做出合适的回答。在 16 世纪，教义问答非常流行，也出版了大量相关读本。1549 年第一部《公祷书》就有英文版的教义问答。亚历山大·诺维尔（Alexander Nowell，1517—1602 年）的教义问答是 16 世纪 70 年代公认的权威读本。约翰·斯特拉姆（John Stalham）曾在 1632—1662 年担任特灵的牧师（Vicar of Terling），他在 1644 年出版了一部教义问答，为儿童和无知的佣人提供教育。②

有些儿童在宗教教育中学习阅读，但更多的孩子通过主妇学校、小学校和 ABC 学校培养其识字能力。学生通过启蒙书或入门书里印制的 ABC 字母表或音节表学习与教会仪式有关的词汇，采取的方式通常是看图说话和语音相结合。③ 16 世纪时一个最显著的进步是出现了给教

① Rosemary O'Day, *Education and Society 1500-1800* (London and New York: Longman, 1982), pp. 17-18.

② Rosemary O'Day, *Education and Society 1500-1800* (London and New York: Longman, 1982), pp. 44-45.

③ Rosemary O'Day, *Education and Society 1500-1800* (London and New York: Longman, 1982), p. 46.

师用的印制版教学手册。其中最早的有约翰·哈特的《正字法》(*Orthographie*，1569年)和《教法》(*A Method of Comfortable Beginning for all Unlearned*，1570年)，前者是一本阅读教学手册，后者运用图片和语音进行教学。弗朗西斯·克莱门特(Francis Clement)的《小学英语正字法》(*The Petty School with an English Orthography*，1576年)宣称一个月内教会孩子阅读。但最受欢迎的阅读教学手册还是贝里·圣·埃德蒙兹(Bury St. Edmunds)自由学校的教师埃德蒙德·库特(Edmund Coote)的作品——《英语学校通》(*The English Schoolmaster*)。这本书在1596—1656年重印了26次，一直使用到18世纪早期，1704年还发行了最后一版。这本书是典型的16世纪晚期和17世纪早期的英语阅读手册。孩子们首先学习大写和小写字母；接着学习元音和辅音；然后进入按难易编排的词汇练习(用诗歌辅助学习)，包含单音节、双音节和三音节词，强调机械操练的准确性而非理解；之后就通过问答式教学法教孩子们学习划分音节。例如：

> Scholar: Sir, I do not un-der-stand what you mean by a syllable?
>
> Master: A syl-la-ble is a per-fect sound, made of so ma-ny let-ters, as we spell to-ge-ther: as in di-vi-si-on you see few-er syl-la-bles.
>
> Scholar: How ma-ny let-ters may be a syl-la-ble?①

再然后学生开始学习拼读规则，与班上同学进行拼写竞赛，通过问答式教学和启蒙书进行阅读技能的实践。

---

① Rosemary O'Day, *Education and Society 1500-1800* (London and New York: Longman, 1982), p. 47.

在《文法学校》（*Ludus Literarius*，*1612* 年）一书中，约翰·布林斯利（John Brinsley）用两位老师的对话呈现他的教学方法。他的阅读教学法源于埃德蒙德·库特，不过他以不同的方式应用这些教学法，强调读音与拼写之间的关联。例如，儿童无需将 ABC 字母从头背到尾，或者从尾背到头，而是采取一种游戏的方式，让儿童在字母表中或其他地方寻找字母；儿童在学习阅读之前必须先学拼写，然后再读其他材料，包括一些世俗社交阅读材料，如《美德学校》（*The School of Virtue*）、《礼貌学校》（*The school of Good Manners*）等。[①] 在 17 世纪，尽管拉丁语法仍然处于学校课程的中心地位，约翰·布林斯利强调儿童应该同时习得本地语，他认为要用英语进行教学，保持孩子的本地语识字能力，这对孩子今后的学习十分重要。在他的教学法中，学生要阅读《莉莉拉丁语法》（*Lily's Latin Grammar*）规则，练习正字法，并将拉丁语翻译成英语散文和诗歌；学生要用两种语言给朋友写信；学生要尽可能学会用好的英语概述故事。他说：“在一些孩子中，用英语汇报寓言故事，或者此类的活动，看谁能汇报得最好，这对他们来说意义远非如此。”[②] 此外，16—17 世纪的老师们还尝试了许多不同方法教授阅读和其他课程。例如，老师们会改编语言材料，以适合学生的兴趣和能力。在他们看来，只要课程教学内容足够有趣，孩子们能够同时学好英语和拉丁语。

除阅读之外，英格兰本地语教学中的另一个“R”指的是书写。有些英语教育家们认为书写是独立于阅读的一项技能，可以在以后再习得。也有些学校校长们强烈建议，书写应该属于学校教学的范畴。在近代英格兰，书写并非小学阶段的必修科目；通常的情况是，由兼职

---

① Rosemary O'Day, *Education and Society 1500-1800* (London and New York: Longman, 1982), pp. 48-49.

② Rosemary O'Day, *Education and Society 1500-1800* (London and New York: Longman, 1982), p. 51.

书记员进行有偿书写教学。[①] 布林斯利认为书写需要持续的实践，否则，即使书记员教了孩子们如何写字，他们也会很快忘记。在布林斯利看来，教师首先应该告诉学生们准备好笔墨，给每位学生准备一本字帖，每天要求学生完成一个小时的写字练习；给孩子写字的纸要画有方格，以帮助学生练好字母的形状；要鼓励学生书写整齐，老师在学生们中间走动，查看学生的学习进展，并圈出写得好的字作为示范。

（二）中等教育中的英语教育

1. 教育机构

在近代英格兰，中等教育机构主要有文法学校、公学以及私立学园等。即便在16—17世纪，英格兰还远非一个学校教育社会。对于贵族和富人子弟而言，无论是学术，还是英语本地语识字，大多依赖于牧师、家庭教师和教会神职人员。

科利特（John Colet，1467—1519年）1509年在伦敦创立的圣保罗文法学校（St Paul's Grammar School）成为16—17世纪文法学校的典范。文法学校随之得到迅速发展，新建或重建了数百所文法学校。到1660年，英国每4400人就拥有一所文法学校。[②] 在16世纪中期之前，因其附属的机构不同，英格兰的文法学校主要有七种类型（详见表2-2所示）。

在亨利八世在位期间，议会先后于1545年和1547年通过两个《解散小教堂法案》（*Dissolution of Chantries Acts*），没收修道院的财产归王室。原来附属于这些小教堂或修道院的学校仍然作为自由学校坚持开放，在获得皇家资助后成为皇家文法学校。16世纪中后期到17世纪，兴办文法学校成为贵族、富有的商人和行会的一个共同的慈善行

---

① Rosemary O'Day, *Education and Society 1500-1800* (London and New York: Longman, 1982), p. 60.

② 中国大百科全书总编辑委员会：《中国大百科全书·教育》，中国大百科全书出版社，1985，第493页。

为。在近代英格兰，招收100—150名男孩的文法学校很常见，有些规模更大，让孩子们在城镇居住或者为他们提供住宿。①

表2-2 英格兰文法学校②

类别	举例
大教堂学校	The King's School，Canterbury，St. Peter，York
牧师会主持的教堂学校	Rotherham，Southwell，Warwick
修道院学校	St. Albans，Westminster
医院学校	（缺数据）
行会学校	Northallerton，Pocklington，Stanford-on-Avon
小教堂学校	Appleby，Giggleswick，Skipton
独立学校	Oswestry? 1407，Sevenoaks 1432，Chipping Campden 1487，Maccles-field 1502，St. Pauls 1509—1514，York Archbishop Holgate's 1546

公学实际上是一种收费的私立学校。最早的温切斯特公学于1382年建立，最著名的伊顿公学成立于1440年。这些公学主要是在文法学校的基础上发展起来的，由于得到的捐助相对较多，到18世纪逐渐发展成为贵族学校，收取昂贵的学费，主要招收贵族和上层社会子弟。《1868年公学法案》（*Public Schools Act 1868*）给予其中七所学校独立的管辖和责任权限——切特豪斯公学（Charterhouse School）、伊顿公学（Eton College）、哈罗公学（Harrow School）、拉格比公学（Rugby School）、什鲁斯伯里公学（Shrewsbury School）、威斯敏斯特公学

① Helen M. Jewell，*Education in Early Modern England*（London：Macmillan Press Ltd.，1998），p. 100.

② W. E. Tate，"Educational Records：Some Sources for the History of English Grammar Schools，"*British Journal of Educational Studies*，no. 1（1953）：164-175.

(Westminster School)和温切斯特公学(Winchester School)。

文法学校和公学属于中等学校，主要招收 12—13 岁的孩子入学。在 16、17 世纪，贵族和绅士的儿子往往被送到文法学校或伊顿等公学学习。这些学校固守古典课程，拉丁语和希腊语的语法和文学占据了大部分教学时间。到 18 世纪时尤其不能吸引从事贸易和农业的中产阶级，这使得文法学校开始落后于能提供更有用的或更职业化课程的英语学校和私立学园。

17 世纪 60 年代，“学园”在英格兰兴起。1660 年王政复辟后，由于《统一法案》和《五英里法》的实施，许多不信奉国教的大学教师被赶出校园，他们创办学园，践行弥尔顿、洛克等教育家的教育主张，推行课程改革，以适应现代社会发展的需要。特别是 1689 年《宽容法案》通过后，学园的教学活动更加开放，许多基金组织支持学园办学。17 世纪 60 年代单一导师的学园可以接收 50 个左右的学生，到 90 年代每年能注册 150 个左右的学生。到 18 世纪，学园的人数不断增长，但有时也有波动。如北安普敦学园 1730 年有 40 个学生，1743 年增长到 63 人，但 1747 年下降到 29 人。也有些学园有多位导师，如 1730 年成立的哈默顿学园有 3 位导师，沃灵顿学园有 6 位导师。[①]“学园”经历 17、18、19 三个世纪的发展，从古典走向现代，打破了英国传统教育的垄断地位。[②]尽管学园的规模相对较小，且大多维持时间相对较短，却因其崭新的面貌使英国教育焕发出新的活力。

---

① H. McLachlan, *English Education under the Test Acts: being the History of the Nonconformist Academies 1662-1820* (Manchester: Manchester University Press, 1931), pp. 145, 177; J. W. Ashley Smith, *The Birth of Modern Education: the Contribution of the Dissenting Academies 1660-1880* (London: Independent Press Ltd., 1954), p. 172.

② 喻冰峰:《停滞中的变革——“不信奉国教者学园”在英国的兴起与发展》,《现代大学教育》2013 年第 6 期。

2. 教育目的

(1) 培养职业精英

在16世纪之前，文法学校主要为培养神职人员、政府官吏和为大学输送精英人才服务。其主要课程是为14或15岁立志上大学的学生设计的，以拉丁语教学为己任，采取自由的理智教育，阅读拉丁文经典论文，模仿古代学者写作。[①] 到16世纪英国宗教改革以后，由于英格兰本国语（英语）的广泛运用，拉丁语的职业用途不如从前，不仅律师、外科医生如此，即使是牧师也无须拉丁语作为其职业的必要条件。圣礼仪式、宗教法和新国教的神学都已经全部使用英语，实际上只有一小部分需要上大学的学习拉丁文，学习拉丁语成了学者造诣的象征和有教养的绅士的门面。随着富有商人和行会组成的慈善机构对文法学校进行捐助，文法学校也逐渐顺应时代需要，培养大量工商业人才，增开了数学、现代外语等课程。

(2) 培养绅士

受文艺复兴的影响，随着英国工商业和自由贸易的迅速发展，新兴贵族阶层不满文法学校守旧的教育模式。

公学的教育目的与文法学校类似，主要招收贵族等上层社会子弟，在18世纪特别是19世纪后，它们成为社会精英人才培养的摇篮。托马斯·阿诺德（Thomas Arnold）曾任拉格比公学校长，他对拉格比公学进行了大规模改革，提倡公学的教育目的是培养“基督教绅士”。阿诺德认为，宗教的真理不在于神学，而在于一种道德的境界。他的自由基督教思想对成千上万的拉格比学生们产生了深刻的影响。[②]

到18世纪，私立学校和学园开始扮演创新的角色。“从法国人文主义教育家拉伯雷、蒙田和英国的埃利奥特到培根、夸美纽斯、弥尔顿

---

① 徐辉、郑继伟：《英国教育史》，吉林人民出版社，1993，第79—81页。

② 戴维·罗伯兹：《英国史：1688年至今》，鲁光桓译，中山大学出版社，1990，第270页。

和佩蒂的教育理论和主张，被学园付诸实施。它们提供多种多样的实用课程，满足革命前夜工商业发展的需要。”[①] 约翰·洛克的绅士教育思想也对学园的教学实践产生重要影响，他主张把古典课程与实用课程结合起来。[②] 私立学校和学园提供丰富多彩的课程，包括古典课程、英语语法、算术、会计、几何、历史、初级科学等，一些课程专业化的学园还教授商业、测量、航海和军事科学。就语言课程而言，私立学园改革传统的古典语言教学系统和教学方法，不再采取灌输的方式教授拉丁语法，而用改革后的方法来教拉丁文和希腊文；同时，包括英语在内的现代语受到高度重视，英语语法成为私立学校的重要课程。

3. 英语作为教学语言和课程内容

(1) 英语作为教学语言

在文法学校，本地语是拉丁语教学的基础和工具。维韦斯（Juan Luis Vives）、伊拉斯谟和阿斯卡姆等历史学家坚持把英语母语作为拉丁语教学的途径与方法；肯尼斯·查尔顿（Kenneth Charlton）在英格兰拉丁语教学中强调运用本地语与学生交流语法规则，帮助学生理解所使用教学材料的内容；17 世纪中后期的夸美纽斯及其他一些学者的作品也推崇母语在语言教学中的优势。[③] 洛克则主张以一种非正式的方法教授拉丁语，就像教英语一样，采取“对话”教学，而不是“规则”教学。[④] 学者们可能喜爱拉丁语，社会作为一个整体也很重视拉丁语，但其用途仍然仅限于阅读和理解。古典课程学习的目的是能用拉丁语进行阅读和写作，而不是让正走向死亡的拉丁语成为活的语言。总体

---

① 徐辉、郑继伟：《英国教育史》，吉林人民出版社，1993，第 120—121 页。

② 徐辉、郑继伟：《英国教育史》，吉林人民出版社，1993，第 123 页。

③ Rosemary O'Day, *Education and Society 1500-1800* (London and New York: Longman, 1982), p. 72.

④ James L. Axtell (eds.), *The Educational Writings of John Locke* (Cambridge: Cambridge University Press, 1968), pp. 269, 276-278, 281-284.

而言，英语作为教学语言促进了拉丁语的学习；同时，拉丁语言及其语法形式对英语口语和书面语也产生影响，一些拉丁语的教学方法应用到了本地语课程教学中。

在具体的语言教学中，孩子们会利用本地语学习拉丁语词汇——给拉丁语句子配上恰当的英文翻译。这种教学方法在16世纪早期就已被普遍使用，这不是语法规则法而是一种双语翻译法，强调的不是规则的教学而是母语的运用。罗杰·阿斯卡姆（Roger Ascham）在他1570年出版的《论教师》（*The Scholemaster*）一书中极力推崇这一方法。西塞罗的《书信集》（*Epistles*）、伊拉斯谟的《对话集》（*Colloquies*）、伊索的《伊索寓言》（*Aesop's Fables*）等文本都被用于做这类练习。[①]具体地说，阿斯卡姆的双语翻译法要求学生首先在作业本上将拉丁文翻译成英文，然后又将英文回译成拉丁文，再将拉丁译文与拉丁原文进行比较。这一教学法需要个性化辅导，在家庭教育中可以实现，但在学校里，当教师需要负责全校的教学时则实现难度很大。[②] 但无论如何，文法学校的老师们强调母语在教学中的应用，同时，在使用英语教授拉丁语时，也有意识地让学生阅读经典著作。

有关近代英格兰文法学校使用教材的文献很少，这或许表明当时的参考图书很短缺，也有文献表明当时主要依靠教师和学生自己准备教学资料。约翰·巴瑞特（John Baret）在给自己的《英—拉—法三语词典》（*Alvearie，or Triple Dictionarie in English，Latin and French，1573*年）的前言中说，他“每天给学生留下同一本书中的几页，分派他们在拉丁文前面写上英文，并以同样的方式让他们从西塞罗、特伦斯（Terence）、凯撒（Caesar）、李维（Titus Livius Patavinus，or

---

① Rosemary O'Day, *Education and Society 1500-1800* (London and New York: Longman, 1982), p. 67.

② Helen M. Jewell, *Education in Early Modern England* (London: McMillan Press Ltd.; New York: St. Martin's Press, Inc., 1998), p. 54.

Livy）等人的著作中收集一些短语，并归类到不同条目下，然后根据需要收集更多的内容。经过一年或两年时间，他们收集到了大量的素材，汇集成一本我称之为《鸟舍》（*Aviary* 或 *Alvearie*）的书，既是作为纪念物，也是为了鼓励其他有着相似智慧的人可以采用同样的方式来避免遗忘”[1]。更重要的是，学生们学会了按字母排序、编索引、分类和归类等复杂方法。在伊丽莎白和斯图亚特时代，学生们把这些学习习惯带入成年生活，给他们后来从事律师、职员、商人、牧师或地主等职业生涯带来积极影响，从而提高了他们归档、分类、记录、储存、系统化等职业技能。

除了图书，词典是学生们重要的参考书。约翰·威尔（John Withal）的《少儿初学者小词典》（*Short Dictionary for Young Beginners*，*1556* 年）是 16 世纪使用最广泛的词典。理查·赫洛特（Richard Huloet）1552 年编撰的《青年初学者用英—拉词典》（*Abcdarium Anglico-Latinum*）在 1572 年由约翰·希金斯（John Higgins）进行扩充，加入了法语。托马斯·托马斯（Thomas Thomas）的《拉—英词典》（*Dictionarium Latinae et Anglicanae*，*1587* 年）也曾多次印刷，使用广泛。[2] 随着人们越来越重视本地语技能，文法学校也鼓励学生使用参考资料，因而参考书目的需求大大提高。印刷业的发展促进了学校教学材料和教学方法的统一，但相对穷困的学校仍然无法提供教科书，老师们也会折中地使用出版的材料和自编的材料。

（2）英语作为课程内容

尽管家长们要求进行严格的古典课程教学，在 17 世纪早期的许多文法学校里，英语教学和拉丁语教学就已经同时存在了。孩子们进入

---

① Rosemary O'Day, *Education and Society 1500-1800* (London and New York: Longman, 1982), p. 70.

② Rosemary O'Day, *Education and Society 1500-1800* (London and New York: Longman, 1982), p. 71.

文法学校之后，首先学习英语语法，然后开始学习古典课程，在掌握了初级拉丁语后，再继续本地语学习。当然，人们仍然普遍认为文法学校教授本地语课程的目的是为了学习拉丁语，多数文法学校校长们都相信他们最重要的职责仍然是进行严格的古典课程教学，为孩子们升入大学做准备。在《文法学校的慰藉》（*A Consolation for Our Grammar Schools*，*1622* 年）一书中，布林斯利就清晰地表达了他的观点，文法学校的校长们把培养孩子进入大学作为第一要务。① 出于升学需要，文法学校把拉丁语教学置于显著位置。这从文法学校课程教学的等级体系中也可以看出来：第一，在助教指导下，较聪明的学生或高年级学生教男孩们用本地语阅读和拼写，有些学校会再聘请一个助教教授本地语课程；第二，助教负责帮助男孩们打好拉丁语词汇和语法基础；第三，教员则负责古典课程——拉丁语作文与修辞、希腊语，甚至希伯来语。② 包括布林斯利在内的作者们也都强调本地语学习的重要性，良好的英语读写能力不仅有助于学习拉丁语，还有助于孩子们的社交，以及更好地理解《圣经》、基督教教规和经典著作的内容。

18 世纪的文法学校远不如 17 世纪繁荣，它的课程尤其不能吸引正在成长的工商业阶层。拉丁文和希腊文仍然是主要课程，并越来越带有狭窄的古典特征。③ 到 18 世纪后期，有些文法学校开始教授计算、会计、英语语法和地理学等学科。大多数学园也提供丰富多彩的课程，包括古典课程、英语语法、算术、会计、几何、历史、初等科学等。由于人们对商业和航海更加关注，反映到学校教育中，社会期望学校培养商业、贸易和航海等技能，有些学园就开设了航海、军事、商业

---

① John Brinsley, *A Consolation for Our Grammar Schools* (New York: Scholars' Fascimiles & Reprints, 1943).

② Rosemary O'Day, *Education and Society 1500-1800* (London and New York: Longman, 1982), p. 65.

③ 徐辉、郑继伟：《英国教育史》，吉林人民出版社，1993，第 117 页。

和技术等课程，以同时满足大学升学、航海和贸易人才、军事人才、商业和法律人才，以及技术人才等培养需求。①

在19世纪初，许多捐办学校仍然囿于传统的自由教育课程，虽然少数捐办学校除古典科目外还开设了英语课程以及数学、历史和地理等现代科目，多数学校实际上并未对课程进行任何改革。② 公学的狭隘古典教育更加严重，不过在阿诺德主导的拉格比公学改革之后，情况有明显改善。克莱伦登委员会1864年的调查报告对公学的改革产生进一步影响，尽管古典学科仍然是主课，英语、现代外语、数学和科学等科目的教学越来越受到重视。③ 到19世纪后期，不同于为上层阶级服务的以古典学科为主宰的公学，面向中产阶级的英国中等教育开始兴起。据1864年汤顿学校调查委员会对800所捐办学校和100余所私立学校的调查建议，这些学校可分为三个级别：第一级学校服务上层中产阶级，课程以古典学科为主，教授拉丁文和希腊文；第二级学校服务小商人阶级，课程除拉丁文外，还包括英国文学、政治经济学等课程；第三级学校服务下层中产阶级，除拉丁文外，还可包括一门外语、英语、历史、初等数学等课程。④ 显然，对广大中产阶级而言，英语及英国文学作为课程和课程内容已成为英国中等教育的一个新的发展特点。

（三）高等教育中的英语教育

1. 教育机构

受博洛尼亚大学和巴黎大学这两所欧洲原型大学的影响，从12世纪末开始，在英格兰王室的支持下，牛津和剑桥等大学开始崛起。从

---

① Rosemary O'Day, *Education and Society 1500-1800*（London and New York: Longman, 1982）, p. 208.

② 徐辉、郑继伟：《英国教育史》，吉林人民出版社，1993，第152页。

③ 徐辉、郑继伟：《英国教育史》，吉林人民出版社，1993，第155页。

④ 徐辉、郑继伟：《英国教育史》，吉林人民出版社，1993，第179—180页。

传统意义而言，由于教会具有教育的垄断特许权，牛津和剑桥主要培养高级传教士，因而它们在本质上成为教会的教育机构。大学的教师同时是教会的牧师，受教会管辖。牛津的校长是林肯主教（Bishop of Lincoln）的代表，而剑桥的校长则是伊利主教（Bishop of Ely）的代表，他们成为大学的高级官员。1234年，牛津大学教授来自阿宾顿的埃德蒙德（Edmund of Abingdon）被任命为坎特伯雷大主教，他的同事和学生们后来也有多位担任大主教和主教职务。牛津大学的圣埃德蒙德学院负责人埃姆登（A. B. Emden）说：“牛津，俨然成为亨利三世时期一些最具声望的主教们的知识之家。”① 不过，从13世纪，特别是14世纪开始，大学校长们发起大学自由运动，试图摆脱教会的控制，大学开始在选择校长方面施加更大的影响。与此同时，大学开始直接从国王手中获取更多的特权，例如，校长们作为治安法官拥有民事管辖权，同时他们向国王效忠。“在以后不断的合并和融合过程中，牛津大学校长的手中拥有了诸如学术与教规、民事与刑事等方面，除剑桥大学外其他任何大学极难获得的各种权力。”② 到英国宗教改革之后，在16世纪，特别是17世纪，尽管教会仍然通过大学培养牧师，但教会已不能直接对大学施加影响。大学同时作为宗教的和世俗的教育机构，既是“牧师的发源地”，又是“绅士的摇篮”。③

牛津大学和剑桥大学采取学院制（详见表2-3所示），早期的学院接受国王、教会及个人捐赠，制订各自的章程，聘请教师，为学生提供寄宿屋舍。

---

① 海斯汀·拉斯达尔：《中世纪的欧洲大学——博雅教育的兴起》，邓磊译，重庆大学出版社，2011，第5页。

② 海斯汀·拉斯达尔：《中世纪的欧洲大学——博雅教育的兴起》，邓磊译，重庆大学出版社，2011，第26页。

③ Rosemary O'Day, *Education and Society 1500-1800* (London and New York: Longman, 1982), p. 78.

表 2-3　牛津和剑桥早期学院①

学校名称	早期学院	创建年份
牛津大学	大学学院（University College）	1280
	贝里尔学院（Balliol College）	1261—1266
	修士学院（The Monastic Colleges）	1291?
	默顿学院（Merton College）	1263 或 1264
	埃克塞特学院（Exeter College）	1314—1316
	奥里尔学院（Oriel College）	1324
	女王学院（Queen's College）	1341
	坎特伯雷学院（Canterbury College）	1361
	新学院（New College）	1379
	林肯学院（Lincoln College）	1429
	万灵学院（All Souls College）	1438
	马各达伦学院（Magdelen College）	1448
剑桥大学	皮特豪斯学院（Peterhouse College）	1280?
	国王屋舍（King's Hall）	1316
	迈克尔学院（Machehouse）	1324
	大学学院或克莱尔学院（University or Clare Hall）	1326
	彭布罗克学院（Pembroke College）	1347
	冈韦尔学院（Gonville Hall）	1349
	三一学院（Trinity Hall）	1350
	圣体学院（Corpus Christi College）	1352
	上帝屋舍（Godshouse）	1441—1442，1439
	国王学院（King's College）	1441
	女王学院（Queen's College）	1448
	圣凯瑟琳学院（St. Catharine's College）	1475
	耶稣学院（Jesus College）	1497

① 海斯汀·拉斯达尔：《中世纪的欧洲大学——博雅教育的兴起》，邓磊译，重庆大学出版社，2011，第 107—191 页。

2. 教育目的

（1）绅士教育

中世纪大学教育的最主要目的是人文博艺教育。海斯汀·拉斯达尔对中世纪大学教育的评价是——“它教育人们学会运用理智和沉思，学会怀疑和探究，学会在纯粹的知识追求与生活中的知识应用两个方面同时感受到求知的乐趣”①。在他看来，中世纪给我们留下的遗产是，现代人千方百计地试图回归古典的精神和理念，但我们已然与古希腊以及古罗马之间横亘着一道巨大而深邃的鸿沟。

从 1540 年到 1640 年，大学的功能发生了显著的变化。与 14—15 世纪相比，16—17 世纪英国大学招收的本科生人数显著增加。② 从 16 世纪 90 年代开始，随着经院主义的复活，亚里士多德的逻辑、哲学与古典人文主义一起支配大学课程。③ 用拉丁语和希腊文进行教学的古典人文学科，构成了本科生课程的主要内容。相对于中世纪大学教育而言，拉斯达尔对在 17 世纪初期开始普遍实施的古典教育持怀疑态度，认为其并不具有传说中那么伟大的进步意义。他说：“令人惊讶的是，18 世纪学校和大学教育的智识水平相对于 14 世纪的水平而言，几乎没有多少令人印象深刻的提升，尤其在英国。……无论在实质内容的扩充还是教学理念的发展，大学均未表现多少令学术界欣慰的进步。”④ 无论在入学人数方面，还是社会满意度方面，17—18 世纪的英国大学教育呈显著的衰退趋势。这与英国社会强调绅士教育，重视推理性教学，忽视实践性教学等因素是分不开的。在洛克看来，“拉丁语对于一

---

① 海斯汀·拉斯达尔：《中世纪的欧洲大学——博雅教育的兴起》，邓磊译，重庆大学出版社，2011，第 270—271 页。

② Rosemary O'Day, *Education and Society 1500-1800* (London and New York: Longman, 1982), p. 81.

③ 徐辉、郑继伟：《英国教育史》，吉林人民出版社，1993，第 89 页。

④ 海斯汀·拉斯达尔：《中世纪的欧洲大学——博雅教育的兴起》，邓磊译，重庆大学出版社，2011，第 269 页。

个绅士是绝对必需的”[①]。拉丁语仍然有继续在大学课程中占据支配地位的理由。而剑桥大学原校长伯利提倡的贵族教育新标准是：除了在大学学习之外，年轻的贵族还要学习跳舞、法语、拉丁语、写作、美术和宇宙结构学，以及骑术、射击等。[②] 更多的贵族家庭更倾向于让孩子们学习现代外语，并将孩子送去国外游学，或者让他们进入律师职业。

（2）博雅教育

19 世纪的英国学者和教育家对大学教育的目的也有许多精妙的论述。除了两度担任剑桥大学校长的威廉·休厄尔（William Whewell，1794—1866 年），约翰·纽曼也是其中一个杰出的代表人物。毕业于牛津大学的纽曼尽管是一个虔诚的天主教徒，他认为所谓大学的“理念”，指的是大学区别于学院、教会、神学院、政府等机构的本质性特征，是大学的“独有的特性”和独立于教会的“本质”。[③] 他一再强调大学是教授普及知识的地方，大学教育应该是一种博雅教育，而博雅教育的根本宗旨是“理智的培育”。“大学教育就意味着博览群书，就必须接触天才的标准著作，或所谓的某种语言的经典著作。”[④] 在一般人看来，英语似乎不像希腊语那样，总能用确定的词汇来干脆利落地表达心智，就像用“健康”一词指动物性的身体状况，以及用“美德”一词指人的道德性质那样。但纽曼认为：“天主教大学要促进的特殊目标之一，是形成一种英语的天主教文学。”[⑤] 他说：“我们的任务就是创

---

① 约翰·洛克：《教育漫话》，傅任敢译，教育科学出版社，1999，第 136 页。

② 徐辉、郑继伟：《英国教育史》，吉林人民出版社，1993，第 91 页。

③ John Henry Newman, *Historical Sketches* (*v*. 3) (London: Longmans, Green and Co., 1909), pp. 228-229, 84, 16.

④ 约翰·亨利·纽曼：《大学的理念》，高师宁等译，北京大学出版社，2016，第 189 页。

⑤ 约翰·亨利·纽曼：《大学的理念》，高师宁等译，北京大学出版社，2016，第 217 页。

造英语的天主教文学，因为英语的天主教文学史早已有之的事实，……假定从此刻起天主教会在英伦三岛得到广泛承认，假定英语由此而通过洗礼，……那么，我们应该马上就获得大量的天主教著作，而且是英语的、纯正的英语的文学，高品位的文学。”①

功利主义哲学家约翰·密尔是纽曼同时代的又一位学者，他认为大学的目的不是培养熟练的律师、医生和工程师，而是培养有能力和有教养的人才。他说：“在一般教养课程中唯一能排上号的语言和文学课程就是学习希腊文和拉丁文文学。”② 他怀疑现代语言的表达方式绝不能正确传达古希腊人撰写的东西，相信“古典语言与现代语言相比，即死了的语言与现代语言和其他所有的具有文献研究价值的语言相比，有无与伦比的卓越性”③。但同时，他反对牛津和剑桥过分强调语言形式的教学，提倡对古典语言和现代外语教学进行改革。

3. 英格兰大学的英语教育状况

历史上，牛津大学的学术人口最多的时候可达1500—3000人，但在1438年前后，这个数字已锐减至不足1000人。④ 剑桥大学相对更少些。法学是中世纪大学里最受欢迎的学科，而人文学科则占据了最大多数的学生数。⑤ 这一趋势持续到15世纪。据英国历史学家约翰·鲁斯（John Rous，1411/1420—1492年）记载，1440—1450年，牛津大学各学科学生的屋舍分布情况如下（详见表2-4所示）：

---

① 约翰·亨利·纽曼：《大学的理念》，高师宁等译，北京大学出版社，2016，第225页。

② 约翰·密尔：《密尔论大学》，孙传钊、王晨译，商务印书馆，2013，第28页。

③ 约翰·密尔：《密尔论大学》，孙传钊、王晨译，商务印书馆，2013，第35页。

④ 海斯汀·拉斯达尔：《中世纪的欧洲大学——博雅教育的兴起》，邓磊译，重庆大学出版社，2011，第198页。

⑤ 海斯汀·拉斯达尔：《中世纪的欧洲大学——博雅教育的兴起》，邓磊译，重庆大学出版社，2011，第271页。

表 2-4 牛津大学各学科屋舍分布情况

学生学科	屋舍数量
文法	6 个
未指定	2 个
文科	25 个
神学	2 个
法学	34 个

在同一时期的剑桥大学，17 个屋舍被文科生占 6 个，法学生占 6 个。从 17 世纪 80 年代开始，英格兰的大学教育衰退持续了整整一个世纪，其首要标志是大学人数的大大下降。牛津、剑桥在 17 世纪 30 年代平均每年的入学人数为 1000 多人，而在 90 年代只有 500 人；到 18 世纪，牛津大学平均每年只有 250 名学生注册，剑桥只有 160 人。① 英格兰的大学给人以自满和懒散的印象，它们似乎只是在训练牧师和对绅士及有钱阶级实施的教育上发挥作用。②

在中世纪，进入大学后，大一新生必须学会使用拉丁语进行沟通和交流。大学不再开设拉丁语基础课程，但会有文法讲座，文法学是人文学科学位考试的科目之一。③ 即便到 16 世纪初，拉丁语仍然是大学课堂的教学语言。例如，布拉斯诺斯学院（Brasenose College）在 1509 年颁布的章程里规定，课堂上“用英语讲述”等行为都将遭受教师桦木教棍的鞭挞。④ 到近代英格兰，大学的一些课程是纯粹的牧师培

① 徐辉、郑继伟：《英国教育史》，吉林人民出版社，1993，第 132 页。

② 肯尼思·O. 摩根：《牛津英国通史》，王觉非等译，商务印书馆，1993，第 409 页。

③ 海斯汀·拉斯达尔：《中世纪的欧洲大学——博雅教育的兴起》，邓磊译，重庆大学出版社，2011，第 203—208 页。

④ 海斯汀·拉斯达尔：《中世纪的欧洲大学——博雅教育的兴起》，邓磊译，重庆大学出版社，2011，第 219 页。

训，另一些课程旨在帮助学生进入市政和商业领域。其中牧师课程强调使用拉丁语、希腊语和希伯来语学习经义，但同时也要求学习英语语言和文学用于传教布道。[①] 从 16 世纪到 17 世纪早期，牛津和剑桥的文科课程也进行了修订，以适应人文主义者和新教思想培养世俗和神职学生的需求。各学院主要是迎合两类学生的需要：一是绅士和贵族子弟；二是寻求英国国教职位的平民子弟。[②] 到伊丽莎白时期，修辞、数学和音乐已成为本科学生课程的一部分。16 世纪晚期，牛津大学的语法教学也进行了改革，进入大学后，学生们不再学习形式语法，而是学习林纳克尔（Thomas Linacre，1460—1524 年）的人文主义语法和贺拉斯（Horace，拉丁语 Quintus Horatius Flaccus，前 65—前 8 年）、西塞罗、维吉尔（Virgil，拉丁语 Publius Vergilius Maro，前 70—前 19 年）的作品。[③]

17 世纪晚期到 18 世纪，古典学科的受欢迎程度持续下降，称之为牛津大学历史上的“大萧条”，可以从入学新生的数量变化看出来（详见表 2-5 所示）。

表 2-5　牛津大学注册新生人数[④]

时间	年度新生人数
1660 年	460 人
1690 年	310 人

① Helen M. Jewell, *Education in Early Modern England* (London: Macmillan Press Ltd., 1998), p. 115.

② Rosemary O'Day, *Education and Society 1500-1800* (London and New York: Longman, 1982), p. 130.

③ Rosemary O'Day, *Education and Society 1500-1800* (London and New York: Longman, 1982), pp. 126-127.

④ Rosemary O'Day, *Education and Society 1500-1800* (London and New York: Longman, 1982), p. 198.

续表

时间	年度新生人数
1750 年	少于 200 人
1800 年	少于 250 人

尽管宗教改革给牛津、剑桥带来诸多负面影响，如教师和学生人数减少等，但在 17 世纪的英国大学里，英语和现代外语的地位开始显著提高。清教革命导致文法学校和大学的传统课程及教学方法受到广泛的批评。培根和夸美纽斯的拥护者们也持相似的态度，他们反对机械的语言学习，甚至倡导在更大的城市建立国家资助的学院或大学，以打破牛津和剑桥的垄断。即便是王政复辟之后，保皇派也无法否认大学“在所有知识领域产生了丰硕的正确的知识”和涌现了一大批科学家。[①] 英语及其他现代欧洲语言在欧洲国家之间进行科学交流时发挥重要作用。

由于 18 世纪翻译工作和英语写作已司空见惯，欧洲科学知识也变得更加重要，拉丁文和希腊文在现代社会丧失了实用价值，英语及其他现代语言在大学愈加流行。到 18 世纪后期，英语在大学里开始扮演一个更重要的角色，并开始在一些重要教学环节取代拉丁语。例如，1763 年剑桥大学在对学生进行最后考试时，要求学生运用三段论证明一个假设性的推测，在考试中，英语代替了拉丁语，并要求采用书面形式回答问题。[②]

19 世纪初，英国高等教育发展中的一件大事是 1828 年伦敦大学的建立。伦敦大学不仅提供拉丁语、希腊语、数学、逻辑学、哲学和化学等必修科目，还提供英语、现代外语、政治经济学和法学等选修课

① 徐辉、郑继伟:《英国教育史》，吉林人民出版社，1993，第 97—103 页。
② 徐辉、郑继伟:《英国教育史》，吉林人民出版社，1993，第 133 页。

程。这些课程的开设不仅反映了创办者期望大学教育为中产阶级服务的设想，也可以看出英语不仅成为教学语言，而且进入了大学的课程体系。另据1852年皇家牛津大学委员会和皇家剑桥大学委员会的调查报告所示，在牛津和剑桥，英语已经取代了拉丁语作为大学教职工全体会议和评议会的讨论语言。[①] 19世纪高等教育的另一个重要发展是，随着工业城镇的发展，为满足工业对技术人才的需求，在曼彻斯特和伯明翰等工业城市建立了城市大学。与牛津、剑桥不同，这些学校不是为那些进入传统职业的人提供古典教育，而英语是主要的教学和工作语言。

第二节　作为威尔士和苏格兰通用语的英语教育

在英语中，“民族”也可用来指拥有区别于邻居的共同血统和风俗的人。相对于人口、政治、经济和文化均占优势的英格兰人而言，威尔士人和苏格兰人均属于少数民族。狭义的民族教育是指民族地区的教育，受教育者是各少数民族成员。由于他们在诸如语言、文字、风俗习惯、宗教信仰、民族自我意识和共同心理特征等方面的特殊性，决定了少数民族教育在全民教育中的个性存在。[②] 广义的民族教育也可以是一种“跨文化教育”或“国民教育”。前者是针对不同文化背景受教育者的一种教育；后者在单一民族国家中往往被国民教育的概念所替代。[③] 就英格兰而言，民族教育实质上是一个国家范围的教育概念；但在大不列颠内部，与英格兰民族相比较，威尔士和苏格兰的教育属于不同文化背景的教育范畴。

民族语言教育，具体涉及少数民族语言、民族共同语和民族国家

---

① 徐辉、郑继伟：《英国教育史》，吉林人民出版社，1993，第158页。

② 王鉴：《民族教育学》，甘肃教育出版社，2002，第23页。

③ 王鉴：《民族教育学》，甘肃教育出版社，2002，第19—20页。

通用语的教育，是民族教育的重要内容，对于提高民族认同具有重要意义。语言学家洪堡特（Wihetm von Humboldt）尽管并不完全认同语言与民族文化之间的同一性，但他相信一个民族的精神特性和语言形成之间具有密切关系。他说：“语言仿佛是民族精神的外在表现；民族的语言即民族的精神，民族的精神即民族的语言，二者的同一程度超过了人们的任何想象。”[①] 在他看来，语言具有独立自主的创造性，这样它便可以脱离现象的领域，成为一种观念的、精神的存在。当英语超越英格兰民族，在威尔士、苏格兰民众之中普及时，英格兰民族的精神也在很大程度上获得了认同。

在近代的欧洲，无论是在官方还是非官方的层面，语言多元的现象普遍存在。语言与民族国家之间的密切关系到 18 世纪末才普遍变得明显起来。[②] 具有政治优势的民族语言更有可能成为民族共同语或民族国家通用语。英格兰在合并建立大不列颠民族国家的过程中，英语作为官方语言和通用语在威尔士和苏格兰等民族地区被强制推广。不过，在 1870 年《初等教育法》颁布之前，英国没有建立全国性教育体系，因而在英国的不同地区，英语教育状况存在显著差异。

一、威尔士的英语教育

威尔士与英格兰西南接壤，定居在威尔士的凯尔特人是如今威尔士人的祖先。威尔士人的民族感很强，有自己的语言、习俗和文化，威尔士语是凯尔特语的一种。

在历史上，尽管英国国王一贯认为他们在这里有至高无上的权利，

---

① 威廉・冯・洪堡特：《论人类语言结构的差异及其对人类精神发展的影响》，姚小平译，商务印书馆，2010，第 52 页。

② 彼得・伯克：《语言的文化史：近代早期欧洲的语言共同体》，李霄翔、李鲁、杨豫译，北京大学出版社，2007，第 88 页。

但实际上在很长一段时间里这种宗主权并不明确，他们也没能做到持久的军事和行政管控。① 1282 年英王爱德华一世征服了威尔士，随后封他在威尔士出生的王子为“威尔士亲王”。

作为亨利八世的首席国务大臣，托马斯·克伦威尔（Thomas Gromwell）曾主持和草拟《至尊法令》，主持了英国政府的多项政治改革和对边疆地区的政策制定，包括对威尔士的政策。1536 年，亨利八世基于《联合法案》将英格兰与威尔士以平等的条件合并，威尔士被分成十二个郡（如图 2-1 所示，J. G. Jones. 1994. Early Modern Wales, c. 1525-1640）。威尔士与英格兰合并后，实施与英格兰同样的文化教育政策，英语成为威尔士的官方语言和通用语。

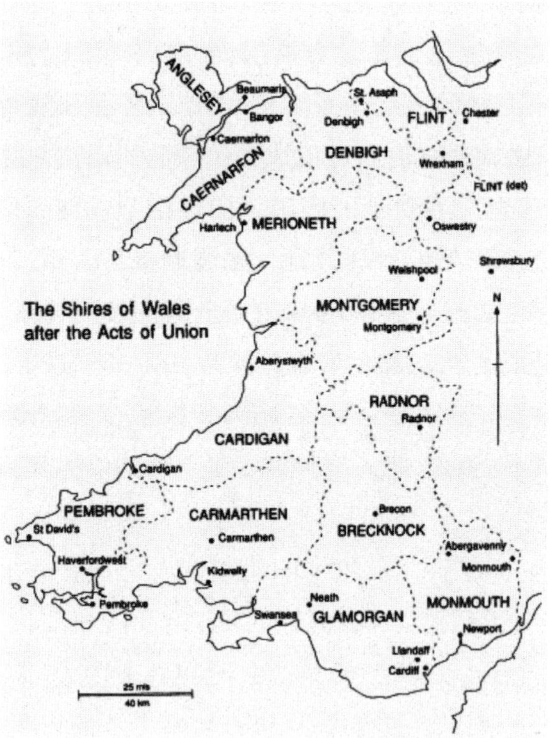

图 2-1 《联合法案》之后威尔士诸郡图

（一）威尔士的教育机构

威尔士中世纪时的主要教育机构是教会的文法学校，大多建在大教堂里，例如，圣·大卫教堂（St. David's）、圣·亚萨教堂（St. Asaph's）及其他主要教堂，用于培训神职人员；修道院也培训见习

① 肯尼思·O. 摩根：《牛津英国通史》，王觉非等译，商务印书馆，1993，第 149 页。

修道士；还有附属于小教堂的初级学校和歌咏学校。[①]

在近代，威尔士缺乏最高的教育机构。当地的求学者只能到其他地方上大学，如去伦敦法律学院接受法律教育，或者去距离最近的牛津大学。在剑桥大学，圣约翰学院为威尔士人设立特别奖学金。1571年，来自布雷肯（Brecon）的教士休·普莱斯（Hugh Price）在该地为威尔士人建立了耶稣学院（Jesus College）。

宗教改革之后，威尔士设立了许多新型学校。长老会牧师托马斯·高格（Thomas Gouge，1605—1681年）1674年创建了一个名叫Welsh Trust的机构，设立学校针对穷人孩子进行阅读、写作和宗教教育。基督教知识普及协会（Society for Promoting Christian Knowledge，SPCK）17世纪在英格兰发起慈善学校运动，并扩展到威尔士。1715年之前，在威尔士建有68所SPCK慈善学校，但到了1727年之后几乎全部消亡了。该协会当时在威尔士创建的慈善学校与Welsh Trust的学校和18世纪30年代拉恩（Laugharne）教区牧师格里菲斯·琼斯（Griffith Jones）设立的巡回学校（circulating schools）并存。而巡回学校每三个月举行一次，通常在冬季农闲时期，使用本地语进行教学：即在威尔士语流行的地区使用威尔士语，在英语占优势的地区则使用英语。[②] 巡回学校伴随着教会的传教活动，极大地提高了威尔士居民的识字水平和宗教热忱。[③] 到1731年，当地有37所这样的学校，2400名来自不同村庄的学员；到1740年，有150所巡回学校，8767名学员；到1764年，巡回学校达297所。[④] 这一模式不仅省钱，而且符合当时

---

① Helen M. Jewell, *Education in Early Modern England* (London: Macmillan Press Ltd., 1998), p. 163.

② Helen M. Jewell, *Education in Early Modern England* (London: Macmillan Press Ltd., 1998), p. 166.

③ 肯尼思·O. 摩根：《牛津英国通史》，王觉非等译，商务印书馆，1993，第450页。

④ Helen M. Jewell, *Education in Early Modern England* (London: Macmillan Press Ltd., 1998), p. 167.

的实际情况，高达三分之二的学员是成年男女，是解决当时民众，尤其是农村人口读写能力的有效方法。从18世纪80年代开始，在英格兰掀起星期日学校运动，这一运动同样成为威尔士教育实验的一部分，所起到的独特作用一直延续到1870年。

威尔士的初等义务教育始于1870年的《初等教育法》。当时有两种学校：一是教会志愿组织所创办的私立学校；二是为填补私人办学不足而由地方教育委员会设立的公立学校。[①] 1889年《威尔士中等教育法案》（*Welsh Intermediate Education Act*）颁布之后，威尔士教育逐步移交公立学校。到1900年止，整个威尔士建立了差不多100所国立中等学校。

（二）威尔士的英语教育政策

在威尔士，威尔士语不仅仅是未受教育者的语言，也是威尔士教育过程中解决复杂问题、实现有效教学的补充手段。英语是官方语言，更是威尔士人寻求社会进阶的语言。英语教育在威尔士与英格兰合并之后成为学校教育的目标之一和实现途径之一。

首先，通过建立文法学校，在威尔士实施英国化教育，开设英语课程，进行英语教学。1536年，英格兰与威尔士签订《联合法案》，要求法院和政府管理都必须使用英语。1543年法令对威尔士政策更具体，威尔士法律被废止，旨在将威尔士完全同化到英格兰社会。在16世纪，都铎王朝的教育政策是将威尔士的教育完全英国化。例如，1541年在布雷肯（Brecon）建校；1543年在卡马森（Carmarthen）设立了劳埃德学校（Lloyd's）；1543年在阿伯加文尼（Abergavenny）建校；1557—1561年在班戈（Bangor）建校；1576年又在此设立伊丽莎白女王学校（Queen Elizabeth's）。这些学校主要教授拉丁语语法和文学，以及一点点希腊语，并通过英语进行教学。这些学校与英格兰的学校

---

① 王虹：《当代英国社会与文化》，上海外语教育出版社，2003，第154—155页。

相类似，学校的建设者们通常都是英国化了的威尔士人，迫切地希望通过教育为本地男孩们提供社会支持。[①] 威尔士的文法学校不允许学生们使用威尔士语。《联合法案》要求所有法官、行政官员、警长、产业官员、法医、管理员及其助理，以及其他官员和牧师都必须在工作中使用英语，所有官员、陪审团在进行宣誓、裁决、担保时也都需要使用英语，否则任何人都无法在英格兰、威尔士及其他王权所及之地获得公职或享受相关权利。威尔士人如果要获得社会地位的进阶，也必须学会英语。因此，在威尔士的文法学校必须开设英语课程。

其次，政府多方筹措资金，发展威尔士的初等教育，实现英语的普及。与英格兰和苏格兰类似，在宗教改革期间，清教教会为了改善大众的信仰状况，迫切地对教育施加影响。1567 年出版第一部威尔士语版《新约》，旨在让威尔士人接受宗教改革。1650 年《在威尔士宣传和传播新约圣经福音书的法案》（*The Act for the better Propagation and Preaching of the Gospel in Wales*）更是对教育产生直接的影响。此后从威尔士天主教教堂获得的资产归由行政长官支配，以每年 100 英镑的薪酬委派各教区公共牧师；以每年 40 英镑的薪酬聘任“虔诚而有学识的人士”教孩子们学习虔信和优秀的文学作品；同时建立 60 余所免费学校，为穷苦家庭的孩子提供阅读、写作和宗教教育，用拉丁语、希腊语和英语进行教学。[②] 尽管威尔士的一些偏远地区到 17 世纪末还保留着一些古老传统，英国的风俗习惯很快占据主导地位。英语成了人们交际的主要语言，威尔士的地方语言也随之衰落。[③]

---

① Helen M. Jewell, *Education in Early Modern England* (London: Macmillan Press Ltd., 1998), pp. 163-164.

② Helen M. Jewell, *Education in Early Modern England* (London: Macmillan Press Ltd., 1998), p. 165.

③ 肯尼思·O. 摩根：《牛津英国通史》，王觉非等译，商务印书馆，1993，第 271—272。

18 世纪 30 年代格里菲斯·琼斯发起的具有明显威尔士特色的巡回学校系统对大众识字能力（特别是阅读能力）的培养起到重要作用。不过，威尔士的初级教育对大众识字教育仍然显得杯水车薪。从 19 世纪 30 年代开始，英国政府直接给威尔士提供教育经费支持，但直到 19 世纪后期，即 1870 年《初等教育法》颁布之后，威尔士的识字教育才发生真正意义上的改善。[①]《初等教育法》规定了由政府资助实行初级义务教育的原则，在英格兰和威尔士缺乏学校的地区，可以成立地方性的学校董事会，负责开办董事会学校。

（三）威尔士的英语教育状况

在近代，威尔士的英语教育存在一些不同于英格兰和苏格兰的实际问题。

首先，目的语言和教学语言与本地语言之间存在冲突。在英格兰，学校可以使用他们的母语——英语——教授拉丁语语法和文学，但在威尔士，学校不允许学生使用威尔士语。威尔士教育一直深受这个问题的困扰，有些人支持使用英语进行教学，理由是英语教育对于学生职业发展有优势和可大量获得英语文献出版物；也有些人支持使用威尔士语，因为用孩子们不懂的语言进行教学不切实际，而且存在一种担心，就是放弃自己的母语之后可能导致其传统文化传承的中断。[②]

其次，摆在威尔士教育者面前的另一个问题是，孩子们开始就学的起点不一。在使用单一威尔士语的地区，孩子们需要用威尔士语进行教学，或者在教学中至少需要用威尔士语进行解释；在英语已经普及的地区，孩子们上学时已经可以使用英语或者双语，在这种情况下，

---

① Deirdre Raftery, Jane McDermid and Gareth Elwyn Jones, “Social Change and Education In Ireland, Scotland and Wales: Historiography on Nineteenth-Century Schooling,” *History of Education*, no. 36(2007): 450.

② Helen M. Jewell, *Education in Early Modern England* (London: Macmillan Press Ltd., 1998), p. 164.

当他们进入文法学校学习时，要求能进行拉丁语和英语互译，而不是与威尔士语之间的互译。①

此外，威尔士语出版物对英语教育产生负迁移作用。近代英格兰出版了大量的英译拉丁语作品，在威尔士也有许多威尔士译本。这样似乎给读者学习用英语阅读带来了负面影响。例如，Welsh Trust 的学校教授穷人儿童学习阅读、写作和宗教，同时为成人提供母语版本的《圣经》及其他宗教书籍。该机构的工作也反映出威尔士教育中的矛盾——学校教穷人孩子学习英语，却为说威尔士语的成人提供威尔士语出版物。②

宗教改革之后，在南威尔士地区，英语（而非威尔士语）是慈善学校的教学媒介，但在北部，学校仍然使用威尔士语。③ 在这一时期，威尔士教育在以下两个方面得到发展：一是传统文法学校教育机构的增加（在威尔士，因为没有大学，文法学校是异教学校到来之前的最高学府）；二是为提高穷人群体识字能力的机构也得到了增加，以填补因为威尔士语的存在而导致的语言鸿沟。④ 除了 Welsh Trust 设立的学校和 SPCK 的慈善学校为儿童提供常规教育之外，琼斯创建的巡回学校提供了一种切实可行的方法，旨在解决威尔士穷人，尤其是农业人口的英语读写能力问题。⑤ 学校只在严格控制的时间内教授阅读和学习

---

① Helen M. Jewell, *Education in Early Modern England* (London: Macmillan Press Ltd., 1998), p. 165.

② Helen M. Jewell, *Education in Early Modern England* (London: Macmillan Press Ltd., 1998), pp. 165-166.

③ J. L. Williams and G. R. Hughes (eds.), *The History of Education in Wales* (Llandysul: Christopher Davies, 1978), p. 48.

④ Helen M. Jewell, *Education in Early Modern England* (London: Macmillan Press Ltd., 1998), p. 167.

⑤ Helen M. Jewell, *Education in Early Modern England* (London: Macmillan Press Ltd., 1998), p. 166.

教义问答，《圣经》《新约》《教义问答》《圣歌》和琼斯专门编写的著作是主要的语言教科书。到18世纪时，无论在英格兰还是威尔士，一些早期的异教学校，都已经用本地语替代拉丁语进行学术教育，在威尔士的这些学校，也都改用英语（而非威尔士语）进行教学。

二、苏格兰的英语教育

苏格兰在英国本土的北部，南邻英格兰。凯尔特人和北欧日耳曼人在9世纪建立了独立的苏格兰王国，苏格兰的传统文化大多源于凯尔特文化。由于历史原因，低地苏格兰（Lowland Scotland）与高地苏格兰（Highland Scotland）有着不同的经济和社会结构。两者之间最大的区别之一在于使用两种不同语言——与英语相接近的低地苏格兰语和盖尔语。在1750年前，除了氏族首领和他们的亲属外，高地苏格兰人仍然对英语一知半解。

一直到中世纪末，苏格兰仍然是一个独立的王国。“苏格兰国王偶尔承认英国的宗主权，但那不过是就两国的联系或可能存在的联系而言。”① 英格兰在征服威尔士之后，于1295年开始对苏格兰王国进攻，1304年首次占领苏格兰。到1603年之前，二者一直是两个各自独立的王国。1603年苏格兰国王詹姆斯六世继承英格兰王位，成为英格兰的詹姆斯一世国王，开启了英格兰斯图亚特王朝的序幕。英格兰与苏格兰从此在一个国王的统治之下，即王室的联合（Union of Crowns）。但真正意义上的统一是一百多年后，即1707年两国议会的联合（Union of Parliaments）。基于合国条约（Treaty of Union），两国合并为一，共同拥戴一个君主，共有一个国会，所通过的商务法案适用于“大不

---

① 肯尼斯·O.摩根：《牛津英国通史》，王觉非译，商务印书馆，1993，第151页。

列颠”全体居民，“大不列颠”便是这个新王国的名字。[①]“最终不列颠在政治上获得统一，而不仅仅是一个地理概念。”[②] 从此不列颠岛采取统一的包括教育政策在内的国家政策，为大不列颠帝国的形成奠定了基础。

（一）苏格兰的教育机构

在苏格兰的历史上，官方的长老会控制了教育和济贫活动。在中世纪晚期，苏格兰存在着多种类型的修道院学校，有些修道院学校是培养年轻僧侣的，例如，在邓弗姆林（Dunfermline）、梅尔罗斯（Melrose）、荷里路德（Holyrood）等地的学校；另一类小修道院学校为贵族子弟提供收费教育，或为穷人子弟提供免费教育。到 14 世纪，一些修道院、大教堂和城堡也为附近的居民提供市民学校。[③] 到 15 世纪，苏格兰的主要自治都市和略小的城镇，如马萨尔堡（Musselburgh）、布里金（Brechin）等，都有文法学校和歌咏学校。同时，在苏格兰先后出现三所大学，圣安德鲁斯（St. Andrews，1410 年）、格拉斯哥（Glasgow，1451 年）、阿伯丁国王学院（Aberdeen King's College，1496 年）。但一直到 16 世纪中期，苏格兰的教育体系都处于天主教教会的控制和主导之下。市民学校的课程也按教堂礼拜的要求决定，学校教授拉丁语阅读、写作和口语。苏格兰的大学也遵循类似的模式，主要从事天主教教育，既培养世俗学生又培养神职人员。

从 16 世纪 60 年代开始，苏格兰的宗教改革对教育采取一种充满野

---

① 戴维·罗伯兹：《英国史：1688 年至今》，鲁光恒译，中山大学出版社，1990，第 33、35 页。

② A. V. 戴雪、R. S. 雷特：《思索英格兰和苏格兰的联合》，戴鹏飞译，上海三联书店，2016，第 5 页。

③ Rosemary O'Day, *Education and Society 1500-1800* (London and New York: Longman, 1982), p. 218.

心的态度。在约翰·诺克斯（John Knox，1513—1572 年）的主导下，宗教改革者们期望在苏格兰每一个教区建一所学校，在每一个自治都市建多所文法学校，在每一个大的城镇设立学院，教授逻辑、修辞和语言，但这一期望在 1600 年之前进展不大。① 不过到 16 世纪晚期和 17 世纪，苏格兰的城镇都有了文法学校。例如，爱丁堡就有三所起源于 16 世纪早期的中学：爱丁堡中学（1503 年）、坎农格特中学（1529 年）、南利斯中学（1521 年）。到 17 世纪，也就是 1603 年《王室联合法案》（*The Union of Crowns*）之后，1707 年《联合法案》（*Act of Union*）之前，苏格兰政府大力扶植教育的发展。例如，1616 年，苏格兰枢密院要求每个教区建立一所学校；1633 年，苏格兰议会立法向土地所有者征税以募集教育资金；到 1660 年，邓弗姆林长老会（Dunfermline Presbytery）的所有教区都配有一个校长；到 1689 年，低地苏格兰的教区基本都建有一所学校；到 1700 年前后，洛锡安（Lothian）、安格斯（Angus）、阿伯丁（Aberdeen）、埃伦（Ellon）、塔里夫（Turriff）等地也基本配备了学校，斯特灵郡（Stirlingshire）和埃尔郡（Ayrshire）半数教区配备了学校，邓弗里斯郡（Dumfreisshire）和洛赫梅本（Lochmaben）的学校相对较少；到 1760 年，低地苏格兰的学校覆盖基本完成。②

宗教改革之后，文法学校由市民委员会管理，教会和政府致力于发展普遍的通识教育和新教教育。显然，基于苏格兰教会与市民之间的合作，苏格兰教育的重点已经从面向少数人、为教会服务的教育转

---

① Helen M. Jewell, *Education in Early Modern England* (London: Macmillan Press Ltd., 1998), p. 157.

② Thomas Christopher Smout, *A History of the Scottish People 1560-1830* (London: Fontana Press, 1987), pp. 424-425.

变为面向多数人的普遍教育。[①] 包括新教徒在内，苏格兰的普通教徒和神职人员都试图以教育大众化捍卫国家免受异端的侵蚀。

（二）苏格兰的英语教育政策

在苏格兰宗教改革过程中，包括约翰·诺克斯在内的宗教改革者们起草并出版了《教会管理法规第一集》（*The First Book of Discipline*，*1560* 年）和《教会管理法规第二集》（*The Second Book of Discipline*，*1578* 年）。《教会管理法规第一集》体现了宗教改革者们的教育立场，包含有关苏格兰学校和大学的章节。改革者们把各教区看作教育之源，农村教区学校由牧师及其助教进行教学，城镇地区学校配有校长。只有城镇学校进行较高水平的拉丁语语法教学，少数农村地区较聪明的男孩经考试才有机会进入城镇文法学校，文法学校毕业生通过专门考试升入大学。该提案深受日内瓦神学院影响，最突出的特点不在于其普遍教育原则倾向，而在于如何通过对教育进行严密组织和管理，以更有效地利用国家资源发展新教事业；改革者们似乎并不关注个体或群体的教育权利，而只是基于教会的需要设计了一个教育乌托邦。[②] 该提案最终未能在 1561 年的苏格兰议会通过。

1616 年，苏格兰通过了两个议会法案。其中第一个法案要求在每一个教区配置一所教区学校和一个校长，法案抨击盖尔语的使用，试图推广和应用英语。倡议者认为这样可以废除爱尔兰语，因为爱尔兰语被认为是导致“苏格兰高地持续野蛮和不文明的主要原因”。第二个法案是在低地学校为士族子弟提供义务教育。法案规定，任何人，除非他具备英语识字能力和熟练的英语口语表达能力，否则就不允许继承财产。1609 年《爱奥纳岛法令》（*Statutes of Iona*）提出相似的要

① Rosemary O'Day, *Education and Society 1500-1800* (London and New York: Longman, 1982), p. 220.

② Rosemary O'Day, *Education and Society 1500-1800* (London and New York: Longman, 1982), pp. 224-225.

求，所有绅士或自耕农至少将他们的大儿子或大女儿（如果没有儿子的话）送到低地的学校接受教育，直到他们能用英语进行流利地说、读和写。“这些法令体现了世俗和教会当局希望统一苏格兰的需要，不仅仅因为深受英格兰文化影响的新教低地与代表着未被触及的苏格兰土著文化的天主教高地之间的矛盾冲突；更重要的是教会试图将基督教价值观念强加到异教社会之中。”① 新的宗教或新的政治制度都可能使高地居民和岛民警觉，从而打破数世纪以来形成的与古老文化之间的脆弱的平衡，于是苏格兰议会和政府决心将来自古老文化的年轻人送到学校，让他们接受新的文化。

根据1627年苏格兰教会的报告，1616年法案的实施效果进展缓慢。在苏格兰49个低地教区中，有29个教区没有学校，13个教区各有一所学校，另外7个教区有两所学校。又据1650年的调查显示，在阿伯丁郡的83个教区中，只有28个教区有学校。② 直到18世纪中期，低地苏格兰才基本实现学校全覆盖。

到19世纪，新的工业社会带来了教育组织的问题。汉纳·莫尔认为要反复灌输宗教，儿童应该学读书，但不必学写作。而亚当·斯密（Adam Smith，1723—1790年）害怕劳动分工会使工人阶级智力降低，试图用国家教育来对此加以补救。③ 苏格兰实行了这一方法，19世纪的第一个十年出现了文法学校，还有独立学校和慈善学校，但其质量差异大，总的来说难以适应城市的发展需求。

（三）苏格兰的英语教育状况

16—17世纪文法学校开设的课程基本上与同时期英格兰的文法学

① Rosemary O'Day, *Education and Society 1500-1800* (London and New York: Longman, 1982), p. 227.

② Rosemary O'Day, *Education and Society 1500-1800* (London and New York: Longman, 1982), p. 228.

③ 肯尼斯·O. 摩根：《牛津英国通史》，王觉非译，商务印书馆，1993，第469页。

校相似，两者都提供人文主义古典课程，强调新教信仰教育。[①] 到 17 世纪晚期，因为苏格兰的经济困顿等原因，人们开始对文法学校的教育产生不满。18 世纪前半期，小城镇的市民学校开始引入航海、数学、地理等现代课程，爱丁堡等大城镇开始出现私人学校；1705/1709 年至 1775 年开设阅读、写作、算术等课程的私人学校从 5 所增加到 44 所，还有大量的私人学校开设演说术、古典学、英语、现代语言（尤其是法语）、数学、簿记、音乐、艺术和设计等课程；1746 年，埃尔市民学校（Ayr burgh schools）同时存在算术和商务课程、古典学课程、本地语课程三类并存课程；到 1796 年，所有在校男孩在开始学习数学之前都同时学习古典课程和英语。[②]

无论是基于全国还是地域范围，都很难确定苏格兰民众的英语识字率。据罗伯特·休斯顿（R. A. Houston）的研究，他估计在 18 世纪中期低地苏格兰中不具备读写能力的男性约占 35%，略低于英格兰全国的 40%和北部四县的 36%。相对而言，苏格兰在民众读写能力方面的成就在欧洲名列前茅。[③] 但在高地苏格兰，英语教育的现状不容乐观，因为当地大多数居民说盖尔语。在 17 世纪后期，当地的学校数量仍然很少，民众也缺乏学习的动机，到 18 世纪末，各教区才全部建有学校。1709 年成立的苏格兰基督教知识普及协会（Scottish SPCK，或 S. S. P. C. K.）旨在建立学校，进行阅读、写作、算术和宗教教育。一直到 1766 年，这些学校禁止使用盖尔语，强制学习英语，以帮助高地

---

① Rosemary O'Day, *Education and Society 1500-1800* (London and New York: Longman, 1982), p. 232.

② Rosemary O'Day, *Education and Society 1500-1800* (London and New York: Longman, 1982), pp. 232-234.

③ R. A. Houston, *Scottish Literacy and the Scottish Identity: Illiteracy and Society in Scotland and Northern England, 1600-1800* (Cambridge: Cambridge University Press, 1985), pp. 56, 22.

苏格兰人获得就业灵活性。[①] 但总体来说，高地苏格兰民众的英语读写能力远低于同时代的低地苏格兰民众。

苏格兰针对穷困儿童的教育方式与英格兰相类似，主要是采取职业教育的方式。17—18 世纪苏格兰的行业学校很受欢迎，而且形式多样。例如，1658 年威廉·罗杰在邓迪（Dundee）捐助了一所工艺学校；1720 年“苏格兰制造业理事会”建了三所纺织学校。[②] 同时，市政会也十分重视慈善学校的运行。例如，苏格兰基督教知识普及协会支持“爱丁堡慈善济贫院”项目（the Charity Workhouse of Edinburgh），保罗工作基金会（Paul's Work Foundation）重视孩子们的宗教、本地语和技术培训。[③] 18 世纪早期，S. S. P. C. K. 资助了一大批慈善学校。应公众的要求，一些原本设计为教授拉丁语的学校最终成了英语学校（当然并非所有英语学校都是慈善学校）。1759 年，爱丁堡就有 24 所英语学校，其中只有 2 所是慈善学校，其他学校不同程度收取学费。[④] 与教区学校需要服务整个社区不同，慈善学校主要是为了解决贫困儿童的教育问题，其最突出的特征就是技术教育和英语教育。

相比较而言，苏格兰的 5 所大学比英格兰的大学更重视革新。例如，格拉斯哥大学在 1574—1580 年设立了更先进的课程体系，第一学年学习人文课程；第二学年学习数学、宇宙志和天文学；第三学年学习伦理和政治科学；第四学年学习自然哲学和历史。到 18 世纪，苏格兰大学里的亚里士多德派哲学已经被弗朗西斯·哈奇森（Francis

---

① Helen M. Jewell, *Education in Early Modern England* (London: McMillan Press Ltd.; New York: St. Martin's Press, INC., 1998), pp. 159-160.

② Rosemary O'Day, *Education and Society 1500-1800* (London and New York: Longman, 1982), p. 251.

③ Rosemary O'Day, *Education and Society 1500-1800* (London and New York: Longman, 1982), p. 252.

④ Rosemary O'Day, *Education and Society 1500-1800* (London and New York: Longman, 1982), pp. 252-253.

Hutcheson，1694—1746 年）、大卫·休谟和亚当·斯密的激进主义思想所取代。[①] 1729 年，格拉斯哥大学一位哲学教授首次用英语替代拉丁语进行教学。到 19 世纪，古典课程越来越受到现代课程的排挤。例如，在圣安德鲁斯大学，约翰·密尔倡导青年人学习古典语言，作为一种一般教育和知性教育，以及作为学习现代语言的基础。[②] 但事实上，大学生越来越多地选择修读英语和其他现代语言。

在英格兰先后与威尔士、苏格兰以及爱尔兰合并成为一个大不列颠民族国家后，英语作为官方语言和通用语，逐渐在这些地域得以推广应用。与大英帝国的海外殖民地不同，英格兰与威尔士、苏格兰和爱尔兰之间有着悠久的血缘关系、历史的共同记忆、宗教的共同信仰，甚至在语言上也有着共同的源头。这些共性为英语作为大不列颠国家语言奠定了发展基础。

在英国的“现代英语”教育中，无论是其教育机构、教育政策、还是教育策略与方法，一方面体现国家教育的同质文化，一种国家的身份认同；另一方面，也体现出各民族之间的文化差异性，一种民族的文化认同。正是这样的文化同质与差异，体现出英国“现代英语”教育的显著民族特性。

第三节　作为英国移民第二语言的英语教育

就一般意义而言，“移民”是指他（她）从另一个地方移居此地，这里已经有其他人定居，并形成成熟的社区。[③] 本节讨论的英国移民特

① Helen M. Jewell, *Education in Early Modern England* (London: McMillan Press Ltd.; New York: St. Martin's Press, INC., 1998), p. 161.

② 约翰·密尔：《密尔论大学》，孙传钊、王晨译，商务印书馆，2013，第 34—35 页。

③ David Conway, *A Nation of Immigrants? A Brief Demographic History of Britain* (London: Civitas, 2007), p. 16.

指由其他国家或地区移居英国的人口。

英国工党政治家芭芭拉·罗彻（Babara Roche）议员在2001年发表的内政部研究报告中说：“英国是一个移民国家，……现今的英国人口构成，是历史上持续移民的结果。”① 从这个逻辑上说，每一个居住在英国的人都是移民或移民的后代。② 不过，如果我们以具有盎格鲁-撒克逊血统的英国人作为参照，在英国历史上，占外来人口大部分的主要是来自北欧挪威和瑞典及法国、德国、西班牙等的移民，他们是由于入侵、继承、贸易等原因而移居英国。自诺曼征服之后，英国的种族变化少于社会和文化的变迁，因武装入侵而导致的移民至此结束。③ 但因其他原因的移民一直没有停止。无论是主动的移民还是被动的移民，因此而导致的移民教育问题，如语言教育，也一直为学者和英国政府所关注。英语作为移民的第二语言，对于他们的生存和发展，乃至融入主流社会，都具有十分重要的意义。

一、英国移民的主要来源

从16世纪开始，英国一直存在外来移民流，但一直到第二次世界大战，移民并非英国人口净增长的主要来源。④ 到19世纪之后，外来移民才逐渐增多。英国近代移民的主要来源包括爱尔兰移民、非洲黑奴和远东移民、欧洲宗教移民、法国及波兰政治移民等。大多数移民

---

① Steven Glover, Ceri Gott, Anaïs Loizillan, et al., *Migration: An Economic and Social Analysis. RDS Occasional Paper*, *No. 6* (London: Home Office, 2001), p. 7.

② Mayerlene Frow, *Roots of the Future: Ethnic Diversity in the Making of Britain* (London: Commission for Racial Equality, 1997), p. 1.

③ B. M. Trevelyan, *Illustrated History of England*, *3rd ed.* (London, New York and Toronto: Longman, 1956), p. 1.

④ David Conway, *A Nation of Immigrants? A Brief Demographic History of Britain* (London: Civitas, 2007), p. 39.

选择到英格兰定居。

1. 爱尔兰移民

19 世纪的移民大多数来自于爱尔兰，爱尔兰移民主要发生在 1848 年爱尔兰土豆饥荒之后的几十年里。许多爱尔兰人移居到苏格兰，以改善他们的生活状况。苏格兰雇主们欢迎爱尔兰移民，因为爱尔兰移民为他们提供扩大工业生产的劳动力。① 爱尔兰移民在苏格兰主要从事纺织行业，赚取微薄的工资维持家用。1841—1861 年，爱尔兰出生的成人移居英国的人数是之前的 2 倍多，移居人口从不到 30 万人增至 60 多万人；到 19 世纪 80 年代，英国的爱尔兰社区人口已超过 100 万。②

2. 非洲黑奴和远东移民

除爱尔兰移民外，还有两个主要因素导致近代英国外来移民的增长。其中之一是地理大发现之后来自非洲西海岸的跨大西洋黑奴贸易。有研究表明，“16 世纪早期苏格兰詹姆斯四世时的法庭就有黑奴的记录，……到 1555 年夏季，来自现在称为加纳的 5 个非洲黑奴到达英格兰，他们被要求学习英语，以帮助其主人开拓被葡萄牙封锁的越洋非洲奴隶贸易市场”③。非洲移民一直持续到 18 世纪末，当时有不少于一万非洲黑人被贩卖到英国充当劳工或者家仆。④ 远东是另一个移民来源地。在远东移民中，男性大多充当水手，女性大多充当女仆。前者主要是印度人和中国人，他们跟随英国商船来到英国港口，其中有些人在港口经营为水手服务的住店或餐厅；后者主要是印度人，她们往往充当保姆，照料英国富豪家的婴孩，这些英国富豪大多在东印度公司

---

① Sydney Wood, *Immigrants and Exiles: Scotland 1830s to 1930s* (Glasgow: Hodder Gibson, 2001), p. 15.

② David Conway, *A Nation of Immigrants? A Brief Demographic History of Britain* (London: Civitas, 2007), p. 42.

③ D. Miles, *The Tribes of Britain* (London: Weidenfeld and Nicolson, 2005), p. 311.

④ R. Winder, *Bloody Foreigners: The Story of Immigration to Britain* (London: Little, Brown Book Group, 2004), p. 100.

担任高管，他们会携带家人和印度佣人一起返回英国。[①]

3. 欧洲宗教移民

宗教改革是另一个导致大量欧洲移民迁往英国的重要诱因，虽然性质不同，但具有同样重要的历史意义。宗教改革将欧洲分为北半部的新教区和南半部的天主教区。双方的冲突导致许多教徒为躲避宗教迫害而逃离家园。亨利八世和伊丽莎白一世对宗教的宽容致使欧洲受迫害的新教徒把英格兰当成了避难所，这一局面从 16 世纪一直持续到 18 世纪早期。最初成规模的宗教难民是来自法国和弗兰德斯（Flanders）说法语的卡尔文教徒，他们也被称为胡格诺派教徒。17 世纪 80 年代，法国的胡格诺派教徒为了逃避路易十四的迫害而移居英国。[②] 他们最初定居在伦敦的斯毕特菲尔德区（District of Spitalfield），主要从事丝绸纺织、制帽、钟表等行业的贸易，如今该区的时尚街、“皮蒂考特”巷（即衬裙巷）等街名就是他们曾经在此居住的明证。[③]

此外，16—17 世纪的英格兰也是其他宗教难民的避难所。其中人数较多的是来自北欧低地国家的卡尔文教徒和路德教派教徒（German Lutherans），他们所说的日耳曼方言被英格兰人称为“荷兰语”。17 世纪中期，荷兰的犹太人怀疑荷兰共和国无法抵挡欧洲反宗教改革的势力，在克伦威尔政权取消限制他们在英国居留权的法律后纷纷移居英格兰，主要居住在伦敦的东区。[④] 17 世纪后期和 18 世纪，由于波兰反宗教改革运动势力日盛，一些波兰新教徒到英格兰寻求庇护。他们多

① David Conway, *A Nation of Immigrants? A Brief Demographic History of Britain* (London: Civitas, 2007), p. 47.

② 肯尼思·O. 摩根：《牛津英国通史》，王觉非等译，商务印书馆，1993，第 316 页。

③ David Conway, *A Nation of Immigrants? A Brief Demographic History of Britain* (London: Civitas, 2007), pp. 49-50.

④ David Conway, *A Nation of Immigrants? A Brief Demographic History of Britain* (London: Civitas, 2007), p. 53.

数是卡尔文运动的追随者，因而来到英国长老会教派寻求保护。另据英国移民历史学家詹姆斯·沃尔文（James Walvin）的文献，1734 年有 6000 犹太人居住在英国，而二十年之后减少到 5000 人。[①] 到 19 世纪初，有两到三万犹太人在英国定居。[②] 在此后的很长一段时期，宗教移民基本停止了。

4. 法国政治移民

从 1789 年法国大革命（The French Revolution）开始，陆续有法国的难民前往英国伦敦。据历史学家卡朋特（Kirsty Carpenter）的研究，一个较常引用的数据是当时离开法国的移民总数为 130 000 到 150 000。但很难确定 1789—1802 年在英国的法国难民总数，因为难民不时往来于英法及其他地方。1790 年移民人数逐步上升，1791—1792 年秋冬季伦敦街头又出现一次新的移民浪潮。但真正的泛滥是 1792 年 9 月大屠杀发生之后，大批身无分文的难民涌入伦敦（其中大部分是牧师）。[③] 卡朋特认为每年移民到英国的法国移民大概有 12 500 人，1792 年的最高点有 20 000—25 000 人。[④] 也有研究数据表明，1792 年，有不低于 40 000 法国政治难民横渡英吉利海峡到英格兰寻求庇护。[⑤]

英国伦敦、市郊以及周边乡村成了法国移民生活的主要聚居区。因为他们有些人之前来过伦敦，喜爱伦敦的社区生活；有些贵族家族

---

① James Walvin, *Passage to Britain : Immigration in British History and Politics* (Harmondsworth: Penguin Books, 1984), p. 27.

② P. Fletcher Jones, *The Jews of Britain : A Thousand Years of History* (Adlestrop, Gloucestershire: Windrush Press, 1990), p. 148.

③ Kirsty Carpenter and Philip Mansel (eds), *The French Émigrés in Europe and the Struggle Against Revolution, 1789-1814* (Basingstoke: Macmillan Press Ltd., 1999), p. 43.

④ Kirsty Carpenter, *Refugees of the French Revolution : Émigrés in London, 1789-1802* (Basingstoke: Macmillan Press Ltd., 1999), pp. 39-40.

⑤ W. Cunningham, *Alien Immigrants to England*, 2nd ed., Wilson, C. (ed.) (London: Frank Cass, 1969), p. 255.

成员在伦敦有联系人、朋友或亲戚，并欢迎他们加入自己的生活圈。伦敦为来自法国不同地区和不同社会经济群体的移民提供了一个新的空间。据研究，1792 年前的移民大多来自贵族阶层。例如，“在一个 812 名移民样本数据中，201 人（占 25%）有贵族头衔，38%的人是等着英军征调的在役军事人员（其中 11%是军官）或退役士兵”[①]。不久之后移民又重新迁移，其中一些较富有的移民前往玛丽乐波恩（Marylebone）和里士满（Richmond），比较贫穷的移民去了圣潘克拉斯（St. Pancras）和圣乔治农庄（St. George's Fields）等较为肮脏的市郊。而难民中的神职人员，多数的主教们选择伦敦，一些牧师选择斯卡布罗（Scarborough）和约克（York）等地。[②] 这就让伦敦成为法国天主教社区与英吉利社区并行发展的典范。

法国政治移民最终导致了英国议会 1793 年通过立法限制外国移民，亦即《外侨法令》（*Aliens Act*），旨在限制假装成政治避难者的法国极端主义者移居英国。[③] 也有研究者认为，该《外侨法令》与英国担心国内爆发革命和卷入欧洲冲突不无关系。[④] 该法令包括 43 条，涉及针对外国人的护照、武器和管理监控等，从登陆英国开始，外国人的生活就处于英国的监管之下。不过，当 1815 年英法敌对状况结束后，该法令也随即废止，后被 1836 年《外侨法令》所替代。到 19 世纪时，法国政治移民的数量已经相对很少了。

---

① Kirsty Carpenter and Philip Mansel(eds.), *The French Émigrés in Europe and the Struggle Against Revolution, 1789-1814* (Basingstoke: Macmillan Press Ltd., 1999), p. 44.

② Kirsty Carpenter and Philip Mansel(eds.), *The French Émigrés in Europe and the Struggle Against Revolution, 1789-1814* (Basingstoke: Macmillan Press Ltd., 1999), p. 216.

③ David Conway, *A Nation of Immigrants? A Brief Demographic History of Britain* (London: Civitas, 2007), p. 54.

④ Jeliete Reboul, *French Migration to Great Britain in Response to French Revolution: War, Culture and Society, 1750-1850* (London and New York: Palgrave Macmillan, 2017), p. 64.

5. 波兰政治移民

在波兰历史上，也有几次向英国的移民潮。除了 17 世纪后半期到 18 世纪的卡尔文教徒外，在 1795 年波兰国家政权瓦解后，许多波兰政治家和士兵把英国当作避难所；1830—1832 年波兰暴乱后、1848 年波兰革命流产后和 1863—1864 年波兰暴乱后都出现过波兰政治流亡者移民英国。[①] 截至 1852 年，英格兰就有大约 250 名波兰流亡者；截至 1870 年英国有大约 1500 名波兰人。19 世纪 80 年代，由于大批来自波兰的海外移民，英国的波兰社区发生了很大变化。他们从汉堡或不来梅到利物浦，发现无法支付前往纽约的船费，多数人则通过在当地就业积攒船费，也有部分人在当地永久定居下来。[②] 截至 1882 年，利物浦就有 800 余名波兰人居住。到 1886 年，英国的波兰移民社区不再仅限于政治移民。“到 19 世纪末，英国形成了三个主要的波兰人聚居区：伦敦，苏格兰的拉纳克郡，曼彻斯特以及紧邻的兰开夏郡和柴郡的一些地区。”[③]

19 世纪居住在伦敦的波兰移民主要在怀特查佩尔（White-chapel）和麦尔安德（Mile End）受聘于富有的波兰或俄国犹太人。他们通常在犹太人拥有的制鞋、产烟或家具贸易的作坊就业，“一是因为在犹太人区工作无须克服语言障碍，二是因为波兰移民无法在劳动力市场与英国人竞争，只能在伦敦东区从事低工资的行业”[④]。在 19 世纪末苏格兰的拉纳克郡，根据 1901 年的人口普查，有 3215 名外国居民，其中

---

① Jerzy Zubrzycki, *Polish Immigrants in Britain : A Study of Adjustment* (The Hague: Springer-Science+Business Media, 1956), pp. 31-37.

② Royal Commission, "Minutes of Evidence," *Report of the Royal Commission on Alien Immigration*, *Vol. II*, p. 808.

③ Jerzy Zubrzycki, *Polish Immigrants in Britain : A Study of Adjustment* (The Hague: Springer-Science+Business Media, 1956), p. 39.

④ Jerzy Zubrzycki, *Polish Immigrants in Britain : A Study of Adjustment* (The Hague: Springer-Science+Business Media, 1956), p. 39.

1203 人就业。[1] 就业人口中有大约 600 名波兰人，加上他们的家属，大约有 1500 名波兰人在拉纳克郡定居。在这里，波兰人主要做矿工和钢铁工人。雇主对他们的抱怨主要在于他们对英语的无知，如果他们有什么不知道的，他们可能会说“Me no know”，完全不知所云。也可能因为语言交流的障碍，“他们似乎不太遵守地下作业规范，以至于成为矿工同事的潜在危险源”[2]。1881—1914 年，共有 120 000—150 000 东欧犹太人在英国永久定居，对英国犹太人的社群产生了深刻影响。[3]

二、英国移民的语言规划

当移民特别是少数族裔移民来到一个新的国家，其首要目标是生存，然后才是寻求社会升迁的阶梯。无论是生存，还是升迁，都需要与移入国家主流社会发生关系，重构自身的民族身份，其中让孩子接受主流文化教育是最快捷、最有效的途径。同样，在一个民主国家中，政府和学校教育都有责任消除非法种族歧视，并促进机会平等和不同种族学生之间良好的人际关系。[4] 移民教育遇到的一个基本问题就是语言规划。无论是在移民家庭还是移民社区层面，语言规划都必然对移民能否成功融入主流社会产生重要影响。

（一）语言规划概念

对家庭和小型单语社群而言，语言是凝聚社群成员的黏合剂，是

---

① Royal Commission, “Minutes of Evidence,” *Report of the Royal Commission on the Alien Immigration*, *Vol. Ⅱ* (London: Wyman and Sons, 1903), p. 808.

② Royal Commission, “Minutes of Evidence,” *Report of the Royal Commission on the Alien Immigration*, *Vol.* Ⅱ (London: Wyman and Sons, 1903), p. 507.

③ Todd M. Endelman, *The Jews of Britain*, *1656-2000* (Berkely, Los Angles, London: University of California Press, 2002), p. 127.

④ David G. Burnett:《英国的多元文化教育与公民教育》，刘绪译，《湖南师范大学教育科学学报》2014 年第 4 期。

排斥外人的象征，有利于保持社群的独特性；对大型社群和多语社群而言，不同语言之间的冲突往往象征着不同社群之间的权力关系，统治者可以通过语言控制实施社会控制。[①] 尽管言语社区和政治社区之间，以及彼此语言交际目的之间的差异可能并不明显，但标准语和官方语之间的差别却可能很大。例如，英国诺曼征服之后英语和法语的地位发生逆转。这是语言规划在发生作用，对各社群产生重大影响。

“语言规划”一词是美籍犹太语言学家威因里希（Uriel Weinrich，1926—1967 年）1957 年在美国哥伦比亚大学的一次研讨会上首次提出的，1959 年被美籍挪威语言学家艾纳·豪根首次写入论文，并将之定义为“在非同质（non-homogeneous）言语社区中，为指导写作者或说话人的言语而对正字法、语法和词典进行规范的活动”[②]。现在，语言规划一般用来“表示通过由宗教、种族或政治纽带维系的有组织的社区，有意识地尝试影响其成员日常所使用语言或教育中所用语言的途径和方法，或者表示通过这样的社区影响学界、出版社或者媒体记者进行语言变革的途径和方式”[③]。美国语言学家罗伯特·库珀（Robert L. Cooper）把语言规划划分为三个应用领域：地位规划、本体规划和习得规划。[④] 并构建了一个语言规划框架，即由谁、为了什么目的、在什么条件下、通过什么途径、经过什么决策过程、产生什么影响。[⑤]

---

① Dennis Ager, *Language Policy in Britain and France: The Processes of Policy* (London and New York: Cassell, 1996), p. 1.

② Einar Haugen, "Planning for a Standard Language in Norway," *Anthropological Linguistics* 1, no. 3 (1959): 8-21.

③ 丹尼斯·埃杰：《语言规划与语言政策的驱动过程》，吴志杰译，外语教学与研究出版社，2012，第 5 页。

④ Robert L. Cooper, *Language Planning and Social Change* (Cambridge and New York: Cambridge University Press, 1989), p. 2

⑤ Robert L. Cooper, *Language Planning and Social Change* (Cambridge and New York: Cambridge University Press, 1989), p. 88.

尽管语言规划是作为一种国家或社区的“语言行为”，“规划”一词也常用于个人和社区对语言的非官方影响。[①]

（二）英国入境移民的语言规划

移民到另一个国家与到本国另一个城市完全不同，语言和文化的差异、生活环境的不同、当地的法律和习俗对移民的偏见等，都可能给移民适应当地社会生活带来困难。对成年移民而言，首要的是获得工作；对移民子女而言，首要的是接受教育。而无论是工作还是学习，语言交流是基本要素。因此，移民家庭也存在语言规划的问题。

1. 英语作为公共通用语

在英国的不同历史时期，移民活动的起因、移民的自身条件、定居的社会情境都各不相同，移民的语言规划也各不相同。无论是爱尔兰移民、法国移民还是非洲黑人，他们迁徙到英国之后，在强势的英国主流文化和英语面前，只能被动地选择同化，并将英语作为公共通用语。

19 世纪中期的爱尔兰移民大多是穷人，因生计所迫背井离乡来到苏格兰，但他们大多数人能说英语，在语言上基本不存在障碍，在信仰上无论是新教还是天主教，都能找到各自的宗教组织，在生活上大多从事他们相对熟悉的纺织业。在 1800 年，苏格兰只有为数不多的天主教徒，大多数人都是新教徒，但随着成千上万的爱尔兰天主教徒涌入苏格兰，给苏格兰带来诸多变化。在 19 世纪 50 年代，教会为天主教徒的孩子建立学校，并提供所有资金。到 1872 年全国公立学校体系建立起来时，天主教学校并未加入这一体系，因为教会担心无法在自己的学校控制宗教教育。[②] 不过，公立学校也让爱尔兰移民后代以更多的

---

① 丹尼斯·埃杰：《语言规划与语言政策的驱动过程》，吴志杰译，外语教学与研究出版社，2012，第 6 页。

② Sydney Wood, *Immigrants and Exiles: Scotland 1830s-1930s* (Abingdon, Oxon: Hodder Gibson, 2001), p. 24.

机会融入主流社会。

针对 18 世纪末因法国革命而引起的法国移民，英国政府一方面对他们严加监管，另一方面又专门拨款资助他们的生活、教育等方面。一些政治家和慈善家也出面资助法国移民。例如，1796 年 4 月，埃德蒙德·伯克（Edmund Burke，1729—1797 年）为那些被英国军队雇佣的移民军官子女开办了一所学校，他为这个项目提供资金，并将他在比肯斯菲尔德的私人房产外借用于办学。[①] 对移民而言，懂东道国的语言是融入当地社会的首要标志，但过程比较复杂。“说法语可能会强化自己的难民身份，会被认为是因为陷入困境而求助；使用英语则可能让有心的听者认为是在强调说话者所处的复杂境地，一面是个人政见和从事的反革命事业，另一面是英国政府反对法国革命的立场。”[②] 法国移民不仅学习说英语，而且读英国文学作品，如莎士比亚的作品等。到 18 世纪 90 年代后期，法国移民社区逐渐变得牢固和有序，并开始拥有自己的学校、教堂和医院。[③] 移民中特别是妇女，在经历了逃离共和军队的追杀、横渡海峡九死一生的磨难后，满足于英国相对安定且有政府保护和资助的生活。但在孩子的教育问题面前，许多移民父母十分纠结：“他们的孩子该做法国还是英国的臣民？应该把孩子培养成为

---

① Jeliete Reboul, *French Emigration to Great Britain in Response to French Revolution: War, Culture and Society, 1750-1850* (London and New York: Palgrave Macmillan, 2017), p. 106.

② Jeliete Reboul, *French Emigration to Great Britain in Response to French Revolution: War, Culture and Society, 1750-1850* (London and New York: Palgrave Macmillan, 2017), p. 150.

③ Jeliete Reboul, *French Emigration to Great Britain in Response to French Revolution: War, Culture and Society, 1750-1850* (London and New York: Palgrave Macmillan, 2017), p. 197.

法国未来的领袖还是教他们在英国谋生的技能？”① 在伯克的学校里就曾出现过聘任英国教师还是法国天主教教师的争议。一些人仍然在执着地做着作为法国人的爱国梦，但也有许多人开始远离移民团体，选择融入东道国社区，如与英国人结婚。

对于16—18世纪来自非洲的黑奴而言，他们处于社会的最底层，从事最苦最累的工作，几乎没有人权可言。但主人通常也会教黑奴说英语，以便他们能更好地为主人服务，只是这种英语教学体现了随机性、实用性和非系统性。直到1807年英国议会通过法案禁止奴隶贸易，1833年英国议会通过法案废除英属西印度群岛奴隶制，到1838年解放了大英帝国所有黑奴，黑人才开始有机会接受正规的教育。尽管他们始终缺乏接受良好教育的机会，但他们十分清楚，只有通过学习英语和其他技能才能获得生存机会。无论是福音运动还是宪章运动，都对黑奴自由平等地享受包括接受教育在内的人权起到重要作用。无论是政治改革家约翰·卡特赖特（John Cartwright，1740—1824年），还是大法官亨利·布鲁厄姆（Henry Brougham，1778—1868年），无论是废奴主义者李察·奥斯特勒（Richard Oastler，1789—1861年），还是女作家、社会活动家海丽叶特·马蒂诺（Harriet Martineau，1802—1876年），他们都为黑人的民权和教育权奔走呼吁。马蒂诺竭力捍卫《济贫法》，目的就是帮助穷人实现自立，而教育则是实现自立的主要途径。②

2. 英语作为第二语言

在英国的移民社会中，有一群来自欧洲大陆的波兰移民，他们的

① Jeliete Reboul, *French Emigration to Great Britain in Response to French Revolution: War, Culture and Society, 1750-1850* (London and New York: Palgrave Macmillan, 2017), p. 202.

② James Walvin(eds.), *Slavery and British Society, 1776-1846* (London and Basingstoke: The Macmillan Press Ltd., 1982), p. 73.

教育和文化诉求也同样颇具特色。

一方面，他们通过建立自己的组织保护移民社区居民的合法权益，支持移民后代的文化教育，继续保留自己的民族文化和语言。

19 世纪末 20 世纪初，波兰移民在伦敦和曼彻斯特等聚居点建立波兰罗马天主教会和波兰学会。例如，1867 年，伦敦的波兰流亡者获得曼宁大主教（Archbishop of Manning）的许可，占据高尔街 110 号的一栋楼的两层，设立罗马天主教小教堂。1886 年，在伦敦有两个主要的波兰人组织：伦敦民主社团（the Democratic Society in London）和波兰工人协会（Society of Polish Workers），后者也被称为伦敦波兰学会（Polish Society in London）。[①] 这些组织支持移民获得政府财政资助以及工作机会，同时用母语向移民后代传授文化知识。天主教区鼓励将波兰移民子女送到教区辖下的学校，每周学习两次，用波兰语教授历史和地理。[②] 而移民社区也继续保持着母国文化传统和生活习惯，使用母语进行日常交流。

究其原因，主要有两个：一是政治因素，二是宗教文化因素。

19 世纪前期的波兰政治移民原本期望在英、法、比利时和瑞典等国的支持下恢复波兰的政治秩序，但一直到 1917 年，除了获得“同情式的理解”外，这些欧洲国家并没能帮助恢复波兰的独立。在英国，大批波兰士兵和平民先后逃离德国侵略下的波兰，他们在英国政府的支持下定居下来，并逐渐被英国社会所同化。不过被英国同化的过程十分缓慢，其中一个原因是绝大多数波兰移民一直在为祖国独立而斗

---

① Jerzy Zubrzycki, *Polish Immigrants in Britain : A Study of Adjustment* (The Hague: Springer-Science+Business Media, 1956), p. 38.

② Jerzy Zubrzycki, *Polish Immigrants in Britain : A Study of Adjustment* (The Hague: Springer-Science+Business Media, 1956), p. 43.

争，他们力图保存自己的波兰文化。[①] 为了这个目的，他们建立了许多形式多样的社团，如波兰之友文学协会（Literary Association of Friends of Poland），该协会还在伯明翰、坎特伯雷、赫尔（Hull）、佩斯利（Paisley）、爱丁堡、利兹等地建立了分会。1834 年 5 月，针对文学协会副会长杜德利·斯图亚特爵士（Lord Dudley Stuart，1803—1854 年）的主张，下议院批准一万英镑用于波兰难民的救济工作，并委托协会董事会进行分配。[②]

同时，作为基督神学的起源和想象中的对手，犹太教既是基督教文化的基础，又与之对立，因而犹太人显得“既不可同化又不可或缺”。在 19 世纪 30 年代和 40 年代的英格兰，有关犹太人的两个问题在议会的公共舞台上十分引人注目：一是在这一自由国度里有关排他主义者犹太人地位的政治问题，二是他们的不可同化性和不可或缺性这一神学悖论。[③] 英国医生和人类学家约翰·贝多伊（John Beddoe，1826—1911 年）在《不列颠的种族》（*The Races of Britain*）一书中把犹太人归入有色人种，认为他们有着“性格坚忍、忠于故土和家庭”的显著特征。[④] 因此，尽管犹太解放运动声称英格兰有能力包容犹太人，19 世纪早期的英国犹太人仍然处在文明进程之外。

另一方面，波兰移民在复国遥遥无期的情况下，为了生存，尝试逐渐与英国主流文化融合，并将英语作为第二语言。

出于生存考虑，波兰移民通常会把孩子送到英语学校学习。英国

---

① Jerzy Zubrzycki, *Polish Immigrants in Britain: A Study of Adjustment* (The Hague: Springer-Science+Business Media, 1956), p. 12.

② Jerzy Zubrzycki, *Polish Immigrants in Britain: A Study of Adjustment* (The Hague: Springer-Science+Business Media, 1956), p. 33.

③ Nadia Valman, *The Jewess in Nineteenth-Century British Literary Culture* (Cambridge: Cambridge University Press, 2007), p. 5.

④ John Beddoe, *The Races of Britain: An Contribution to the Anthropology of Western Europe* (Bristol: J. W. Arrowsmith, 1885), p. 8.

政府也采取措施，为移民提供学校教育。例如，“贝尔巷的犹太人免费学校就起到了这样的作用，……1880—1914 年间，伦敦三分之一的犹太裔儿童都上过这所学校。许多孩子在国外出生，不会英文。该校教孩子们学习英文，为他们提供庇护，帮助他们摆脱贫困，为他们提供世俗和宗教教育，培养他们适应社会生活”①。有媒体称，经过这所犹太人学校的培养，一个波兰小孩可以成长为一位英国绅士。

伦敦大学学院的希伯来语教授海曼·胡维茨（Hyman Hurwite，1770—1844 年）是波兰出生的犹太人，他成年后才学习英语，1826 年出版《希伯来故事集》（*Hebrew Tales*），“他想表明传统的犹太智慧可以与现代英国文化兼容。同时，受他的朋友兼邻居科勒律治（Samuel Taylor Coleridge）的启发，他试图拯救《犹太法典》（*Talmud*），以求培植一种新的传统，期望移居英国的犹太人更安心于新的家园，也期望英国人对犹太人和犹太文化更友好”②。他在翻译《希伯来故事集》时采用与华兹华斯作品相似的修辞和理论策略，借以教育公众，消除人们对《犹太法典》和其他希伯来文学的诋毁。“他采取意译的方式包装他的作品以使其适时适地。而且，就像其他故事集、童谣和歌谣成为当时文学的一部分一样，这些故事的乡土气息使他们‘自然地’融入英国传统文化。”③ 这是他对当时犹太人所面临的危机的一种积极回应，此前他曾赋予移民英国人和犹太人双重身份。显然，胡维茨在文学与文化上的努力也代表着波兰犹太精英们在主观上希望融入英国主流文化的强烈诉求。

---

① G. Black, *Jewish London: An Illustrated History* (Derby: Breedon Books, 2003), p. 88.

② Judith W. Page, *Imperfect Sympathies: Jews and Judaism in British Romantic Literature and Culture* (New York: Palgrave MacMillan, 2004), p. 82.

③ Judith W. Page, *Imperfect Sympathies: Jews and Judaism in British Romantic Literature and Culture* (New York: Palgrave MacMillan, 2004), p. 84.

三、英国移民的语言教育政策

在英国，种族教育大致有三种模式，即同化、融合和文化多样性。就语言政策而言，博纳德·斯波斯基把新西兰毛利人的语言观大致分为三种：语言彻底同化观、语言融合观和共生观。① 尽管这里说的是毛利人面对占优势的英语而采取的语言政策，但也基本适用于英国针对本土少数族裔语言的政策。其中“同化”是英国在18世纪到20世纪初针对外来移民采取的主要措施，学校被认为是同化的主要途径。毕竟，“在大量移民涌入学校的情况下，为保证学校教育的水平，必须采取一些特殊措施来教会他们英语”②。

1. 英国政府的移民语言政策

（1）“语言政策”概念

与语言规划相类似，“语言政策”也是一种社区或国家层面的语言行为。甚至有人认为语言政策是语言规划的同义词，或者把语言政策看作是语言规划的目标。③ 也有人说语言政策就是“政府所做出的语言规划”④。但也有学者尝试对其进行区别，认为“语言政策是特定社会在语言交际领域的政策，涉及语言的地位、原则和决策等……而语言规划则是语言政策中针对社区语言交际所采取的具体措施，旨在引领

① Bernard Spolsky, "Reassessing Maori Regeneration," *Language in Society*, no. 4 (2003):553-578.

② 易红郡：《英国的种族问题和种族教育》，《教育史研究》2004年第1期。

③ Robert L. Cooper, *Language Planning and Social Change* (Cambridge and New York:Cambridge University Press, 1989), p. 29.

④ J. W. Tollefson, *Planning Language*, *Planning Inequality* (London: Longman, 1991), p. 16.

语言的发展”①。

基于历史发展、国家认同及其他因素，官方可能根据各国各地区的实际情况规定一种或几种语言作为官方语或通用语，同时规定其他少数民族语言的地位，用以引导和指导社会群体学习和使用相关语言。例如，1362 年用法语撰写的《诉讼条例》宣布英国从此用英语替代法语作为法庭用语；1536 年威尔士《联合法案》规定英语作为政府、法院和档案记录用语；1616 年的《苏格兰法案》规定英语作为苏格兰的教育用语。而近期的主要语言政策则大多涉及学校课程教育，如使用英语或者其他语言进行教学。

斯波斯基把语言政策分为三个组成成分：语言实践、语言信仰和语言管理。② 这三者相互关联，又自成一体。就各自的范畴而言，它们分别始于个体，并扩展到国家和社区层面。例如，移民父母会为孩子不懂自己祖裔语言中的某些词汇而懊恼，因为他们认为这些词汇承载着特定的文化价值，于是要求在家里避免使用居住国语言中的新词来替代这些词汇。这里就涉及斯波斯基关于语言政策概念中的三个成分。在他看来，“要实现语言的自然代际传承，其关键是家长对家庭语言环境的掌控”③。但在移民家庭，由于第一代人的社会地位普遍较低，而异国的新环境又使儿童有机会支配自己的语言选择，于是家庭的语言管理就更加复杂了。

（2）英国的移民语言政策与语言教育政策

大量的外国移民给英国带来了诸多社会问题。英国除了多次颁布《外侨法案》以限制不良侨民之外，也采取多种措施进行移民管理，包

① Ranko Bugarsky, “Language Situation and General Policy,” In *Language Planning in Yugoslavia*, eds. Ranko Bugarsky and C. Hawkesworth (Columbus: Slavica Publishers, 1992), p. 18.

② 博纳德·斯波斯基：《语言管理》，张治国译，商务印书馆，2016，第 5 页。

③ 博纳德·斯波斯基：《语言管理》，张治国译，商务印书馆，2016，第 23 页。

括住所、就业和同化等。

在 1870 年《福斯特法案》颁布之前，尽管英国政府已经开设了不少公立学校，普遍存在的教育主办权私有化难以保证移民的平等教育权利。许多移民聚居在特定的移民社区，依旧说着母语。在当时的社会政治语境下，尽管也有一些立法或政策方面的进步，但仍然缺乏一种保障各民族受到公正和平等对待的政治意愿。① 事实上，由于英国政府“根据人口的百分比对移民进行限制，所以直到 19 世纪中期移民的存在都不太显著，那儿大概过度依赖自然同化的过程，使得过去成功地在两三代内把移民变成了英国人”②。

“英国教育署”由 1839 年成立的“枢密院教育委员会”发展而成，从 1899 年开始以国家化的形式负责对初等和中等教育进行领导和管理。“这标志着英国从顶层直管角度对全国的教育性质和任务进行统一化、强制化和规范化的模式制约。”③ 教育公平与政治民主化得到进一步增强。但直到下一个世纪，即 1963 年颁布《移民的英语教育》（*English for Immigrants*），英国政府才正式关注英国移民子女的英语教育，规定“学校应重视将移民子女融入教育体系和新环境的问题，学校应了解移民子女来源国家及其文化……。在教授孩子和成人英语时，口语任务优先于阅读和写作学习，并贯穿于课程始终”④。

2. 英国学校的移民语言教学

在斯波斯基看来，“学校就是一个致力于语言管理的场所。在这里有两类主要参与者——学生和教师。学生接受教师在语言实践和语言

---

① Sally Tomlinson, *Race and Education : Policy and Politics in Britain* (London: Open University Press, 2008), p. 2.

② C. W. 沃特森：《多元文化主义》，叶兴艺译，吉林人民出版社，2005，第 111 页。

③ 陈志伟、吴艳梅：《英国少数族裔教育政策的阶段性特征与核心价值》，《民族教育研究》2018 年第 5 期。

④ Ministry of Education, London, *English for Immigrants*, *1963*, accessed March 26, 2019, https://eric.ed.gov/?id=ed060679.

信仰方面的塑造，而教师则负责塑造学生的语言实践和语言信仰”①。当学校所有学生的语言背景和语言水平大致相当时，学校的语言管理可以保持同质性；但是，当学生来自多语社会时，学校往往需要实施语言多样性的政策。决定学校语言教育政策和教学策略的可能是学校的人员（如校长、教师等），他们决定语言教育目标，并选择适合自己的教学方法来达到目标；但也可能是校外的个体或群体（如学校董事会成员、市委员会等），他们被授权设立学校的语言教育目标以及教学方法。② 对于移民孩子所在的学校而言，具体的语言教育模式通常会涉及单语制和双语制两种。

（1）单语教育

从 17 世纪科学大发现开始，单语制既是欧洲启蒙、大众识字、有组织的反专制主义的工具，也是民众理解政府及其法律、现代学科、自由市场经济以及信息流通的工具。③ 单语制教育可能包含两个层面的内涵，一是作为语言政策的单语制，即学校把某种语言（通常是学校所在语言社区的通用语）作为唯一的语言教育目标；二是作为语言教育实践的单语制，即任课教师只采用某种语言进行教学（可以是学生的母语或所在语言社区的通用语）。这里我们具体讨论后者。在近代英国，为了实现民族同化的目的，学校曾一度采用单语制，即老师使用英语进行教学，并禁止少数族裔学生在校园里使用非英语的本族语。例如，基于 1870 年《初等教育法》，在国家财政支持下，许多犹太慈善学校接收穷人孩子，多数犹太移民子女都在寄宿学校接受基础教育。“这些学校向 5—13 岁的移民子女传授英国文化：语言、文学、习俗、

---

① 博纳德·斯波斯基：《语言管理》，张治国译，商务印书馆，2016，第 128—129 页。

② 博纳德·斯波斯基：《语言管理》，张治国译，商务印书馆，2016，第 131—132 页。

③ David Gramling, *The Invention of Monolingualism* (New York, London, Oxford, New Delhi, Sydney: Bloomsbury, 2015), p. 1.

价值观、传统、神话和娱乐。”[①] 让孩子们认识到英国的一切都比他们母国的旧俗更优越。

英语作为第二语言的教学（通常用 ESL 或 E2L 表示）是针对少数民族子女的首要教育领域，旨在帮助移民或其他少数族裔孩子进入英国教育体系。[②] 在第二语言的教学中，许多教育家都赞同将语言学习与课程教学结合起来。例如，“浸没教育”是一种典型的单语教育模式，使用母语之外的语言进行语言教学。英国近代学校教育，特别是公立学校普遍采取多种形式的语言浸没教育项目，有效地促进了学校多语教育的发展。

（2）双语教育

随着社会的发展，民族同化教育政策和单语教育越来越不适应时代的需求。“英国教育面临的现实问题不仅仅是本地少数民族语言的保护，还有日益增多的少数民族语言问题。”[③] 诚然，外来的少数族裔儿童要在将来融入主流社会，必须要有机会接受良好的教育，而英语能力不可避免地成为制约性因素之一。例如，针对穆斯林移民群体很难融入英国社会的情况，英国犹太教首席拉比乔纳森·萨克斯（Jonathan Sacks）表示，在所有少数民族中，他们更需要“双语”。他说：“如果我们想一起生活，我们不得不学习公民身份的第一语言和公共语言。有多种第二语言将我们与地方关系框架相关联：家庭、族群及其传统。如果我们希望在不被同化的情况下融合这个社会，就有必要给每一种

① Todd M. Endelman, *The Jews of Britain, 1656-2000* (Berkely, Los Angles, London: University of California Press, 2002), p. 149.

② David Gillborn, *'Race', Ethnicity and Education: Teaching and Learning in Multi-Ethnic Schools* (Taylor & Francis e-Library, 2005), p. 167.

③ 倪胜利：《英国支持少数民族教育发展特殊政策及问题思考》，《当代教育与文化》2016 年第 6 期。

语言应有的地位。”①

双语或多语越来越广泛地用于初等教育和中等教育。在较多使用同一少数民族语言的社区，双语教育一般比较成功，如在威尔士的威尔士语教学。② 但，对于移民而言，由于学校普遍缺乏多语种教师，加上其他条件限制，双语教育发展很不平衡。

由于英法历史关联的渊源，针对法国移民的双语教学在师资和教学资源等方面具有较为明显的优势。例如，雅克·贝洛特（Jacques Bellot）、克劳迪斯·霍利班德（Claudius Holyband）、约翰·弗洛里奥（John Florio）是16世纪后期对伦敦移民社区的双语教学贡献较多的三位教师。③ 他们或开办双语学校，或编著双语教材和词典，对当时和之后的外国移民后裔融入英国主流社会起到了重要作用。17世纪后期，英国的公立学校不再开设法语课程，许多法语教师转向作为外语的英语教学，学习者多为17世纪60年代和70年代的法国宗教难民，而且其中多数是成年人。④ 其中保罗·菲斯特（Paul Festeau）和居伊·米耶热（Guy Miége）是当时帮助法国难民学习英语的主要贡献者。到18世纪末，如1793—1795年，英语学校因为法国学生的涌入而取得发展，“英国学校在法语报刊上的（招生）广告，表明他们将法语社区上层作为（招生）目标市场”⑤。一些学校为贫穷的移民女孩提供可借此谋生

---

① Jonathan Sacks, *The Persistence of Faith* (London: Weidenfeld and Nicolson, 1991), p. 66.

② David G. Burnett,《英国的多元文化教育与公民教育》，刘绪译，《湖南师范大学教育科学学报》2014年第4期。

③ A. P. R. Howatt, *A History of English Language Teaching* (Shanghai: Shanghai Foreign Languages Education Press, 1999), p. 13.

④ A. P. R. Howatt, *A History of English Language Teaching* (Shanghai: Shanghai Foreign Languages Education Press, 1999), pp. 52-54.

⑤ Kirsty Carpenter, *Refugees of the French Revolution: Émigrés in London, 1789-1802* (Basingstoke: Macmillan Press Ltd., 1999), p. 103.

的教育和技能培训，还有学校为年轻的贵族小姐提供完全的教育，“除了一些实用课程外，还开设语法、英语语言、地理、绘画和音乐等贵族艺术课程”①。

并非所有针对移民的学校都很成功，许多学校在19世纪初不得不关闭。事实上，由于种种原因，并不是所有地方都能真正广泛和深入地开展双语教育，多数学校仍然坚持用英语进行教学。在没有合适的学业支持政策的情况下，少数族裔孩子的学业成绩必然面临困难，于是，一些外来少数族裔在聚居区自发地组织以母语作为工具进行文化教育。

在英国历史上，就国家语言政策与少数族裔的关系而言，“国家语言身份的深刻影响本质上是随着以下三个现象的出现才开始体现出来的：第一个是16世纪的宗教改革运动以及新教运动开始接受地方语言的行为；第二个是印刷出版业的发展以及由此推动的、并有利于提高大众读写能力的全国地方语言的标准化工作；第三个是16世纪由于领土争端而引发的民族感情的发展”②。在莎士比亚的作品里，有些内容反映出对英语的骄傲和对其他民族和语言的歧视。这是国家语言中央化和少数民族语言边缘化的必然结果。

少数民族群体作为完全成员，在缺乏共享认同的情况下，期望主流社会能满足他们属于民族共同体的需求。在米勒看来，“协商民主致力于尽可能达成一致，这就要求每个群体都愿意倾听其他人的要求，并在需要妥协时做适当让步。当代表为其群体代言时，不仅仅只是列出一些无可商量的要求，更要运用共同文化资源找到相关原则，将其群体诉求置于更大的情境之中……借用萨克斯早前引用的比喻，表示

---

① Kirsty Carpenter, *Refugees of the French Revolution: Émigrés in London, 1789-1802* (Basingstoke: Macmillan Press Ltd., 1999), p. 105.

② 博纳德·斯波斯基：《语言管理》，张治国译，商务印书馆，2016，第208页。

既要能用群体的语言，也必须使用公民身份的第一语言和公共语言”[①]。米勒反对宪政爱国主义形式的公民民族主义，他认为支持共同公民身份的民族认同应该比宪政爱国主义所暗含的更丰富。因此，“学校不应抛弃民族历史的教学，而应建立共同课程，给那些在民族建构中占有一席之地的共同体应有的重视。……在语言政策的问题上，我们不选择中立或自由放任，而是决定某种语言或某几种语言将作为民族语言，然后确保每个公民都学习这些语言作为他们的第一语言或第二语言——如果共同体认为有必要，这一政策也适用于保护少数民族群体语言”[②]。

第四节 “现代英语”教育民族特性的体现

尽管民族是通过地理位置、血缘和传统联结在一起的人，民族性仍然受到很多其他因素影响。语言和共同历史是民族认同的两个核心要素，民族认同伴随着民族语言形成。在一些情形中，可能包括通过编撰词典等活动把口头语转变成印刷语言，或者通过文学创作成为文学语言，这是“现代英语”的形成过程；在另一些情形中，语言本身已经成形，但是民族中只有部分人使用这种语言，在英格兰诺曼王朝时期是这种情形，在英格兰征服威尔士和爱尔兰、合并苏格兰的过程中也是这种情形。

休谟说：“当一群人组成政治社会，他们定然会就防御、商业、治理等问题以同一种语言交谈，定然会获得相似的风俗，既有共性或民族性，也有属于每个个体的特殊个性。”[③] 在他看来，“每种语言在某种

① David Miller, *On Nationality* (Oxford: Clarendon Press, 1995), p. 151.

② David Miller, *On Nationality* (Oxford: Clarendon Press, 1995), p. 189.

③ 大卫·休谟：《论政治与经济》，张正萍译，浙江大学出版社，2011，第116页。

程度上都依赖于这个民族的风俗；但更多取决于从祖先那里继承而来的原始语系的词汇和读音，即使他们的风俗变化很大，词汇和语音也会一直不变”[①]。他相信，现在的英国人比特洛伊战争之后若干年代的希腊人更优雅和更有学问，但弥尔顿的语言和荷马的语言之间没有可比性。一个民族风俗的变化和进步越大，就希望语言变化越小。少数杰出和高雅的天才将自己的趣味和知识传到整个民族中间，产生了巨大进步，但他们的写作却严格使用同一种语言，在一定程度上防止语言的进一步变化。在近代英国，无论是英格兰的英语教育、威尔士和苏格兰的英语教育，还是入境移民的英语教育，都体现出鲜明的民族特性。

一、英格兰基于英语教育的民族文化传承

安迪·格林认为不同国家在形成过程中反映出来的民族性是解释各国教育体系的不同性质的根本因素，他强调“理解英国教育发展的特殊性的关键应在于考察1688年英国社会安定以后，其国家性质以及构成国家基础的阶级关系”[②]。他认为，“不同于典型的欧洲大陆发展模式，现代英国国家并非中产阶级的产物，而是资本家兼‘贵族化的’地主精英阶层的产物”[③]。正是基于这一特定社会背景，英国“现代英语”教育体现了一种浓厚的民族文化的传承。具体地说，英格兰“现代英语”教育的民族特性表现在它的古典人文主义倾向、新教自由主义倾向和社会人文主义倾向。

---

① 大卫·休谟：《论政治与经济》，张正萍译，浙江大学出版社，2011，第122页。

② 安迪·格林：《教育与国家形成：英、法、美教育体系起源之比较》，王春华等译，教育科学出版社，2004，第229—230页。

③ 安迪·格林：《教育与国家形成：英、法、美教育体系起源之比较》，王春华等译，教育科学出版社，2004，第234页。

（一）英语教育的古典人文主义倾向

英格兰“现代英语”教育的民族特性首先体现在其古典人文主义上。这实际上是一种沿袭传统的保守主义。

古典人文主义教育思想是英格兰统治阶层和受过传统古典教育的人留下来的遗产，包括神职人员和文法学校校长，他们重视古典语言的学习，强调经典著作的阅读。

美国教育史学家布鲁巴克认为，“文艺复兴时期，人文主义教育目的具体来讲就是培养廷臣。实际上，廷臣是古老的封建贵族制度与新兴的商业阶级融合的产物”[①]。英国的埃利奥特在《行政官之书》（*The Book Named the Governor*）中提出三阶段博雅教育思想的目的就是为了培养廷臣，他说：“我确信，如果按照我所写的那样去教育儿童，并且使他们持续地学习真正的哲学，直到他们 21 岁时止，并遵守这一国家的法律，无疑他们就会成为非常优秀和聪明的人，在世界上任何国家的公务领域中，都找不到比他们更高贵的谋士。”[②] 埃利奥特把对儿童进行经典著作的教学看作是文学的教学，阅读这些著作是为了享受乐趣；他认为，只有首先掌握了古典语言纯正的秘密，一种相应的和谐才能在近代的民族语言中得以实现。

这种“人文主义经院哲学”传统在 17 世纪 40—50 年代受到教育改革者们的抨击。例如，在 1653 年，深受夸美纽斯作品影响的塞缪尔·哈特利布（Samuel Hartlib，1600—1662 年）和约翰·杜里（John Dury，1596—1680 年）向学术促进委员会（Committee for Advancement of Learning）提交了一个关于建立全国教育体系的方案。该方案倡议设立普通学校和机械学校，以满足穷人的教育需求，而且该学校教育体

---

① 约翰·S. 布鲁巴克：《教育问题史》，单中惠、王强译，山东教育出版社，2012，第 8 页。

② 威廉·哈里森·伍德沃德：《文艺复兴时期教育研究》，赵卫平、赵花兰译，山东教育出版社，2013，第 295—301 页。

系有利于大规模识字教育和训练，以使人们能够有效扮演他们的社会角色。

在18世纪的英国，虽然良好的教育已经对有才能的穷人开放，但在很大程度上仍然是出身高贵子弟的特权。政府相信教育是民众自己的事，有限的国家干预直到19世纪才得以改变。尽管英语教育在英格兰的初等教育、中等教育和高等教育中逐渐成为教学语言和语言教学的重要内容，其教育目的和教学内容仍然具有浓厚的古典人文主义倾向。也正是这种古典人文主义倾向，充分体现了现代英语教育的英格兰民族特性。

（二）英语教育的新教自由主义倾向

英格兰“现代英语”教育的民族特性也体现在新教自由主义（Protestant liberalism）上。

英格兰教会的英国特性，或者说作为英国民族主义在宗教上的反映，在中世纪后期表现得比较明显。[①] 保守的古典教育深受天主教影响，古希腊哲学被用来支持基督教学说。天主教神学家、多明我会（Dominican）的托马斯·阿奎那（St. Thomas Aquinas，1225—1274年）引用亚里士多德的哲学体系，指出教育目的如同生活目的一样，是通过培养道德和理智等德性而获得幸福感。这样的教育理念持续影响到近代英格兰的教育实践。

随着1534年一系列法案的通过，以及伊丽莎白时期《至尊法案》《划一法案》和《公祷书》的实施，新教在英格兰扎稳了根基。与此同时，宗教教育和道德教育的途径也发生了根本变化。父母和教师按照《主祷文》《信经》和《十诫》从小教导孩子，居民很容易在教堂某处阅读到英文《圣经》。新教重视对《圣经》的直接阅读，并采取措施把英文版《圣经》作为课程的一个重要组成部分。“新教特别重视对个人

---

① 肯尼思·O.摩根：《牛津英国通史》，王觉非等译，商务印书馆，1993，第226页。

的判别能力的训练，因为教会人士过分热衷于依据教会的繁文缛节引导个人做出正确判断，因为其危险在于这有可能导致生命力的窒息。”[①]新教自由主义者相信通过教育人能够实现自我拯救。当人们能阅读到英文版《圣经》，用英文进行礼拜，就得以直接跟“上帝”对话时，民众就能更深切地理解基督教教义，最终“完全信奉上帝的意志和仁慈”。这正是新教所提倡的自由主义。

当资本主义开始登上历史舞台，他们对自由主义的追求反映到教育领域。原来流行的牧师的人文主义教育和对封建贵族的骑士教育，已不适合扮演廷臣这个新角色的贵族需要；同时，近代科学的兴起以及它的重要性日渐提高，人文主义和自然主义之间的冲突与新教和天主教的矛盾夹杂在一起。17、18 世纪英国的上层社会人士不满当时的传统中等教育，宁愿请私人家庭教师或者送到新兴的私人学园。尽管在这种新型的中等学校里仍然教授拉丁语，近代语言，包括学生自己的国语，首次在教学中使用。

（三）英语教育的社会人文主义倾向

英格兰英语教育的民族特性还表现在社会人文主义（Social humanism）上。

在传统的社会结构里，控制土地的人操纵了权力，土地所有者以其权威统治精英。后来，教育参与其中，有抱负的精英通过教育获得通往权力的机会。因此，教育和获得教育的机会成为一个社会问题。许多历史学者相信，英格兰文法学校或者文法学校的老师深深地受到社会人文主义的影响。在社会人文主义者看来，学校教育是社会控制的工具。[②] 16—17 世纪代表着英格兰通往实现“学校教育社会”目标的

---

① 约翰·S. 布鲁巴克：《教育问题史》，单中惠、王强译，山东教育出版社，2012，第 331 页。

② Rosemary O'Day, *Education and Society 1500-1800* (London and New York: Longman, 1982), p. 26.

一个里程碑。许多英格兰人相信，通过精心安排的学术课程学习，新的一代能适应社会；通过古典课程的学习，每个男孩都能履行其在社会上的职业。在罗斯玛丽·奥戴（Rosemary O'Day）看来，在文艺复兴的新观念、都铎王朝和斯图亚特王朝的新需求以及英格兰社会的传统要求之间存在着一种微妙的相互影响。在英格兰，社会等级体系并未被颠覆，而教育被看作是一种工具，用来修正和支持现存社会阶级结构；还被看作是一种媒介，借以打败天主教和使人们皈依具有显著英格兰形式的新教。奥戴认为，“教育能让英格兰人了解一个新的社会和宗教信条——基于自身的能力、自身的身份地位和符合新的宗教信仰的基础上，为国家服务”①。

当资本主义和自由贸易发展到一定阶段，社会分层已经出现明显变化，以拉丁语为主体的传统古典教育不仅无法满足新一代的职业发展需求，也不是英格兰作为新生民族国家的政治预期。英语作为包括新兴资产阶级、新贵族、中产阶级和整个下层社会的母语或者本地语言，在社会经济生活中发挥着越来越重要的作用，并成为英格兰民族社会主体的文化联结纽带。

教育真正改变17世纪英格兰社会的不仅在于穷人群体也拥有了基本的读写能力，还在于整个农村和城市有产阶级都能欣赏并积极参与文化活动，而不仅限于那些贵族和神职人员中的精英。② 在整个知识界，社会文化的进步不仅仅是那些天才的个体所创造的，作为一个群体，他们激起了人们对于文化和科学的热忱。③ 在这一期间，英格兰也

---

① Rosemary O'Day, *Education and Society 1500-1800* (London and New York: Longman, 1982), p. 75.

② Lawrence Stone, "The Educational Revolution in England, 1560-1640," *Past and Present*, no. 28(1964): 79.

③ Helen M. Jewell, *Education in Early Modern England* (London: Macmillan Press Ltd., 1998), p. 132.

涌现出了一批文化精英。正是这一社会群体，受惠于早期近代英格兰的精英教育，基于他们的古典学科背景，用他们的英语笔触，勾画出英格兰社会人文主义的人文图景。

二、威尔士和苏格兰基于英语教育的民族同化

（一）威尔士英语教育的民族特性

近代威尔士教育现状的变化反映了英国政府对威尔士的控制。文化民族主义充分反映到教育系统之中。1893 年在威尔士成立的联合大学体现了其象征意义和实际意义。① 威尔士英语教育的民族特性主要体现在两个方面：

1. 对威尔士地方语言的同化

针对语言的兴起和衰落，往往有两种对立的解释：一种是政治解释；一种是社会解释，即来自外部的或内部的思想变化（民族主义者把后者称为“背叛”）造成的压力。② 政治解释强调政府的刻意行为，而社会解释则强调普通民众所起的作用。从 16 世纪开始，威尔士的一些家长就把孩子们送到英格兰的学校去读书，他们抛弃母语而转向英语，希望孩子们学习和使用声望更高的语言，认为这种语言能为孩子的社会流动提供更多的机会。在 1570—1642 年，有约 2000 名威尔士人进入牛津和剑桥；1545—1642 年，律师学院也吸引了 700 多名贵族和专业人士的子弟；都铎王朝和早期斯图亚特王朝时期，在威尔士城镇和乡村都建有文法学校，以满足相对富有的社区居民的需求，并为收

---

① Deirdre Raftery, Jane McDermid and Gareth Elwyn Jones, “Social Change and Education In Ireland, Scotland and Wales: Historiography on Nineteenth-Century Schooling,” *History of Education*, no. 36(2007): 450.

② 彼得·伯克：《语言的文化史：近代早期欧洲的语言共同体》，李霄翔、李鲁、杨豫译，北京大学出版社，2007，第 101 页。

入相对较低的居民提供捐助。[①] 不同层次的良好教育不仅为威尔士的年轻人提供了良好的古典学科学习、法律和管理等方面的培训，并在激发学生智力发展、社会视野开拓等方面让年轻人深受其益。

英语的扩张牺牲了威尔士语。尽管威尔士语的退出过程比较缓慢，实际上在16世纪就被乡绅阶层放弃了，就像他们放弃对吟游诗人的赞助一样。[②] “威尔士人因无外界煽动之故，虽极不喜宗教的各项改革，亦不至于反动的一途。受过教育的及地主阶级虽渐能改说英语，并取得英人的习惯，……在另一方，土语虽为教社及国家所放弃而渐归不振，但尚不致尽忘。”[③] 到18世纪，威尔士语开始在一些地区消失，不过由于人口的增加，说威尔士语的总人数仍然在相应增加。

2. 对威尔士社会结构和阶层的重构

除了政治和经济因素，语言政策和英语教育对威尔士的社会结构和阶层也产生重要影响。近代威尔士的社会特征主要体现在以下三个方面：一是都铎王朝的统治给威尔士创建了新的社会结构，为威尔士贵族获得权利奠定了基础；二是贵族实施的权力主要体现在地方语境中，具有区域一致性；三是贵族生活的不同本质体现了新的秩序概念的发展，贵族的概念也被那些寻求优越性的家族所接受。[④] 这些特征体现了威尔士上层社会迫切希望融入文明社会，从而使自己的生活方式与英格兰主流社会的规范保持一致。

具体地说，从都铎王朝到斯图亚特王朝，威尔士的贵族阶层得以

---

① J. Gwynor Jones, *Early Modern Wales, c. 1525-1640* (Houndmills & London: Macmillan Press Ltd., 1994), p. 28.

② 彼得·伯克：《语言的文化史：近代早期欧洲的语言共同体》，李霄翔、李鲁、杨豫译，北京大学出版社，2007，第116页。

③ 屈勒味林：《英国史·中册》，钱端升译，商务印书馆，1943，第460页。

④ J. Gwynor Jones, *Early Modern Wales, c. 1525-1640* (Houndmills & London: Macmillan Press Ltd., 1994), pp. 44-46.

重构；宗教改革和文艺复兴对包括贵族教育在内的威尔士教育产生重要影响。除了在威尔士乡下出现许多新的或翻新的建筑，等级制、家族制和父系制也仍然在延续，但威尔士的社会结构和贵族在社会中的作用已经在发生改变。不断开拓的视野使他们更积极地参与公共和私人活动，教育也鼓励年轻贵族在国家事务中承担更多的责任。有学者认为，在威尔士，教育过程对威尔士贵族有三重影响：第一，之前未享受过贵族特权的威尔士高层家族也可以享受与英格兰高层贵族一样平等的地位；第二，威尔士贵族也有机会竞争高层职位；第三，在威尔士的不动产结构中建立了两重体系。① 由于大量的年轻人出自牛津、剑桥或其他英格兰的学校，在这些学校他们成为既有渊博学识又是英格兰和威尔士共和国的好成员，因而威尔士的贵族和民众在学识和优雅气质方面显著增强。在这些方面，英语教育具有不可否认的重要作用。

（二）苏格兰英语教育的民族特性

除了上层社会和教会通用拉丁语，在苏格兰民间同样存在多种语言并存的情形，如低地苏格兰语和高地凯尔特人的盖尔语。1707 年《联合法案》生效之后，苏格兰人面临一个难题，即如何融入不列颠社会或者说英格兰主流社会。除了政治、经济等方面外，英语语言作为民族语言和国家语言也成为苏格兰各社会阶层寻求新的身份认同的媒介，英语教育在苏格兰也体现了独特的民族特性。

1. 苏格兰英语教育中的社会群体文化认同

受战争、与英格兰竞争以及苏格兰政府由爱丁堡转移到伦敦等因素影响，1707 至 1727 年，苏格兰社会面临严重的经济萧条和政治不稳定局面。许多大贵族南迁到了伦敦，留下一些小贵族、绅士及其附庸，

---

① J. Gwynor Jones, *Early Modern Wales, c. 1525-1640* (Houndmills & London: Macmillan Press Ltd., 1994), p. 26.

居住在距离城镇不远的乡下，或者城镇的临时出租屋和永久住所之中。“贵族社群仍然举行集会、舞会和沙龙，但由于没有了苏格兰议会或枢密院，贵族阶层失去了以往的机构性作用。”[①] 苏格兰出现一种需要填补的社会真空，不同阶层的人们也需要寻求一种新的身份认同。

菲力普森（N. T. Phillipson）认为苏格兰的贵族阶层（或上层社会）通过三重途径解决他们的身份危机：一是1707—1727年出现一个规模虽小但特征明显的新兴学者精英阶层；二是16世纪20年代与学者阶层结盟或同化形成一个有产阶级团体；三是18世纪50年代由学者担任贵族领袖。[②] 他们包括学生、年轻律师、牧师和内科医生等，一般都受过大学教育，大多尚且年轻，更广泛地代表着英吉利文化的价值观。许多人围绕在他们身边，形成各种社会团体，例如，1761年成立“为提升苏格兰英语阅读和口语的精英协会”（Select Society for Promoting the Reading and Speaking of the English Language in Scotland）。这一阶层或群体无法在政治上寻求空间，于是通过各种途径寻求文化领导地位，通过英语学习和教育寻求新的文化认同。例如，1748年戴维斯先生（Mr. Davis）作为一家新音乐厅的经理和演员，他经常做演讲，谈论英语阅读与口语；1761年托马斯·雪瑞登（Thomas Sheridan）也发表演讲讨论英语的正确发音；1761年成立的英语社团还为个人和群体开设英语正确读音的课程，一些没工作的男女演员担任任课教师。[③] 这在客观上也为苏格兰融入作为整体的不列颠社会和文化起到了积极作用。

---

① Rosemary O'Day, *Education and Society 1500-1800* (London and New York: Longman, 1982), p. 235.

② Rosemary O'Day, *Education and Society 1500-1800* (London and New York: Longman, 1982), p. 235.

③ Rosemary O'Day, *Education and Society 1500-1800* (London and New York: Longman, 1982), p. 236.

2. 苏格兰英语教育中的启蒙运动特征

苏格兰启蒙运动（Scottish Enlightenment）是指 18 世纪和 19 世纪早期苏格兰涌现的学术和科学成就浪潮。在低地苏格兰有一大批教区学校和四所大学（爱丁堡大学、圣安德鲁斯大学、格拉斯哥大学和阿伯丁大学），学者们聚集在一起建立社团，阅读新书并开展广泛讨论。

例如，亚当·斯密是苏格兰经济学家、哲学家和作家，他最著名的两部著作是《国富论》（*An Inquiry into the Nature and the Causes of the Wealth of Nations*）和《道德情操论》（*The Theory of Moral Sentiments*）。斯密在爱丁堡做过几场成功的公共演说，得以在苏格兰启蒙运动中与大卫·休谟合作。休谟是苏格兰哲学家，与约翰·洛克、乔治·贝克莱并称三大英国经验主义者，是苏格兰启蒙运动的最重要的人物之一，他的代表作有《人性论》（*A Treatise of Human Nature*）和《大不列颠史》等。休·布莱尔（Hugh Blair，1718—1800 年）担任爱丁堡大学的钦定修辞学教授，是苏格兰大学中教授修辞学和英国文学的头把交椅，布莱尔本人也是大学里教授《纯文学》（*Belles Lettres*）的先驱。他们都是苏格兰启蒙运动的代表人物。在爱丁堡，亚当·斯密、威廉·罗伯逊、亚当·弗格森和大卫·休谟把经济学、历史、社会学、哲学和法学结合在一起，创建一种混合的苏格兰启蒙思想；《爱丁堡评论》的编著者们甚至把他们的价值观传播到了南方。

在 1707 到 1754 年这半个世纪间，爱丁堡从苏格兰共和国的首都转变成一个文化之都。大学不再是圣职训练场，一方面由于日益恶化的经济状况导致牧师职位吸引力大减，另一方面归功于讲席教授的逆向革命，摆脱了牧师监管与控制的羁绊，为大学确立了一种新的精神特质。①

---

① 彼得·琼斯：《苏格兰讲席教授与上流学院（1720—1746）》，载伊什特万·洪特、米凯尔·伊格纳季耶夫《财富与德性》，浙江大学出版社，2013，第 102—103 页。

在大学课程里，文学艺术并没有满足于作为装饰性的技艺，而是致力于塑造现代苏格兰共和国市民品性。在文科课程的教学中，讲席教授们发挥着十分重要的作用。例如，据后来成为精英协会的领袖级人物的卡莱尔（Alexander Carlyle）回忆，他十分推崇爱丁堡大学讲授逻辑学和修辞学的约翰·史蒂芬森（John Stevenson）教授："尽管他从未声称在学问和天赋方面胜人一筹，然而却是所有教授中最受欢迎的一位……当他和我们一起读亚里士多德的《诗论》（*Poetics*）和朗吉努斯（Longinus）的《论崇高》（*On the Sublime*）时，他总是提前审慎地从英法评论家那里选择材料……我们所有的人都有同样的印象，即我们的思维更加扩展，从这一课堂所得到的好处比从其他任何课堂都多。"① "从古代教育汲取经验教训的过程中，史蒂芬森似乎给他的学生们留下这样的印象，即讲席教授发挥的是一个苏格兰政治制度有学识有德性的智力催生者的作用。"② 正是这些教授们，以一种学术上的激情感染学生，一种表现就是使学生们主动投入到当前知识和文学的辩论之中——牛顿微积分的基本原理、贝克莱的谬论，或者英语古典文学和法国新古典文学的比较优势。③ 他们以另外一种方式对经院哲学的教学方式进行了批评，同时，在教育领域对苏格兰启蒙运动起着积极推动作用。

在文科课程的教学中，英语不知不觉地取代了拉丁语成为教学语言。尽管放弃拉丁语可能意味着与欧洲学术共同体之间的语言割裂，英语作为另一种文雅的语言获得欣然接受。基于纯教学的理由，对苏

---

① J. H. Burton(eds.), *Autobiography of Dr. Alexander Carlyle of Inveresk 1722-1805* (Edinburgh and London: William Blackwood, 1910), pp. 47-48.

② 彼得·琼斯：《苏格兰讲席教授与上流学院（1720—1746）》，载伊什特万·洪特、米凯尔·伊格纳季耶夫《财富与德性》，浙江大学出版社，2013，第116页。

③ 彼得·琼斯：《苏格兰讲席教授与上流学院（1720—1746）》，载伊什特万·洪特、米凯尔·伊格纳季耶夫《财富与德性》，浙江大学出版社，2013，第106页。

格兰学生来说，并没有什么不恰当的，至少教学效率会更高些。而对于那些革新的教授们来说，在代表与经院哲学干净利落的决裂方面，英语显然有着不可估量的优势。正是基于这一理由，苏格兰的英语教育体现出明显的启蒙运动特征。

三、英国移民基于英语教育的民族身份重构

移民群体为适应当地社区生活，往往采取三种解决方式：冲突、适应和同化。[①] 其中适应是冲突和同化之间的过渡阶段。为适应移民社区和主流社会生活，少数族裔移民必须对其个体身份进行调整。影响这一身份调整的因素主要有两种：一是移民群体对于身份改变的心理倾向，二是移民社区的态度。[②] 在英国，相当数量的移民群体仍在源源不断地涌入并定居于此。“对大多数人而言，移民存在已经成为可以看得见的事实，但根据他们的与众不同的生活方式和他们定居的区域来看，他们并非作为外国人而存在，而是一定程度上作为国家的另一部分人而存在。”[③] 一般说来，影响其民族身份建构的因素复杂多样，面对强势的英语教育和主流文化，移民往往可能采取不同的身份建构策略。

（一）移民的文化隔离

母国文化的影响根深蒂固，来自政治、宗教、语言文化等方面的社会和教育影响根植在他们的思维方式之中，对于大多数移民特别是

① Jerzy Zubrzycki, *Polish Immigrants in Britain: A Study of Adjustment* (The Hague: Springer-Science+Business Media, 1956), p. 75.

② Jerzy Zubrzycki, *Polish Immigrants in Britain: A Study of Adjustment* (The Hague: Springer-Science+Business Media, 1956), p. 76.

③ C. W. 沃特森：《多元文化主义》，叶兴艺译，吉林人民出版社，2005，第94—95页。

成人移民而言，即便生活环境发生巨大变化，母国文化仍然很难在短期内被新文化完全消解。

对于那些移民群体，当他们生活在各自的种群区域内时，往往能够通过学校等机构获得足够的动力来保留和发展他们各自的文化。[①] 他们甚至会认为保留自己的文化比与移入国文化建立联系更重要。尽管原来的文化被边缘化，一些新移民的孩子会拒绝接受移入国家的优势文化，他们可能聚居到一起，在主流社会的边缘形成社群。这种策略可以称之为分隔或隔离。[②]

例如，在英国历史上，犹太人移民在伦敦等地建立犹太社区。1655—1656 年，著名犹太人领袖拉比蒙奈萨·本·以色列（Menasseh ben Israel，1604—1657 年）曾两次来到英格兰，向护国公克伦威尔提出重新接纳犹太人、保护犹太种族、宗教宽容、自由贸易、《摩西律法》审判权以及建立犹太教堂和墓地等请求。[③] 但白厅会议（the Whitehall Conference）并没有达成共识，以色列的请求没能获得批准，不过犹太社区仍然在 17 世纪后半期逐渐建立了起来。“克伦威尔和他的议会实际上给大量来到伦敦和在此居住的犹太人提供了宽容和豁免。”[④] 在宗教和文化方面，犹太社区保持着自己的特色。18 世纪前期，由于乔治一世发展了良好的英德关系，又有大批犹太人到英国建立新的犹太社区。他们同样保持着传统的社区建制，在公共事务、学习、布道、

---

① F. J. R. van de Vijver and K. Phalet, "Assessment in Multicultural Groups: The Role of Acculturation," *Applied Psychology: An International Review*, no. 53(2004): 215-236.

② Leah D. Adams and Anna Kirova(eds.), *Global Migration and Education: Schools, Children and Families* (New York and London: Routledge Taylor & Francis Group, 2006), p. 5.

③ Eliane Glaser, *Judaism Without Jews: Philosemitism and Chritian Polemic in Early Modern England* (Basingstoke and New York: Palgrave Macmillan, 2007), p. 11.

④ Thomas Violet, *A Petition Against the Jews, Presented to the King's Majestie and the Parliament* (London: N. P., 1661), p. 2.

家庭话语中都使用依地语（Yiddish or JudaeoGerman）交流，至于书写则用希伯来文字，而且词汇里混杂着强烈的圣经腔。①

到19世纪，受维多利亚亲犹主义（philosemitism）的影响，人们对盎格鲁-犹太社区的看法有所改观。19世纪70年代之后，受当时大规模犹太移民运动的影响，英国的犹太人又面临着一种新型的反犹主义（antisemitism），不过这次不是缘于宗教，而是与种族有关——在英国人看来，他们仍然不是英国人，而是外国人。这最终导致英国政府出台反移民的1905年《侨民法令》。“犹太人追求公民身份和体面，或者说寻求同化的理想面临压力。”② 19世纪90年代，英国犹太社区建立俄波委员会（Russo-Polish Committee）和犹太男孩帮（Jewish Lads' Brigade），试图将移民英国化，将他们转变成既爱国又受人尊敬的犹太人。

（二）移民的文化同化

移民孩子的身份形成通常受到两种互不相同且有时相互冲突的文化系统的影响：家庭文化和学校文化。

不同于文化隔离，移民的另一个身份建构策略则是完全融入移入文化，放弃其移出文化，亦即同化。③ 同化通常与文化的不相调和有关，孩子们获得新文化的语言和技能，他们会模仿和试图加入这一优势文化，同时拒绝其父母的文化，诸如父母的权威、伦理规范、价值观念和期望等不合时代潮流的或者在新国家不流行的文化元素。这一现象也被称为文化移入，通常发生在第二代或第三代移民身上。“他们

---

① Cecil Roth, *A History of the Jews in England* (London: Oxford University Press, 1942), p. 195.

② Eliane Glaser, *Judaism Without Jews: Philosemitism and Chritian Polemic in Early Modern England* (Basingstoke and New York: Palgrave Macmillan, 2007), p. 19.

③ J. W. Berry and D. L. Sam, "Acculturation and adaptation," In *Handbook of Cross-cultural Psychology, Vol. 3: Social behaviour and Applications 2nd.*, eds. J. W. Berry, M. H. Segall and C. Kagitcibasi (Boston: Allyn & Bacon, 1997), pp. 291-326.

的差异从来不会公之于众，因此作为移民的后代他们能够完全融入英国社会；而在他们个人的生活方式上依然像他们的前人，这在某种意义上将丰富民族的文化生活。”[①]

有些外国人能很快与主流社会同化，有些人会面临许多困难，这可能与他们在英国的法律地位和他们的社会发展机会有关。海外移民面临的法律地位问题主要涉及两个方面：一是共同法，二是民法和民事习惯。[②] 在不同的历史时期，外国人获得公民身份的条件和难度不同，他们获得的权利也不同。例如，来自敌对国的外国人可能在两国之间处于战争状态或冲突状态遭到驱逐。外国人与英国本地人的社会关系因他们所在不同社区或社会团体而异，例如，有些本地人可能对外国人不太友好，嫉妒他们所掌握的行业技术，担心他们抢走自己的生意。[③] 同时，由于许多新来的外国人不会说英语，他们与英国雇主的社会接触也部分地受语言障碍的影响。

对于在学校接受教育的移民孩子而言，同化的可能性则十分显著。学校作为提供教育的正式机构，将能力、知识和态度传递给孩子们。[④] 在学校里，孩子们可以意识到个人身份，同时构建群体身份。一些学校课程或者特定的教育项目都可能对学生的思想意识和行为产生影响。国家课程和学校的教育项目有助于对移民的同化，并帮助他们构建民族身份。

在欧洲国家中，民族认同是主流族群文化的典型反映，少数民族移民群体很难为他们的忠诚找到比这个更合适的聚焦点。“明确的共同

---

① C. W. 沃特森：《多元文化主义》，叶兴艺译，吉林人民出版社，2005，第 96 页。

② Lien Bich Luu, *Immigrants and the Industries of London, 1500-1700* (London and New York: Routledge, 2016), p. 142.

③ Lien Bich Luu, *Immigrants and the Industries of London, 1500-1700* (London and New York: Routledge, 2016), p. 146.

④ Ashok Swain (ed.), *Education as Social Action: Knowledge, Identity and Power* (Basingstoke and New York: Palgrave Macmillan, 2005), p. 1.

框架和民族象征是少数民族最需要的心理和政治需要。明确是什么使他们愿意为某一个国家负有义务后，少数民族的压力能得以缓解，尤其是当他们的存在尚未完全得到某一国家的认可时，他们不得不遵守社会生活各个领域或被随意选择的特定领域的规则，以反驳所谓不忠的指控。”①

英国社会人类学家科恩（Antony Cohen）认为，社区存在一个象征维度，这个象征维度不仅在于一种情感的共识，更在于它提供了“人们用来思考和表达意义的方式”②。这种象征为说同一种语言的人们所共有。以爱尔兰人为例。自从17世纪初开始，说英语者无论在军事、政治、经济和社会层面都居于优势地位，爱尔兰人意识到不懂英语就无法保持他们的社会和经济地位，到19世纪英语已经被大多数爱尔兰人看作是其社会生活不可缺少的媒介。③ 为此，生活在英国的爱尔兰人大多选择自觉地融入英国人社区和英国的主流文化。这一局面一直到20世纪上半期爱尔兰语的复兴才有所改变。

本章小结

在近代英格兰，英国政府通过相关立法，规定用英语取代拉丁语作为宗教教育和教会活动的语言，取代法语作为政府工作语言，并作为学校的教学语言开展学校教育。首先，英语教育传承了英格兰保守主义、新教自由主义和社会人文主义的民族传统，呈现典型的民族特

---

① Tario Modood,“Establishment, Multiculturalism and British Citizenship,” *Political Quarterly*, no. 1(1994): 64.

② Anthony Cohen, *The Symbolic Construction of Community* (London: Routledge, 1985), p. 19.

③ Camiie C. O'Reily, *The Irish Language in Northern Ireland : The Politics of Culture and Identity* (Basingtoke and New York: Macmillan Press Ltd. , 1999), p. 19.

色。其次，随着英格兰联合威尔士、苏格兰和爱尔兰，英国政府采取语言同化政策强行推行英语教育，利用英语教育重构社会结构和实现社会分层，并通过推行普及公立教育，提高民众识字能力。英语作为威尔士和苏格兰的民族共同语和通用语，为实现民族同化发展了“现代英语”教育，因而体现出独有的民族特性。最后，针对外来移民，英国政府采取通过语言和文化同化政策，实行“单语制”或“双语制”，加强英语作为第二语言的教学，帮助移民融入主流社会，实现移民民族身份的重构，从而使“现代英语”教育呈现鲜明的民族特性。

第三章 英国“现代英语”教育的文化殖民

英国的殖民扩张一般指16世纪到20世纪初英国殖民主义者对外进行的侵略扩张。英国的殖民扩张基本上都是通过海外贸易、军事控制、传教、殖民统治等手段实施的。亨利七世时期英国开始采取保护工商业的重商主义经济政策，并在亨利八世和伊丽莎白一世时期得以发展。亨利八世一手创建英国皇家海军，伊丽莎白一世大力发展造船和航海业，鼓励建立各类海外贸易公司，包括摩洛哥公司（1585年）、几内亚公司（1588年）、东印度公司（1600年）等。英国在1588年打败了西班牙无敌舰队（Spanish Armada），17—18世纪在与荷兰的商业战争中连续获胜，逐渐取得欧洲的海外优势。1606年，詹姆斯一世发给弗吉尼亚公司王室特许状，允许建立海外殖民地；1620年签发新英格兰特许状。在17到19世纪，英国在爱尔兰、非洲、北美、澳洲和亚洲等地相继建立了诸多殖民地，领地和属土遍布七大洲、四大洋，被称为“日不落帝国”。

在殖民扩张过程中，伴随着大量的海外移民。殖民统治和移民对殖民地各方面产生影响。在整个帝国时期，英国经济对世界的影响使得英语自然而然地成为贸易中心最常使用的语言；世界大部分地区的政府及其他机构也都使用英语。“这一事实也有力地刺激了非英语国家的人们向他们的统治者们学习这一语言的积极性。”[①] 本章重点讨论英帝国在爱尔兰、北美、澳大利亚、新西兰和印度殖民地的英语教育，通过考察英语教育对殖民地本族语教育、社会生活和意识形态的影响，揭示“现代英语”教育在英属殖民地所呈现的文化殖民特性。

第一节　英语教育对殖民地本族语教育的冲击

英国历史学家彼得·伯克（Peter Burke）的研究表明，殖民地时期的某些学者倾向于用“语言帝国”的比喻来描绘彼时殖民地语言现状，或者说是语言的“殖民化”或语言的“征服”。[②] 他认为，欧洲的统治者把他们的语言强加给殖民帝国中的土著居民，至少强加给了当地的精英阶层。英国人通过帝国传播他们的制度、文化和语言。在大英帝国的殖民时期，英语在爱尔兰、印度及北美洲、大洋洲等地被人们广泛使用，但英语教育在爱尔兰及北美洲、大洋洲的政策与在印度的政策具有显著差异，从而呈现出不同的发展特点，对殖民地语言形成不同程度的冲击。

一、英语教育对爱尔兰殖民地语言教育的冲击

爱尔兰岛与大不列颠岛隔海相望，但当时一直未形成统一的国家。凯尔特人是现代爱尔兰人的祖先，爱尔兰语在历史上也叫爱尔兰盖尔语，属于凯尔特语族，与苏格兰盖尔语、威尔士语密切相关。天主教为爱尔兰的主要宗教。

---

① P. J. 马歇尔主编《大英帝国史》，樊新志译，世界知识出版社，2018，第182页。

② 彼得·伯克：《语言的文化史：近代早期欧洲的语言共同体》李霄翔、李鲁、杨豫译，北京大学出版社，2007，第114页。

（一）爱尔兰殖民地的建立

尽管英格兰人没有把爱尔兰视为殖民地，而是视为不列颠王国的一部分，但是，“爱尔兰不像联合王国其他部分那样治理，它有自己单独的、受英国政府支配的行政机构”①。特别到 19 世纪，爱尔兰问题也成为帝国的问题。因此，历史学家倾向于认为爱尔兰是“英格兰开拓殖民地的首次尝试”，“许多首批投身于新世界殖民活动的先行者都曾在爱尔兰待过”②。在 15 世纪六七十年代，英格兰通过残暴的军事征服控制了爱尔兰，这个翡翠般的岛屿成为成千上万英格兰人（包括那些来自于上层家庭渴望工作的年轻人和无地的普通人）的乐土。

英格兰针对爱尔兰最早的侵略可以追溯到 1169 年英王亨利二世统治时期。到都铎王朝，亨利七世将英国的所有法律都强加于爱尔兰，爱尔兰议会只有事先得到英国国王的同意才能立法。但事实上，英国的影响并没有超越都柏林以外的地区，爱尔兰的首领维持着权利的平衡，盖尔居民与盎格鲁-爱尔兰贵族之间的关系也相对和谐。亨利八世在宗教改革前主要靠爱尔兰的首领来统治爱尔兰，将爱尔兰的首领变成英国的地主，给他们爵号，鼓励他们说英语，穿英国服饰，送他们的儿子去英国宫廷受教育。③ 为了粉碎教皇企图做爱尔兰封建君主的梦想，亨利 1541 年加冕为爱尔兰国王。

1601 年，伊丽莎白一世的军队在金赛尔（Kinsale）打败爱尔兰军队，爱尔兰第一次真正由强大的英国政府管理，这标志着爱尔兰新秩序的开端。17 世纪初，英国政府将大批信奉新教的苏格兰人和英格兰人移民到爱尔兰岛上。“一个新的民族出现了，他们在宗教信仰上属于

---

① P. J. 马歇尔主编《大英帝国史》，樊新志译，世界知识出版社，2018，第 4 页。

② 加里·纳什等编著《美国人民：创建一个国家和一种社会·上卷 1492—1877》（第 6 版），刘德斌主译，北京大学出版社，2008，第 54 页。

③ 莫尔顿：《人民的英国史》，生活·读书·新知三联书店，1958，第 207 页。

天主教，在种族上属于英国人和盖尔人的混合体。”① 其上层阶级越来越广泛地使用英语，而普通民众则同时使用爱尔兰语和英语。1801 年，英国和爱尔兰签订同盟条约，成立大不列颠及爱尔兰联合王国。

（二）爱尔兰殖民地语言教育政策

在 16 世纪之前，英国对爱尔兰的影响很少。1366 年《基尔肯尼法令》（*The Statute of Kilkenny*）主要目的是为了管理在爱尔兰的英国人，以使他们保持英国性，避免其民族化，或者说盖尔人化。② 法令禁止他们说爱尔兰语、与爱尔兰人通婚、穿爱尔兰服饰等，但似乎并没能阻止爱尔兰的英国后裔爱尔兰化。1495 年英国议会重新颁布《基尔肯尼法令》，但即使到 16 世纪初，几乎所有人都说爱尔兰语，英语只是市政管理和法律事务的交往用语。

亨利八世在与罗马决裂之后，于 1537 年在爱尔兰议会通过《至尊法案》。他此前（1536 年）在戈尔韦（Galway）向民众发表演说，鼓励他们使用英语并把孩子送去学校学习英语语言。随后，1537 年他又颁布了《英国秩序、习惯和语言法案》（*An Act for the English Order, Habit, and Language*），限制在公众领域使用爱尔兰语，要求他的臣民遵从英国习俗、服饰和语言。③ 作为文化殖民的一部分，亨利十分重视爱尔兰儿童的教育，要求家长在“有机会学习英语语言、秩序和法规的地方养育孩子”④。

从 16 世纪后期开始，爱尔兰语作为主要语言的地位被降低了。都

---

① 王振华、陈志瑞、李靖堃：《列国志：爱尔兰》，社会科学文献出版社，2007，第 37 页。

② Tony Crowley, *The Politics of Language in Ireland 1366-1922* (London and New York: Routledge, 2000), p. 14.

③ Tony Crowley, *The Politics of Language in Ireland 1366-1922* (London and New York: Routledge, 2000), p. 21.

④ Tony Crowley, *The Politics of Language in Ireland 1366-1922* (London and New York: Routledge, 2000), p. 22.

铎王朝和斯图亚特王朝的占领、种植园的建立（1534—1610 年）、克伦威尔的移民（1654 年）、威廉战争（1689—1691 年），以及随之而来实施的刑法（1695 年）逐渐消解了原来说爱尔兰语的阶层，被说英语的新阶层所代替，英语成为政府和公共机构的唯一语言，爱尔兰语最终只作为农村人口和城市仆人阶层的语言传承了下来。①

在汉诺威王朝的统治下，恢复古老的贵族政治经常是爱尔兰的盖尔诗人从事创作的题材。在斯图亚特王朝，上、中层阶级开始逐渐放弃盖尔语，尽管普通老百姓对盖尔语仍然一往情深，但到 19 世纪，这种深厚的感情开始淡薄下来。② 1801 年爱尔兰与英格兰实行合并之后，自 1540 年以来一直由国王和议会统治的爱尔兰王国正式结束。英语除了作为行政语言和上层社会的交际语言，也名正言顺地成为爱尔兰学校的教学语言。

1831 年，爱尔兰事务大臣斯坦利实施国民教育制度，以便满足民众的需求和天主教徒的宗教教育要求。“作为一种教育制度，它确实是一大成功，可是对爱尔兰语言和盖尔传统来讲，它却带来了致命的后果。”③ 以英语作为唯一教学语言的小学已经建立起来了，爱尔兰语被视作进步的障碍物，本族语教育很快遭到侵袭和破坏。到 1900 年左右，只有在少数几个郡里还能听到大批居民讲爱尔兰语。在爱尔兰语衰败的过程中，政治领袖如奥康奈尔（Daniel O’Connell）和青年爱尔兰党人都讲英语，曾在其中起了推波助澜的作用。“诚然，爱尔兰的民族主义十分强烈，然而爱尔兰语却不幸一直不属于民族事业的重要部分。

---

① 王振华、陈志瑞、李靖堃：《列国志：爱尔兰》，社会科学文献出版社，2007，第 13 页。

② 艾德蒙·柯蒂斯：《爱尔兰史·下册》，江苏师范学院翻译组译，江苏人民出版社，1974，第 555—556 页。

③ 艾德蒙·柯蒂斯：《爱尔兰史·下册》，江苏师范学院翻译组译，江苏人民出版社，1974，第 685 页。

在爱尔兰民族大多数人中间，爱国主义的、政治的、宗教的甚至家庭生活的语言都是英语。”[①] 这种状况一直持续到19世纪末20世纪初。天主教徒居民的教育要求在各方面都获得了满足，并于1908年创办了爱尔兰国立大学，要求新生入学后必须学一点爱尔兰语。这一措施给爱尔兰自由邦成立之后推行爱尔兰语奠定了基调。[②]

二、英语教育对北美及澳新殖民地语言教育的冲击

（一）北美殖民地移民及其后裔英语教育

1. 北部殖民地的英语教育

1607年，詹姆斯一世授权成立的弗吉尼亚公司和普利茅斯弗吉尼亚公司开始在现在美国东海岸中部地区建立据点。1614年，约翰·史密斯（John Smith）船长探索了这一地区的海岸，并把这里命名为“新英格兰”（New England）。

在北美新英格兰殖民地定居的英国殖民者有着共同语言、共同传统和共同宗教信仰。[③] 因此，殖民地教育与英国本土有着许多相似之处，但也有其地方特色。英语既是社交语言，也是教学语言。

在北美殖民地早期，为幼儿提供教育的机构主要有三种：一是主妇学校，主要教儿童吟唱童谣，以及学习基本的拼写和阅读技能。主妇学校可以在家庭起居室进行教学；到殖民地晚期，也有一些城镇为在主妇学校从事教学的教师支付工资。二是阅读学校和写作学校，主

---

① 艾德蒙·柯蒂斯：《爱尔兰史·下册》，江苏师范学院翻译组译，江苏人民出版社，1974，第703—704页。

② 艾德蒙·柯蒂斯：《爱尔兰史·下册》，江苏师范学院翻译组译，江苏人民出版社，1974，第739页。

③ L.迪安·韦布：《美国教育史：一场伟大的美国实验》，陈露茜、李朝阳译，安徽教育出版社，2010，第90页。

要教授阅读和写作的知识。这类学校主要靠学费维持。三是各教派开办的慈善学校或贫儿学校，主要招收无力支付学费的贫困儿童，只开设一些基础课程，以宗教训练和背诵《圣经》为主。[①] 殖民地学校的教学以宗教教育为目的；课程以“4R”为主，即阅读、写作、算术和宗教；记忆和背诵是学校的主要教学方法。年纪稍大的学生使用《新英格兰读本》（*The New England Primer*）作为教材，这本教材发行了近 200 年时间（1690—1886 年），被称为“新英格兰的小圣经”。[②]

之后，来自相对富裕家庭的孩子有机会进入文法学校学习，为上大学做准备。1635 年波士顿建立了第一所文法学校，在 1647 年《马萨诸塞教育法》强制建立文法学校之前，马萨诸塞湾殖民地的 22 个城镇已建立了 9 所文法学校。与英国本土不同的是，在马萨诸塞，只有开办多所文法学校的大城市，教师才有可能专门教授古典语言，一个城镇往往只有 1—2 名学生学习拉丁文，因此教师把大部分的时间用来教学生英语阅读和写作。[③] 拉丁文法学校的主要功能是培养年轻人，为他们进入大学做好准备。

北美殖民地第一所学院是哈佛学院，成立于 1636 年，是马萨诸塞议会（General Court of Massachusetts）应约翰·哈佛牧师的遗嘱，捐献他的图书馆和一半的遗产（大约 400 镑）建立起来的。根据 1650 年特许状，哈佛学院以“文学、艺术和科学的进步和养成年轻人在文学、艺术和科学中良好修养”为目的。耶鲁学院（起初称为联合学校，Collegiate School）1701 年宪章阐明其目的是让年轻人成为能胜任“教会和国家中公共职位”的人。殖民地早期大学课程建立在以古典主义

---

① L. 迪安·韦布：《美国教育史：一场伟大的美国实验》，陈露茜、李朝阳译，安徽教育出版社，2010，第 81—82 页。

② C. Meriwether, *Our colonial curriculum* (Washington, D. C. : Capital, 1978), p. 19.

③ L. 迪安·韦布：《美国教育史：一场伟大的美国实验》，陈露茜、李朝阳译，安徽教育出版社，2010，第 86 页。

为导向的英国大学课程基础之上。如同科恩（Sheldon S. Cohen，1927—2018年）所描述的那样，“大学生的学习科目主要是从传统的‘三科’和‘四艺’演化而来……正如英国大学课程一样，逻辑和修辞是基础课程……也如同英国大学一样，对写作、演说和辩论进行了同样严密的审查”[①]。但与牛津、剑桥学术自治的管理方式不同，殖民地院校的管理职责落在社区议员身上。

2. 中部殖民地的英语教育

中部殖民地（纽约、新泽西、宾夕法尼亚和特拉华）的殖民者来自不同的国家，有着不同的宗教信仰。他们之所以逃离欧洲，大多是为了逃避宗教迫害，因而更加不相信世俗权力，这使得任何一个殖民地政府都无法建立起统一的国家管理的学校体系。[②]

在纽约，新尼德兰殖民地是由荷兰人建立的。新尼德兰被英国人占领之后，1674年改名为纽约皇家殖民地。政府支持和管理学校的责任逐渐淡化，除了一些城镇学校和慈善学校外，正规的学校教育成为个人的私事。[③] 就初级教育而言，来自上层社会家庭的子弟主要通过聘请家庭教师来接受教育；中产阶级家庭则把孩子送到私立的商业学校；下层社会家庭主要通过圣公会海外福音传播公会（Anglican Missionary Society for the Propagation of the Gospel in Foreign Parts）建立起来的教派学校来接受教育。中等教育是私立的或由教派进行管理。1762年，新阿姆斯特丹（即现在的纽约市）宣称拥有10所英语学校、2所荷兰

---

① Sheldon S. Cohen, *A History of Colonial Education*, *1607-1776* (New York: John Wiley & Sons, 1974), p. 66.

② L. 迪安·韦布：《美国教育史：一场伟大的美国实验》，陈露茜、李朝阳译，安徽教育出版社，2010，第90页。

③ L. 迪安·韦布：《美国教育史：一场伟大的美国实验》，陈露茜、李朝阳译，安徽教育出版社，2010，第91页。

语学校、1所法语学校和1所希伯来语学校。[①] 1754年，该殖民地建立了第一所高等教育机构——国王学院（即现在的哥伦比亚大学），主要教授古典课程，但也提供实用性的课程。

在新泽西，与纽约情况相似，其教育也是私立的。各教派——荷兰归正会（Dutch Reformed）、清教徒（Puritan）、贵格会（Quaker）、德意志路德教派（German Lutheran）、浸信会（Baptist）和苏格兰-爱尔兰长老会（Scotch-Irish Presbyterian）——都纷纷建立自己的学校。新泽西中等学校十分有限，但高等教育十分出色，在独立战争之前，该殖民地先后建立了新泽西学院（College of New Jersey，1746年，即现在的普林斯顿大学）、皇后学院（Queens College，1766年，即现在的罗格斯大学）。

在宾夕法尼亚殖民地，各教派之间相互阻隔，又各自建立了自己的学校系统。其中贵格会是最重要的教育实践者，使得自由的学校教育观点得以进一步传播。学校既可以是公立的，也可以是私立的；可以有英语课程，也可以有古典课程；可以以传承文化为导向，也可以以实用为导向；可以招男生，也可以招女生。[②] 各教派还兴办了中等教育机构，在殖民地晚期，出现了许多私立中学，教授一些实用的科目。1753年，在富兰克林的推动下，成立了费城学院，即现在的宾夕法尼亚大学，除开设古典课程之外，还教授数学、哲学和自然科学。特拉华殖民地1664年被英国人占领，后来并入宾夕法尼亚，其教育发展深受宾夕法尼亚的影响。

3. 南部殖民地的英语教育

南部殖民地（马里兰、弗吉尼亚、卡罗莱纳和佐治亚）是皇家殖

---

① L.迪安·韦布：《美国教育史：一场伟大的美国实验》，陈露茜、李朝阳译，安徽教育出版社，2010，第91—92页。

② Otto F. Kraushaar, *Private Schools: From Puritans to the Present* (Bloomington, IN: The Phi Delta Kappa Educational Foundation, 1976), p. 13.

民地，由总督负责管理，向英王负责。与新英格兰的那些试图改革英国国教的清教徒不同，南部殖民地的殖民者们视英国国教为官方宗教。他们认为，教育儿童是家长的责任，不是政府和教会的责任。与新英格兰的小农经济和商业经济不同，南部殖民地经济建立在大种植园的基础之上，客观上阻碍了城镇的发展，人口分散，缺乏建立公立学校的条件。种植园主和富裕商人家庭的孩子主要通过聘请家庭教师或者到私立的拉丁文法学校学习。而大部分自由人的孩子最多只接受过初等教育，如通过艺徒制，或者在免费学校、教派学校、“荒野学校”和私立的商业学校中接受教育。[①] 独立战争之前，南部唯一的高等教育机构是威廉-玛丽学院，颁布的宪章以培养牧师为己任，以及教化印第安人。从 18 世纪开始，威廉-玛丽学院除开设古典课程外，扩大了课程范围，并成为第一所选修制的院校。与其他殖民地学院相比，该校较早地重视法律和政治课程，并鼓励学生学习历史、数学和现代语。

在北美殖民地时期，虽然私立的商业学校和英语学校在教育方面发挥了重要作用，但它们只是文法学校向文实学校转换的一种过渡形式。[②] 本杰明·富兰克林是 18 世纪文实学校最有力的支持者。他认为“严格的古典主义课程已经退化成了知识阶层的一种陈词滥调，文法学校的主要受益者是牧师、学者和绅士，已经不符合时代发展的需要了”[③]。1747 年，在《关于宾夕法尼亚青年教育之提议》（*Proposals Relating to the Education of Youth in Pennsylvania*）中，富兰克林指出：“学校的校长要智慧、高尚、勤勉、耐心，熟谙各种语言和科学，

① L. 迪安·韦布：《美国教育史：一场伟大的美国实验》，陈露茜、李朝阳译，安徽教育出版社，2010，第 96—97 页。

② L. 迪安·韦布：《美国教育史：一场伟大的美国实验》，陈露茜、李朝阳译，安徽教育出版社，2010，第 103 页。

③ Otto F. Kraushaar, *Private Schools : From Puritans to the Present* (Bloomington, IN: The Phi Delta Kappa Educational Foundation, 1976), p. 19.

英语纯正，手下的老师们也应当如此。”① 在谈到英语教学时，他进一步指出：“英语语言要实施文法教学，蒂洛森（Tillotson）、艾迪生、蒲柏、阿尔杰农·西德尼（Algernon Sidney）、《加图来信》等都称得上经典；英语语言要进行文体教学，培养清晰而简洁的文风；英语语言要进行朗读教学，读音准确、清晰、强调，而不能只用平声。”② 富兰克林对英语教学的建议可谓具体细致，为了培养学生的文风，他建议学生相互写信、用自己的话写读书摘要、口头或书面复述故事；为形成准确的发音，他建议学生发表演说和辩论，老师对他们进行排练、教学、指导和口音纠错等。在他看来，英语应该成为教学的主要语言，不必强迫年轻人学习拉丁语、希腊语或其他现代外语。这种打破传统的举动具有重要意义，事实上，这意味着作为本国语的英语也可以成为有教养的人所使用的语言。

总体而言，殖民地时期北美的学校教育及其英语教育体现了欧洲特色，不同地区受不同宗主国的影响，大多数学校复制了英国的教育体系和模式，体现了英国精英教育理念。

（二）北美殖民地少数族裔的语言同化教育

1\. 印第安人的英语教育

在哥伦布发现美洲新大陆之前，现今美国境内的土著人口有1100万（截至1900年，仅剩25万）。在欧洲人到达北美时，有大约250种不同的语言。

在首批殖民者赴北美大陆前，英国王室指示他们用祖国的母语和基督教去教化和皈依美洲蒙昧无知的野蛮人。许多参与黑奴教育活动的宗教组织和慈善团体也积极从事教化印第安人的活动。圣公会海外

---

① Benjamin Franklin, “Proposals Relating to the Education of Youth in Pennsylvania,” *The Journal of General Education* 28, no. 3 (1976): 257.

② Benjamin Franklin, “Proposals Relating to the Education of Youth in Pennsylvania,” *The Journal of General Education* 28, no. 3 (1976): 258.

福音传播公会、贵格会、莫拉维亚派等都在一些较大的城镇兴办学校，但他们的活动几乎全部忽略或漠视了各部落的教育方法。[①] 在学校教育中，阅读、写作、算术和教义问答是传教士们努力的核心。“对英国殖民者及其后来的英裔美国人来说，学校成为他们同化印第安人的一种工具。”[②] 高傲自大的帝国本性使他们沿用了已经发展成熟的语言文化观，视印第安语为异类。“印第安人没有语言，印第安语是有缺陷的语言，是野蛮的语言”成为早期欧洲殖民者的基本观点。[③] 殖民时期的印第安事务执政官员以印第安人的英语教育为首要工作之一，用英语教育印第安人，让他们学习英语，从思想上和文化上彻底征服他们。

大规模、富有影响的印第安教育始于 1875 年，一位名叫理查德·亨利·普拉特（Richard Henry Pratt）的美国军人创办了著名的卡莱尔印第安寄宿学校。该校最负盛名的经验就是英语教学，用英语替代印第安语，不允许印第安学生在学校说他们的母语。印第安事务局颁布的《1880 年法令》规定，不论是教会学校，还是政府学校，一律用英语教学，不得用印第安语，如有违反，停止政府拨款。[④] 将印第安孩子安置在远离其居住地的寄宿学校成为印第安教育的典型模式。有资料统计，1877 年美国印第安寄宿学校达 48 所，1885 年发展到 114 所，1895 年增至 157 所。[⑤] 卡莱尔学校于 1918 年关闭，印第安教育只用英

---

① L. 迪安·韦布：《美国教育史：一场伟大的美国实验》，陈露茜、李朝阳译，安徽教育出版社，2010，第 110 页。

② L. 迪安·韦布：《美国教育史：一场伟大的美国实验》，陈露茜、李朝阳译，安徽教育出版社，2010，第 111 页。

③ 周玉忠、王辉主编《语言规划与语言政策：理论与国别研究》，中国社会科学出版社，2004，第 178 页。

④ Jon Reyhner,“American Indian Language Policy and School Success,”*The Journal of Language Minority Students*,*Vol*. 12,*Special Issue Ⅲ*,*Summer*(1993):39,accessed Dec. 6,2018,http://jan. ucc. nau. edu/—jar/BOISE. html.

⑤ David Wallace Adams,*Education for Extinction*:*American Indian and Boarding School Experience 1875-1928*(Kansas:University Press of Kansas,1995),p. 58.

语进行教学的规定才有所改变。

英国殖民者对印第安人实施唯英语教育，从根本上动摇了印第安语言的心理和文化基础，将印第安语推向了灭绝的深渊。[①]

2. 黑人的英语教育

当1619年第一批黑人来到北美殖民地时，他们还不是奴隶，而是契约奴。到17世纪60年代，弗吉尼亚和马里兰颁布法令，所有债务奴隶以及女奴隶的孩子们成为终身奴隶。直到美国独立战争之前，大约有50万黑人生活在殖民地，其中大部分黑人（包括奴隶和自由民）生活在南部。大部分黑人所受的教育，都是由传教士或慈善组织提供的。部分奴隶主也让自己的奴隶学习基本的读写，但也仅仅是让他们可以读《圣经》，或学会更好地服务主人。

圣公会海外福音传播公会是对黑奴的教育怀有极大热忱的宗教组织。他们来到黑奴比较集中的大城市，如纽约、费城等，积极为黑奴子女兴办学校；在南部殖民地，他们试图说服奴隶主，在不释放奴隶的前提下，使其皈依基督教，培养他们具备一定的读写能力。[②] 清教徒如科顿·马瑟（Cotton Mather）也曾短期为黑奴和印第安人办过一所慈善学校。据估计，在1860年内战前夕，大约有5%的奴隶掌握了基本的读写技能。[③]

（三）澳新殖民地移民及其后裔英语教育

澳大利亚在1769年真正被欧洲发现。受英国派遣的詹姆斯·库克船长在占领岛登陆后，将这段海岸命名为新南威尔士。在之后的很长

---

① 周玉忠、王辉主编《语言规划与语言政策：理论与国别研究》，中国社会科学出版社，2004，第193页。

② L.迪安·韦布：《美国教育史：一场伟大的美国实验》，陈露茜、李朝阳译，安徽教育出版社，2010，第109页。

③ L.迪安·韦布：《美国教育史：一场伟大的美国实验》，陈露茜、李朝阳译，安徽教育出版社，2010，第110页。

一段时间里，澳大利亚从 1788 年开始的英国犯人流放地，发展到 19 世纪中叶的六个殖民地（即现在的六个省的地域）。由于淘金热的推动，澳大利亚的人口从 1851 年的 405 000 人增加到 1861 年的 1 146 000 人。澳大利亚政府的土著政策在历史上经历过三个阶段：第一阶段种族灭绝政策；第二阶段英国式的人道与正义政策；第三阶段福利和保护政策。①

尽管库克船长并非是第一个发现新西兰的欧洲人，但他 1769 年登陆贫穷湾后，对新西兰大陆进行了实质性的探索，并以英王名义宣布新西兰属于英国所有。随后，英国人在新西兰从事贸易和传教活动。但英国议会 1817、1823 和 1828 年通过的法令，均未称新西兰为英国主权下的地方。② 直到 1840 年，首任新西兰总督威廉·霍布森（William Hobson）取得 400 多名毛利酋长签署《怀唐伊条约》（*Treaty of Waitangi*，又译《威坦哲条约》），正式在新西兰升起英国国旗。从 1840 年英国宣布对新西兰行使主权到 1974 年，英语一直是新西兰的唯一官方语言。

1830 年新南威尔士副会督威廉·格兰特·布劳顿（William Grant Broughton，1788—1853 年）建议设立公学，对移民子弟进行“通才教育”，以便培养他们成为社会的统治阶级。③ 1832 年，悉尼附近的帕拉马塔开设了第一所这样的学校。政府为了调和教派之间的矛盾，让三种类型的学校（新教徒的学校、天主教徒的学校和由具有启蒙思想的人所办的学校）同时存在。④ 从维多利亚通过《1872 教育法》开始，各

---

① 约翰·根室：《澳新内幕》，符良琼译，上海译文出版社，1979，第 115 页。

② J. B. 康德利夫、W. T. G. 艾雷：《新西兰简史》，广东化工学院《新西兰简史》翻译组译，广东人民出版社，1978，第 54 页。

③ 曼宁·克拉克：《澳大利亚简史·上册》，中山大学《澳大利亚简史》翻译组译，广东人民出版社，1973，第 150 页。

④ 曼宁·克拉克：《澳大利亚简史·上册》，中山大学《澳大利亚简史》翻译组译，广东人民出版社，1973，第 166—167 页。

殖民区的议会相继通过立法，规定教育是免费的、义务的和非宗教性的。小学阶段前期重点在一般发展、游戏活动及教育的非正式方面，小学阶段后期才转向正式的教育；各中学的课程视各州（省）公共考试（public examination）的要求而异，但一般包括英国语言与文学或两种外国语、数学、化学、物理学及其他自然科学和社会科学。[①] 各中小学的教学语言一律采用英语。

但在 1877 年之前，教育由各州（省）负责，其发展极不完备。人们接受教育比在英国本土更具随意性。白人农场分散经营，父母们基本上都没受过什么教育，他们需要劳动力来耕种农场，又没有钱支付孩子的学费，家离学校比较远，这些因素限制了农村学校教育的发展。《1877 年教育法案》（*Education Act 1877*）建立了新西兰第一个免费的全国非教会的初等教育体系。到 19 世纪 90 年代，在公共基金的帮助下，80％的 5—15 岁儿童都在学习类似于英国的标准化课程。1900 年，低于 18 岁的适龄人群只有将近 3％的人能够接受小学阶段之后的教育。[②]

（四）澳新土著及其后裔的语言同化教育

在澳大利亚和新西兰，殖民地的土著人口相对较少，在很多地区，移民的数量很快超过了当地的土著。同时，英国殖民者大量屠杀澳大利亚土著人和以军事手段征服毛利人，使得这两个群体在殖民浪潮的冲击下不断变小。“英帝国对少数族裔实施的种族隔离政策使得当地土著根本无法改变不列颠文化和语言的霸权。”[③]

自 18 世纪开始，澳大利亚联邦政府一直在推广殖民主义者的语言，即英语，而对英语之外的其他语言则采取同化的政策。其根本目的在

① W. P. 霍根、E. J. 塔普、A. E. 麦奎因：《澳大利亚概况》，吴江霖译，广东人民出版社，1979，第 266—270 页。

② P. J. 马歇尔主编《大英帝国史》，樊新志译，世界知识出版社，2018，第 195 页。

③ P. J. 马歇尔主编《大英帝国史》，樊新志译，世界知识出版社，2018，第 183 页。

于使土著居民和外来移民放弃他们自己的语言和文化，学习和接受澳大利亚主流社会的语言和文化，并经过一代或两代人的时间，让他们不留痕迹地融入澳大利亚人群中去。[①] 语言同化政策不仅伤害了土著居民和移民的语言感情，同时对澳大利亚语言和文化多样性带来不利影响，致使许多土著居民的语言和方言逐渐消失，或濒临灭绝。

英国殖民主义者爱德华·吉本·韦克菲尔德（Edward Gibbon Wakefield，1796—1862 年）把新西兰看作是世界上最适宜开拓殖民地的地方，而传教士们则把此地看成旨在使毛利族人改变信仰和得到开化的理想试验场所。[②] 英国政府采纳一种人道主义的折中意见，“英国的移民将会增加，但着重保护土著居民的利益”[③]。应让毛利人保留自己的领土，促进毛利人的文明，创办学校，培养他们文明的生活方式。

在新西兰，19 世纪土著人的受教育程度并不高，土著居民就读的学校由 19 世纪 30 年代的传教士小学演变而来。新西兰的传教活动导致当地人毛利语的读写能力迅速提高，截至 1860 年，毛利土著人的毛利语普及率可能比 1840 年开始移居新西兰的英国定居者的英语普及率还高。当地学校用毛利语授课，并开始把英语作为一门课程来教授，还鼓励大家使用双语。在白人看来，毛利人的未来就是从事农业和在农村就业。一个由基督教教派学校和政府开办的土著人学校共同组成的平行教育系统，足以满足当地毛利人对教育的需要。[④] 但自 1867 年开始，殖民当局对新西兰实施殖民政策，学校的语言教育政策与原先的

---

① 周玉忠、王辉主编《语言规划与语言政策：理论与国别研究》，中国社会科学出版社，2004，第 217 页。

② J. B. 康德利夫、W. T. G. 艾雷：《新西兰简史》，广东化工学院《新西兰简史》翻译组译，广东人民出版社，1978，第 68 页。

③ J. B. 康德利夫、W. T. G. 艾雷：《新西兰简史》，广东化工学院《新西兰简史》翻译组译，广东人民出版社，1978，第 84 页。

④ P. J. 马歇尔主编《大英帝国史》，樊新志译，世界知识出版社，2018，第 195 页。

正好相反，“即学校用英语授课，并开始把毛利语作为一门课程来教授”①。1881年通过的关于土著人学校的立法进一步规定，英语为教学语言，毛利学生的所有校内活动均按白人模式进行。从此，英语成为各民族共同使用的普通话，各教育机构和媒体都使用英语。英国的科学技术、文化、经济、法律、艺术、礼仪都在这个国家占据优势。为适应社会，部分毛利人甚至一度不愿讲毛利语，以免被别人蔑视为乡巴佬。②

三、英语教育对印度殖民地语言教育的冲击

古印度是四大文明古国之一，公元前2500年诞生了印度河文明；公元前1500年左右雅利安人征服古印度人，建立一些奴隶制小国，确立种姓制度，吠陀教发展为婆罗门教；公元前4世纪，孔雀王朝统一印度，并开始推行佛教；公元前188年，孔雀王朝灭亡，群雄割据，印度教和伊斯兰教兴起；1600年，英国入侵莫卧儿帝国，建立东印度公司；1757年以后，印度逐渐沦为殖民地；1877年，英国维多利亚女王成为印度女王；直到1950年成立印度共和国，同时成为英联邦成员国。印度的官方语言为印地语和英语。

在英国殖民期间，英国统治下的印度分成两部分，一部分是直接统治地区，称“英属印度”，面积约占印度的三分之二；另一部分是受英国保护的几百个土邦，称“土邦印度”，面积约占印度的三分之一。③在1947年印巴分治以前，“印度”这个词语涵盖的地区是通常所谓的南亚，除了现在的印度外，还包括孟加拉、巴基斯坦以及其他国家。

---

① 博纳德·斯波斯基：《语言管理》，张治国译，商务印书馆，2016，第57页。

② 周玉忠、王辉主编《语言规划与语言政策：理论与国别研究》，中国社会科学出版社，2004，第229页。

③ 尚会鹏：《印度文化史》，浙江大学出版社，2016，第249—250页。

由于印度巨大的人口、庞大的军队以及它对英国经济的重要性，它在英国人的心目中占有突出的地位。[①] 作为服务其殖民统治的一种手段，英国人对印度人进行英语教育，并通过英语教育影响到印度社会诸方面。

（一）英国殖民统治前的印度社会语言状况

印度是一个社会结构复杂的国度，一个民族、宗教和语言多元的国度，更是一个西方文化与本土文化对比鲜明的国度。

据统计，印度有1652种语言和方言。迄今为止，对印度语言历史的详尽考察，还只限于印度-欧罗巴语言，亦即此后特指的印度-雅利安语言。[②] 梵语是其中最古老的语言之一，曾经是婆罗门学校的教学语言，诗人的文学语言（如史诗《摩诃婆罗多》和《罗摩衍那》）以及用于佛教著作和佛教徒的通用语。梵语的作用相当于欧洲的拉丁语或者中国的古代汉语。作为印度的经典语言，梵语是现代语言与文学的源泉，又逐渐在现代日常生活中消失了。波斯语是先于英语进入印度的一种外来语言，作为伊斯兰教宫廷和王国的正式官方语言，在诸如斋普尔、尼泊尔和克什米尔等邦国的王宫里通用；截至18世纪末，英国的行政管理者也不得不精通它。另一种在19世纪通行于英国行政管理者、士兵和来访者中的印度语言是乌尔都语，即“印度斯坦语”。这是莫卧儿帝国京畿地区的一种混合语言，在一种印地语方言的基础上发展而来，因其高度文学性的用语，到16世纪发展出一种诗歌文学（瓦利和其他德干诗人的莱克塔文学）。[③] 此外，其他能够作为文学语言在印度占据重要地位的语言还有泰米尔语、印地语、孟加拉语、古吉拉特语等。如果按地域划分，近代印度-雅利安语发展出如下书面语言：

---

① P. J. 马歇尔主编《大英帝国史》，樊新志译，世界知识出版社，2018，第6页。

② G. T. 加勒特主编《印度的遗产》，陶笑虹译，上海人民出版社，2005，第46—47页。

③ G. T. 加勒特主编《印度的遗产》，陶笑虹译，上海人民出版社，2005，第53页。

西南部的古吉拉特语和马拉提语，西部的信德语和旁遮普语，西北部的克什米尔语，东北部的尼泊尔语，东部的阿萨姆语、孟加拉语和奥里亚语，以及中部的西印地语和东印地语等。①

简言之，印度民族主义者极力推广印地语和梵语，“他们把印地语看作是所有印度人的现代语言，而把梵语看作是印度的学术语言”②。

在语言问题上，人类普遍认为，语言的所有优点及其发展都可归因于文明和文化。但在德国语言学家洪堡特看来，语言和文明绝非总是处于相互对等的关系之中。他说：“就印度本身而言，不管它的文明发源多么早，没有受到异族的影响，它的语言也并不是这一文明的产物；由最纯真的语言意识（Sprachisinn）造就的梵语原则，乃至整个印度文明，归根到底是源出于印度民族天才的精神原则（Geistestichtung）。”③或许正是因为如此，英语才能如此迅速地植入印度社会与文化当中。

（二）早期英属印度英语教育的兴起

1. 历史背景

德雷克 1580 年完成环球航行和英国人对西班牙无敌舰队的胜利，极大鼓励了一些英国船长从事东方海域的航行。1600 年 12 月 31 日，东印度公司获得伊丽莎白女王颁发的特许状，并被授予十五年东方贸易专利权。但直到 17 世纪下半期，特别是 1660 年复辟之后的 30 年，英国政府政策做出调整，允许东印度公司用武力来经营一般的商业，才形成一个扩张繁荣的时期。17 世纪中期到 18 世纪中期，英国人并没有采取任何积极措施参与印度政治。自 1757 年克莱武在普拉西战役中获胜后，英国成为在印度次大陆占统治地位的欧洲强国。“虽然从表面

① A. L. 巴沙姆主编《印度文化史》，闽光沛等译，商务印书馆，1999，第 241—242 页。

② 博纳德·斯波斯基：《语言管理》，张治国译，商务印书馆，2016，第 71 页。

③ 威廉·冯·洪堡特：《论人类语言结构的差异及其对人类精神发展的影响》，姚小平译，商务印书馆，2010，第 33—34 页。

上看，英国在东印度群岛没有占领土地，但实际上从那时以后，英国的东印度公司不可避免地卷入了殖民化的过程中去。”① 18 世纪中期到 19 世纪中期（1757—1858 年），是英国统治印度的第一个世纪，“这个时期印度迸发了引人注目的理智的活动，经历了社会、宗教思想的剧烈变化。这些变化的动力来自英语教育的采用。西方的自由思想通过这条渠道来到印度，激励了人们，使他们从许多年代的沉睡状态中惊醒起来”②。特别是 19 世纪，英语教育伴随着英国对印政策和印度殖民地社会局势的变化而起伏振荡。

在英国人接管孟加拉行政的时候，旧制大学和宗教学院都限于学习古典梵文、阿拉伯文和波斯文，文法、古典文学、哲学、法律和宗教经典构成高级研究项目的主要部分。一直到 19 世纪 40 年代，殖民政权并没有在印度创办采用英语教学的欧式学校，他们害怕北美的历史在这里重现。美国的独立似乎让他们心有余悸，曾一度怀疑在殖民地建立学校和学院是否明智。不过，英国殖民者为了便于统治和剥削，其殖民地机构和商业机构都雇有大批印度职员，因此并不能阻止印度人学习英语。而且当一些印度知识分子掌握英语后，就能通过阅读英国哲学、文学、政治和宗教等方面的原著学习西方思想。③

2. 英语教育的动议

东印度公司的一个文职官员查尔斯·格兰特（Charles Grant，1778—1866 年）最早提出创设教授英语的学校，他 1792 年撰文批评印度社会的恶俗与人民的道德堕落，是“愚钝与普遍无知的结果”，认为“这种黑暗状态的驱除，只能借助于基督教以及欧洲的艺术和科学”，

---

① 肯尼思·O. 摩根：《牛津英国通史》，王觉非等译，商务印书馆，1993，第 426 页。

② R. C. 马宗达、H. C. 赖乔杜里、卡利金卡尔·达塔：《高级印度史·下》，张澍霖等译，商务印书馆，1986，第 875 页。

③ 林承节：《印度民族独立运动的兴起》，北京大学出版社，1984，第 53 页。

“印度的新生必须通过英语来实现”。[1]

基督教传教士则是最初在印度进行英语教育的实践者。例如，浸信会传教士威廉·凯里（William Carey，1761—1834年）1793年来到加尔各答，他和朋友们设立传教士学校，出版孟加拉文的《圣经》译本，从而奠定了英语教育和孟加拉散文文学的基础。此后，在戴维·黑尔（David Hare，1775—1842年）、拉姆莫汉·罗伊（Raja Rammohan Roy，1774—1833年，又译拉姆·莫罕·罗易）的努力下，印度设立了好几所英语学校，其中包括后来发展成为管区学院的印度教学院（Hindu College，1817年）。[2] 但这些努力在最初仍然只是局部的，并未对印度的语言教育产生显著影响。

拉姆莫汉·罗伊是印度近代思想的先觉者，他汲取西方自由主义的精神，进行宗教与社会改革。他的目的是为了复兴印度，因而主张把学习西方自然科学、社会科学和学习印度的传统文化结合起来，学校既用英语教学，又用印度语言教学。[3] “拉姆莫汉是英语教育的一个伟大倡导者。他不但自己创办这种学校，而且总是乐意帮助其他热心从事这种教育的人。”[4] 他通过递交请愿书和通告等方式向最高法院、众议院甚至枢密院提出自己的政见和建议，例如，他建议“以英语代替波斯语作为法庭官方语言”[5]。

---

① Charles Grant,“Observations on the State of Society among the Asiatic Subjects of Great Britain,”*Report from the Select Committee of the House of Commons on the Affairs of the East India Company*,1832:82-87.

② R. C. 马宗达、H. C. 赖乔杜里、卡利金卡尔·达塔：《高级印度史·下》，张澍霖等译，商务印书馆，1986，第880页。

③ 林承节：《印度民族独立运动的兴起》，北京大学出版社，1984，第59页。

④ R. C. 马宗达、H. C. 赖乔杜里、卡利金卡尔·达塔：《高级印度史·下》，张澍霖等译，商务印书馆，1986，第876页。

⑤ R. C. 马宗达、H. C. 赖乔杜里、卡利金卡尔·达塔：《高级印度史·下》，张澍霖等译，商务印书馆，1986，第878页。

3. 英语教育政策的出台

1802 年 12 月 31 日签订的《巴塞因条约》是英国在印度称霸史上一个重要里程碑。但一直到 1813 年特权法案通过之前，英国政府并不承担对印度教育的责任。[①] 1813 年特权法案规定，“每年应该拨出不少于十万卢比的款项，用于文学事业的复兴和改进，以及对印度本地学者的鼓励，同时也用来在英属印度领土的居民中进行科学知识的介绍与提倡”。随着英国政府对印度事务的积极参与，公共英语教育也开始被提上议事日程。1817 年印度教学院建立，英语取代波斯语成为法律用语。但在 1835 年之前，在印度发展东方教育的指导思想一直占据上风，直到 1835 年威廉·本廷克（William Bentinck，1774—1839 年，1833—1835 年在任）总督通过参事会决议，才正式确立在印度实施英国教育，英语正式成为印度的官方语言。

1823 年，英国政府在孟加拉指派了一个公共教育委员会（General Committee of Public Education）。起初，基督教传教士和东印度公司的工作导致了“崇英学派”（English Party，Anglicism，Occidentalism）与“东方学派”（Oriental Party，Orientalism）之间的长期争议，崇英学派坚持采纳西方课程体系，东方学派则倡导本土课程教育方向。后因印度总督威廉·本廷克赞成崇英学派教育，才解决了这一争议。1834 年，法律参事托马斯·巴宾顿·麦考莱（Thomas B. Macaulay，1800—1859 年）被任命为公共教育委员会主席，他在 1835 年向英国政府提交《备忘录》（*Macaulay Minute*），力贬古典印度学而盛赞西方教育，要求政府在印度实施西方教育体系，用英语向印度传授欧洲的文学与科学。对于将英语和西方思想引入印度教育，麦考莱起到重要作用，他支持用英语取代波斯语作为官方语言，在所有学校用英语进行

① 恩·克·辛哈、阿·克·班纳吉：《印度通史·第四册》，张若达等译，商务印书馆，1973，第 974 页。

教学，培训说英语的印度人担任教职。麦考莱的建议得到了本廷克的支持，参事会于 1835 年 3 月 7 日决定“英国政府今后在印度的伟大目标是在印度提倡欧洲的文化与科学；拨给教育的专款只应用于英语教育”[①]。除维持梵文学院与宗教学院的基本运行外，余下的资金被用来支持通过英语向本地居民传授英国文学与科学知识。

4. 英语教育机构的建立及英语教学

19 世纪上半叶，西式学院教育在印度极为迅速地传播开来。19 世纪早期，尤其在殖民势力非常强大的印度城市中，新式的中小学和大学建立起来。

在加尔各答和马德拉斯，它们被称为“管区学院”（Presidency Colleges），在孟买，政府学院则被称为“埃尔芬斯通学院”（Elphinstone College）。随后，苏格兰长老会教徒也先后在加尔各答建立苏格兰教会学院（Scottish Churches College），在孟买建立威尔逊学院（Wilson College）。[②] 在这些学校，总体课程偏重语言和人文学科，理工类学科比较受排斥。其中最大的变化是，英语成为当时的第一教学语言，而且还是高等教育唯一的教学语言。[③]

（三）晚期英属印度语言教育政策调整

从 1854 年开始，英国政府对印度教育体系做出一系列调整，其中包括语言教育政策。1854 年 7 月 19 日监察委员会主席查尔斯·伍德爵士送往印度的关于教育的《急件》（*Despatch*），规定了分级教育制度的原则，奠定了英属印度教育制度的发展基础。印度按照新方案创建

---

① Henry Sharp(eds.), *Selections from Educational Records : Part 1, 1781-1839* (Calcutta: Superintendent of Government Printing, 1920), pp. 130-131.

② 赫尔曼·库尔克、迪特玛尔·罗特蒙特：《印度史》，王立新、周红江译，中国青年出版社，2008，第 301—302 页。

③ N. 加雅拉姆：《印度的高等教育大众化与变革》，载菲利普·G. 阿特巴赫、马越彻主编《亚洲的大学：历史与未来》，邓红风 主译，中国海洋大学出版社，2006，第 52 页。

了从最低级到最高级的教育体系，小学、中学和大学各级学校相互衔接，强调民众教育、女子教育及改进本地语和师资训练等，并明确规定用本地语作为教学手段。《急件》表示，“以英语代替印度各地方言，不是我们的目的和要求，……因此在普通教育系统中，必须勤苦钻研各地方言，而要使人民大众懂得传授给他们的先进的欧洲知识，也只有通过某种本地语言来进行教授”[①]。于是，从1855年开始，尤其在北部地区，本地语教育得到加强。

具体地说，在小学阶段使用本国语言，其主要目的是教学生读、写、算以及一些初级地理、历史和一般生活常识。大部分印度人是在这样的学校接受教育的。除了欧洲人的学校和旅印英国人的学校外，在较低等的学校中，英语作为教学媒介的作用渐渐被放弃了。[②] 英语学校属于中等教育，但在印度直到1875—1876年才出现中等学校这个名词。与小学相反，在中学不再讲授现代印度语言，除了西方文化科学知识外，英语是最重要的课程，而且英语课程的重要性和推广程度持续不衰。

从达弗林总督时代（Lord Dufferin）（1884—1888年）起，高等教育被当成是这个国家政治不稳定的根本原因，人们再次怀疑在印度实施英语教育是否明智，甚至认为英语教育在印度是危险的。[③] 寇松侯爵（George Curzon，1859—1925年）就任印度总督后（1898—1905年），英国政府开始加强对印度高等教育的控制，寇松任命印度大学委员会（Indian Universities Commission）加强对印度大学的管理。与此同时，很多受过教育的印度人也渐渐从最初盲目崇拜的状态转为日趋不满了，

---

① R. C. 马宗达、H. C. 赖乔杜里、卡利金卡尔·达塔：《高级印度史·下》，张澍霖等译，商务印书馆，1986，第883—884页。

② 瞿葆奎主编《印度、埃及、巴西教育改革》，人民教育出版社，1991，第160—161页。

③ 瞿葆奎主编《印度、埃及、巴西教育改革》，人民教育出版社，1991，第162页。

若干教育团体致力于用祖国语言来代替英语。[①] 英语教育在印度开始受到母语教育的挑战。

第二节　英语教育对殖民地社会生活的影响

关于城邦和国家的扩张，英国历史与政治散文作家约翰·西利（John Robert Seeley，1834—1895 年）曾经做过一个很形象的比喻："成熟的果实掉到地上，长出另一棵树，这是自然的过程；橡树果实长出一棵大树，有成百上千的枝丫、成千上万的树叶，这也是自然的过程。如果米利都（Miletus）及其子城市像第一种情形，那么英格兰扩张成为大不列颠就像第二种情形。"[②] 海外扩张让那些在英国没有土地的穷人轻易地成了土地所有者。

有史以来，人口迁移大致可分为下列四种：侵犯、征服、殖民和移民。[③] 在英国历史上，17 世纪可能是第一个人口迁移出境多于迁移入境的世纪。对大多数向外移居的人来说，寻找职业和追求更好的生活是他们迁徙的主要原因，然而少数人首先考虑的是摆脱宗教迫害，希望能按他们所选择的祈祷上帝的形式建立教会。[④] 从 17 世纪开始的海外移民，特别是殖民地移民持续增长，到 19 世纪末 20 世纪初达到高峰，其中去往加拿大、澳大利亚和新西兰的占绝大多数。

英国殖民者及其后裔在殖民地占有土地和进行殖民贸易，但他们需要国家政权捍卫其土地和财富的所有权。例如，在北美新世界，如果没有政权，殖民定居者就面临被印第安土著谋杀或遭到其他敌对国

---

① 瞿葆奎主编《印度、埃及、巴西教育改革》，人民教育出版社，1991，第 164 页。

② John Robert Seeley, *The Expansion of England: Two Courses of Lectures* (London: MacMillan and Co., 1883), p. 56.

③ 孔士谔、吴闻天：《世界移民问题》，商务印书馆，1937，第 2 页。

④ 肯尼思·O. 摩根：《牛津英国通史》，王觉非等译，商务印书馆，1993，第 315 页。

家殖民者的攻击。于是他们纷纷建立殖民地政权，并通过这些政权从政治、经济、文化教育和媒体宣传等方面直接或间接影响殖民地社会生活。其中，英语教育和英语作为社交语言发挥着独特的作用。“当一种标准英语成为英国殖民地政府和高等教育所使用的语言，这种标准化加强了社会、文化、种族的排他性。”①

一、英语教育对爱尔兰殖民地社会生活的影响

爱尔兰模糊不清的身份是大英帝国历史中一个重要的论题。“在帝国的历史上，爱尔兰人扮演着各种角色：移民、商人、行政官员，尤其是传教士、士兵和教师。”② 但是，许多爱尔兰人把自己视为英国扩张最早的牺牲品。“现代英语”教育对爱尔兰社会语言生态和政治话语产生深刻影响。

（一）对爱尔兰社会语言生态的影响

爱尔兰的历史在很大程度上是一部殖民地史，其语言历史和语言政治反映出一个殖民主义、反殖民主义和后殖民主义的艰难、暴力和痛苦的历程。③ 英语教育对爱尔兰的社会生活，特别是语言生态产生深刻影响。爱尔兰语在英语教育的浪潮中逐渐走向消亡。“早在十七世纪，上层阶级就开始轻视和遗弃这个古老的语言了；到了十八世纪，中产阶级也步其后尘；到十九世纪时，这种现象已蔓延到农民阶级中间。”④

---

① P. J. 马歇尔主编《大英帝国史》，樊新志译，世界知识出版社，2018，第 186 页。

② P. J. 马歇尔主编《大英帝国史》，樊新志译，世界知识出版社，2018，第 4 页。

③ Tony Crowley, *The Politics of Language in Ireland 1366-1922* (London and New York: Routledge, 2000), p. 7.

④ 艾德蒙·柯蒂斯：《爱尔兰史·下册》，江苏师范学院翻译组译，江苏人民出版社，1974，第 758—759 页。

金赛尔战役（1601—1602 年）之后，一个新的民族在爱尔兰出现了。“他们在宗教信仰上属于天主教，在种族方面是英国人和盖尔人的混合体。其上层社会愈来愈广泛地使用英语，而我们在普通民众里面看到的就是一个混合民族，……他们相互之间有着共同的历史和共同的信仰，他们讲的是直到 1800 年为止都为大多数人所使用的盖尔语。”[①] 在北部的厄尔斯特（Ulster），有史以来就统治着爱尔兰的那个古老的爱尔兰贵族阶级随之消亡，英国政府决定首先在北方六郡——多内加尔、蒂龙、德里、阿尔马、卡范和弗马纳——进行殖民，并于 1609 年 5 月发布“殖民地条例”。

此前叛乱的厄尔斯特地区首领的土地被英王没收并赏赐给了以下三等人：一等人是“英格兰人或低地苏格兰人”，而且是“文职人员、笃信宗教者”；二等人是“服役者”，一般是苏格兰人；三等人是获得英王赏赐的“本地人”。[②] 这些人大多受过英国教育或者宣誓效忠英王。政府在每个郡都划出土地用来创办皇家学校，都柏林大学也得到了资助。[③] 英语成为这些学校的教学语言，对进一步用英国教育同化本地人起到重要作用。

（三）对爱尔兰政治话语的影响

厄尔斯特殖民地的显著成功激励了爱尔兰其他殖民地。政府认为：“各处殖民地也需要有一批忠于英王的居民，由这些人来担任陪审委员和其他官职，选举合适的议会成员，支持国教，推广英国的语言、租地方式和农业等，并且通过这些人来改进工商业和城市，从而使国王

---

① 艾德蒙·柯蒂斯：《爱尔兰史·下册》，江苏师范学院翻译组译，江苏人民出版社，1974，第 419 页。

② 艾德蒙·柯蒂斯：《爱尔兰史·下册》，江苏师范学院翻译组译，江苏人民出版社，1974，第 432 页。

③ 艾德蒙·柯蒂斯：《爱尔兰史·下册》，江苏师范学院翻译组译，江苏人民出版社，1974，第 434 页。

岁入不断获得增加。”[1] 1617 年，国王詹姆斯设立了庇护事务厅，培养英王手下那些未成年的大佃主并管理他们的地产，后者得以在新办的都柏林学院或者在英格兰接受教育。

在汉诺威王朝，爱尔兰教会、政府、法律、议会和地方政府以及工业部门的新教权势已经臻于完善，成为英格兰新教统治的小型复本。1733 年，爱尔兰开始实施普及教育计划，创办“公立学校”，这些学校实施新教教育，并获得大量私人捐献和爱尔兰议会资助。[2] 英语教育得到进一步普及，中、上层阶级开始普遍使用英语进行交流。

到 18 世纪末 19 世纪初，尽管爱尔兰政治形势发生新的变化，新教徒贵族、中产阶级自由党人甚至旧天主教徒贵族们的领导地位逐渐被取代，奥康奈尔及“爱尔兰天主教协会”获得民众支持，民众开始讲英语，奉行以天主教感情为主的政党政治。[3] 在奥康奈尔看来，这些变化一方面是爱尔兰民族对新教徒统治和压迫的反抗，另一方面也是为了避免招致英格兰军队镇压的无奈之举。但无论如何，英语教育达到了自己的目的。

除了英语教育带来的影响，1845—1848 年的大饥荒对古老的盖尔语言和盖尔传统同样致命。[4] 饥荒、疾病和移民带来的损失，在贫困的农民阶级和国内大部分盖尔人居住的地区最为严重。到 1900 年，只有少数几个郡里还能听到大批居民讲爱尔兰语。

---

① 艾德蒙·柯蒂斯：《爱尔兰史·下册》，江苏师范学院翻译组译，江苏人民出版社，1974，第 440 页。

② 艾德蒙·柯蒂斯：《爱尔兰史·下册》，江苏师范学院翻译组译，江苏人民出版社，1974，第 571—572 页。

③ 艾德蒙·柯蒂斯：《爱尔兰史·下册》，江苏师范学院翻译组译，江苏人民出版社，1974，第 678—681 页。

④ 艾德蒙·柯蒂斯：《爱尔兰史·下册》，江苏师范学院翻译组译，江苏人民出版社，1974，第 702 页。

二、英语教育对北美及澳新殖民地社会生活的影响

英国人最初移居到美国、加拿大、澳大利亚、新西兰等地时，当地已经有人居住，北美的土著居民是印第安人（Indians），澳大利亚土著居民是澳洲土著（Aborigines），新西兰土著居民是毛利人（Maoris）。最初，他们与当地土著和平相处，但随着移民人数的增长，他们逐渐深入内地，对本地人的生活形成威胁，如占据本地人的土地用于狩猎和耕作，甚至把本地人视为神圣的地方变成农场，破坏本地人传统的生活方式，用优良的武器杀死抵抗的本地人，等等。[①] 各地土著居民面对英国殖民者的入侵，他们组织起来进行反抗。在北美，白人与印第安人相互残杀；在新西兰，来自格拉斯哥的殖民者领袖詹姆斯·布什比（James Busby，1802—1871 年）说服毛利人与英国殖民者签订《怀唐伊条约》，接受英国国王作为唯一的购买方有权购买他们的土地；在澳大利亚，殖民者试图与本地土著居民和平相处，在蚕食他们土地的同时努力缓解他们的悲惨生活。[②] 来自格林诺克的约翰·邓莫尔·朗（John Dunmore Lang，1799—1878 年）决心在发展长老会教会的同时发展当地教育。[③] 英语教育对北美及澳新殖民地的社会生活产生显著影响。

（一）构建具有英国主流文化和价值观的白人社区

到 19 世纪中叶，大英帝国的殖民地已经跨越东西半球。根据英国

---

① Sydney Wood, *Immigrants and Exiles : Scotland 1830s to 1930s* (Glasgow: Hodder Gibson, 2001), p. 64.

② Sydney Wood, *Immigrants and Exiles : Scotland 1830s to 1930s* (Glasgow: Hodder Gibson, 2001), pp. 65-66.

③ Sydney Wood, *Immigrants and Exiles : Scotland 1830s to 1930s* (Glasgow: Hodder Gibson, 2001), p. 74.

著名史学家马歇尔（P. J. Marshall）的研究，当时那些对帝国真正感兴趣的英国人把希望寄托在所谓的“稳固的殖民地”上，即首先在澳大利亚、加拿大、新西兰和南非的白人社区的基础上建立一个“更大的不列颠”，然后实现英联邦的设想。① 在很长一段时间里，英国人也确实是这样做的。

随着英国移民殖民地人数的增长，说英语的殖民者实施进一步的殖民同化政策。在美国革命爆发前的15年里，约有5.5万名爱尔兰新教教徒、4万名苏格兰人以及3万名英格兰人移居北美洲。② 澳大利亚的白人人口，从1851年的437 665人上升到1861年的100万人；1870年时新西兰的白人数量为25万，而本地土著毛利人却只有5万人左右。③ 19世纪后期，澳大利亚、加拿大和新西兰白人人口的增长，使他们成为英国真正有价值的“坚定忠诚的盟友”，帮助英国实现财富和权力方面的追求。同时，英国人自信地通过帝国这个载体能把自身的价值观和文化传播到世界各地。

（二）融合故国情结与殖民地归属感

在北美，从18世纪末期到19世纪中期，一些政治家和有影响的人士认为应当鼓励全体美国人讲英语，但也不阻止他们保留使用其他语言。他们认为，不同的语言体现不同的思想和文化倾向，语言多元更能促进思想交流和更新。19世纪后期，人们对多语主义的态度开始发生变化，强化和保护其他语言的政策被废除了，教育家和大众人士不断强调全体美国人应当学习标准英语。有些州甚至制定法律，要求学校只讲英语，并对在课堂上讲其他语言的教师和讲非英语母语的学生进行处罚。

---

① P. J. 马歇尔主编《大英帝国史》，樊新志译，世界知识出版社，2018，第6页。

② P. J. 马歇尔主编《大英帝国史》，樊新志译，世界知识出版社，2018，第11页。

③ P. J. 马歇尔主编《大英帝国史》，樊新志译，世界知识出版社，2018，第33—34页。

在澳大利亚和新西兰，殖民者经历了从“英国人”到“澳大利亚人”或“新西兰人”的心路历程。早期的英国移民定居者都坚定不移地对他们的祖国保持忠诚。“不管他们移民的原因是什么，在澳大利亚的英国移民心中英国始终是他们的故乡。”① 澳大利亚和新西兰的殖民城镇仅由白人居住，在本质上具有殖民地特征，但在建筑和城镇生活方面又都具有其宗主国特征。例如，悉尼的政府大楼是座华丽的都铎王朝哥特式建筑，墨尔本政府则是极具意大利风格并带有巨塔的官府。在当时，“四分之三的澳大利亚人来自英伦三岛，虽然在爱尔兰天主教徒和英国新教徒之间，以及本地出生者和上百万英国新移民之间，都存在着重大的文化差异”②。有英国血统的人构成其人口的大多数，因此，“澳大利亚多元文化社会的核心成分仍然是由非英语背景的欧洲移民及其子女所构成的”③。他们既怀有深厚的故国情结，又有着作为殖民地居民的新的归属感。

时间和教育改变了一切。一方面，构成澳新殖民地早期社会基础的囚犯及其后代并非英国文化的典型代表，他们更倾向于忘却母国的陈规陋习。对一些后来的澳大利亚人来说，祖先曾是囚徒是一种耻辱；但无论如何，“他们（被流放到澳洲的囚犯）是最早的两个澳大利亚殖民地新南威尔士和塔斯马尼亚得以建立的基础”④。几乎所有殖民城镇中总是穷人和弱势群体占绝大多数。例如，“爱尔兰人——有些是被流放到澳大利亚的犯人，有些是正派的手工艺人和自耕农——构成了悉尼和墨尔本这些城市中的大部分，并给澳大利亚的文化生活添上了平

---

① P. J. 马歇尔主编《大英帝国史》，樊新志译，世界知识出版社，2018，第 171 页。

② 理查德·内尔：《澳大利亚文明》，李尧、刘新民等译，中国文学出版社，1998，第 61 页。

③ 理查德·内尔：《澳大利亚文明》，李尧、刘新民等译，中国文学出版社，1998，第 60 页。

④ P. J. 马歇尔主编《大英帝国史》，樊新志译，世界知识出版社，2018，第 33 页。

民主义色彩”[①]。另一方面，那些受过良好教育但在母国不享有平等权利的女性来到一个新的聚居地之后，似乎更易于培养新的归属感。尽管澳大利亚直到1949年才有公民，广泛平等的社会精神是19世纪末就已凸显的一种澳大利亚民族特性。[②] 到19世纪末，澳大利亚和新西兰的妇女大多生活在城镇，是“家庭的营造者”。[③] 同时，她们还在选举权运动中反映出“强烈的行动主义传统”。[④] 她们像同时代的欧洲人一样接受高等教育，参与公共事务。1893年，新西兰事实上是帝国里第一个在全国大选中同意妇女投票的国家。

逐渐地，殖民地移民以自己是“英国人”为荣的意识被自己是一个澳大利亚人、新西兰人的自豪感所代替。特别是澳大利亚和新西兰英语的新形式成为其独具特色的归属感的象征。[⑤] 例如，在新西兰，副词的最后一个音节要重读，像“quick-lee”。澳大利亚英语除了特别的口音外，还特别积极地创造和改动词语。西德尼·贝克孜孜不倦地研究澳大利亚语言，他积累了五千多个单词和短语，属于澳大利亚专属的或常用的，它们“来源于英国，来源于罪犯的经历、内地的开发、澳大利亚军队的远征和洋泾浜英语，它有着异乎寻常的幽默感和表达力”[⑥]。这些语言特征从另一个侧面反映出澳大利亚人的独特个性。

---

① P. J. 马歇尔主编《大英帝国史》，樊新志译，世界知识出版社，2018，第246页。

② 理查德·内尔：《澳大利亚文明》，李尧、刘新民等译，中国文学出版社，1998，第57页。

③ P. J. 马歇尔主编《大英帝国史》，樊新志译，世界知识出版社，2018，第255页。

④ 理查德·内尔：《澳大利亚文明》，李尧、刘新民等译，中国文学出版社，1998，第107页。

⑤ P. J. 马歇尔主编《大英帝国史》，樊新志译，世界知识出版社，2018，第268页。

⑥ 约翰·根室：《澳新内幕》，符良穷译，上海译文出版社，1979，第54页。

三、英语教育对印度殖民地社会生活的影响

近3个世纪以来，无论是法国、荷兰，还是英国，都从来没有认真地将印度或东印度群岛看作是“移民的殖民地”，而是当作“供剥削的殖民地”。[①] 英国早期统治对印度社会的影响相对有限。“英国统治印度所渴望达到的目的与它实际取得的成就之间的差距，是整个帝国1783—1870年时期的特点。”[②] 期间，“1857年的印度起义是一个极度保守的社会对考虑欠妥且强加于人的改革计划的过激反应”[③]。在18世纪后半期，英国政府开始接手东印度公司承担的某些领土责任。19世纪晚期，英国统治对印度的影响较之1857年以前更深刻了，印度社会变化更加明显。

（一）英语教育对印度政治生活的影响

从18世纪后期开始到19世纪初，英国通过东印度公司和王室的派出机构完成了从商业渗透到政治统治的过渡，对印度各势力进行了重新整合。随后通过英语教育培植印度知识阶层的政治话语。

起初，英国主要依靠武力征服，通过东印度公司职员和印度君主对印度实施统治。英国在印度争夺霸权的起点是沃伦·黑斯廷斯（W. Hastings），他于1773年被任为孟加拉总督，然后1786年由查尔斯·康瓦利斯（Charles Cornwallis）接替黑斯廷斯。经过数年的战役，许多势力被削弱，到1803年，英国东印度公司在印度拥有最高权力，剩下的那些印度君主，各人统辖自己的区域，仰望在加尔各答东印度公

① G. T. 加勒特主编《印度的遗产》，陶笑虹译，上海人民出版社，2005，第444页。

② P. J. 马歇尔主编《大英帝国史》，樊新志译，世界知识出版社，2018，第44—46页。

③ P. J. 马歇尔主编《大英帝国史》，樊新志译，世界知识出版社，2018，第66—67页。

司执政者的脸色取得恩宠。[①] 东印度公司成为旁遮普以外几乎全印度的实际掌权者。“事实上，在19世纪初印度统一的理论由英国人从莫卧儿人所代表的抽象化的民族国家承接过来。”[②] “民族国家的理论，在18世纪被印度人所接受，以英国的武力得以实现。”[③]

19世纪之后，英国尝试通过英语教育培养印度“绅士”，培植印度知识阶层，并基于文官制度对印度进行直接管理。

1812年，东印度公司在印度的商业活动被议会废止，公司成为代表英国议会治理印度的机构，在印度承担起文明政府的责任。1835年麦考莱到印度担任总督参事会法律参事后，一改18世纪末威廉·琼斯（Sir William Jones，1746—1794年）及其他“东方学派”人士对印度传统的重视，麦考莱倡导对印度人施行英语教育，建议印度人接受“绅士”教育，“以使他们在血统以外的各个方面都成为他们的英国统治者的精确的复制品”[④]。一些印度名人，例如伟大的梵文学者拉达坎塔·代布（Radhakantha Deb），考虑到孩子的工作问题等现实压力而支持了崇英学派。特别是印度教徒，他们很快就习惯了讲英语。19世纪上半叶在印度设立的西式学院为英国在印度的统治培养了大批人才，这些学院的毕业生都找到了很好的工作，如教师、律师，甚至法官。不过，文官职位依旧是留给曾在英格兰海利贝里学院（1806年建立）学习过的英国应募者，一直到1853年东印度公司才停止该学院的新生招收，转而开始对所有职位实行自由参加的竞争性考试。[⑤]

---

① K. M. 潘尼迦：《印度简史》，简宁译，新世界出版社，2014，第246页。

② K. M. 潘尼迦：《印度简史》，简宁译，新世界出版社，2014，第247页。

③ K. M. 潘尼迦：《印度简史》，简宁译，新世界出版社，2014，第248页。

④ 赫尔曼·库尔克、迪特玛尔·罗特蒙特：《印度史》，王立新、周红江译，中国青年出版社，2008，第300—301页。

⑤ 赫尔曼·库尔克、迪特玛尔·罗特蒙特：《印度史》，王立新、周红江译，中国青年出版社，2008，第302页。

1833年，印度总督本廷克为了节省经费，考虑在司法和税务部门雇用印度职员。他接受麦考莱的政策建议，用英语教授本地人掌握英国文学和科学知识。这是印度教育史上的一个转折点。[①]

从19世纪中期开始，英语教育在印度越来越受到重视。为促进印度的英语教育，印度总督哈丁（Henry Hardinge，1785—1856年）勋爵在1844年发布了一个条例，促使英语教育得到进一步发展。条例规定，所有公务人员的叙用，须通过教育委员会（公共教育委员会的后继者）所举办的公开竞争考试，并给有英语知识者优先录取的机会。“这个人为的刺激可能比英国和印度的西式教育的拥护者在传播西式教育上起了更大的作用。”[②] 于是，“英语教育已成为印度人谋取高级职位的唯一手段，因而保证了英语教育为人们所接受并得到迅速的发展”[③]。这一制度对发展英语教育的好处显而易见，但是过于重视对中产阶级绅士的英语教育，而忽视了本地语学校的大众教育。

印度政府通过公开竞争考试任用文官的制度开始于1853年，又在1858年得以强化。制度规定，凡女王治下出生的臣民，无论是欧洲人或印度人，都必须参加竞争考试，报考者被限制了最高年龄，甚至还规定必须留在英国试用一年，或者必须在一所被官方认可的大学里受过专门训练两年。印度人很难通过这种考试，就像在英国大学里用英

---

① Premakumari Dheram,“English Language Teaching in India: Colonial Past VIS-A-VIS Curricular Reform,” In *Teaching English to the World : History , Curriculum , and Practice*, ed. George Braine (Mahwah, Wew Jersey, London: Lawrence Erlbaum Assciates, Publishers, 2005), p. 60.

② 恩·克·辛哈、阿·克·班纳吉：《印度通史·第四册》，张若达等译，商务印书馆，1973，第976—977页。

③ R. C. 马宗达、H. C. 赖乔杜里、卡利金卡尔·达塔：《高级印度史·下》，张澍霖等译，商务印书馆，1986，第882页。

文与英国学生在考试中竞争一样，确实是一件难事。①

印度的教育发展极不平衡，只有少数人受教育程度较高。1854 年第一批大学才获得批准。不过，“当时数百万计的印度人懂得印度的各种语言，其中一大批人具有足够胜任工作的英语知识。1882 年，15 万名学生在以英语为教学语言的中学读书。”②

英语教育显然是卓有成效的。例如，1857 年的北印度起义（英国人称之为“兵变”，也被激进的印度民族主义者称为“第一次印度独立战争”），参与起义的除了士兵，多数是心怀不满的地主和农民，以及一些被剥夺了继承权的王公，新的知识阶层没有参与其中。领导这次起义的那些人对那些受过英语教育的绅士们的不支持态度毫无办法。③这次印度起义让英国人意识到印度对他们并非感恩戴德，而是充满敌意，但他们仍然相信那些受过英语教育的精英们对他们是忠心耿耿的。④

到 19 世纪中期之后，英国王室直接接管印度，受过英语教育的印度知识阶层渗透到行政、司法等各个领域，在很大程度上维持着英国在印度的殖民统治。

印度起义被英国镇压，东印度公司在印度的存在也随之终结，印度作为英印帝国的一部分直接归于英国国王政府名下。1861 年，在印度建立立法机构“帝国立法局”（Imperial Legislative Council）。尽管该机构主体成员是英籍文官，许多本地人士，包括一些印度名流也参与

① R. C. 马宗达、H. C. 赖乔杜里、卡利金卡尔·达塔：《高级印度史·下》，张澍霖等译，商务印书馆，1986，第 922 页。

② P. J. 马歇尔主编《大英帝国史》，樊新志译，世界知识出版社，2018，第 68 页。

③ 赫尔曼·库尔克、迪特玛尔·罗特蒙特：《印度史》，王立新、周红江译，中国青年出版社，2008，第 303 页。

④ 赫尔曼·库尔克、迪特玛尔·罗特蒙特：《印度史》，王立新、周红江译，中国青年出版社，2008，第 305 页。

其中。同年，在孟买、加尔各答、马德拉斯先后建立独立的高等法院，法院的法官职位由资深法官担任，也委任了一些印度人担任法官。“孟加拉和比哈尔是受英国影响时间最长的地区，县级官员的工作更多的是作为县治安官发挥他们的司法能力，而英国的影响也更多的是通过无处不在的法院而非政府行政机构的存在传布的。在孟加拉传统中成长起来的文官通常都否定那些要求行政干预的措施，而倾向于依靠法院工作。”①

英语教育的传播培养了一大批印度律师，他们自然同意上述观点。② 各个小县城的地方律师协会凭借它们的律师图书馆和专业凝聚力，成为孟加拉公众舆论的中心。而在马德拉斯，“公众舆论长期受到一个很小的接受英语教育的婆罗门精英群体的控制，他们的政治观点相当温和”③。在英国人最后征服的旁遮普省，英国教育到 19 世纪末才产生影响。在那里设立的一些私立学院，如“达雅南达英国吠陀学院”(Dayanand Anglo Vedic College)，“现代的英语教育和某种吠陀原教旨主义相配合，……为精英群体提供了很好的职业前景以及新的情感认同”④。

（二）英语教育对印度社会阶层和民众身份认同的影响

随着 19 世纪初英国对印度操控力量的加强，英国实施针对印度人的教育计划，从而在印度形成了一个认同西方自由主义的社会阶层。

东印度公司的基本教育目标是培训可廉价雇佣的办事员；自由贸

---

① 赫尔曼·库尔克、迪特玛尔·罗特蒙特：《印度史》，王立新、周红江译，中国青年出版社，2008，第 316 页。

② 赫尔曼·库尔克、迪特玛尔·罗特蒙特：《印度史》，王立新、周红江译，中国青年出版社，2008，第 317 页。

③ 赫尔曼·库尔克、迪特玛尔·罗特蒙特：《印度史》，王立新、周红江译，中国青年出版社，2008，第 320 页。

④ 赫尔曼·库尔克、迪特玛尔·罗特蒙特：《印度史》，王立新、周红江译，中国青年出版社，2008，第 324 页。

易者则希望受过英语教育的印度人进一步喜欢兰开夏郡的各种产品；对传教士来说，新教育方针是使印度人虔信基督教的第一步；对自由主义者来说，重要的是西方学识的文明和人文影响；而对麦考莱来说，英语教育的目的是要形成“一个阶层，他们虽有印度人的血液和肤色，但有英国人的情趣、信念、道德和智慧，”“这个阶层是政府与其数百万被统治者之间的桥梁”。[①] 当1837年英语代替波斯语作为官方和法院语言时，英语在印度日趋普及。

个人始终与整体，即他所在的民族，或与民族所属的种族，乃至整个人类联系在一起。这种联系属于精神层面。在洪堡特看来，“精神的发展也必须借助语言才可能实现”[②]。语言无时无刻不具备民族的形式，民族是语言真正的和直接的创造者。因此，“民族的智力特性（intellectuelle Eigenthümlichkeit）或许同样可以被视为民族语言的作用结果”[③]。

英国在印度长达300余年的入侵和殖民统治，对印度社会，特别是语言文化方面，产生了深远的影响。尽管印度在1947年成立自治领，并于1950年成立共和国，但仍然是英联邦成员国，英国王室的影响依然存在；尽管英语由第一语言退居到位居第二的官方语言，英国语言和文化的影响依然普遍存在。这种影响在城市、在知识阶层尤其深远。

一方面，受益于英语教育，印度加入了世界团体。那些受过英语训练，又在高等教育中熟悉西方新学术的年轻一代，为印度与西方文明接轨做出了巨大贡献。另一方面，印度悠久的历史传统和民族身份让他们坚守自己的母语。只是，“除了梵文和波斯文以外，就是当时最

---

① 瞿葆奎主编《印度、埃及、巴西教育改革》，人民教育出版社，1991，第157页。

② 威廉·冯·洪堡特：《论人类语言结构的差异及其对人类精神发展的影响》，姚小平译，商务印书馆，2010，第45页。

③ 威廉·冯·洪堡特：《论人类语言结构的差异及其对人类精神发展的影响》，姚小平译，商务印书馆，2010，第47页。

进步的一些印度语文，也没有达到中等教育所需要的文学标准”[①]。这才使得印度的大学没有用英语外的语言去发展一支学术队伍。

印度城市资产阶级最为明显的特征就是它带有外国人的烙印，在政府、大工商企业和高等教育等机关中英语仍然是官方语言，知识分子不仅在服饰上，而且在文学和艺术方面醉心于模仿英国的最新时尚。[②] 这种烙印显然是外国人强加给印度的。

当然，英国的殖民统治也未能在所有方面改变印度。印度是一个以农业为主的国家，至今仍然采用原始技术。特别在农村，种姓制度仍然是其主要的社会特征。[③] 即使到今天，印度的农村和宗教团体仍带有它们最初产生时的不可磨灭的特点。[④] 普通老百姓仍然用各地方方言进行交流。

18 世纪，当英语出现在印度的时候，梵语和波斯语仅仅发挥着启蒙和保存昔日荣光的作用。18 世纪后半叶可能是印度最黑暗的时期，政治动乱和理性冷漠结合在一起，让印度文化面临绝望的境地，英语在这时成了通向进步和启蒙的阶梯。孟加拉青年知识分子，还有印度其他地方的青年知识分子，为摆脱传统学问给他们带来的压抑，都自觉地甚至热情地学习英语。

在印度，英语起着双重的作用。一方面，英语发展和加强了民族一体化意识，其效果和深刻程度迄今为止在印度历史上是罕见的。另一方面，它使知识分子摆脱致使一切首创精神与探索精神濒于瘫痪的

---

① K. M. 潘尼迦：《印度简史》，简宁译，新世界出版社，2014，第 253 页。

② D. D. 高善必：《印度古代文化与文明史纲》，王树英等译，商务印书馆，1998，第 7 页。

③ D. D. 高善必：《印度古代文化与文明史纲》，王树英等译，商务印书馆，1998，第 16—17 页。

④ D. D. 高善必：《印度古代文化与文明史纲》，王树英等译，商务印书馆，1998，第 27 页。

思想状态。[①] 英语展示的科学知识和技术如同一片神奇的土地，给接受英语教育的知识分子留下深刻印象，那截然不同于他们自己的、更具激发力的文学使他们陶醉，激发他们欣然投身英语学习。可以说，历史环境使英语成为印度这次革命动荡的力量，在现代印度及其文学发展中起着独特的历史作用。英语教育和西方学术引进印度之后，孟加拉语最先受到其积极影响，同时，印度思想似乎对于西方思想中自由主义——人道主义传统有着天然的接受力，印度民众在不知不觉中受到了英语教育和英语文学的熏陶。[②]

英国在印度实施的殖民教育，包括语言教育，对印度产生的影响是独特的，也是复杂的。即使遭受英国的入侵和殖民统治，印度社会仍然在按自己的方式发展。

从 18 世纪后期开始，一些对东方文化抱有浓厚兴趣的英国官员和学者支持印度语言和文化的传承与发展。但与此同时，英语教育及其对印度文化的影响培植了印度新兴阶层的西式文化话语。

一方面，随着印度文化在欧洲的传播，印度民族文化和民族主义开始复兴。例如，威廉·琼斯从 1783 年来到印度之后，次年创立了孟加拉亚洲学会。他翻译的《沙恭达罗》被认为是欧洲人对东方文化感兴趣的开端。[③] 他的工作，除了让西方人士赏识印度文化外，还对印度本身有非常特殊的作用。欧洲的梵文研究成果让印度人对祖先遗留给自己的伟大文化财富开始有了认识，印度的民族自尊心随着印度文学在欧洲的传播而得到恢复。“从这个意义上说，琼斯可以被称为 19 世纪印度伟大复兴的创始人之一。”[④] 近代对印度经典的研究，正是由于马克斯·缪勒（Friedrich Max Müller）、莫尼尔·威廉斯（Monier-

① A. L. 巴沙姆主编《印度文化史》，闽光沛等译，商务印书馆，1999，第 602 页。

② A. L. 巴沙姆主编《印度文化史》，闽光沛等译，商务印书馆，1999，第 608 页。

③ K. M. 潘尼迦：《印度简史》，简宁译，新世界出版社，2014，第 251 页。

④ K. M. 潘尼迦：《印度简史》，简宁译，新世界出版社，2014，第 252 页。

Williams）等人对印度文化的热心才有了初步的推动。另外，由于欧洲学者用英文出版翻译著作，新兴的中产阶级才知道自己民族思想中包含的高贵东西。“由于马克斯·缪勒的鼓励而出版的东方圣书，以及西方对印度哲学的研究，对于印度日益高涨的民族主义之感增加了推动力。”①

另一方面，英国文化教育下的新一代“印度绅士”为英国的殖民统治培植西式的文化话语。被称为“薄陀罗卢迦”（bhadralok，上等家庭的人）的新精英群体对英语文学和孟加拉文学的复兴都非常感兴趣。孟加拉的文艺复兴受到许多人的热情欢迎，他们用广为流行的宗教形式将一种新的印度教哲学思想与浪漫的怀旧之情结合起来。一些新孟加拉精英的代表看上去的确像麦考莱希望的那种“印度绅士”，现在他们事实上已经存在了——衣着整洁而优雅，说着比英国上司更为标准的英语。孟加拉的“巴布”（Babu）具有明显的“非印度化”特征，以至于他们被本土人排斥。这些有教养的孟加拉人不但不能作为自己民族的真正代表赢得尊重，还经常被当作“低等的帝国主义者”而招致憎恨。不过，因为统治者的官僚行政事务需要许多办事员、簿记员来办理，“巴布”受到英国人的欢迎，并为英国统治的基层机构服务。可以说，“英国对印度的统治与其说是用剑，倒不如说是用笔”②。

第三节　英语教育对殖民地意识形态的渗透

在大英帝国的历史中，英国对自己的价值观和制度都非常自信。英国对全世界的影响涉及政治体制、宗教信仰、教育模式、建筑艺术、文化品位等诸多方面。英国人通过殖民统治进行宗教、科学技术、文

---

① K. M. 潘尼迦：《印度简史》，简宁译，新世界出版社，2014，第 265 页。

② 赫尔曼·库尔克、迪特玛尔·罗特蒙特：《印度史》，王立新、周红江译，中国青年出版社，2008，第 317 页。

学与文化渗透，影响殖民地意识形态和价值观念。“到19世纪20年代，英语的使用在大部分殖民地都变得非常广泛，殖民当局视英语为一种权威性的而且本质优越的文化的传播媒介。他们认为英语在政府部门的普及在道德上是合理的，在行政上也是有用的。……一种共用的语言可以使统治变得容易，可以增强团结意识，可以反映共同的价值观。”①

一、英语教育对爱尔兰殖民地意识形态的渗透

（一）英语教育对爱尔兰宗教的渗透

爱尔兰殖民地的一个重要问题就是新教与天主教之间的矛盾。因为历史的原因，爱尔兰人大多是虔诚的天主教徒。随着英格兰人对爱尔兰的入侵，新教凭借武力和行政力量在爱尔兰得以广泛传播。人数众多的天主教徒大多只能生活在山区和贫瘠地区，不过，“他们保留着自己的宗教和语言，甚至还产生了不少用爱尔兰语进行创作的诗人，给我们留下了一些非常激动人心的诗篇”②。

屈勒味林（George Macaulay Trevelyan）认为，在英国实施的宗教改革等政策似乎并不适用于爱尔兰，“因为他们向来把罗马视为外国势力，只和盎格鲁-爱尔兰贵族有深厚的关系，而和一般人民的关系则浅薄。……岛中的教育固不振作，但所有的教育，其大部尚依附寺院而生存。……他们并不树立大学或学校以代替寺院。欧洲文艺复兴及新学的浪潮本未波及爱尔兰的塞尔特人，而亨利的英语圣经及爱德华的英语祈祷书亦为他们所不能阅读”③。都铎王朝初期在爱尔兰的政策产

---

① P. J. 马歇尔主编《大英帝国史》，樊新志译，世界知识出版社，2018，第184页。

② 艾德蒙·柯蒂斯：《爱尔兰史·下册》，江苏师范学院翻译组译，江苏人民出版社，1974，第439页。

③ 屈勒味林：《英国史·中册》，钱端升译，商务印书馆，1943，第461—462页。

生的结果似乎与在威尔士完全不同。在很长一段时间里，英格兰王室的力量并不能完全左右爱尔兰的局势。在 17 世纪，爱尔兰保留了自己的议会。在爱尔兰议会中，尽管上议院主要由直辖区及邻郡忠于英王的老一代英国人和天主教徒组成，但本地的天主教徒在下议院里往往能争取到多数席位。[①] 因此，英国政府只能尽可能在爱尔兰保持新教与天主教的均势。

在教育方面，1634 年爱尔兰总督托马斯·温特沃斯·斯特拉福（1632—1640 年在任）把英国教会的三十九信条强加给三一学院，首次规定天主教徒学者要履行王权至高宣誓。其实际后果是，“天主教徒学者虽然能继续上学受教育，却不能获得学位，不能担任学校的评议员，不能领受奖学金”[②]。1660 年之后，新教在爱尔兰开始占据优势。到 17 世纪末，天主教徒出国留学被列为非法行为，而且不准他们在国内创办公立学校。这项法令以及其他“剥夺享受教育权利”的法令，“使一个具有贵族传统和文化传统的民族变得粗野起来，使这个民族沦入农民地位和愚昧无知的状态”[③]。

在 18 世纪汉诺威王朝统治下，特别是 1714—1760 年，爱尔兰很少有什么政治历史可言。[④] 英王很少插手政务，爱尔兰事务主要靠事务大臣和总督管理。1750 年，英国政府开始向天主教徒让步，实施信仰自由法令，新教和天主教重新取得均衡的局面。到 1778 年，爱尔兰议会也减轻了“惩罚法典”的严酷程度。根据 1778 年加德纳的第二个宽容

---

① 艾德蒙·柯蒂斯：《爱尔兰史·下册》，江苏师范学院翻译组译，江苏人民出版社，1974，第 442 页。

② 艾德蒙·柯蒂斯：《爱尔兰史·下册》，江苏师范学院翻译组译，江苏人民出版社，1974，第 453—454 页。

③ 艾德蒙·柯蒂斯：《爱尔兰史·下册》，江苏师范学院翻译组译，江苏人民出版社，1974，第 535 页。

④ 艾德蒙·柯蒂斯：《爱尔兰史·下册》，江苏师范学院翻译组译，江苏人民出版社，1974，第 557 页。

法案，凡是在1778年已经履行过忠诚宣誓的天主教徒，可以按照新教徒同样的条件购买、持有或遗赠自由掌管地和租种权；同时，包括剥夺教育法令在内的其他法令也都被废除了。[①] 天主教徒得以享受平等的教育，不过他们在“公立学校”里仍然只能享受到新教教育，不允许创办天主教大学。

1801年爱尔兰与英格兰正式合并成立不列颠爱尔兰联合王国。但英王针对天主教许下的诸多诺言经历了很长一段时间才得以实现。1831年爱尔兰实施国民教育制度，以满足民众的需要和天主教徒的宗教教育要求。[②] 但英语仍然是学校唯一的教学语言。天主教徒似乎也已经接受了这一事实，包括奥康奈尔在内，尽管他用爱尔兰语发表演说为爱尔兰辩护，但是，“他告诉人们，这个古老的语言是现代进步的障碍物”[③]。爱尔兰天主教会对这种古老语言所取的态度，即使称不上敌视，却也并不关心。“神甫们深恐爱尔兰语会被用作改宗的工具，所以他们规劝农民抛弃这种语言，结果使爱尔兰语遭到了进一步的打击。”[④]

1854年，天主教的主教们打算创办一所“天主教大学”，由约翰·纽曼担任校长，但是这项计划没有成功。1873年通过一项法令，三一学院把评议员资格和高等学位开放给各教派。1908年创办了爱尔兰国立大学，特许状规定各教派教徒都可入学。至此，爱尔兰教育领域的宗教问题基本得以解决。

---

① 艾德蒙·柯蒂斯：《爱尔兰史·下册》，江苏师范学院翻译组译，江苏人民出版社，1974，第596页。

② 艾德蒙·柯蒂斯：《爱尔兰史·下册》，江苏师范学院翻译组译，江苏人民出版社，1974，第685页。

③ 艾德蒙·柯蒂斯：《爱尔兰史·下册》，江苏师范学院翻译组译，江苏人民出版社，1974，第680页。

④ 艾德蒙·柯蒂斯：《爱尔兰史·下册》，江苏师范学院翻译组译，江苏人民出版社，1974，第703页。

（二）英语教育对爱尔兰文化的渗透

在爱尔兰，“英语是殖民语言，爱尔兰语是灵魂语言；英语使人们免于迷信的恶性，爱尔兰语则是爱尔兰本色的保证；英语是诗歌的语言，爱尔兰语则是爱尔兰新教救世的关键；……爱尔兰语是过去的语言，英语则是现代世俗商务语言；爱尔兰语是民族语言，英语则是智识严格的语言”①。

在英国的殖民统治和民族同化政策下，英语成为爱尔兰的通用语言和文学语言。英语教育对爱尔兰文学文化产生直接或间接的影响。但爱尔兰人仍然对自己的民族精神和古老传统怀有深厚的情感，并试图复兴爱尔兰民族文化。

17 世纪到 18 世纪，许多爱尔兰籍的作家迁居英国，例如，康格里夫（William Congreve，1670—1729 年）、哥尔德斯密斯（Oliver Goldsmith，1703—1774 年）、斯蒂尔、斯威夫特等，他们用自己的作品丰富英国文学，到 18 世纪末，英语的文学在爱尔兰盛极一时。期间，被入侵者所排斥的爱尔兰语文逐渐被英国语文所驱除，但英国民族同化爱尔兰民族的企图并没有得逞。② 例如，斯威夫特虽然用英文写作，他一生始终为祖国的利益和热情而奋斗，毫不留情地解开奴役者的假面具（《格列佛游记》，1726 年）。用恩格斯的话说，爱尔兰人“越是精通了英国的语文，忘了本国的语文，越成为爱尔兰人”。在爱尔兰的民族解放运动中，特别是 19 世纪 40 年代，爱尔兰涌现出大批的政治诗人，他们是爱尔兰民族诗歌优秀传统的承继者。③ 爱国主义杂志《民

① Tony Crowley, *The Politics of Language in Ireland 1366-1922* (London and New York: Routledge, 2000), p. 1.

② 王振华、陈志瑞、李靖堃：《列国志：爱尔兰》，社会科学文献出版社，2007，第 31 页。

③ 王振华、陈志瑞、李靖堃：《列国志：爱尔兰》，社会科学文献出版社，2007，第 32 页。

族》的创办人戴维斯（Thomas Davis，1814—1845年）用他自己的诗句唤起人们的民族自尊心，与他并肩作战的还有诗人兼小说家曼海（James Clarence Mangan，1803—1849年）、诗人费尔格逊（Sir Samuel Ferguson，1810—1886年）等。

近代爱尔兰的文学复兴大约开始于1890年，它是由斯坦迪什·奥格雷迪（Standish O'Grady）、叶芝（William Butler Yeats）、埃伊（“AE”，即George Russell）以及一些用英语写作的诗人、戏剧家和富有想象力的作者们开创的。1893年，道格拉斯·海德（Douglas Hyde）创建了盖尔语联盟，出版用爱尔兰语编写的《黎明》周报；彼得·奥利里神父采用现代爱尔兰口语写作的文学作品强烈地吸引了讲爱尔兰语的老年读者，而且使成千上万的年轻人产生强烈的兴趣。① 但是，到1900年左右，尽管在爱尔兰西部和南部沿海地区大约有50万人仍旧讲爱尔兰语，但这一古老的语言正在迅速地衰亡下去。1922年以后本国政府还强迫推行过盖尔语，也并未能阻挡其衰落的脚步。

二、英语教育对北美及澳新殖民地意识形态的渗透

在英国的海外殖民地，传教活动与探险活动接踵而至。而传教活动又与语言及文化教育相互融合。

（一）英语教育对北美殖民地意识形态的渗透

1. 北美清教徒移民的宗教教育

詹姆斯一世执政时期（1603—1625年），一些英国移民在切萨皮克（Chesapeake）争夺财富，而英国国内一些人则期望把广阔的北美洲当作上帝修建教堂的地方。他们认为英国国教仍然充满天主教的遗迹，

① 艾德蒙·柯蒂斯：《爱尔兰史·下册》，江苏师范学院翻译组译，江苏人民出版社，1974，第758页。

希望净化英国国教，因而被称为“清教徒”（Puritans）。清教徒们对英国改革宗教的诉求在詹姆斯一世那里遭到压制，到查理一世（1625—1649 年）时更是遭到残酷镇压。为逃避宗教迫害，清教徒们把目光转向了爱尔兰、荷兰、加勒比海，尤其是北美。1620 年，一群清教徒乘坐“五月花号”（Mayflower）船到达科德角，幸存者在威廉·布拉德福德（William Bradford）的领导下在普利茅斯安顿下来，在那里建立了永久殖民地；1630 年，1000 名清教徒相继奔向他们期望的乐土，截至 1642 年给新英格兰带来约 1.8 万名殖民者。

“他们建立的社会以团结和奉献一切为目的，志在改造腐败的世界。美洲的清教主义强有力地影响了这个民族的历史，特别是通过培育这样一种信念，即相信美洲在这个世界上负有特殊的使命。”[①] 在毕业于剑桥的约翰·温斯罗普（John Winthrop）的领导下，这些清教徒开始执行国王颁发给马萨诸塞湾公司的特许状，兴建他们的乌托邦——一个纯粹的基督徒社会。

清教徒创办了英国殖民地的第一份印刷刊物，1636 年创办哈佛学院，培养了大批牧师。清教徒领袖们还在 1642 年启动一项大胆尝试，开创由税收支持的学校体系，面向所有希望接受教育的人。清教徒的一个具有凝聚力的因素是强调文化教育，他们试图通过教育保护自己的核心价值观，这一点最终成为美国社会的特征。[②] 清教徒将宗教置于生活的中心，格外重视对教义问答手册、赞美诗集，尤其是《圣经》的阅读。

但英国的清教教育并非在任何地方都行之有效。非英语殖民社区的教育大多保留了各自的宗教和语言特征。法属圣劳伦斯地区一直保

---

① 加里·纳什等编著《美国人民：创建一个国家和一种社会·上卷 1492—1877》（第 6 版），刘德斌主译，北京大学出版社，2008，第 81 页。

② 加里·纳什等编著《美国人民：创建一个国家和一种社会·上卷 1492—1877》（第 6 版），刘德斌主译，北京大学出版社，2008，第 87 页。

持着法语优势。新尼德兰殖民地即使从荷兰人治下转手到英国人手中，荷兰殖民者在几代的时间里仍然保持着其民族特性，坚持使用自己的语言。例如，“纽约保持了语言多样、宗教宽容的特点，而且其人民从不允许宗教热情和乌托邦计划干涉务实的商业运行”①。

2. 英语教育对印第安人意识形态的渗透

在欧洲人涉足北美之前，北美印第安人生活在一种不同的环境中，从而形成一种具有显著差异的文化模式、价值规范、社会结构和行为模式。②

印第安人的教育并非起源于传教学校，在欧洲人到达之前，每个印第安部落都有着完善的、正式或非正式的对青少年和儿童的教育和训练制度。③ 印第安人教育包括所谓的“三门基础课”：实用技能或生存技能、传统文化知识和精神意识。其中印第安传统文化知识通常采用歌曲、舞蹈、戏剧以及各种简单或复杂的符号、文字等形式，巫医、部落酋长以及部落中的年长者都肩负着向下一代传授知识和文化的重任。精神意识教育则通过庆典、祭祀等活动，或者“精神探索”（如数日的独居、斋戒、面对困境）等方式完成。④ 在印第安人的传统教育思想与实践中，核心的观念包括：精神、理性与肉身的结合，健康与自尊等。基于这些核心观念的印第安传统教育，在培养年轻一代时，追求人与自然的和谐相处，通过磨炼自我从而战胜困难。

① 加里·纳什等编著《美国人民：创建一个国家和一种社会·上卷 1492—1877》（第 6 版），刘德斌主译，北京大学出版社，2008，第 91 页。

② Timothy Reagan, *Non-Western Educational Traditions: Local Approaches to Thought and Practice*, *4th Edition* (New York and London: Routledge Taylor and Francis Group, 2018), p. 239.

③ L. 迪安·韦布：《美国教育史：一场伟大的美国实验》，陈露茜、李朝阳译，安徽教育出版社，2010，第 61 页。

④ L. 迪安·韦布：《美国教育史：一场伟大的美国实验》，陈露茜、李朝阳译，安徽教育出版社，2010，第 62—64 页。

来自英国的清教徒和其他宗教组织在北美殖民地开办学校，学校以“一种极端的方式同时进行着去文化和同化的工作。他们基本上认为印第安人是可教化的，但他们却试图完全消灭部落文化，并试图把英国的宗教观念和文化细化到印第安人最细微的外表和行为之中”[①]。还有一种方式，就是将“已教化”或可教化的印第安人从部落中分离出来。1651 年，“印第安人的使徒”约翰·艾略特（John Eliot）建立了一座所谓的“祈祷之城”。在那里印第安人像英国人一样生活，遵守英国法律、上教堂、去学校，不得沿袭印第安人的传统风俗习惯。

同时，北美的传教活动也经历了本地语传教、双语传教到英语单语传教的发展过程。在向印第安人进行传教的初始阶段，传教士们花费了大量的时间和精力学习当地居民的语言，以便更有效地把上帝的福音传播给他们。1631 年到达波士顿的英国清教主义教士约翰·艾略特不仅用英语和阿尔冈昆语两种语言在阿尔冈昆人中间传播基督教，还把《圣经》翻译成印第安语。[②] 他在马萨诸塞湾建立了十多个印第安祈祷村，同时用英语和印第安语传教，并培养了一批印第安基督教教士。但由于印第安事务官员对他的观点和做法持怀疑态度，并把1675—1676 年菲利普王战争中印第安祈祷村反目成仇的原因归结为艾略特等人的双语传教，认为用印第安语传教助长了印第安人的民族自尊心，“延缓了同化过程”。[③] 从此，英语单语传教和教育取代了双语传教和教育。

但对于印第安人而言，尽管许多人定居在“祈祷之城”，去教派学

① M. C. Coleman, *American Indian Children at School, 1500-1930* (Jackson, MS: University of Mississippi Press, 1993), p. 37.

② Margaret Connell Szasz, *Indian Education in American Colonies, 1607-1783* (Albuquerque: University of the New Mexico Press, 1988), pp. 105-106.

③ James Axtell, *The Invasion Within: The Contest of Cultures in Colonial North America* (New York and Oxford: Oxford University Press, 1985), pp. 185-187.

校，有些甚至被哈佛、达特茅斯等学院录取，他们仅将其视为一种生存方式。大部分印第安人并不认为殖民地学校提供的教育具有优越性，不愿意为之放弃自己的传统和风俗。

（二）英语教育对澳新殖民地意识形态的渗透

“随着19世纪英国人对欧洲以外世界了解的增多，他们对陌生文化也越来越易于持批评态度，甚至不屑一顾。”① 于是，英国殖民者试图在非欧洲殖民地推广英国模式。

在多元文化的澳大利亚民族一体化进程中，英语教育扮演了一个重要角色。“自阿诺德以来，英语文化主义明确选择国家和州资助的教育体系作为文化得以保存和延续的机制，也作为抵制日益强大的机械和物质文明准则的中心。”②

1. 宗教意识在殖民地的传播

英国人自称是基督徒，牧师和传教士是英国海外势力的一个重要组成部分，“宗教成了帝国体系中思想交流的主要工具”③。18世纪末传教士选择传教的地方主要是英国人在探险和贸易活动中所接触和了解的地方，各宗教团体都有一个共同的信念，即在全世界范围内使人皈依基督教不仅是可能的，而且是他们的责任，因而他们的态度中夹杂着对殖民主义和强大的英国势力扩张的支持。④ 例如，帝国吞并新西兰就是在布道团的要求下进行的。

传教活动在新西兰毛利人和澳大利亚土著居民中展开，同时兼顾发展本地的教育事业。1825年，新南威尔士就曾尝试给已建立的圣公

① P. J. 马歇尔主编《大英帝国史》，樊新志译，世界知识出版社，2018，第192页。

② 理查德·内尔：《澳大利亚文明》，李尧、刘新民等译，中国文学出版社，1998，第191页。

③ P. J. 马歇尔主编《大英帝国史》，樊新志译，世界知识出版社，2018，第199页。

④ P. J. 马歇尔主编《大英帝国史》，樊新志译，世界知识出版社，2018，第199—200页。

会教堂赋予土地和教育职责。不过19世纪70年代以后，澳大利亚和新西兰的教会学校就再也没有得到政府的资助了。对于在教会学校和向当地异教徒传教，殖民地的移民教徒几乎不感兴趣。其结果是，由于当地没有教堂和牧师，许多移民者对宗教学习也逐渐失去了热情。[①]

2. 英语学科在殖民地的发展

对于许多英联邦的作家来说，英语是由他们那些讲英语的祖先们传下来的一种语言。“在这一点上，最明显的是澳大利亚人、新西兰人。”[②]

在19世纪，特别是在20年代，这种文化主义以“英语”学科的形式固定了下来。在澳大利亚，“英语文学”作为一门学科不仅维持着英语国家文化的整体性，而且也与现代英语民族主义的发展和大英帝国民族主义的发展联系起来。许多学者为澳大利亚英语文学和英语教育做过重要贡献。芒戈·麦克凯拉姆爵士于1887至1921年在悉尼大学主持现代文学讲座，这是澳大利亚第一个英语文学讲座。他之后又建立了亨利·纽博尔特爵士（Sir Henry Newbolt）英语协会悉尼分会，并成为第一任会长。

在澳大利亚，“英语”作为一门学科，一开始就建立在帝国思想的根基之上，其文化主义传统“一方面对资本主义的现代性持根深蒂固的保守态度，另一方面它又非常渴望超越那种现代性”[③]。这具体体现在澳大利亚文化研究中“亲英派”的文学批评与民族文化批评主义之间的对立。正如马克思主义文化批评家雷蒙德·威廉斯所说：“我们正处在一个过渡的社会，文化的理念通常为过渡时期的各种力量所认同。文化是旧的有闲阶级的产物，他们如今需要捍卫这一文化，以免受新的破坏性力量的侵蚀；同时，文化又得到新兴阶级的继承，这一阶级

---

① P. J. 马歇尔主编《大英帝国史》，樊新志译，世界知识出版社，2018，第205页。

② P. J. 马歇尔主编《大英帝国史》，樊新志译，世界知识出版社，2018，第189页。

③ 理查德·内尔：《澳大利亚文明》，李尧、刘新民等译，中国文学出版社，1998，第193页。

如今试图解放这一文化，以免受旧的力量的禁锢。”①

三、英语教育对印度殖民地意识形态的渗透

在印度，英国王室和贵族最为关注的或许是商业利益，因此英国政府最初并不太关心印度的教育事业。尽管有些人热心办学，例如，孟加拉总督沃伦·黑斯廷斯鼓励复兴印度学，1781年创办加尔各答宗教学院马德拉萨（Calcutta Madrasah），依照伊斯兰教的原则进行教学，授课语言为阿拉伯语；威廉·琼斯爵士1784年在加尔各答创办孟加拉亚洲学会（Asiatic Society of Bengal）；驻扎官乔纳森·邓肯（Jonathan Duncan，1756—1811年）1792年在贝拿勒斯创办梵文学院；在德里，福雷泽（Fraser）为柴达明尔的儿童开设学校，用波斯语进行读写教育；等等。但始终没有人提议建立一种政府管理或监督的教育制度。② 他们所持的指导思想是：“需要精通梵文、波斯文和阿拉伯文的印度官员们协助他们管理这个国家，并且希望建立与传统的印度教和伊斯兰教名流们之间的友好关系。”③

1813年，国会曾要求东印度公司为“传入有用的知识和宗教及道德的改进”采取措施。1823年东印度公司在孟加拉指派一个公共教育委员会，却仍然只是在加尔各答筹建一所梵文学院。针对这一情况，许多人提出反对意见，拉姆莫汉·罗伊就曾为此向总督阿默斯特勋爵递交请愿书，提出强烈抗议。针对计划设立的梵文学院，他批评道：“学生们将在这里获得的是两千年以前已知的东西，加上浮泛和空洞的

---

① Raymond Williams, *Culture and Society, 1780-1950* (New York: Doubleday & Company, 1960), p. 338.

② R. C. 马宗达、H. C. 赖乔杜里、卡利金卡尔·达塔：《高级印度史·下》，张澍霖等译，商务印书馆，1986，第879页。

③ 瞿葆奎主编《印度、埃及、巴西教育改革》，人民教育出版社，1991，第150页。

难以捉摸的东西。”[①] 他建议采取一种包括数学、自然哲学、化学、解剖学及其他有用科学的比较自由和开明的教学体系。他的这种观点代表了当时印度进步人士的见解，促进了英式教育的推行。相反地，英语教育得到发展，并在政治意识、宗教意识和文化意识等方面对印度殖民地产生显著影响。

（一）政治意识

英国人并非没有意识到在印度的教育植入可能对殖民统治国家造成负面影响，直到 20 世纪初期，在时任印度总督（1898—1905 年）克镇（Curzon）勋爵的提议下，才开始采取“拯救大学的原始理念从而使大学免于狭窄的观念的侵蚀”[②]。毕竟，英国高等教育植入印度的目的是服务于英国的经济、政治和管理利益，尤其是为了加强和维护他们对印度这个国家的统治。

当英国政府还在踌躇不前时，印度、欧洲的进步思想家们在为传播西方新思想不懈努力。因此，当公共教育委员会拨款刊印梵文、阿拉伯文及波斯文著作并维持梵文学院和宗教学院的时候，传教士们得到了开明印度人士的支持，创办了按照西方教育方法的学校和学院，并设立了一所发售英文书籍的科教书社。不过，后来公共教育委员会内部也分成两派——“东方学派”和“崇英学派”，后者主张公费只用来支持以英语传授的西方自由教育。尽管能接受这种教育的学生有限，他们认为，西方教育能通过这些学生影响到人民大众。这就是崇英学派所主张的“渗透说”（Filtration scheme）。[③]

---

① R. C. 马宗达、H. C. 赖乔杜里、卡利金卡尔·达塔：《高级印度史·下》，张澍霖等译，商务印书馆，1986，第 880 页。

② N. 加雅拉姆：《印度的高等教育大众化与变革》，载菲利普·G. 阿特巴赫、马越彻主编，《亚洲的大学：历史与未来》，邓红风 主译，中国海洋大学出版社，2006，第 52 页。

③ R. C. 马宗达、H. C. 赖乔杜里、卡利金卡尔·达塔：《高级印度史·下》，张澍霖等译，商务印书馆，1986，第 881 页。

崇英学派主要来自三个派别——福音主义者、自由主义者和功利主义者。福音主义者格兰特和包括威尔伯福斯（W. Wilberforce）在内的其他克拉珀姆教派（Clapham Sect）成员敦促东印度公司把英语教育作为传播基督教的媒介引进印度，他们的作品暗含着这样一种看法："就像西方国家那样，宗教改革必将导致印度在经济和政治上的复兴。"① 自由主义者们，如麦考莱等，则确信西方教育的优越性，提出应在印度创立西方式的全印教育制度。而功利主义者们，例如，詹姆斯·穆勒（James Mill，1773—1836 年）也是反对东方教育的英语支持者，他出版的《不列颠印度史》透彻地分析了印度社会的缺陷，同样出自他手笔的董事会的《急件》指责东方教育"别出心裁并带有根本性的错误"，认为教育的目的是提倡有用的学习，而不是那些"晦涩的和没有价值的知识"。②

英语教育的好处，多半为中产阶级的印度教徒所享有。尽管接受英语教育者只是少数人，却产生了值得注意的结果。它不但使印度人适于参加本国行政，而且还以自由思想激励他们。③

英语教育的推广为统治者和被统治者提供了一个实在的联系。特里威廉（Charles E. Trevelyan，1807—1886 年）1838 年在《论印度人民的教育》一书中写道："英国文学的精神只会有助于同英国的联系。"英语教育会使印度人不再认为他们的统治者是外国人，而会在事实上认为他们是"聪明而热情的合作者"④。于是这将有助于英国永久而稳定的统治。无疑，西方文化在印度的传播给印度所带来的是政治利益。

---

① 瞿葆奎主编《印度、埃及、巴西教育改革》，人民教育出版社，1991，第 151 页。

② "Despatch to Bengal"(18-2-1824), In *Selections from Educational Records: Part 1, 1781-1839*, ed. Henry Sharp(Calcutta: Superintendent of Government Printing, 1920), p. 91.

③ R. C. 马宗达、H. C. 赖乔杜里、卡利金卡尔·达塔：《高级印度史·下》，张澍霖等译，商务印书馆，1986，第 882 页。

④ Charles E. Trevelyan, *On the Education of the People of India* (London: Longman, 1838), pp. 189-190.

（二）宗教意识

在欧洲人入侵印度之前，印度存在多种宗教。除了居于优势地位的伊斯兰教（莫卧儿王朝就是信奉伊斯兰教的），还有起源于雅安人婆罗门教的印度教以及锡克教、佛教等。欧洲人征服孟加拉国，对印度教的地位产生突出的影响。[①] 在伊斯兰教徒的统治下，官方对印度教采取容忍的态度，但在英国人眼里，印度教和伊斯兰教都是异教，好在东印度公司对宗教不感兴趣，这反而使得印度教获得了自由。

鼓励东方教育是欧洲传教士进入印度时采取的策略。最初，包括浸信会教徒乔舒亚·马什曼（Joshua Marshman）、威廉·凯里和威廉·沃德（William Ward）在内的英国传教士被拒绝进入加尔各答，被迫居住在丹麦殖民地赛拉姆普尔（Serampore）。他们在翻译、印刷和使用多种印度语言传授《圣经》等方面做了大量的工作，有效加强了盎格鲁-东方学的教育，促进了对印度-雅利安语言的研究。[②]

从 1813 年起，特许法案取消了东印度公司对传教事业的禁止，打开了特许传教士和私营商人通向印度的通道。殖民当局的政策发生了明显的变化，英国议会通过印度基督教工作法，以官方的名义积极鼓励在印度传播基督教，期望用精神征服来巩固武力征服的成果。[③] 著名传教士亚历山大·杜弗、约翰·威尔逊等先后来到印度，他们通过办学校、办报纸、开医院、举办慈善事业等手段招徕群众。到 1850 年，特里维尼地区改宗的就达 4 万人。“亚当·斯密的自由主义精神因而经由公司特权的狭窄入口与福音主义的真理共同前进，预示了英国的新

---

① K. M. 潘尼迦：《印度简史》，简宁译，新世界出版社，2014，第 261 页。

② 斯坦利·沃尔波特：《印度史》，李建欣、张锦冬译，东方出版社，2015，第 205—206 页。

③ 林承节：《印度民族独立运动的兴起》，北京大学出版社，1984，第 67—68 页。

印度帝国性质的许多变化。”①

英国教育与基督教传教士讲道作用相似，共同服务于英国的统治。东印度公司为促进和维持它巨大领地的有效管理，义不容辞地向本地人传授英语。而传教士都是专注的语言学家，他们在学习孟加拉语、乌尔都语、马拉提语、泰米尔语、泰卢古语和其他印度语言方面都取得了很大进步，但传教士们还得教授每位收税官及其助手所要求的每种方言并达到熟练程度。事实上，期望年轻的英国人能学习足够的印度语言，让他们能处理日常的行政性征收、支付和处罚等事务，成本很高。相反，印度人在掌握英语方面显得驾轻就熟，比他们的主人学习任何一种印度方言的效果都好。②

1813 年特许法案之后的十年间，在英国传教士、自由贸易和东方主义教育共同的影响下，有效地激起了孟加拉年轻知识分子极其强烈的反应，并逐渐形成了加尔各答现代化早期阶段的文化特征，被称之为印度的文艺复兴。③

对宗教危机感觉最敏锐的是受过西方教育或受了西方思想影响的知识分子。他们掌握了西方的理性主义、自由主义以及平等博爱思想后，迫切希望自己的国家和宗教繁荣进步，跟上世界潮流。这种思潮在 19 世纪第二个十年就开始出现，到 19 世纪中期印度民族资本诞生后变得更强烈。

宗教改革运动最先出现在孟加拉，1828 年拉姆莫汉·罗伊在加尔各答建立梵社，标志着宗教改革的开始。在他的好友德瓦卡纳特·泰

① 斯坦利·沃尔波特：《印度史》，李建欣、张锦冬译，东方出版社，2015，第 206 页。

② 斯坦利·沃尔波特：《印度史》，李建欣、张锦冬译，东方出版社，2015，第 207 页。

③ 斯坦利·沃尔波特：《印度史》，李建欣、张锦冬译，东方出版社，2015，第 208 页。

戈尔（Dwarkanath Tagore，1794—1846 年）及其子德宾德拉纳特·泰戈尔（Debendranath Tagore，1817—1905 年）的领导下，梵社影响大为增长，1865 年在孟加拉建有 59 个分支，梵社运动自 19 世纪 60 年代起由孟加拉扩展到马德拉斯和孟买。[①] 之后在 19 世纪 70 年代出现圣社，19 世纪 80 年代出现新毗湿奴运动等新的宗教改革团体。梵社、圣社等宗教改革运动旨在倡导“用理性原则检验宗教权威”“用一神论代替多神论”“用内心崇拜代替烦琐的仪式”等。[②] 新毗湿奴运动改革家则希望找到一种尽量不触动传统宗教形式的改革方案，强调真正的宗教改革应该源于印度教传统内部，西方的宗教哲学思想只能作为工作，帮助他们重新发现印度教的价值和理想，这在客观上更符合当时民族主义的要求。[③]

（三）文化意识

到 18 世纪，莫卧儿帝国瓦解，英国东印度公司的势力则稳步扩张。这是印度文明普遍衰落的时代，但在这块国土上，人的精神仍在起着作用。19 世纪以来，次大陆受到西方文化最彻底的影响，但印度文明一直在稳步发展。

以文学为例，自基督元年以来，印度文学至少有两种主要表达工具：一是梵语及其许多印度-雅利安语分支、巴利语以及后来的北印度现代诸语言；二是南印度的四种达罗毗荼语言。[④] 印度文学一直存在着某种程度的多样性，所有现代语言都拥有大量文学作品。在克利希那·克利帕拉尼看来，尽管印度文学是用多种语言写成的，但印度文学只是一个。15、16 世纪是现代印度-雅利安语言文学最为绚丽的发展时期，其灵感主要来源于对梵语遗产，特别是史诗中梵语遗产的继承，

---

① 林承节：《印度民族独立运动的兴起》，北京大学出版社，1984，第 68—69 页。

② 林承节：《印度民族独立运动的兴起》，北京大学出版社，1984，第 71—80 页。

③ 林承节：《印度民族独立运动的兴起》，北京大学出版社，1984，第 81 页。

④ A. L. 巴沙姆主编《印度文化史》，闽光沛等译，商务印书馆，1999，第 449 页。

也来源于对湿婆及其配偶迦梨即昌迪的虔诚崇拜。[①] 这一传统延续到17、18世纪。例如，18世纪最杰出的作家罗摩帕尼瓦德著有许多梵语和马哈拉什特拉语版作品。

克利希那·克利帕拉尼认为，在19世纪初之前，“从语言上讲，印度文学的两个主要来源是达罗毗荼语和印度-雅利安语；从文化上讲，它来自在梵语中表现出来的、受到佛教和耆那教影响以及为各地本地的口语传说所补充和修改的宗教传统和文学传统”[②]。

印度现代文学的新纪元始于1800年，当时在加尔各答建立了威廉堡学院，在加尔各答附近的赛拉姆普尔建立了浸信会教会出版社。拉姆莫汉·罗伊是印度现代文学的主要贡献者之一，他奠定了现代孟加拉语散文和印度文艺复兴的基础。另一个则是泰戈尔，“泰戈尔使印度文学采取了西方精神，从而使印度文学真正成为成熟的现代文学。……由于他，印度现代文学——不仅是诗歌，还有散文——步入了成年。长篇小说、短篇小说、戏剧、短论和文学评论全都在他手下臻于成熟”[③]。1913年泰戈尔获诺贝尔文学奖之后，他的影响更是超越了孟加拉边界，对全印度同时代作家来说，都是一种令人振奋的源泉。

在英国人的统治下，英语作为行政和教育用语被强制推行，在很大程度上掩盖了印度的文化传统。方言作家热衷于寻找欧洲人的生活经历，但这些仅属于“现代”生活，缺乏民族性，因为独特的民族性只有共同的印度传统才能赋予他们。[④] 而对于印度传统，地方语文学只是复制了一些昔日遗产的样式和观念，却带着明显的西方印记——要么是吸收欧洲文学的内容，或从英文翻译而来，或几乎完全以英国或

---

① A. L. 巴沙姆主编《印度文化史》，闽光沛等译，商务印书馆，1999，第455—456页。

② A. L. 巴沙姆主编《印度文化史》，闽光沛等译，商务印书馆，1999，第458页。

③ A. L. 巴沙姆主编《印度文化史》，闽光沛等译，商务印书馆，1999，第606页。

④ A. L. 巴沙姆主编《印度文化史》，闽光沛等译，商务印书馆，1999，第288页。

欧洲模型为基础；要么在外表上和精神上都是印度的，但又吸收了欧洲的形式和技巧。[①] 例如，班吉姆·钱德拉·查特尔吉的小说和虔诚歌、泰戈尔的抒情诗。特别是泰戈尔，他将古老印度的精神性与神秘主义和欧洲的唯美主义有机地结合在一起，受到一战前世界的钟爱。J. C. 高士评价说：“在当时的印度，泰戈尔是唯一的其作品显示出理解并吸收了高层次欧洲文学的作家。”[②]

英语在印度的地位也是独特的。有评论者认为，一方面，英语是以前外国强加的遗物，虽然勉强被容许作为正式用语，但仍然受到极端民族主义者的仇视；另一方面，它是高等教育的主要用语，并且是全印度知识分子之间的联系纽带。[③] 但事实上，英语不仅具有功利价值，可以作为高等教育的语言和科技界的“联系语言”；同时也具有思想价值，相当数量的印度作家，包括一些对印度思想有深入研究的杰出思想家，如维韦卡南达（Swami Vivekananda）、拉纳德（M. G. Ranade）、戈卡尔（Gopal Krishna Gokh-ale）、奥罗宾多（Sri Aurobindo）和拉达克里希南（Sarvepalli Radhakrishnan）等，都愿意用英语作为他们的书面语言，甚至圣雄甘地（Mohandas Karamchand Gandhi）的大部分著述也用英语。

同时，英语知识和英语文学的吸引力，不但没有阻碍印度语言的发展，反而被证明是有力的促进因素。[④] 一切印度现代的语言都在与英语的接触中得到滋养，并且结出了自己的丰硕成果。即使已失去活力的梵语，也在一定程度上得以展现其未曾开发的价值。梵语是印度曾经有过的唯一真正的民族语言，用印度思想的不朽源泉将各地和各阶级联系起来。A. K. 沃德感慨地说：“如果它连同其文化遗产一起消失

---

① G. T. 加勒特主编《印度的遗产》，陶笑虹译，上海人民出版社，2005，第 438 页。

② G. T. 加勒特主编《印度的遗产》，陶笑虹译，上海人民出版社，2005，第 440 页。

③ A. L. 巴沙姆主编《印度文化史》，闽光沛等译，商务印书馆，1999，第 620 页。

④ A. L. 巴沙姆主编《印度文化史》，闽光沛等译，商务印书馆，1999，第 602 页。

的话，印度将再也不成其为一个国家，而定将分裂成一系列欧洲式的邦国了。”[①] 因而印度语仍然是许多印度作家的写作语言。尽管泰戈尔从英语中获益甚多，但他一再强调，不用自己的母语写不出任何伟大作品，他把绝对依靠英语写作比喻为使用一副咔嚓作响的拐杖，自己的肢体会因闲置不用而萎缩。当然，泰戈尔的观点可能过于绝对，毕竟，一个作家所受文化教养和所处文化环境的语言应该是他从事创作和表达的最好工具。

在各种作品和出版物中，英语和印度各民族语言交错使用，成为知识界的一种常态。印度每年既用其主要民族语言也用英语印刷现代作品、报纸、杂志或学术期刊等。“任何英文期刊都有可能时常包括本地文或梵文的文章，而任何本地文字的期刊也不时有英文或梵文的文章。”[②] 古老经典即便用古典语言（梵语、俗语、巴利语、古波斯语、巴勒维语、阿拉伯语、西藏语）出版，也常有包括英语在内的某种现代语言的评注或译本。

19 世纪初，印度各种地方语所处的状况有些类似于乔叟时代的英语。与英语吸取各种外语的养分相类似，印度的这些语言“从那以后，凭借与英格兰的接触，它们不断地取得多产、多样性、活力和现代性”[③]。英语语言使它们能够不仅接触到英格兰的文学，而且通过译本接触到欧洲的文学。从 19 世纪 20 年代的代罗济奥到今天的 R. K. 纳拉扬（R. K. Karayan），许多天才的印度人选择用英语写作，并形成一种延续不断的传统。即使是中早期的一些先驱们，他们在创作生涯初期也被吸引去用英语从事写作，部分由于他们的灵感来自英语文学，部分由于他们希望借此获得更多读者。[④]

---

① A. L. 巴沙姆主编《印度文化史》，闽光沛等译，商务印书馆，1999，第 288 页。

② G. T. 加勒特主编《印度的遗产》，陶笑虹译，上海人民出版社，2005，第 56 页。

③ G. T. 加勒特主编《印度的遗产》，陶笑虹译，上海人民出版社，2005，第 438 页。

④ A. L. 巴沙姆主编《印度文化史》，闽光沛等译，商务印书馆，1999，第 621 页。

事实上，大多数印度人没有能力理解欧洲文学最优秀的方面，但这并不意味着在印度没有人读萧伯纳（George Bernard Shaw）、普鲁斯特（Marcel Proust）、艾略特或奥尔德斯·赫胥黎的作品，而是说这些作品对于印度文学的影响微不足道。在欧洲人或在欧洲接受教育的印度人的领导下，印度的大学试图改进其文学品味，但它们的影响未超出考试大厅，它们的课程也未超过丁尼生和布朗宁。所幸的是，“理智和现实主义，是西方文学能够给予印度的最伟大的两样东西”①。自19世纪以来，地方语文学比过去更多地接触了生活。尽管当时印度的思想和环境尚不具备改变的条件，印度的作家们仍然在寻求逃避现实，但青年作家们还是在试图借助同时代先进的欧洲文学来促进变化的发生。

19世纪，数百万有文化的印度人学习了英语，阻碍与西方人轻松交流的物质障碍大大削弱了，但同时也对印度的文化产生诸多负面影响。在G. T. 加勒特（G. T. Garratt）看来：“在印度发挥作用并定居下来的英语，没有为印度文化中较有价值的成分传播到国外提供良好渠道。甚至更令人吃惊的是，从这一混合的文明，从英国人影响下写作的印度人那里，或从印度和印度各族人民得来灵感的英国人，得到的收获是贫乏的。”② 1853年，卡尔·马克思一针见血地指出：“英国破坏了印度社会的基础本身，并且至今还没有表现出任何改造它的意图，丧失了旧世界而没有获得新世界，这使得印度居民目前的灾难带上了特别悲惨的性质，并使不列颠统治下的印度斯坦跟它的全部古代传统，跟它的全部过去历史断绝联系。”③

---

① G. T. 加勒特主编《印度的遗产》，陶笑虹译，上海人民出版社，2005，第441页。
② G. T. 加勒特主编《印度的遗产》，陶笑虹译，上海人民出版社，2005，第443页。
③ K. M. 潘尼迦：《印度简史》，简宁译，新世界出版社，2014，第263。

本章小结

从17世纪中期开始，英语教育追随着殖民者和移民的步伐延伸到大英帝国的海外殖民地。在不同历史阶段、不同地域，英语教育经历了不同的发展历程。首先，英语教育与新教传教士在海外迈出第一步，在向本地居民传播福音的同时传授英语和英国文化。其次，在第一帝国阶段（即17—18世纪中期），殖民政府在北美、澳洲等地主要采取种族灭绝、种族隔离和文化同化政策，强行推行英语教育；在第二帝国阶段（即18世纪中期到19世纪中期），殖民政府在非洲、印度等地采取相对温和的文化政策，一方面推行英语教育，用英国教育培植本地精英阶层，服务殖民统治，同时尊重当地文化，保护本地语言和传统文化；在19世纪后期，又采取全面的英语教育，重构殖民地文化身份。最后，针对殖民地不同国家移民，在全面实施英语教育的同时，实施有限的双语或多语教育。总之，英国在海外殖民地的英语教育受社会话语主体身份影响，同时又通过调和不同社会关系，重构知识、信仰体系和文化身份，对当地社会和文化产生深刻影响。

第四章　英国“现代英语”教育的全球化视野

“全球化”（globalization）一词最先出现在20世纪60年代的出版物中，1986年首次收入《牛津英语词典》（第二版）。大规模的全球化，或者说现代全球化（modern globalization）开始于19世纪晚期，在此之前的跨国贸易和文化交流被称为“近代全球化”（“Early modernization” or “Proto-globalization”），并以海上欧洲帝国的扩张主义（expansionism）为特征。[①] 例如，英国利用东印度公司及其海外贸易和殖民统治进行全球扩张。

伴随着英国的海外贸易和全球扩张，英国教育和现代英语教育也呈现全球化趋势。在英国历史上，联合王国四个部分的文化、语言、宗教及民族认同都不尽相同，也各有其教育传统。1536、1707和1800年《联合法案》先后将威尔士、苏格兰和爱尔兰纳入联合王国。18世纪，特别在美国和法国的战争时期，一种更明显的英国认同感逐渐形成，在大英帝国树立了最为大众化的认同感。“尽管在英国本土之外发生的对外战争是形成这种民族认同和文化的最重要的因素，但教育在此过程中的作用也不可小觑。”[②] 学校也促进了民族主义和帝国主义的

---

① A. G. Hopkins(eds.), *Globalization in World History*(New York: Norton, 2003), pp. 4-5.

② 安迪·格林：《教育、全球化与民族国家》，朱旭东、徐卫红等译，教育科学出版社，2004，第106页。

价值观，特别到19世纪末，包括殖民地的人们在内的帝国臣民对大英帝国的崇拜日趋强烈。不列颠历史、英语等学科教育以及体现基督教价值观的宗教教育成为培植文化帝国主义的重要手段。与此同时，特别是随着北美殖民地的独立，英语教育呈现出不同以往的变化，即所谓的全球化趋势。例如，英语本身的包容性发展——英语变体的出现，学校教育中语言教育政策的多元化发展——英语教育与本族语教育的并行，以及英语教育内容的文化内涵性发展——英语教育由作为狭隘的语言教学逐渐转向文化价值观念的浸染等。

第一节 英语教育全球化视野的社会语境

除了经济全球化和政治全球化，在文化领域，也存在着全球化理论。彼特斯（J. N. Pieterse）认为：“全球化最通常的解释是这样的观念，即通过源于西方的技术、商业和文化同步化，世界变得更加统一和标准化，并且全球化是与现代性联系在一起的。”① 而罗兰·罗伯森（Roland Robertson）则认为：“全球化涉及那些习惯上被叫作‘全球的’和‘地方的’，或者——用一种更抽象的说法——普遍的和特殊的东西同步进行和相互渗透。”② 在安迪·格林看来：“事实上，两者（全球的和地方的）最终结果会增强文化的多样性。”③ 但同时，作为全球化的一个结果，基于多样性和差异性的多元文化主义似乎正受着全球趋同性的威胁。④

---

① J. N. Pieterse, “Globalization as Hybridization,” In *Global Modernities*, eds. M. Featherstone, S. Lash and R. Robertson(London: Sage, 1995), p. 45.

② Roland Robertson, *Globalization: Social Theory and Global Culture* (London: Sage, 1992), pp. 52-53.

③ Andy Green. Education, Globalization and the Nation State (Basingstoke and New York: Palgrave Macmillan, 1997), p. 156.

④ C. W. 沃特森：《多元文化主义》，叶兴艺译，吉林人民出版社，2005，第68页。

对于教育而言，由于民族性国家教育的基础不再存在，政府不再控制他们的教育体系，学校的职责是为国内劳动力市场和全球劳动力市场培养年轻人。对于语言教育而言，官方语言或通用语的推广和民族语言或本地语言的保存则经历着由冲突到并存的过程。但是，“当原始的土著语言被一个群体或一个家庭认为是导致了他们尴尬的源泉时，双语主义（bilingualism）就在随后的几代中消亡了”[①]。这一进程导致的结果是，语言多样性正在消逝。英语教育在英国的帝国扩张中经历着同样的过程。而导致这一过程的因素，则涉及政治、经济、宗教和文化等方面。本节拟借用福柯的话语理论对诸要素进行分析。

一、基于话语理论的英语教育要素分析

在《知识考古学》一书中，福柯把“话语”（discourse）定义为：“所有陈述的整体、个体化的陈述组或说明特定陈述的符合规则的实践。”[②] 对福柯而言，话语由彼此关联的陈述构成，它们共享一个空间，共同建立语境。话语结构是适合于“客体”（objects）结构的规则、适合于“阐述方式”（enunciative modalities）和“主体地位”（subject positions）的规则、适合于“概念”（concepts）结构的规则，也是适合于“策略”（strategies）结构的规则。[③] 话语分析不是要特别说明什么样的句子是可能的或是“符合语法规则的”，而是要从社会历史的角度具体说明变化着的“话语结构”，并说明规则系统——它们使得某些陈述，而不是其他陈述有可能在特定的时间、地点和机构情景下出现。

---

① C. W. 沃特森：《多元文化主义》，叶兴艺译，吉林人民出版社，2005，第 67 页。

② Michel Foucault, *The Archeology of Knowledge*, trans. A. M. Sheridan Smith(London: Routledge, 2002), p. 41.

③ Michel Foucault, *The Archeology of Knowledge*, trans. A. M. Sheridan Smith(London: Routledge, 2002), p. 82.

福柯的话语分析不包括真正的文本话语分析和语言分析。他更强调话语的建构性（即话语建构社会，包括建构“客体”和社会主体）和互为话语性、互文性的首要地位（任何话语实践都是由它与其他话语的关系来界定）；同时，福柯主张权力的话语本性、话语的政治性和社会变化的话语本性。[①] 福柯在社会主体的建构过程中赋予话语以一种重要的作用。言下之意是，主体性问题、社会身份问题、“个性”问题等应该是话语理论和语言理论的主要关注对象。[②]

批判话语分析创始人之一、社会语言学家诺曼·费尔克拉夫（Norman Fairclough）借用福柯的术语，将建立和表达话语结构的范围称为“机构的和社会的‘话语秩序’”，即一个机构或一个社会内的话语实践整体，以及它们之间的关系。[③] 他采用福柯的立场，将话语实践对于社会身份的影响问题置于以文本为方向的话语分析的中心地位，将社会主体看作是由话语实践构成的，但是这些主体也能够重构和重建这些实践。话语有助于建构社会身份、社会关系、知识和信仰体系。[④] 同时，话语通过各种社会实践发生作用——政治的、经济的、文化的、意识形态的等。费尔克拉夫似乎更关注作为政治实践和意识形态实践模式的话语，在他看来，“话语作为一种政治实践，建立、维持和改变权力关系，并且改变权力关系在其间得以获得的集合性实体（阶级、集团、共同体、团体）。作为一种意识形态的话语从权力关系的各种立场建立、培养、维护和改变世界的意义”[⑤]。

话语实践可以从葛兰西的霸权理论中获得支持。葛兰西的霸权概

① 诺曼·费尔克拉夫：《话语与社会变迁》，殷晓蓉译，华夏出版社，2003，第52—53页。

② 诺曼·费尔克拉夫：《话语与社会变迁》，殷晓蓉译，华夏出版社，2003，第43页。

③ Norman Fairclough, *Language and Power* (London: Longman, 1989), p. 29.

④ 诺曼·费尔克拉夫：《话语与社会变迁》，殷晓蓉译，华夏出版社，2003，第60页。

⑤ 诺曼·费尔克拉夫：《话语与社会变迁》，殷晓蓉译，华夏出版社，2003，第62页。

念是一个具有总体性意蕴的概念，既指经济上的霸权，也指政治上和文化上的霸权。[①] 葛兰西试图区分“霸权”和“统治”，二者分别涉及两个上层结构层次，一是“市民社会”，一是“政治社会”或“国家”。统治集团通过市民社会实现“霸权”，通过国家和司法机构实现“直接统治”。[②] 霸权阶级和集团之间斗争的焦点，为的是“建构、维护或打碎统治/服从之间的联盟和关系”，而霸权斗争中的一个关键就在于“话语秩序的表达和重新表达”。[③] 占统治地位的集团可能通过建立联盟等途径行使权力，来获得某种不稳定的平衡，并部分地通过话语、通过当地话语秩序的建立来做到这一切。葛兰西的霸权理论涉及政治、经济和文化领域，其中的“文化霸权”似乎更应该理解为一种“文化主导权”，因为“公民社会主要由非权力机关组成”。[④] 这种“文化主导权”也体现在学校、教会等机构的教育职能之中，葛兰西认为“政府的重要职能之一是将广大人民群众提升到一定的文化和道德水平，以满足生产力发展的需要和统治阶级的利益”[⑤]。

语言规划和语言政策作为一种社会话语，在特定社会语境下，与社会结构形成复杂辩证关系。费尔克拉夫认为，话语由社会结构构成，并受社会结构的限制，具体地说，受制于社会阶级和诸如法律或教育等特殊机构等特有的关系、分类系统、各种规范和习俗等；同时，话

---

① 仰海峰：《葛兰西的霸权概念研究》，《山东社会科学》2005 年第 11 期。

② Antonio Gramsci, *Selections from the Prison Notebooks* (New York: International Publishers, 1971), p. 12.

③ 诺曼·费尔克拉夫：《话语与社会变迁》，殷晓蓉译，华夏出版社，2003，第 85—86 页。

④ 石坚、郎加泽仁：《“葛兰西文化主导权理论”之误读》，《海南大学学报（人文社会科学版）》2019 年第 3 期。

⑤ Antonio Gramsci, *Selections from the Prison Notebooks* (New York: International Publishers, 1971), p. 258.

语又有助于社会结构的所有方面的建构。[①] 在不同社会情境下，话语秩序必然发生变化。

费尔克拉夫曾论及话语秩序变化的三种趋势：话语的“民主化”、话语的“商品化”和话语的“技术化”。[②] 在他看来，话语的“民主化”指消除话语权利和语言权利、义务和人类群体声望方面的不平等和不对称，如英语作为一种非官方的世界语言，它的地位继续得到加强，但标准英语的统治地位正在削弱，各种“英语”——诸如印度英语、非洲英语，尽管几乎没有得到认可——正在开始与英式英语、美式英语处于更加平等的关系之中。话语的“商品化”指的是使用与商品生产相联系的话语类型，即所谓社会话语秩序的殖民化，例如，在语言学与应用语言学领域，语言使用是建立在一系列“语言技能”（听、说、读、写等技能）基础之上的，这一语言表述有利于我们理解语言教育的内容，因为它促使语言教育分为两个独立的方面——教学和评估，并作为独特的“商品”在教育市场上买进卖出。话语的“技术化”可以理解为通过设计、操纵、模仿等策略手段来实现人际交互和话语实践，如访谈、教学、咨询、广告等。

联系到英国18—19世纪的社会语境，话语秩序的这三个变化趋势也可以部分反映英国英语教育的一些全球化趋势特征。这些变化主要在于一些相关社会主体利益反映到意识形态层面的结果，这些社会主体在特定社会语境下通过影响话语秩序和话语实践，从而驱动英语教育呈现全球化趋势发展。

---

① 诺曼·费尔克拉夫：《话语与社会变迁》，殷晓蓉译，华夏出版社，2003，第59—60页。

② 诺曼·费尔克拉夫：《话语与社会变迁》，殷晓蓉译，华夏出版社，2003，第186页。

二、影响英语教育全球化发展的话语主体

安迪·格林在分析英国教育、全球化和民族国家的相互关系时指出：“民族性国家教育体系的主要动力是，为国家提供受过训练的管理者、工程师、军人，推广占统治地位的文化和灌输普遍性的国家意识形态，铸造新兴的民族国家的政治和文化统一体，巩固统治阶级意识形态的霸主地位。所有的国家都需要传播主流文化，普及使用占统治地位的语言，使之成为民族认同的一个方面。”① 显然，在教育话语中，各话语主体的权力关系必然对教育实践产生深刻影响。

在18—19世纪的英国社会语境下，诸多要素的综合作用驱动英语教育从民族特性向全球化特性发展。在19世纪，“教育体系的变化源于不同教育利益团体之间的斗争”②。

（一）统治集团的政治霸权

整个16、17、18世纪，英国的特点是王国相对统一，制度和统治集团相对稳定。作为欧洲第一批统一的民族国家之一（尽管在爱尔兰的殖民过程是一个长期的流血过程），不列颠国家受益于都铎王朝统治下的早期国家权力集权化；独特的地理优势和强大的海军力量又使得它的殖民力量迅速增长。③ 英国统治集团作为在权力关系中占优势的社会主体，在帝国语境中建构政治霸权，而英语教育则在这一新的话语秩序中随着英帝国政治触角从本土普及到海外殖民地。

---

① 安迪·格林：《教育、全球化与民族国家》，朱旭东、徐卫红等译，教育科学出版社，2004，第37—38页。

② Andy Green, *Education and State Formation : The Rise of Education Systems in England , France and the USA* (New York and London: Palgrave Macmillan, 1990), p. 69.

③ 安迪·格林：《教育、全球化与民族国家》，朱旭东、徐卫红等译，教育科学出版社，2004，第43页。

1. 英国政治霸权的建构

如果说16世纪到17世纪中期的英国仍然是一种贵族政治，旨在维护国王和贵族的权益，1649年英吉利共和国成立之后，新贵族和大资本家成为英国政治话语权的主要力量。以克伦威尔为首的共和国当权者为巩固他们的统治，在国内镇压平等派，驱散掘地派，控制下层人民，又发动对爱尔兰、苏格兰的征讨和对海外的斗争。① 1688年“光荣革命”之后，议会通过《权利法案》使资产阶级所代表的民权与王权达成了新的妥协，辉格党和托利党轮流执政，把持着英国的政治统治。

在对外方面，17世纪英国斯图亚特王朝的海外活动主要致力于海上贸易和地理发现。继16世纪打败西班牙之后，英国政府在17世纪重点打击荷兰的海上贸易势力，1651年针对荷兰颁布《航海条例》，并成功击败荷兰。18—19世纪的汉诺威王朝则大力向海外拓展殖民地，谋求帝国霸权。18世纪期间英国在争夺海外殖民地方面的主要对手是法国，尽管1748年英法签订了合约，但双方在北美和印度的冲突仍然持续不断，经过七年战争（1756—1763年），英国将法国排挤出北美和印度。在非洲，英国除了与法国、葡萄牙之间有争夺外，还与新加入的比利时王国（1831年创立）、意大利王国（1861年创立）和德意志帝国（1871年创立）有争夺。从贸易垄断向“政治保护”转变是“瓜分非洲”的典型途径，政治家们总是让商人在当地统治一段时间，然后迅速介入，创立某种形式的殖民政府。② 到维多利亚女王统治时（1819—1901年），英国的海外殖民地有3300多万平方公里，号称“日不落帝国”。

2. 统治集团政治霸权对英国英语教育的影响

英国统治集团在本土和海外殖民地实现了政治霸权，但国民教育

---

① 蒋孟印主编《英国史》，中国社会科学出版社，1988，第379页。

② 尼尔·弗格森：《帝国》，雨珂译，中信出版社，2012，第200页。

仍然十分落后。18 世纪的英国没有民族性国家教育体系，“自由放任的自由主义继续为反对国家干预教育提供强有力的理论支持”[①]。统治集团和政府并没有完全掌握英语教育的话语。一直到 19 世纪，老一代地主阶级仍然保持巨大的影响力，盎格鲁公学和文法学校仍然保持精英教育的反现代特征。“在英国，决定性的国家行为发生较晚，因此延长了古老的文化保守主义对教育产生的不良影响。”[②] 即便在北美殖民地，学校教育在很大程度上继续沿袭英国的传统教育模式。但在英语教育方面，英国本土和海外殖民政府逐渐调整之前的英语同化政策，在逐渐扩大英语教育优势的同时，允许本地语在日常生活和教学中的存在。在印度，特别是 19 世纪中后期，印度大起义极大地触动了殖民者，刺激了他们更为重视本土文化。“身处在他们看来是极为奇异的风俗、语言和人群中，英国人力求把祖国的文化引进印度，让它与这块异国的土壤融合。”[③]

（二）新兴阶层的经济利益

在欧洲人发现通往美洲和印度的航路之前，英国的资本主义工农业已经发展起来。在旧的贵族和封建领主的体制下，新的社会阶层开始形成，并逐渐发挥重要的社会主体作用，在教育领域也不断影响话语秩序和话语实践。

1. 新兴阶层的形成

随着 16、17 世纪英国工场手工业的发展，城市兴起，人们对农产品的需求大增。圈地运动进一步高涨，羊毛产业进一步发展。1540 至

① 安迪·格林：《教育、全球化与民族国家》，朱旭东、徐卫红等译，教育科学出版社，2004，第 45 页。

② 安迪·格林：《教育、全球化与民族国家》，朱旭东、徐卫红等译，教育科学出版社，2004，第 62 页。

③ 时代—生活图书公司编著《王冠上的宝石：英属印度》，杨梅译，山东画报出版社、中国建筑工业出版社，2001，第 150 页。

1548 年，全国每年平均出口呢布 122 354 匹。[①] 1688 年之后政府甚至通过立法支持圈地，更是极大地促进了资本家租地农场主的兴起和资产阶级化乡绅的成长。16 世纪下半期造船业发展迅速，在伊丽莎白一世和英国政府的支持下，约翰·霍金斯（John Hawkins）和弗朗西斯·德雷克（Francis Drake）的远洋航行致力于打击西班牙的海上霸权和贸易独占，为英国利益集团争夺世界市场。特别在 1588 年英国海军战胜西班牙无敌舰队后，英国夺取了海上霸权，海外贸易为新兴资产阶级谋取了巨额经济利益。在伊丽莎白女王一世统治的最后 15 年，下议院所代表的社会主体——乡绅和工商业资产阶级，在经济上和政治上已变得比贵族更加重要。[②]

到资产阶级革命前夕的 17 世纪，英国的社会阶级结构已经发生了很大的变化：由封建贵族分化出来的新贵族阶层和包括城市工商业资本家、手工场主、一部分行会行东，以及农村从事资本主义经营的租地农业家在内的资产阶级逐渐获得了英国社会的经济话语权。为争取更大的经济权益，这些新兴阶层在政治上依靠下议院的号召力，发动资产阶级革命，率领议会军先后两次打败王党，于 1649 年建立英吉利共和国，又于 1688 年通过“光荣革命”在英国建立君主立宪制；在宗教信仰上推动英国宗教改革，形成了反映资产阶级新贵族利益的清教；在思想文化上推进文艺复兴，以及在教育领域谋求学校科学和技术教育的发展。

在海外殖民地，殖民者和移民及其后裔也逐渐分化，形成不同社会阶层。受经济利益驱使，不同阶层试图扩大自身的实力，特别是商人和金融资本家，依靠其雄厚的经济实力，掌握了更大的社会话语权。“靠当海盗起家，又靠当商人发达的英国人现在成为海外几百万人民的

① 蒋孟印主编《英国史》，中国社会科学出版社，1988，第 312 页。
② 蒋孟印主编《英国史》，中国社会科学出版社，1988，第 324 页。

统治者……海上力量和金融实力的结合使它成为欧洲帝国之争的赢家。原本的贸易诉求也变成对政治的追逐。”① 有批评家声称，帝国主义不仅仅是邪恶的。在激进派眼里，帝国主义还是一种盗窃，它用英国纳税人的钱，靠英国士兵冲锋陷阵，但受益的却是罗德斯和罗斯柴尔德等一小部分百万富翁。② 英国经济学家、帝国主义批评家霍布森（John A. Hobson，1858—1940 年）在《帝国主义：一项研究》（*Imperialism：A Study*，*1902* 年）一书中说：“帝国主义最主要的经济来源在于特权阶级所占有的不平等的产业机会，他们据此积累收入的剩余要素，进而又通过影响国家政策寻求盈利性投资。”③ 反过来，一切伟大的政治行动，又必须得到这个金融精英小团体的支持和帮助。

2. 新兴阶层对英语教育的影响

在 16—17 世纪，中等教育主要为中上层社会服务。“各个层次的教育，从提供基本读写教育的初等教育到正规的中等教育和大学教育，特权阶层孩子的机会是以牺牲非特权孩子的权利为代价的。”④ 英格兰的中等教育相对比较发达。据 1570—1700 年诺维奇郡（Norwich）的调查，具有读写能力的乡绅比例高达 98%，能读写的自由民占 65%，56%的商人和手工业者也可以签字，但农夫和其他体力劳动者中分别只有 21%和 15%可以签字。⑤ 从 16 世纪开始，威尔士各地也相继建立文法学校，如埃塞克斯第一伯爵和戴维斯主教率先建立的伊丽莎白女王文法学校。但在当时的背景下，文法学校大多是为服务中上层阶级

① 尼尔·弗格森：《帝国》，雨珂译，中信出版社，2012，第 33 页。

② 尼尔·弗格森：《帝国》，雨珂译，中信出版社，2012，第 241 页。

③ John Atkinson Hobson, *Imperialism：A Study* (New York: Cosimo Classics, 2005), p. 361.

④ D. Cressy, “Educational Opportunity in Tudor and Stuart England,” *History of Education* (Quarterly) 16, no. 3 (1976): 302-303.

⑤ D. Cressy, “Educational Opportunity in Tudor and Stuart England,” *History of Education* (Quarterly) 16, no. 3 (1976): 314.

而建立的，初级教育毫无进展，伊丽莎白时代人们似乎并不太热衷于为受教育较少的人提供教育。[①] 在文法学校，学生们不得讲威尔士语，而被要求像在英格兰一样，用拉丁语进行交谈；但孩子们的父母强烈地期望孩子能讲好英语，在他们看来，这样似乎能确保有更好的前途。

18世纪出现一些诸如自愿组织的新型政治组织，成员主要是地方商人、工场主和专业人士，他们在社区发挥的影响远远超过个人收入和捐赠。[②] 除了在经济上和社会上产生影响，这些组织也开始在政治和其他公共领域掌握话语权，并通过多种途径表达自己的诉求。例如，哈利法克斯（Halifax）流通图书馆得到教区大部分商人和专业界精英的支持，作为他们在新兴社会权力制度架构的一种尝试。[③] 同时，18世纪见证了印刷文化的繁荣。“书信写作手册无处不在，而这些手册中商业通信技巧和实践指导是重要方面。”[④] 在这一时期大批涌现了为商业学徒和会计开设的学校，书信写作手册被当作教材使用，还有商业和商品的词汇表和字典等教学资源。

但总体而言，新兴工业和资产阶级在国家教育领域明显缺乏大作为，直接导致英国科学和技术教育发展迟缓。究其原因，安迪·格林认为首先是第一次工业革命的事实和结果，其次在于自由主义国家的

---

① A. L. Rowse, *The Expansion of Elizabethan England*, *2nd ed*. (Basingstroke & New York: Palgrave MacMillan, 2003), p. 81.

② John Brewer, "Commercialization and Politics," In *The Birth of a Consumer Society*, eds. Neil McKendrick, John Brewer and J. H. Pumb(London: Europa Publications Limited, 1983), pp. 224-225.

③ Arnold Thackray, "National Knowledge in Cultural Context: The Manchester Model," *American Historical Review* 79(1974): 678.

④ 帕特里夏·赫德森：《1700—1850年英国的贸易、工业及城市化》，载袁利宏译，钱乘旦、高岱主编《英国史新探：全球视野与文化转向》，北京大学出版社，2011，第252页。

性质以及支撑它的个人信条。① 资产阶级企业家普遍认为，早期工业革命似乎并不能归功于正规教育；同时，占主导地位的自由主义哲学认为，除非绝对不可避免的情况下，否则不允许国家干预任何事情。② 因此，在19世纪的大部分时间里，英国的技能培训都指望个人发挥作用，一直到19世纪最后的几十年中，受国内的政治形势和国际竞争的影响，上述情况才有所改变。

（三）教会组织的宗教信仰

“十五六世纪以来，欧洲君主普遍认为教会不应当干涉国家的政治和经济，应只提供教育和说教，来引导人们做正确的事情。”③ 于是，在很长一段时间里，教堂成为主流教育团体，并一直控制着教育。尽管教会提供的教育带有浓厚的宗教色彩，但对于提高普通民众的读写能力起到了至关重要的作用。英国宗教改革以后，新教传教士在英国本土和海外殖民地尝试利用英语和本地语进行传教，同时投身本地教育，为英语教育的发展奠定了坚实的基础。《圣经》语言的学习对于文化上的趋同显然具有特别意义，定期的《圣经》学习、宗教节日的庆祝等在精神上和文化上为国家和民族的统一提供凝聚力。④ 特别是维多利亚时期，教会组织成为海外“欠发达”地区物质和精神援助的重要机构。

1. 教会机构在殖民地的传教使命

1795年，伦敦传教士协会成立，接受来自英国国教之外的其他教派的传教士入会；1796年，格拉斯哥和爱丁堡的苏格兰人也建立了类

---

① Andy Green, *Education and State Formation: The Rise of Education Systems in England, France and the USA* (New York and London: Palgrave Macmillan, 1990), p. 233.

② 安迪·格林：《教育、全球化与民族国家》，朱旭东、徐卫红等译，教育科学出版社，2004，第82—83页。

③ 朱孝远：《近代欧洲的兴起》，学林出版社，1997，第91页。

④ 朱孝远：《近代欧洲的兴起》，学林出版社，1997，第211页。

似的协会；1799 年，圣公会传教士协会成立，“在异教徒中宣传福音知识”。1804 年，英国传教士协会开始在非洲活动；1809 年圣公会传教士被派往新西兰，1823 年卫理公会也在当地建立了教会。

例如，英国传教士、探险家戴维·利文斯顿（David Livingstone，1813—1873 年）秉承对启蒙运动所宣传的科学的崇敬和复兴加尔文主义的使命感，致力于伦敦传教士协会在非洲的活动。[①] 1856 年，利文斯顿出版的《传教士在南非的旅行和研究》，畅销 28 000 册，获得狄更斯（Charles Dickens）热情的赞誉——“他描述了向非洲蛮荒民族传播基督教的困难，……将这个世界以其智慧所能够给予的所有合法援助与向异教徒传播福音的工作结合起来是绝对必要的”[②]。在北美，不同于弗吉尼亚，切萨皮克地区的另一个殖民地——马里兰业主殖民地的“主要目的不是获利，而是为天主教徒建立一处避难所和类似于英国乡村庄园的新世界”[③]。

相比较而言，18 世纪的印度殖民地管理层重视印度的文化成果，如威廉·琼斯爵士作为研究梵语和印度文献的欧洲先驱，是一个尊重印度文明的东方通。沃伦·黑斯廷斯也公开声称尊重印度文明，他学习了多种印度语言，并且搜集古代的遗物。欧洲人在亚洲的传教活动相对较少，传教士曾经一度被禁止在印度传教。到 19 世纪，“帝国政治受到福音派传教士的更大影响，这意味着殖民地的管理者比以往更想干预印度的宗教和文化生活”[④]。

---

① 尼尔·弗格森：《帝国》，雨珂译，中信出版社，2012，第 105 页。

② 尼尔·弗格森：《帝国》，雨珂译，中信出版社，2012，第 115 页。

③ 加里·纳什等编著《美国人民：创建一个国家和一种社会·上卷 1492—1877》（第 6 版），刘德斌主译，北京大学出版社，2008，第 73 页。

④ Jennifer Pitts, *A Turn to Empire: The Rise of Imperial Liberalism in Britain and France* (Princeton and Oxford: Princeton University Press, 2005), p. 13.

2. 教会机构在殖民地的英语教育

(1) 传教士在非洲的英语教育活动

在非洲，成百上千种语言交织混杂在这块大陆上，除少数几种规模较大的语言，如豪萨语、斯瓦希里语等极少数语言在较晚的年代通过阿拉伯文字的引入而创立了文字外，多数非洲语言都是没有文字的口头语言，因而其民族文化一体化程度普遍很低。[①] 在近代西方殖民扩张以前，非洲的文学主要是口传形式的史诗、神话、传说和民间故事，到 19 世纪末，随着英语等外语的推广，越来越多的黑人有了外语书写能力，而且“英语、法语、葡萄牙语的流行使黑非洲极为分化复杂的传统语言结构在外力的推动下趋于统一简化”[②]。非洲英语教育所取得的成就，英国传教士功不可没。如在乌干达，传教士采用布干达语作为教学语言。圣公会皮尔金顿在 1897 年牺牲之前，编了一本布干达语语法，并且把英国教会的《祈祷书》和《圣经》全文翻译成布干达语。[③] 传教士们不仅把基督教传播到偏远的地区，而且更加系统地规划了教育工作。除了读、写、算，他们认识到需要有一种可以陶冶学生性格和启发他们良知的教育方式，以便为他们将来在更广阔的世界发挥作用做好准备。1901 年密尔·希尔差会的神父们为重要的家族子弟开办学校，一些信仰天主教的酋长把他们的子弟送到传教士开办的学校，甚至国王的堂兄弟约瑟夫和奥古斯廷亲王也在教会学校学习了两年。这个学校教授英语语法，读标准的英国课本。他们相信，尽管各种方言都适合于作为初等教育的工具，“较高级的学习仍然需要懂得英语，因为它是更成熟的、更有启发的语言”[④]。差会还开办师范学校和师范学院，为乌干达培养师资，“对国家的成长做出了具有长远价值的

① 刘鸿武：《黑非洲文化研究》，华东师范大学出版社，1997，第 99 页。

② 刘鸿武：《黑非洲文化研究》，华东师范大学出版社，1997，第 100 页。

③ 肯尼斯·英厄姆：《现代乌干达的形成》，钟丘译，商务印书馆，1973，第 111 页。

④ 肯尼斯·英厄姆：《现代乌干达的形成》，钟丘译，商务印书馆，1973，第 177 页。

贡献”①。

（2）传教士在印度的英语教育活动

在印度，特别是18—19世纪之交开始，伴随着英国在印度的殖民步伐，基督教传教士们也开始了他们的神圣之旅。但在印度的基督教传教士们经历了从被禁止到获得许可的过程，使用的语言也经历了从使用本地语传教到用英语传教，再到英语与本地语并存的过程。在19世纪早期，东印度公司拒绝向基督教传教士颁发许可，因为他们担心传教士力图使当地人皈依基督教可能惊扰印度教徒和穆斯林。到1813年英属印度传教士的条款被取消，同时一项新的条款规定，英国的责任就是促进次大陆“宗教和道德的完善”，许多人毫不怀疑地相信印度真正需要基督教。②

早在1793年，浸信会传教士威廉·凯里与同伴约翰·托马斯到达孟加拉。凯里一边工作，一边学习孟加拉语，不到一年就开始用孟加拉语传教，并和拉姆·巴苏一起把基督教《圣经》翻译成孟加拉语。不久他又学习古典的梵文，用英语撰写梵文语法，并为用孟加拉语、梵语和英语编写词典做准备。尽管凯里的传教事业不很成功，但他“对孟加拉语和其他几种印度语言做出了卓越的贡献”③。婆罗门改革者拉姆莫汉·罗伊花费了毕生精力研究印度教、基督教及其他宗教，试图改革和复兴真正的印度教，同时也研究英语、拉丁语、希伯来语和希腊语，并积极参与教育变革。1822年罗伊协助创办了英印学校，在那里学生可以学习英语。与凯里相反，罗伊反对英国政府在加尔各答创建梵文学院的计划，认为梵文的学习只不过是向青年灌输“对本人

① 肯尼斯·英厄姆：《现代乌干达的形成》，钟丘译，商务印书馆，1973，第180页。

② 时代—生活图书公司编著《王冠上的宝石：英属印度》，杨梅译，山东画报出版社、中国建筑工业出版社，2001，第131—132页。

③ 时代—生活图书公司编著《王冠上的宝石：英属印度》，杨梅译，山东画报出版社、中国建筑工业出版社，2001，第132页。

或社会毫无实际用途的语法细则和抽象区别”[①]。他深信，西方文化知识的推广定能促进印度的发展，为了更好的公众教育和工作前景，印度人很有必要接受西方课程的教育。总体而言，教会传教士们的教育活动有效促进了印度英语教育的发展，为英语的广泛应用打下了良好的基础。1833 年新法案将东印度公司的职责改为殖民地管理之后不久，1835 年英语取代波斯语成为官方文件语言和法庭用语。同时，管理当局增加了教育经费，全国各地学校普遍教授英语。

（四）精英阶层的文化霸权

从 17 世纪到 19 世纪，英国资产阶级革命、文艺复兴运动和工业革命从不同侧面促进了英国自由主义思想和文化教育的阶段性发展。

1. 精英阶层的文化话语

精英阶层倡导的英国自由主义思想是英国政治、经济和文化的重要基础。英国自由主义理论发端于 17 世纪，形成于 18 世纪，到 19 世纪成为最有影响力的思潮。

17 世纪就已经产生许多资产阶级新贵族思想家。诗人、政论家约翰·弥尔顿属于激进民主斗士，他的《为英国人民申辩》（1650 年）、《失乐园》（1667 年）意在反对独裁，捍卫自由；托马斯·霍布斯（Thomas Hobbes，1588—1679 年）则是思想保守的政治家，他认为教会要受国家政权领导，人民要绝对服从国家最高权力；哲学家约翰·洛克（1632—1704 年）以社会契约论解释国家的起源，并主张君主立宪制和三权分立。他们的学说集中反映了资产阶级新贵族的利益，在文化思想领域迅速传播开来，并逐渐占据统治地位，成为巩固资产阶级和新贵族君主立宪制政权的有力工具。[②] 在政治生态现实中，1688 年

① 时代—生活图书公司编著《王冠上的宝石：英属印度》，杨梅译，山东画报出版社、中国建筑工业出版社，2001，第 135 页。

② 蒋孟引主编《英国史》，中国社会科学出版社，1988，第 394 页。

“光荣革命”之后，通过《权利法案》《三年法案》《王位继承法》等，议会确立了其作为立法机构的最高权威，极大限制了君主的权力，而代表新兴资产阶级和新贵族利益的辉格党，代表土地贵族、金融贵族及大商人利益的托利党在英国轮流执政。

18世纪是自由主义的发展时期。在经济领域，亚当·斯密的《国富论》（1776年）提出“自由经营、自由贸易、自由竞争”的自由主义经济思想。他说：“受惠国的商人享受垄断地位，比在实行自由竞争的国家里以更高的价格出售商品。”[①] 这就让外国商品在本地市场处于劣势地位。亚当·斯密作为现代经济学之父，他的自由经济理论直接影响英国的经济政策。同时，“亚当·斯密对于殖民扩张在经济上、道德上和政治上的批判，对于日益普遍热衷的好战和扩张主义的殖民政策提出了挑战，并对英国人日益强烈地把自己的帝国看作世界性教化力量的信念提出挑战”[②]。小威廉·皮特（William Pitt the Younger，1759—1806年）曾长时间担任英国政府首相（1784—1801年，1803—1806年），他极力推崇亚当·斯密的观点，“他清楚考虑不足的战争会给国家经济带来严重损失，认为自己的责任就是促进国内经济发展，并且保证海外贸易有利可图”[③]。

在政治领域，如在废奴运动中，精英阶层扮演着一个重要角色。格兰维尔·夏普、托马斯·克拉克森是奴隶贸易废除会的奠基人，支持者包括英国政治家小皮特、前奴隶主约翰·诺顿、埃德蒙·伯克、诗人塞缪尔·泰勒·科尔里奇，以及陶器大王乔赛亚·韦奇伍德等。

---

① Adam Smith, *An Inquiry into the Nature and Causes of the Wealth of Nations*, ed. Edwin Cannan(London: The Electric Company Ltd., 1998), p. 716.

② Jennifer Pitts, *A Turn to Empire: The Rise of Imperial Liberalism in Britain and France*(Princeton and Oxford: Princeton University Press, 2005), p. 52.

③ 西蒙·詹金斯：《英格兰简史：从公元410年到21世纪的帝国兴衰》，钱峰译，化学工业出版社，2016，第215页。

韦奇伍德制作了数千个反奴隶制徽章，上面画着一个在白色背景衬托下的黑人，旁边有一句话“我难道不是人，不是你们的兄弟吗?”这样的徽章很快得以广泛传播。1806 年，新一届辉格党政府在议会通过一项法案，禁止不列颠子民从事奴隶贸易。“由此诞生了一种新的政治，即压力集团的政治。”①

埃德蒙·伯克是爱尔兰政治家、作家、演说家和哲学家，曾任英国下议院辉格党议员，他反对英王乔治三世和英国政府，支持美国殖民地及美国革命立场，谴责英国在印度的行径，批评英格兰对爱尔兰的贸易政策。他认为英国的商业体系不够开明，他说：“我曾经反对美国政策的原则，但我支持基于这一原则的有关爱尔兰政策。”② 他相信，英国在北美殖民地战争中失利后，放宽对爱尔兰贸易的限制，采取自由主义的贸易政策，有利于爱尔兰与英格兰实现共同繁荣。他和福克斯一道坚定地推动辉格党原则的主流向自由主义发展。他在针对福克斯东印度法案的演讲中说：“如果我们不能设计出一些能治理好印度的方式，同时不至于使大不列颠的治理更糟，就有可能导致彼此永久的分离；但不应该为了我们自己的国家而让这个国家的人民做出牺牲。”③ 同时，他也承认，英国也不太可能为了印度属民的利益而统治印度，英国不必承担这样的责任。英国功利主义哲学家、经济学家边沁（Jeremy Bentham，1748—1832 年）与伯克一样对欧洲文化优越性和政治优越性持批判和怀疑态度，他坚持认为欧洲人统治偏远臣民是非正义的、腐败的和专横的，因为这些殖民地的利益只有这些国家的人民

① 尼尔·弗格森：《帝国》，雨珂译，中信出版社，2012，第 103 页。

② David P. Fidler and Jennifer M. Welsh(eds.), *Empire and Community: Edmund Burke's Writings and Speeches on International Relations*(Colorado and Oxford: Westview Press, 1999), p. 72.

③ David P. Fidler and Jennifer M. Welsh(eds.), *Empire and Community: Edmund Burke's Writings and Speeches on International Relations*(Colorado and Oxford: Westview Press, 1999), p. 171.

最清楚。[①] 到 18 世纪 80 年代，边沁已变成一位热衷于美洲独立和美国治理体系的支持者。

19 世纪功利主义者对于大英帝国在印度统治的合法性和权力行使方面有着全方位的影响。“埃里克·斯托克斯（Eric Stokes）的经典著作《英国功利主义者与印度》确立了边沁学派在 19 世纪英国对印度统治扩张过程中所扮演的重要角色，学派的代表人物有詹姆斯·密尔和约翰·斯图亚特·密尔父子、殖民地的行政长官以及对他们进行培训的黑利伯瑞学院的教授们。”[②] 很多改革家都直接或间接地受到边沁的影响，他们在整个 19 世纪都在印度政府中掌权，坚信自己将实行边沁的计划。

密尔父子是 19 世纪自由主义思想的代表人物。詹姆斯·密尔（James Mill，1773—1836 年）是边沁的朋友和追随者，也是功利的帝国主义者的典型代表。詹姆斯·密尔曾担任东印度公司的高级官员，并在此前出版了《英属印度史》（1817 年），书中有对印度社会、梵文、印度教以及印度文明其他各个方面的阐述。不同于边沁对于文明人与野蛮人之间差别的忽略，詹姆斯·密尔极力贬低印度文明，“书中的观点不仅影响了他本人作为东印度公司一名影响力甚广的代理人的决策，而且影响了一代公务员——包括诸如本廷克总督等有权势的人物和以约翰·密尔为首要代表的理论家——的观点和政策”[③]。詹姆斯·密尔的儿子约翰·斯图亚特·密尔（John Stuart Mill，1806—1873 年）是维多利亚时期最伟大的自由主义思想家，他从早期思想家们的某些怀

---

① Jennifer Pitts, *A Turn to Empire : The Rise of Imperial Liberalism in Britain and France*(Princeton and Oxford: Princeton University Press, 2005), p. 8.

② Jennifer Pitts, *A Turn to Empire : The Rise of Imperial Liberalism in Britain and France*(Princeton and Oxford: Princeton University Press, 2005), p. 103.

③ Jennifer Pitts, *A Turn to Empire : The Rise of Imperial Liberalism in Britain and France*(Princeton and Oxford: Princeton University Press, 2005), p. 121.

疑帝国的思想中转变过来，并支持扩张和巩固英国对殖民地的统治。在《论自由》（1859年）一书中，约翰·密尔写道：“专制是对付野蛮人的一种合法治理模式，假如结果是野蛮人取得了进步，那么就证明实际上导致该结果的手段是合理的。”① 从功利主义出发，他又在《试议代议制政府》（1861年）一书中说：“一个良好政府最重要的一点在于提升社区民众的品质、德行和知性能力，或者说（按边沁更完整的分类）德性、知性和积极性。”② 密尔从17岁开始就在英国东印度公司工作，并迅速升任该公司一个最为重要的职位，为该公司在印度的持续统治而战。在他看来，最有利于英属非洲和亚洲殖民地利益的，就是让这些地区的人民也能享有英国独特的先进文化所带来的益处。他希望把印度基督教化的福音派目标，与将其资本主义化的自由主义目标相互融合，并迅速渗透到整个大英帝国。③ “密尔对于国家意识有一种限定性、规范化的理解，认为国家意识既要有一条由共同政治文化所熔铸的联结同胞感情的纽带，又要有少数欧洲国家所独具的自治能力。”④ 约翰·密尔有关帝国统治的观点，就像他父亲那样，代表着一种对边沁和苏格兰启蒙运动思想家的背离。“边沁将大量的文化差异视为简单的多样化差异，无论他对于专制政府的批评多么严厉，他从未贸然将民族按照‘特性’划分为低等的或优等的。”⑤ 约翰·密尔却“放弃了苏格兰人对历史发展所做的相对细致的阐释，赞同对野蛮与文

---

① John Stuart Mill, "On Liberty," In *John Mill on Liberty in Focus*, eds. John Gray and G. W. Smith(London & New York: Routledge, 2003), p. 31.

② John Stuart Mill, *Considerations on Representative Government* (London: The Electric Book Company Ltd., 2001), p. 35.

③ 尼尔·弗格森:《帝国》，雨珂译，中信出版社，2012，第120页。

④ Jennifer Pitts, *A Turn to Empire: The Rise of Imperial Liberalism in Britain and France* (Princeton and Oxford: Princeton University Press, 2005), p. 14.

⑤ Jennifer Pitts, *A Turn to Empire: The Rise of Imperial Liberalism in Britain and France* (Princeton and Oxford: Princeton University Press, 2005), pp. 136-137.

明做一粗略的二元划分，并将这种历史观点与功利主义观点相结合，以论证帝国统治的合理性，虽然专制，但旨在进行文明教化”[①]。

《英国的扩张》（*The Expansion of England*，*1890* 年）一书的作者约翰·罗伯特·西利号召英国人与说英语的白人殖民者之间加强联系，这一主张深得新一代帝国主义者的认同。自由党政治家查尔斯·迪尔克（Charles Wentworth Dilke，1843—1911 年）在《更大的不列颠》（*Greater Britain*，*1868* 年）一书中使用“更大的不列颠”（Greater Britain），希望当我们在提到加拿大和澳大利亚时，好像说的是我们的肯特郡和康沃尔一样。他认为“澳大利亚与美国的政治和社会差异并不大。澳大利亚社会与英国中产阶级相类似；他们在文学与宗教，品味与情感方面有着与伯明翰或曼彻斯特四处弥漫的一样的气息”[②]。当这些理念在上层社会找到支持者时，就出现了政府政策的关注力度开始向大英帝国大幅倾斜的结果。[③] 1887 年张伯伦（Arthur Neville Chamberlain，1869—1940 年）在多伦多演讲时热情洋溢地鼓吹“盎格鲁-撒克逊民族所特有的优越性的伟大和重要，他们是自豪、坚韧、自信而果决的民族，即使来到了不同的气候和环境下也不可能改变。”[④]

2. 精英阶层对英语教育的影响

19 世纪中期的“牛津运动”针对教育目的的争论引发广泛兴趣。发生在社会精英之间的争论最后以持“教育为所有人服务”观点的一派战胜“通识教育”派而告终。科学教育和现代语言教育突破了古典

---

① Jennifer Pitts, *A Turn to Empire*：*The Rise of Imperial Liberalism in Britain and France* (Princeton and Oxford: Princeton University Press, 2005), p. 133.

② Charles Wenworth Dilke, *Greater Britain* (New York: Cambridge University Press, 2009), p. 49.

③ 尼尔·弗格森：《帝国》，雨珂译，中信出版社，2012，第 213 页。

④ 尼尔·弗格森：《帝国》，雨珂译，中信出版社，2012，第 214 页。

科目一统天下的局面。在19世纪60年代后期，成立了两个委员会，并于1868年颁布公立学校法案，设想对阶级基础狭隘的中等学校进行改革，并部分地得到贯彻。

英格兰的文法学校和公学以及大学构成了一个非凡的教育体系，在很大程度上，它的设计宗旨是教人们思考，包括如何记忆、如何辩论、如何反驳、如何试验新思想、如何发明新的解决方案、如何说服他人。经过这一系列机构的教育陶冶后，英格兰的男孩子们应当会被培养成坚韧的、自信的、足智多谋的成年人。“除了教给他们心智工具（tools of the mind）以外，还要教给他们具体技能，使他们能在东印度公司、印度的行政机关、伦敦的金融或法律机构中发挥有效的作用。此外还要在他们身上培养一系列品质，例如通过游戏培养合作精神和大无畏精神，通过级长制（prefect system）培养责任心和统治艺术，通过抗击外在威胁培养内在力量，等等。”① 这本身就是精英教育的模式。

在欧洲的大多数帝国，帝国主义者都倾向于“当地化”，即将子女送到教会学校或其他学校，接受当地教育；然而，大英帝国四分之三的领土并非白人殖民者的一统天下，那里的教育体系与祖国的并无二致，只不过是拉伸到了远方和全球各地，但身在印度或非洲的英国父母仍然可能将子女送回到英国就读，让他们在那里“变成”英国人。②

从另一个角度而言，印度精英阶层在英语教育推广中也起到重要作用。英国在印度的管理主要依靠数量有限的文员。据有关资料，1858—1947年，印度的合同文员只有1000多人，繁重的管理工作则依赖一个庞大的编外文员队伍，例如，1867年共有公职13 000个，其中

---

① 艾伦·麦克法兰:《现代世界的诞生》,管可秾译,上海人民出版社,2013,第230—232页。

② 艾伦·麦克法兰:《现代世界的诞生》,管可秾译,上海人民出版社,2013,第232—233页。

一半由印度人占据。[①] 这个阶层就是亲英的印度精英阶层，他们崛起的关键就在于教育。他们意识到：“说新东家的语言，了解新东家的文化可以让他们受益匪浅。”[②] 早在1817年，孟加拉一些渴望接受西方教育的社会名流在加尔各答建立了印度大学，教授欧洲历史、文学和自然科学。1838年，公共教育委员会下辖的英语授课学院已达40所；到19世纪70年代，超过6000名印度学生接受了高等教育，还有200万学生进入了讲英语的高级中学；加尔各答的英文图书出版业也因此兴旺起来，每年出版的文学和科学类书籍达上千种。来自孟加拉的亚纳金纳斯·博斯是英语教育普及的受益者之一，他成为市政部门的主席，后来进入孟加拉立法会，他的三个兄弟也先后进入政府文员机构。“博斯等人是大英帝国在印度所真正依靠的中坚力量。……事实上，没有被统治过的这个关键阶层的配合，整个大英帝国的政治统治都不可能长久。”[③]

三、英国英语教育全球化发展的话语秩序

在英国近代历史学家劳伦斯·斯通看来，特定社会的教育结构通常由七大因素决定：社会分层、工作机会、宗教、社会控制理论、人口和家庭模式、经济组织与资源、政治理论与制度等。[④] 这里的教育结构也可以看作是一种话语秩序。英语教育作为一种教育话语，有助于建构英国社会主体的社会身份、社会关系、知识和信仰体系。反过来，后者的权力关系也必然直接或间接地影响英语教育话语秩序及其实践。

---

① 尼尔·弗格森：《帝国》，雨珂译，中信出版社，2012，第162页。

② 尼尔·弗格森：《帝国》，雨珂译，中信出版社，2012，第163页。

③ 尼尔·弗格森：《帝国》，雨珂译，中信出版社，2012，第164页。

④ Lawrence Stone, “Literacy and Education in England, 1640-1900,” *Past and Present* 42(1969): 70.

英国“现代英语”教育随着英国社会各历史阶段话语秩序的变化，受不同因素影响，无论从教育地位、教育政策，还是教学模式与方法，逐渐呈现出话语秩序民主化、商品化和技术化的全球化特征。

（一）英语教育话语秩序的民主化

斯通认为社会分层决定了社会基本的教育框架，即每一个教育层次是为满足不同社会群体的教育需求而设计的，其目的在于巩固社会差异，减少社会移动；同时，社会分层也通过提高或降低不同社会层次扩张和移动的难度影响教育体系，换句话说，教育模式随着社会模式变化而不断调整。① 不过斯通也表示这种作用是一个双向反馈的过程，二者相互影响。在英国的社会语境下，一方面，统治阶层试图通过“国家”或“政治社会”构建统一的话语秩序，从而导致“标准英语”的形成；另一方面，“市民社会”特别是海外殖民地社会语境在新的社会实践驱动下，尝试构建新的话语秩序，从而导致“英语变体”的产生。

1. “政治社会”秩序与“标准英语”教育

在18世纪的英国，特别是1708年英格兰与苏格兰完成了联合，成为大不列颠王国之后，英国开始迈入一个新的阶段。无论是此时的斯图亚特王朝还是之后的汉诺威王朝，王室和政府都踌躇满志，试图在国内用英吉利语言和文化同化各民族，在国外通过军事和经济手段进行殖民扩张。英国的两大政党——辉格党代表新兴资产阶级和新贵族利益，托利党代表土地贵族、金融贵族和大地主利益——交替把持政局，代表英国的“政治社会”与社会精英一起，操纵英语语言教育话语。

英国著名文学家乔纳森·斯威夫特1710年在《先谈者》（*The*

---

① Lawrence Stone, “Literacy and Education in England, 1640-1900,” *Past and Present* 42(1969): 71.

Tatler）期刊上发表文章，谴责过度使用新的口语词汇和流行的发音特征，导致“我们的英语语言持续堕落”。[①] 随后他又于 1712 年提出建议（*A Proposal*），将英语确定下来，以免遭受进一步更改。这一倡议得到了塞缪尔·约翰逊的积极回应，他于 1747 年发表《英语词典计划》，并于 1755 年出版了他的《英语词典》。这部词典是 1928 年《牛津词典》出版之前 100 多年里英语的标准参考书。1751 年英语政治家、语法学家詹姆斯·哈里斯（James Harris，1709—1780 年）在《赫尔墨斯，或语言与普遍语法的哲学探究》（*Hermes, or a Philosophical Inquiry concerning Language and Universal Grammar*）中提出的普遍语法从语言理论的视角巩固了标准英语这一概念。[②] 经历了 17—18 世纪的持续变化，到 19 世纪，英语的发音、拼写和语法基本固定了下来。自此，居于统治地位的社会阶层，即贵族，他们的语言被认为是文明、优雅、高贵而纯正的。文法学校所开设的英语语法、英国文学课程，致力于培养学生掌握标准英语。

2. “市民社会”秩序与“英语变体”教育

不同于说标准英语的贵族，劳动阶层和商人阶层则更多地使用被认为粗鄙低劣的生活语言，而且不同区域的发音也各不相同。这些方言与标准英语一道，随着英国的海外贸易与殖民统治流传到各殖民地。

（1）美国英语

在美国，1776 年 7 月 4 日，13 个殖民地宣布脱离英国而独立。新国家的领导人开始设计新的教育制度方案，以激励民族主义精神，培

---

① Dennis Freeborn, *From Old English to Standard English: A Course Book in Language Variation Across Time*, *3rd Edition* (Shanghai: Shanghai Foreign Language Education Press, 2009), pp. 386-389.

② Dennis Freeborn, *From Old English to Standard English: A Course Book in Language Variation Across Time*, *3rd Edition* (Shanghai: Shanghai Foreign Language Education Press, 2009), p. 408.

养能维系民主共和国所必需的有教养、守秩序的公民。其中包括托马斯·杰斐逊（Thomas Jefferson，1743—1826年）和本杰明·拉什提出的州立公共教育制度。导生制学校、主日学校和幼儿学校扩大了贫困儿童的受教育范围；文实学校为美国中学的发展铺平了道路；弗吉尼亚大学的建立也为美国的高等教育树立了典范。杰斐逊又于1778年提出《知识大幅普及散播法案》（*A Bill for the More General Diffusion of Knowledge*），希望培育美国人民以迎接美国新纪元。[①] 在他的规划中，学校要教授孩子读写算，还要学习拉丁语、希腊语、英语和美国历史，体现出强烈的美国意识。

另一个给新共和国英语教育发展带来深刻影响的是一名教师——诺亚·韦伯斯特（Noah Webster，1758—1843年）。韦伯斯特认为教育的主要目的应是灌输爱国主义，真正的美国教育必须剔除欧洲的影响。[②] 他相信，通过创造一种独特的国家（美国）语言和课程，就能实现这些目标。他在《论英语语言》（*Dissertation on the English Language*）一书中强烈呼吁建立美国英语标准。为此，韦伯斯特编写了包含拼写、文法和读本三个部分的《英语语法基础》（*Grammar Institute of the English Language*），代替了当时的英语课本，还编写了著名的《美国英语词典》（*An American Dictionary of the English Language*，*1828*年），今简称为《韦氏大词典》。这成为促进美式英语发展的一个工具。[③] 而他最受欢迎的一本书是1783年出版的《初级拼写读本》（*Elementary Spelling Book*），包含联邦政治和爱国内容的问答、道德

---

① Edgar W. Knight, *Education in the United States* (Boston: Ginn and Company, 1929), p. 149.

② D. L. Madsen, *Early National Education*, *1776-1830* (New York: John Wiley & Sons, 1974).

③ L. 迪安·韦布：《美国教育史：一场伟大的美国实验》，陈露茜、李朝阳译，安徽教育出版社，2010，第130页。

教育问答和学校行为规范，常常被称为《蓝皮拼音书》（*Blue-back speller*），到1875年为止，销量高达7500万册。著名的历史学家亨利·斯蒂尔·康马杰（Henry S. Commager）说：“还没有别的世俗读物能传播得那么广，渗透得那么深，持续得那么久。”① 至此，英国在北美殖民地的英语教育影响逐渐减弱，而美式英语教育以崭新的姿态影响着殖民地移民后裔。

不同于其他英语变体，美国英语在发音、拼写、用词等方面与英国英语具有较为明显的差别，同时也因为强势的美国文化，美国英语体现出强大的影响力。

（2）澳大利亚英语

与美国英语和英国英语相比较，澳大利亚英语在许多方面有着自身的特点，其中较为明显的是语音和词汇两个方面。② 澳大利亚英语读音中存在双元音读音变化、句末升调、较小口型、语速较快等特征，词汇方面有澳大利亚独有的词汇，包括动植物、习俗和有关土著人的词汇等。③ 对澳大利亚人而言，澳大利亚英语就是标准英语，它既没有完全追随英国英语，也没有完全模仿美国英语。后来在1966年，澳大利亚出版了《作家、编辑及出版商印刷体例手册》（*The Style Manual for Authors，Editors and Printers*），旨在为澳大利亚出版物提供参照标准。

（3）印度英语

在印度，从1835年开始，英国殖民当局推行英语教育，培养精通英语的印度人为自己的统治服务。1947年印度独立，并于1949年制定

---

① Henry S. Commager, *The Empire of Reason: How Europe Envisioned and America Realized the Enlightenment* (Garden City, N. Y.: Doubleday, 1977), p. 74.

② Robert Burchfield, *The English Language* (Beijing: OUP & FLTRP, 1992), pp. 167-168.

③ 张勇先：《英语发展史》，外语教学与研究出版社，2014，第339—349页。

宪法，用印地语取代英语成为印度唯一的官方用语。但印度英语仍然被认为是国家统一的重要标志。“英语是印度各领域实际上的官方语言，是大学里考测学生的语言，是进行外交事务的语言和商务活动的语言。”① 印度有许多全国性的英文版日报，如孟买的《印度时报》（*Times of India*）、加尔各答的《电讯报》（*Telegraph*）、马德拉斯的《邮报》（*Mail*）等，甚至印度中央政府 90%的官方文件和印度宪法都用英文撰写。

尽管印度英语一词出现在 20 世纪，英语在 19 世纪印度的发展起到了重要作用。由于印度本地语的影响，印度英语的发音和词汇呈现出独有的特色，在发音方面，印度人把清辅音发成浊辅音，如把“k”发成“g”，“p”发成“b”，“t”发成“d”等；在词汇方面，印度英语吸收了许多印度文化词汇，体现出浓厚的民族特性。

除了美国英语、澳大利亚英语、印度英语之外，其他英国前殖民地国家的英语也大多具有各自的特色。各国在英语教育过程中，坚持走各国特色的道路，体现了英语教育话语秩序的民主化特征。

（二）英语教育话语秩序的商品化

1. 英语教育作为语言技能的教学

英语教育，无论是作为本国人的第一语言，还是移民的第二语言，首先在于它作为语言技能的教学。听、说、读、写等方面的技能直接影响学习者的语言交际和实际应用。

18 世纪之后，特别是受工业革命和商业繁荣的影响，技术教育和商业教育得到迅速发展，英语读写能力也成为学徒必备的一项技能。就读写能力而言，能签名并不意味着具备读写能力。在 1810 年之前，只有不到一半的体力劳动贫民子弟在开始工作谋生之前受过基本的阅读训练。到 1861 年，据有关报道，仍然只有 60%的儿童每年上学 100

① 张勇先：《英语发展史》，外语教学与研究出版社，2014，第 373 页。

天左右。① 但到19世纪后期，随着小学3R教育的发展，学生的读写能力得到明显加强。到19世纪末，具备读写能力的英国成人达到90%以上（如表4-1所示）。② 民众读写能力的提高，除了父母对教育投入的重视、学校教育的发展，还有一个重要的原因是职业教师的大量增加。不同于18世纪上层社会家庭聘请家庭教师教育子弟，到19世纪大量受过职业训练，熟悉英语语法和写作教学的教师有效促进了学生语言技能的提高。同时，英语经历了18世纪的发展，到19世纪已经成为一门日趋完美的语言，无论是语音、语法还是词汇都发展成为一套完整的体系，以伦敦方言为基础的标准英语成为各社会阶层争相模仿和学习的语言。

表4-1 法国、苏格兰、英格兰和威尔士1600—1900年成年男性读写能力概数[1]

时间	法国[2]	苏格兰[3]	英格兰和威尔士[4]
1600	[约16%]	[约15%]	[约25%]
1675		[约33%]	[约45%]
约1688	29%		
1720	[约29%]	[约55%]	
1750	[约35%]	[约75%]	[约53%]
1775		[约81%]	[约56%]
约1788	47%		
1800		[约88%]	[约65%]
约1805	54%		

① Lawrence Stone, "Literacy and Education in England, 1640-1900," *Past and Present* 42(1969): 117.

② Lawrence Stone, "Literacy and Education in England, 1640-1900," *Past and Present* 42(1969): 120.

续表

时间	法国[2]	苏格兰[3]	英格兰和威尔士[4]
约 1818	54%		
1830	[约 57%]		
1840			66%
1850	[约 60%]		69%
1855	68%	89%	70%
1860	70%	90%	74%
1870	75%	90%	80%
1880	84%	93%	86%
1890	89%	96%	93%
1900	95%	98%	97%

1. 方括号内的数据为大概估计数，其他数据来自婚姻登记。

2. M. Fleury and P. Valmary, "Les progrès de l'Instruction élémentaire de Louis XVI à Napoléon III", *Population*, XII (1957), p. 89.

E. Levasseur, *La population Francaise* (Paris, 1891), II, pp. 478, 491.

E. Levasseur, "Statistique de l'enseignement publique primaire au XIXe siècle", *Sèances et Travaux de l'Académie des Sciences Morales et Politiques*, CLIII (1900), pp. 384, 409.

3. 1855-1900 in *Forty-Sixth Detailed Annual Report of the Registrar General of Births, Deaths and Marriages in Scotland* (1902), p. 23.

4. 1840 in *Fourth Annual Report of the Registrar General of Births, Deaths and Marriages in England* (1841), p. 21.

1851-1900 in *Sixty-Third Annual Report* (1902), p. 153.

2. 英语教育作为职业能力的评估

18 世纪的英国教育呈现十分复杂的局面。在英国国内，一方面受旧的贵族精英教育影响，英国国内的教育事业发展处于相对缓慢的状态；另一方面，受英国国内经济落后影响，教育事业又受到社会就业状况的强烈影响。那些受过大学教育训练但又没有精英背景的年轻人只能寻找低阶神职工作，因而这一社会阶层能获得大学录取的机会必然受英国教会的职位空缺所限；而与此同时，政府部门能提供大量收入颇丰的职位，这又极大地促进了中等教育和高等教育的繁荣。① 一方面，人们普遍认为穷人受教育是一件危险的事情；但另一方面社会精英们又鼓励对民众进行教育，以满足阅读《圣经》的宗教需要、工业化发展的经济需要和普遍选举权的政治需要。② 因此，英语教育肩负宗教、经济和政治使命，在国内继续得到稳步发展。

在海外殖民地，英语教育则呈现出一种更加丰富多彩的发展态势。例如，在美洲，英国殖民者试图用英语教育对印第安土著居民进行同化；同时，又对黑人奴隶采取愚民教育。人们相信“教奴隶读写会助长他们的不满，从而导致叛乱和反抗”③。在印度，英国殖民者和传教士开始试图采取英语同化教育政策，后来又转而采取尊重本土文化的多语政策，通过培养本土精英加强对殖民地的间接统治。特别是在19世纪后期，从1854到1900年，英国的公务人员数量增长了一倍，在1870年以后，不再采取任命的办法，而是通过公开的、竞争性的考试制度来选拔公务员。受过英国教育、懂英语的本地精英有着更多的就业机会和提升空间。

---

① Lawrence Stone,“Literacy and Education in England,1640-1900,”*Past and Present* 42(1969):75.

② Lawrence Stone,“Literacy and Education in England,1640-1900,”*Past and Present* 42(1969):84.

③ Stanley M. Elkins,*Slavery :A Problem in American Institutional and Intellectual life ,3rd ed*. (Chicago and London:The University of Chicago Press,1976),p. 60.

（三）英语教育话语秩序的技术化

1. 文化繁荣为英语教育提供了丰富的技术资料

如果说 18 世纪开始的英国工业革命着重在技术方面取得大量革新，19 世纪则在自然科学、社会科学和文学艺术领域创造了丰硕的成果。

在自然科学领域，科学家们发现了自然界的奇妙规律，改变了观察宇宙的方式，例如，多尔顿（John Dalton）创立原子理论、地质学家莱尔（Charles Lyll）发现地壳运动（1830 年）、朱尔（James Joule）发现“热功当量”（1843 年）、亚当斯发现海王星、W. R. 汉密尔顿的数学“四元法”、达尔文的《物种起源》（1859 年）及其《生物进化论》等。在社会科学领域，经济学家大卫·李嘉图（David Richardo）的商品价值理论和劳动价值说、马尔萨斯（Thomas R. Malthus）的《人口原理》（1788 年）、欧文的空想社会主义等从不同方面揭示了社会发展变化的规律。在文学领域，英国出现了一批积极进步的浪漫主义作家，如拜伦、雪莱、狄更斯等。在史学领域，麦考莱曾担任印度总督署参事，于 1835 年在印度积极推广英语，并出版《英国史》；哈勒姆（Henry Hallam）出版《英国宪法史》，攻击专制、反对革命；巴克尔（H. T. Buckle）写出《英国文化史》；西利出版《英国的扩张》（1883 年）；弗劳德（James A. Froude）著有《十六世纪英国史》等。[①]

这些科学文化知识及其相关著作通过英语向海外殖民地传播。例如，在 19 世纪的印度，英国教育为落后而蒙昧的印度人们进行了一场科学启蒙和文化洗礼。1800 年，在韦尔斯利总督的倡导下，威廉学院在加尔各答成立，使得年轻的公务员可以学习到关于行政管理、历史和语言的基础知识。东印度公司在 1805 年建立海利布里学院；牛津大学从 19 世纪 80 年代开始培训印度行政部门的实习生。英国式的教育让英语教育盖上了先进的英国文化的烙印，在殖民地构建起新的话语

---

① 蒋孟引主编《英国史》，中国社会科学出版社，1988，第 645—650 页。

秩序。

2. 通讯与媒体为英语教育提供了便捷的技术手段

从18世纪开始，交通运输业的发展为英国人提供了便利的移动工具，书籍为英国人提供了知识的媒介，电讯、报业等的发展为信息和文化的快速传播插上了翅膀，进而为英语教育全球化提供了便利的技术手段。用自己语言来印刷报纸显然是维持该语言地位和使用的一个重要方式，但“在非集权制国家，报纸语言的选择也许主要取决于商业考虑以及报纸潜在的读者群”①。在英国本土和海外殖民地，报纸和杂志成为英语语言和文化传播以及公共领域教育的重要途径。

（1）报业作为英国本土政治话语的传播手段

17—18世纪，报刊开始在英国社会和政治生活中扮演一个重要角色。17世纪的伦敦居民通过报纸的前身——新闻阅读——了解世界和英国的新闻。“1644年伦敦居民有10余种新闻阅读周刊可供选择，每种周刊有8页甚至更多；17世纪50年代早期首都有8种长期运营的周刊出售。”② 1655年创刊的《牛津公报》（*Oxford Gazette*）被认为是英国第一份新闻报纸，数年之后创刊的《伦敦公报》（*London Gazette*）则是第二份。在此后的100余年里，不断有新的报纸出现，也有报纸逐渐消失。“到18世纪初时，我们已经有一系列的新闻报刊了，包括《伦敦邮报》（*The London Post*）、《英国邮报》（*The English Post*）、《邮递员》（*The Post Man*）、《报童》（*The Post Boy*）以及《速递邮报》（*The Flying Post*）等。”③ 接着，出版商又开始尝试发行杂志，如《绅

---

① 博纳德·斯波斯基：《语言管理》，张治国译，商务印书馆，2016，第108—109页。

② Michael Harris, "The Structure, Ownership and Control of the Press, 1620-1780," In *Newspaper History from the Seventeenth to the Present Day*, eds. George Boyce, James Curran, and Paulin Wingate (London: Constable, 1978), p. 83.

③ Friedrich Ungerer (eds.), *English Media Texts Past and Present: Language and Textual Structure* (Amsterdam and Philadelphia: John Benjamins Publishing Company, 2000), p. 5.

士期刊》（*The Gentleman's Journal*）。“小册子（pamphlets）和定期刊出的报纸（periodical newspapers）是制造和影响鲜活而有争议的公共话语的主要手段，但在特征和功能方面各不相同，并随时间发生变化。”[①] 英国早期的报纸主要是以事实报道为主，尤其是有关国外的事件。小册子的优势在于容量大，能针对一个话题进行充分阐释。“从 17 世纪末到 18 世纪初，报纸开始将重心放到有关政治事件以及政治态度的发展上，以期对民众产生系统性和长期性影响。”[②] 新闻报纸逐渐成为传递事实和观点的主要途径。

在英国，大多数报纸都是用英语印刷的。许多至今仍然十分有名的报纸创始于 18—19 世纪。例如，《泰晤士报》（*Times*）由印刷商约翰·沃尔特（John Walter）于 1785 年创刊，原名《每日天下记闻》（*The Daily Universal Register*），1788 年改为现名；《苏格兰先驱报》（*Scottish Herald*）由印刷商约翰·梅隆斯（John Mennons）于 1783 年创刊；《卫报》（*The Guardian*）由约翰·爱德华·泰勒（John Edward Taylor）于 1821 年创刊，原名《曼彻斯特卫报》（*The Manchester Guardian*）；《每日镜报》（*The Daily Telegraph*）由亚瑟·斯雷（Arthur B. Sleigh）于 1855 年创刊；等等。

（2）报业作为英国殖民地公共教育和英语教育的实践途径

18—19 世纪在英国海外殖民地也创办了大量英文报刊。以北美殖民地为例。美国的新闻报刊始于 18 世纪早期的殖民地报刊。

早期的北美殖民地报刊主要是为了传递英国和欧洲其他地方的新

---

① Friedrich Ungerer（eds.），*English Media Texts Past and Present：Language and Textual Structure*（Amsterdam and Philadelphia：John Benjamins Publishing Company，2000），p. 26.

② J. A. Downie，“The Development of Political Press，”In *Britain in the First Age of Party，1680-1750：Essays Presented to Geoffrey Holmes*，ed. Clyve Jones（London and Ronceverte：The Hambledon Press，1987），p. 114.

闻事件，并逐步承担起殖民地公共教育的职责。1704年约翰·坎贝尔（John Campbell）创办的《波士顿新闻通讯》（*The Boston News-Letter*）被认为是北美殖民地最早的报刊。1719年威廉·布鲁克（William Brooker）创办了《美洲信使周报》（*The American Weekly Mercury*）。18世纪20年代之后报业开始在美国迅速发展起来，并呈现多样化特征。1728年塞缪尔·凯默（Samuel keimer）创办的《宾夕法尼亚公报》（*The Pennsylvania Gazette*）是美国最重要的报纸之一，原名 *The Universal Instructor of All Arts and Sciences：and Pennsylvania Gazette*，体现明显的公共教育理念。该报纸1729年被本杰明·富兰克林和休·梅雷迪斯（Hugh Meredith）所收购，并改名。当时还是记者的本杰明·富兰克林把印刷出版业看作对殖民地美国人进行伦理教化的工具。“从富兰克林的出版物中可以看出宗教对他写作的影响……他倡导宗教是通向美德的途径。与宗教的主旋律相适应，他认为美德能以物质回馈和公众敬仰的形式得以回报，而罪恶只会带来毁灭和蔑视。”① 教育、学习和提升伦理道德的理念融入了富兰克林的性格和新闻写作之中，而印刷出版业给他提供了一个实用的机会，通过他的《宾夕法尼亚公报》《穷理查年鉴》（*Poor Richard's Almanack*）和其他出版物传播他的美德思想和进行道德教育。

到18世纪中期，报业成为美国独立运动的重要政治力量。在18世纪中期，宾夕法尼亚吸引了大批德国移民，但他们不愿同化到说英语的主流社会，不愿接受英国语言和文化，因而与说英语的移民相互隔离。为了联合德国人捍卫宾夕法尼亚，作为英语世界的政治话语者，富兰克林试图用他的报刊来影响德国人，除了尝试面向德国移民开办免费英语学校，同时还出版德语报纸，通过报纸向德国读者灌输他的

---

① Ralph Frasca，*Benjamin's Printing Network：Disseminating Virtue in Early America*（Columbia：University of Missouri Press，2006），p. 37.

美德观念。[①] 免费英语教育最初只是一项针对贫穷的德国移民的社会和宗教活动，但富兰克林希望能达到两个目标：一是使他们的思想和行为英国化；二是让他们有独立的思想和行为，降低来自德语印刷商克里斯托弗·索尔（Christopher Sauer）和贵格会的影响。[②] 同时他希望利用报业网络实施大众教育，最终达到提高政治影响和对德国移民实施文化同化的目的。

到19世纪，美国的报刊对提高美国人的民族意识、民主意识和革命意识同样起到了重要作用，同时，对于美国英语的形成与发展，以及美国英语教育的推广也同样做出了巨大贡献。

第二节　英语教育全球化视野的政策调整

语言政策与语言规划的不同之处主要在于语言政策体现了社会掌权者的举措。埃杰把语言政策的决策者分为三类：第一类是个体，包括政治家、统治者及舆论制造者；第二类是占统治地位的群体或社区；第三类是国家本身。[③] 他认为，各个政治自治体中存在三种主要的语言政策思路，即语言作为一种权利、一种资源或者一个问题。使用某种语言（或某种语言变体）是基本人权之一，也是特定社群的政治、经济和文化资源，还是国家提升民族凝聚力、国家安全与稳定等问题的手段。而语言教育政策和策略的形成则更多地取决于宏观政策下的具体话语主体与语境之间的互动关系。在福柯看来，对于策略形成的话

---

① Ralph Frasca, *Benjamin's Printing Network*: *Disseminating Virtue in Early America* (Columbia: University of Missouri Press, 2006), p. 104.

② Ralph Frasca, *Benjamin's Printing Network*: *Disseminating Virtue in Early America* (Columbia: University of Missouri Press, 2006), p. 109.

③ 丹尼斯·埃杰：《语言规划与语言政策的驱动过程》，吴志杰译，外语教学与研究出版社，2012，第166—167页。

语分析，要偏重于结构、机构设置的场所、说话主体介入的环境与方式，而不是概念的体系和理论选择的形成。[①] 掌权者的动机、态度与目标，还有主流社会意识形态，可能在宏观导向上能起到重要作用，但作为个体和语言社区，他们的安全感和认同感必然直接影响他们是采取融合性还是工具性的策略。

英国在民族国家、殖民帝国和英联邦国家的发展过程中，受不同历史时期多种因素的影响，其英语教育政策也相应地经历了同化的固守、融合的宽容和多元的转向。

一、民族同化的语言教育政策

在英国从英格兰到大不列颠王国的历史进程中，英国政府在本土主要采取民族同化的语言教育政策，构建民族身份与公民身份。

（一）民族与民族同化政策

1. 民族的概念

德国哲学家赫尔德（Johann Gottfried Herder，1744—1803 年）不仅提出了“民族”的概念，还发明了“民族特性”“民歌”“时代精神”等名词，这些耳熟能详的概念在英文中都能找到对等的词汇。[②]

德国社会学家马克斯·韦伯（Max Weber，1864—1920 年）认为：“民族是一个可能产生自己政体的社区。”[③] 英国历史学家佩里·安德森（Perry Anderson，1938—2009 年）则把民族看作是一个“想象的政治

---

① 米歇尔·福柯：《知识考古学》，谢强、马月译，生活·读书·新知三联书社，1998，第 81 页。

② F. M. Barnard, *Herder on Nationality, Humanity, and History* (Montreal & Kingston · London · Ithaca: McGill-Queen's Univerisity Press, 2003), p. 5.

③ Max Weber, 'The Nation' in *From Max Weber: Essays in Sociology*, Trans. H. H. Gerth and C. Wright Mills (London: Routledge & Kegan Paul, 1948), p. 179.

社区”[①]。他们主要强调民族的政治性。

帕斯夸勒·曼西尼（Pasquale Mancini，1817—1888 年）在 1851 年题为《作为国际法基础的民族》的演讲中说：“民族是具有共同的领土，共同的起源、习惯和语言的人民天然的共同体，他们为了共同的生活和共同的社会意识而结合在一起。”[②] 他强调民族是一种“天然的共同体”，认为民族的存在主要取决于一些伦理因素，如地域、历史、语言、习惯等。

此外，厄内斯特·盖尔纳（Ernest Geller，1925—1995 年）说：“如果某一类别的人（如某个特定领土上的居民，说某种特定语言的人），根据共同的成员资格而坚定地承认相互之间的权利与义务的时候，他们便称为一个民族。”[③] 安东尼·史密斯（Anthony D. Smith，1939—2016 年）给出了一个更为详细的定义，认为民族是“一个特定的人类群体，他们共享历史性领土、共同的传说和历史记忆、大众的公共文化、共同经济和适用于所有人的法律权利和义务”[④]。除了作为法理的民权之外，他们更强调民族的形成在于主观的意愿亦即民族认同。

戴维·米勒（David Miller）对上述概念做了概述性的总结，认为民族性观念包含三个主张：第一个涉及民族认同，主张他们属于这个或那个民族团体，这是他们认同的一部分；第二个主张是伦理的，主张民族是伦理共同体；第三个主张是政治的，主张在特定地区组成民族共同体的人可以正当地主张民族自决（即民族认同、有界限的责任

---

① Perry Anderson,“Components of the National Culture,”*New Left View* 50(1968):6.

② Michael Hughes,*Nationalism and Society : Germany 1800-1945*,(London:Hodder Arnold,1988),p. 9.

③ 厄内斯特·盖尔纳：《民族与民族主义》，韩红译，中央编译出版社，2002，第 9 页。

④ Anthony D. Smith,*National Identity*(Harmondsworth:Penguin,1991),p. 14.

和政治自决）。[①] 尽管民族和国家、民族和族群之间存在显著差别，但显然米勒的民族概念具有更大的包容性，民族共同体可以与伦理共同体和政治共同体相统一，族群的混合也可以成为民族性的来源，因此，他更愿意把民族成员共有的“民族特征”看作是一种公共文化。[②] 正如笛福 1701 年在《纯正出身的英吉利人》（*The True-born Englishman*）中所描述的那样：

> 苏格兰人、皮克特人、布立吞人、罗马人、丹麦人全部屈膝，
> 撒克逊人把他们所有人并入英吉利：
> 浴血奋战铸就的混合体，
> 接受这个征服者的名字和记忆；
> 不再有罗马人，布立吞人也成过眼云烟，
> 即便威尔士人试图分裂，也只是徒然；
> 那些平庸的部族在沉默中消散，
> 英吉利人成了大家共同的标签。
> 命运让他们混杂，只有上帝了然；
> 如今都是纯正的英吉利人，勿论从前。[③]

米勒认为，不同种族的融合应该产生出它自己具有独特的、共同特征的人；同样，尽管每个民族必须有一个祖国，但并不是每个成员都应出生在那里。[④] 因此移民也不必造成问题，只要移民逐渐共享一个共同文化，并为之做出各自的贡献，亦即产生民族认同，他们便拥有

---

① David Miller, *On Nationality* (Oxford: Clarendon Press, 1995), pp. 10-12.

② David Miller, *On Nationality* (Oxford: Clarendon Press, 1995), p. 26.

③ Daniel Defoe, *The True-Born Englishman : A Satyr* (1701), p. 21, accessed on April 29, 2019, https://babel.hathitrust.org/cgi/pt?id=coo.31924013179399&view=1up&seq=12.

④ David Miller, *On Nationality* (Oxford: Clarendon Press, 1995), pp. 25-26.

了这一民族性。

2. 英国的民族语言与民族同化政策

语言作为文化的载体，反映特定的民族文化和民族特性。在单一民族国家，语言在国家特征的统一性和民族特性的统一性方面是同一的；在多民族国家，语言问题就会比较复杂。民族征服和民族同化导致弱势语言被挤压甚至消亡。

在英国，英格兰和威尔士于1536年合并，苏格兰直到1707年才合并进来，而爱尔兰则经历了一个漫长而痛苦的殖民化过程。在此期间，英语首先作为英格兰的民族语言，之后被确定为整个大不列颠及北爱尔兰王国的官方语言，对于英格兰人、英国人和进入英国的移民而言，英语教育既是一个语言同化的过程，也是一个民族文化同化的过程，体现出鲜明的民族特性。

具体地说，在都铎王朝早期，尤其是亨利八世时期，主要致力于将威尔士和康沃尔纳入英国政治和生活体系。而詹姆斯国王在《联合声明》（*Proclamation of Union*，1603年）中则宣布英国进入一个新的时代：“不列颠岛内只有想象的边界划分，除了海洋屏障别无界限，全岛成为一个完整的小世界，各民族在物质和精神方面都形成一个宪政的整体、语言的社区（主要的公民社会途径）和宗教的共同体（精诚团结与持续和平的最强纽带）。”① 1707年英格兰与苏格兰签订《联合法案》，合并成为大不列颠联合王国（Kingdom of Great Britain）。“在接下来的一个世纪里，不列颠群岛各国人民塑造了‘大不列颠’，除非是明确指英格兰，人们开始使用‘不列颠政府’（British Government）和‘不列颠人’（British People）等词汇。”② 1800年，经过一番与一个世

① A. L. Rowse, *The Expansion of Elizabethan England*, *2nd ed*. (Basingstroke & New York: Palgrave MacMillan, 2003), p. 28.

② 西蒙·詹金斯：《英格兰简史：从公元410年到21世纪的帝国兴衰》，钱峰译，化学工业出版社，2016，第196页。

纪前英格兰—苏格兰联合类似的商讨后，伦敦方面和都柏林方面通过了《联合法案》，宣布将英格兰议会和爱尔兰议会合并在一起。

显然，英国的民族主义与其历史传统和现实成就有关，尤其是“光荣革命”所确认的自由主义原则，如法律高于王权、议会在立法事务中占据优势地位、司法公正、保护个人权利、思想和出版自由、宗教宽容等，成为英国民族认同和维系民族团结的基础。[①] 英格兰的民族语言及其教育都与其民族主义思想密切相关。

（二）基于民族同化的英国本土语言教育政策

语言教育不仅涉及语言和教育两个领域，它更是与社会密切相关。韩礼德认为“语言在教育过程中的作用是语言与社会结构的关系的一个特殊方面”[②]。教育在个人成为社会人的过程中扮演主要角色，语言在儿童成长为社会人的过程中发挥着核心作用。“儿童通过语言这个主要途径接触到各种生活方式，并通过语言学习扮演‘社会’成员的角色——参与并通过各种社会团体、家庭和街坊邻居等——并接受该社会团体的‘文化’、思维和行为方式、信仰和价值观。”[③] 儿童学习的是他所听到的语言，如果他成长于讲英语的社会，学到的就是英语。这是语言环境的问题，语言环境又是文化的一部分。于是当儿童处在这个文化中时，就会使用这种语言形式。因此，通过学习语言和使用语言，儿童被“社会化”，并融入文化的价值体系和行为方式之中。[④] 这种情形与家庭有关，与家庭处在的社区、地域、时代以及社会阶层有关，当然也与所属的民族和国家有关。

如前所述，截至19世纪初，英国并没有形成统一的国家教育，教会教育和私人捐资办学占主要部分。但无论是教会学校的宗教教育，

① 李肇忠：《近代西欧民族主义》，人民出版社，2011，第37页。
② 韩礼德：《语言与社会》，苗兴伟译，北京大学出版社，2015，第61页。
③ 韩礼德：《语言与社会》，苗兴伟译，北京大学出版社，2015，第65页。
④ 韩礼德：《语言与社会》，苗兴伟译，北京大学出版社，2015，第81页。

还是私立学校的识字教育、古典自由教育和行业教育，与公办教育一样，其中一个重要的教育目的就是民族同化。

一方面，拉丁语和法语等外来语言的语言功能不断受到批评，但仍然是维护英国古典教育传统的必要条件。在17世纪的英国，在大学授课时使用拉丁语或在法庭上使用法语的做法都受到当时激进派的公开谴责，其中包括牧师威廉·戴尔（William Dell）、《精神教导之充足性》（*The Sufficiency of the Spirits Teaching*）的作者、鞋匠塞缪尔·豪（Samuel How）以及掘土派的领袖杰勒德·温斯坦利（Gerrard Winstanley）。[①] 他们的批评围绕一个共同的要点：使用外来语言的目的是为了让专业人士变得神秘化，以便统治普通民众。[②] 但一直到19世纪，文法学校和古典大学仍然在英国教育中占据优势地位。19世纪的贵族自由主义者们从文艺复兴古典人文主义传统观念和现代人文主义思想出发，目睹中产阶级因过度追求财富而不复有思考的闲暇，倡导以古典学科教化青年人。[③] 约翰·密尔1867年在圣安德鲁斯大学的就职演说中特别推崇苏格兰那些古老大学的传统，尤其是古典语言教育。他指出：“古希腊文、拉丁文两种语言及其文学作品作为普通教养

---

① 彼得·伯克：《语言的文化史：近代早期欧洲的语言共同体》，李霄翔、李鲁、杨豫译，北京大学出版社，2007，第23页。

② Christopher Hill, *Puritanism and Revolution: Studies in Interpretation of the English Revolution of the 17th Century* (London: Sector & Warburg, 1958), p. 73. Christopher Hill, *The World Turned Upside Down* (London: Penguin. 1972), pp. 269-276. Peter Burke, “William Dell, the Universities, and the Radical Tradition,” In *Reviving the English Revolution*, eds. Geoff Eley and William Hunts (London: Verso, 1988), pp. 181-189.

③ Alan S. Kahan, *Aristocratic Liberalism: The Social and Political Thought of Jacob Burckhardt, John Stuart Mill and Alexis de Tocqueville* (New York and Oxford: Oxford University Press, 1992), p. 51.

的一环，……保持其在今天教育中所占的地位是很重要的。”① 在他看来，古典语言教育既是一种普通教养，也是大学发展知性教育的基础。这反映出英国古典自由主义者的英国式博雅教育思想。

另一方面，在宗教改革过程中，英格兰教会和政府都重视民众的识字能力，英语教育成为民族认同教育的新途径。相对于阅读可能导致人们独立理解的不利影响，君主和教会组织很快意识到让民众识字更具有正面优势，认为培养人们这一基本技能有利于他们接受知识和观念，例如，阅读可以给人们的心灵灌输正确的价值观和信仰；但同时，教会和政府通过检查和控制出版物来排除异见，确保人们思想统一。尽管当时的英格兰统治阶层可能并未想过利用教育作为社会变革的工具，对精英阶层而言，教育的重要意义在于它为这个新的中央集权政体的持续存在和权力提供了正当的辩护，以区别于过去的封建政体。② 从这个意义上讲，包括识字在内的教育有利于培养人们的民族国家认同，尽管其他阶层仍然可能把这种教育看作是与出身和职业相适应的功利性工具。诚然，在功利主义者边沁看来，任何事物的功效都在于创造益处、优势、快乐、美善和幸福，避免伤害、痛苦、邪恶和不幸。③ 如果说教育是指向一个终点的一系列行为，那么每个人受教育的普遍终点就是获得幸福。④ 从这个意义上说，当学习英语有助于获得就业和财富，有助于提升社会地位和进入主流文化，必然也有助于培

---

① J. S. Mill, “Inaugural Address Delivered to the University of St. Andrews,” In *Essays on Equality, Law and Education*, ed. J. M. Robson (Toronto: University of Toronto Press, 1984), p. 232.

② Rosemary O'Day, *Education and Society 1500-1800* (London and New York: Longman, 1982), pp. 22-23.

③ Jeremy Bentham, *An Introduction to the Principles of Morals and Legislation* (Kitchener: Batoche Books, 2000), pp. 14-15.

④ F. W. Garforth, *Educative Democracy: John Stuart Mill on Education in Society* (Oxford: Oxford University Press, 1980), p. 3.

养其身份认同。

1868 年《公学法案》（*Public Schools Act*）只涵盖那些政治和社会地位最高的学校，即那些为贵族和有影响力的上层社会家庭的儿子服务；次年的《捐助学校法案》（*The Endowed Schools Act*）则涉及中产阶级家庭子女就读的学校。直到 1870 年颁布的《初等教育法》才为劳动阶层建立了一个全国性的教育体系。该法案被认为是英国教育发展史上的一个里程碑。彼时社会阶层被打破，经济变革改变了原来的生活状态，人们寄希望于教育，期待这个法案能给孩子提供一个新的社会形态，改变孩子们的社群地位。[①] 该法案的一个直接影响是把英语教育的重要性提到一个新的高度。学校采用英语教学，为工厂培养能说英语的劳动者；同时进一步为民族同化服务。但对威尔士语而言，这是最具破坏意义的立法，因为威尔士有成千上万不懂英语的孩子。

二、文化融合的语言宽容政策

在英国从大不列颠到大英帝国的历史进程中，英国政府在海外殖民地主要采取文化融合的宽容性语言教育政策，重构社会与文化身份。

（一）文化融合的概念

融合是与隔离相对而言的，学者还使用诸如同化、合并、文化移入等类似的术语表示此概念。[②] 融合主要针对少数民族或外来移民，可能涉及政治、社会和文化等方面。例如，政治融合指的是一种移民参

---

① Nigel Middleton,“The Education Act of 1870 as the Start of the Modern Concept of the Child”,*British Journal of Educational Studies*, no. 2(1970):166-167.

② Laura Morales and Marco Giugni(eds.), *Social Capital, Political and Migration in Europe: Making Multicultural Democracy Work* (Basingstoke and New York: Palgrave Macmillan, 2011), p. 20.

与政治的模式，虽不同于本地人或主流群体，但不至于导致政治排斥。[①] 一般的融合概念则指的“是一种跨界，个体或群体融入或完全成为主流结构或组织的组成部分；或者是一种边界的模糊化，少数民族文化通过异族通婚，或接受或包含以融入主流文化”[②]。有些学者的融合概念带有强烈的同化意味，事实上许多国家的民族融合实践也如此，试图通过冲突和转变，最终实现少数民族的同化。但实际上，这不仅仅是同化少数民族的问题，而是涉及一个社群或者一个民族，通过超越文化、地域和阶层，寻求彼此之间的一种“黏合剂”的问题。[③]

英国把融合看作是一种管理社会秩序和少数民族与多数民族之间关系的问题，允许少数民族文化和习惯进入社会生活。

在文化融合过程中，语言是一个重要方面。“多数民族的语言是一种官方话语，新来者愿意接受，并当作一种法律上的国家语言来学习，同时也是公共生活以民主的方式接纳新来者的途径。”[④] 作为多元文化或多样性社会的公民，我们的语言选择往往受制于文化和语言环境的动态性、复杂性和异质性。[⑤] 移民孩子及其父母每天都被灌输一个观念，就是他们原有的语言能力在学校和社会上都是一种劣势，双语能

---

① Laura Morales and Marco Giugni(eds.), *Social Capital, Political and Migration in Europe: Making Multicultural Democracy Work* (Basingstoke and New York: Palgrave Macmillan, 2011), p. 41.

② Reza Nakhaie, "Muslin, Socio-cultural Integration, and Pride in Canadian Democracy," *Canadian Ethnic Studies* 50, no. 3(2018): 4.

③ Adrian Favel, *Philosophies of Integration: Immigration and the Idea of Citizenship in France and Britain, 2nd edition* (Basingstoke and New York: Palgrave, 2001), p. 3.

④ Gabrielle Hogan-Brun, Clare Mar-Molinero and Patrick Stevenson. *Discourses on Language and Integration* (Amsterdam/Philadelphia: John Benjamins Publishing Company, 2009), p. 11.

⑤ Gabrielle Hogan-Brun, Clare Mar-Molinero and Patrick Stevenson. *Discourses on Language and Integration* (Amsterdam/Philadelphia: John Benjamins Publishing Company, 2009), p. 19.

力成为他们在学校和社会上取得成功的重要前提。“不懂英语确实会是移民寻求社会发展的主要障碍，但掌握东道国语言，尤其是英语，并不等于失去自己的少数民族语言。”[1] 双语能力必然比单语更具有潜在的优势，在英国威尔士学校实施的威尔士语和英语双语经验就是一个明显的成功先例。

（二）文化融合的语言宽容政策

从 18 世纪中后期开始，基于英国殖民地移民与本地人的复杂语境，英国政府尝试采取不同的语言政策。具体地说，以加拿大、印度和美国为例，英国政府在英语、法语各具优势的加拿大，本地文化占优势的印度和英语占优势的美国采取不同的语言文化政策。

1. 加拿大的语言宽容政策与双语教育

18 世纪中后期，英国从法国手里夺得了加拿大领土。基于之前在亚加地亚同化法国居民的不成功经历，伦敦的商务部——负责殖民地事务的政府部门——同意总督们的意见，在宗教和语言问题上采取容忍政策，反对直接压迫，同时他们某种程度也鼓励在英国的领土上发展英国的生活方式。

一方面，英国政府在加拿大殖民地采取英语导向政策。殖民地由一个总督、一个委派的参议院和一个选举出来的众议院治理，用英国法律取代法国法律，鼓励发展英国国教和新教的教育制度，还以授地作为条件吸引大西洋沿岸各殖民地说英语的居民。[2] 从 1764 年起，加拿大出版的第一份报纸《魁北克新闻》开始代表法语省份英裔加拿大人的观点，旧的进口书刊检查制度被取消，新引进的书刊也都是用英

---

① Anthony F. Heath, Stephen D. Fisher, Gemma Rasenblatt, David Sanders, Maria Sobolewska. *The Political Integration of Ethnic Minorities in Britain* (Oxford: Oxford University Press, 2013), p. 28.

② 格莱兹布鲁克：《加拿大简史》，山东大学翻译组译，山东人民出版社，1972，第 129 页。

文书写的。①

另一方面，迫于现实语境，殖民地被迫允许法语的存在。在 1792 年的一次众议院会议上，一位法国人议员“成功地反对了只许使用英语的做法”。② 对立的报纸魁北克《信使报》和《加拿大人报》也常常互相攻击。

不同于法语占优势的魁北克，蒙特利尔人则以说英语为主体。在 18 世纪末 19 世纪初的半个世纪中，基于毛皮贸易，说英语的苏格兰商人和说法语的运送毛皮的法国船夫及其他雇员建立了友善合作的关系。③ 由于种种原因，到 19 世纪中期，英国人和殖民地人民都开始对这些殖民地丧失信心。时任北美殖民地总督埃尔金伯爵给殖民地官员打气：“你必须让各殖民地相信，不割断它们同英国的联系，它们也可以达到成熟的程度，达到社会和政治发达的程度，这是自由人所组成的社会有权期望的。”④

随着英国移民的迅速增加，加拿大的英国社区比法国社区更有活力，增长更快，并赋予它们更突出的英国特性；与之相反，1837—1838 年的上加拿大和下加拿大动乱之后，法国人的民族性逐渐削弱。⑤ 到 1873 年，在 1867 年《英属北美法案》基础上，加拿大成立了联合的“加拿大自治领”，包括了除纽芬兰之外的整个英属北美洲。自此，加

---

① 格莱兹布鲁克：《加拿大简史》，山东大学翻译组译，山东人民出版社，1972，第 131 页。

② 格莱兹布鲁克：《加拿大简史》，山东大学翻译组译，山东人民出版社，1972，第 186 页。

③ 格莱兹布鲁克：《加拿大简史》，山东大学翻译组译，山东人民出版社，1972，第 160—161 页。

④ 格莱兹布鲁克：《加拿大简史》，山东大学翻译组译，山东人民出版社，1972，第 197 页。

⑤ John Robert Seeley, *The Expansion of England: Two Courses of Lectures* (London: Macmillan and Co., Ltd., 1883), p. 49.

拿大以英语占优势的英法双语并存局面一直延续至今。

2. 印度的文化宽容政策与精英阶层英语教育

印度的情形与北美完全不同，让900名英国文员和7万名英国士兵管理2.5亿印度人是大英帝国最核心的难题。据1863年一个皇家委员会的报告，1800—1836年，普通士兵的死亡率是69%，7万人的英国军队每年死亡人数达到4830人，另有5880人因疾病失去战斗力而住院；而英国同年龄段平民的死亡率只有10%。[①] 这种殖民管理成本是英国所无法承受的。于是，大英帝国首创了一个方法，然后又沿用到非洲殖民地，即所谓“间接统治或代理统治（indirect or delegated rule）的技术：将权力下移，充分利用殖民地当地统治者的精力和技巧”[②]。总体说来，英国坚持印度政府必须在印度境内开展工作。

“间接统治”通过将当地权力下放给现有的精英阶层，只保留最基本的重要政权（尤其是财政权），使英国能以最低的成本维持统治。为此，曾于1876—1880年担任印度总督的利顿勋爵（Lord Edward Robert Bulwer-Lytton，1831—1891年）甚至在印度文员机构中专门为东方贵族的子弟们创设了一个新的部门。曾于1898—1905年担任印度总督的寇松侯爵宣称：“说英语的群体是世界上最热衷于加官晋爵的一群人了。”[③]

就文化而言，不同于葡萄牙、西班牙和法国人模仿本国中央集权模式统治各自的殖民地，大英帝国在印度采取的模式不是同化，而是一种宽容和允许差异的模式；前者立足于同一种宗教、同一种语言、同一种教育制度、同一种民族身份，而后者则允许当地人保持自己的

---

① 尼尔·弗格森：《帝国》，雨珂译，中信出版社，2012，第148—149页。

② 艾伦·麦克法兰：《现代世界的诞生》，管可秾译，上海人民出版社，2013，第30页。

③ 尼尔·弗格森：《帝国》，雨珂译，中信出版社，2012，第181页。

习俗与文化。[1] 也就是说，英国将不再干涉印度的传统宗教文化。沃伦·黑斯廷斯是1773年东印度公司《管理调整法令》任命的孟加拉第一任总督，他似乎就尝试了这种方法。他精通波斯语和北印度语，学习印度文化，他赞助伊斯兰文献的翻译，还创立了加尔各答伊斯兰法律学校。

英国历史学家、印度行政管理人员托马斯·巴宾顿·麦考莱在《印度教育纪要》（1835年）中也明确表示：“我们最好培养一个阶层，让他们在我们和我们所统治的百万人民之间担负起桥梁作用；这个阶层的人虽然有着印度人的外表，流着印度人的血液，但却有着英国人的品位、英国人的洞见、英国人的道德观和知识。”[2] 他认为印度诸方言无法用来传递文学或科学信息，如果要通过高等教育改善这些阶层的知识水平，必须借助其他语言而非本地语。麦考莱所在的印度最高委员会有一半的成员主张用英语，另一半则主张用阿拉伯语或梵文。麦考莱在《印度教育纪要》中说：“在印度，统治阶层使用英语，在政府任职的本地上流阶层也使用英语；英语也可能成为东方的商业语言，也是位于南非和澳大利亚两个正在崛起的欧洲社区所使用的语言，这两个社区现在越来越重要，它们与印度帝国的联系也在逐年加强。无论从我国文学所固有的价值来看，还是从这个国家目前的特殊局势考虑，我们认为，在所有外国语言中，英语应该是对我国臣民最有用的语言。”在麦考莱时代，英国人扶植了一批说英语、接受英国教育的印

---

① 艾伦·麦克法兰：《现代世界的诞生》，管可秾译，上海人民出版社，2013，第31—32页。

② Thomas Babington Macaulay, "Minute on Indian Education," In *Selections from Educational Records*, ed. H. Sharp(Calcutta: Superintendent of Government Printing, 1920), (Reprint. Delhi: National Archives of India, 1965), pp. 107-117, accessed on Feb. 28, 2019, http://www.columbia.edu/itc/mealac/pritchett/00generallinks/macaulay/txt_minute_education_1835.html.

度精英，成为英国管理体系所依赖的一大基础。

3. 美国语言教育的英国传统和美国特色

启蒙运动时期英国哲学家洛克不仅以其政治理论为美国的宪法奠定基础，其理性主义教育思想也给美国教育带来深刻影响，他所建议的课程在美国的文实学校得到实践。

在北美殖民地时期，虽然私立商业学校和英语学校在教育方面发挥了重要作用，它们实际上是文法学校向 18 世纪中期出现的文实学校转换的一种过渡形式。本杰明·富兰克林十分支持文实学校，他认为“严格的古典主义课程已经退化成了知识阶层的一种陈词滥调，文法学校的主要受益者是牧师、学者和绅士，已经不符合时代的发展需要了”①。1747 年，在《关于宾夕法尼亚青年教育之提议》（*Proposals Relating to the Education of Youth in Pennsylvania*）中，富兰克林强调英语应该成为教学的主要语言，而不是拉丁语，“要从蒂洛森、艾迪生、蒲柏、锡德尼、特伦查德（Trenchard）和戈登（Gordon）的著作中学习英语语法；要会写散文和书信……”②。在文法学校中拉丁语逐渐成为选修，而在文实学校中英语成为主干课程。例如：

1818 年菲利普斯·埃克塞特文实

学校（Phillips Exeter Academy）的课程③

古典部

第一年：亚当的《拉丁文法》；《书信集》（*Liber Primus*）或

① Otto F. Kraushaar, *Private Schools: From Puritans to the Present* (Bloomington: The Delta Kappa Educational Foundation, 1976), p. 19.

② L. A. Cremin, *American Education: The Colonial Experience, 1607-1783* (New York: Harper & Row, 1970), p. 7.

③ Bell, Cited in E. P. Cubberley. *Readings in Public Education in the United States* (New York: Houghton Mifflin, 1934), pp. 223-224.

者类似的著作；罗马人物志或恺撒的《札记》；拉丁文的《韵律学》；拉丁文的阅读和运用练习；古代和现代地理学；维吉尔史诗；算术。

第二年：维吉尔史诗；算术；继续进行拉丁语的阅读和运用练习；凡尔皮（Valpey）的《希腊语法》；《罗马史》；《西塞罗讲演集》；《文选》；达泽尔的《小希腊文选》（*Collectanea Graeca Minora*）；希腊文的圣经；英语语法和雄辩术。

第三年：重新阅读同样的拉丁语和希腊语作者的作品；继续学习英语语法和雄辩术；萨鲁斯特（Sallust）；代数；拉丁语—英语互译与作文。

第四年：《大希腊文选》（*Collectanea Graeca Majora*）；霍雷修斯·弗拉库斯（Q. Horatius Flaccus）；提图斯·李维（Titus Livius）；泰伦提乌斯（Terence）的部分戏剧；《拉丁文摘》（*Excerpta Latina*）或者与学生未来的目标一致的希腊语和拉丁语作品；代数；几何学；古代史纲要；亚当的《罗马古物》（*Roman Antiquities*）。

英语部

（年满12岁才能进入该部学习，必须在阅读和拼写方面受过良好的训练；熟练掌握算术，能简单运用比例，但不包括分数；掌握默里的《英语语法》；能运用句法分析规则；必须能从语法上分析简单的英语句子。）

第一年：英语语法，包括阅读、解析和分析练习以及改正错误英语的练习；标点和韵律；算术；地理学；代数，一次方程。

第二年：继续学习英语语法；几何；平面三角及其在测量高度和距离上的应用；补角和解式的求积分法；古代史纲要；逻辑学；修辞学；英语写作；练习雄辩和辩论。

第三年：测量学；航海术；化学和自然哲学纲要和实验；现代史纲要，尤其美国现代史；道德和政治哲学；英语写作；雄辩和辩论。

从上述例子可以看出，美国19世纪初期的文实学校已将文法学校进行改良，首先区分古典部和英语部；其次在古典部就拉丁语学习由强调文法向阅读过渡，在英语部除增加现代科学等课程外，主要强调英语语法和写作教学，以规范英语语言，同时通过开设美国现代史，加强美国国家认同教育。

由于种种原因，文实学校并没有持续很长时间。1821年在波士顿成立英语古典男子学校（English Classical School for Boys），并于1824年改名为波士顿英语中学（Boston English High School），开启了美国的公共学校运动（Common School Movement，1820—1860年），并使公立中学在19世纪最后25年成为美国教育体系中的固定组成部分。波士顿学校委员会明确指出，他们希望建立一个能替代拉丁语文法学校的机构，提供“一种能让他（儿童）为积极生活做好准备的教育，并为其在职业生涯中——无论是商业贸易领域还是机械制造领域——取得成功奠定基础”①。由于当时来自其他国家的移民既不会说英语，也不是新教徒，许多移民把学校看成提升自身社会地位的机制，但其他许多美国人则把学校当作实现同化的工具。② 这是因为公共学校最强大的支持者，主要是处于主流地位的、说英语的社会中上层新教徒。“他们把公共学校看成是对社会经济下层进行社会控制的机制，他们希望通过公共学校能实现移民儿童的美国化，实现广大民众的社会化，进

① Frederick M. Binder, *The Age of the Common School, 1830-1865* (New York: John Wiley & Sons, 1974), p. 107.

② L. 迪安·韦布：《美国教育史：一场伟大的美国实验》，陈露茜、李朝阳译，安徽教育出版社，2010，第158页。

而使他们遵循维护现有的社会秩序所必需的价值观念和信仰。”① 正如古特克（Gerald L. Gutek）所说：“通过制度化的教育，将主流群体的语言、信念和价值观灌输给外来者，尤其是那些不说英语的移民。公共学校就是要通过强化主流群体的语言和意识形态观点，来创造美国生活中的一致性。例如，通过英语教学，公共学校培养说英语的公民；通过培植基于新教教义的普世价值观，公共学校贯彻美国社会通行的道德规范。”②

内战后，用同化的方式来解决印第安人的教育问题逐渐普及，一方面提倡将印第安文化纳入白人的主流文化中；另一方面，将印第安儿童送入寄宿学校，向他们灌输美国的语言和习俗。③ 例如，1879 年，理查德·亨利·普拉特将军在宾夕法尼亚州的卡莱尔建立了第一所寄宿学校，要求印第安儿童不得用本族语交谈。与此同时，一些自由的黑人也获得了受教育的机会。例如，到 1869 年，有大约 11.4 万学生就读于自由人办公署（Freedmen's Bureau）开设的学校，学习读写算、文法、地理、音乐以及道德观教育和实业培训课程。④

三、多元文化语境下的多语政策

在英国从大英帝国到英联邦的历史进程中，海外殖民地和英联邦国家主要采取多语教育政策，构建多元文化身份。

---

① L. 迪安·韦布：《美国教育史：一场伟大的美国实验》，陈露茜、李朝阳译，安徽教育出版社，2010，第 161 页。

② Gerald L. Gutek, *Education in the United States : A historical Perspective* (Upper Saddle River, N. J. : Prentice Hall, 1986), pp. 87-88.

③ L. 迪安·韦布：《美国教育史：一场伟大的美国实验》，陈露茜、李朝阳译，安徽教育出版社，2010，第 232 页。

④ L. 迪安·韦布：《美国教育史：一场伟大的美国实验》，陈露茜、李朝阳译，安徽教育出版社，2010，第 235 页。

（一）多元文化的概念

多元文化可以用来指“一个国家的人口状况，说一个国家文化多元，是因其国民的血统来源不同”；也可以用来描述与同化相对的情形，在这种情形下，“移民不必放弃自己的价值观念和生活习惯，模仿多数民族”。[①] 多元文化概念基于法律地位平等和平等待遇语境，一般涉及相互宽容、保存文化遗产和语言等方面的权利、保留宗教和文化机构、参与宗教和文化活动等方面。

在单一文化的社会里，社会主体之间有着强烈的文化认同。但如果一个民族或国家文化多元，优势文化要么采取强制同化的手段，迫使弱势文化屈从甚至逐渐消亡，如在北美殖民地对印第安文化的同化和在澳大利亚对本地土著文化的同化；要么采取多元文化政策，如19世纪在印度殖民地对各民族文化的“宽容”，在加拿大法国文化和英国文化的并存，以及20世纪在美国出现的“熔炉”和“色拉拼盘”的类比。“多元文化主义在使我们回忆起在危机中的不同体验，承担着有用的功能。身份以及由此带来的自尊，毫无疑问是其一；归属感（对一个社会、一个宗教或者一个国家）是其二；乡土情结，或者说对某个地方的认同（从一些周围的人们所使用的语言上认为是其故乡的地方）是其三；而其四是历史感，源自过去，可以追寻血缘和家族的传统。”[②] 多元文化主义和民族主义尽管没有固有的联系，或者说不是绝对的对立，但现实中往往危险地纠缠在一起，成为政治团体借用的话题，甚至政治事件的焦点。

2011年5月2日在慕尼黑会议上，针对伊斯兰极端主义者问题，英国前首相大卫·卡梅伦（David Cameron）发表演讲，批判“国家多元文化主义”，因为该学说“鼓励不同文化离群索居，不仅相互隔离，

---

① John Wrench, *Diversity Management and Discrimination : Immigrants and Ethnic Minorities in EU*(Aldershot and Burlinton: Ashgate Publishing Limited, 2007), p. 79.

② C. W. 沃特森：《多元文化主义》，叶兴艺译，吉林人民出版社，2005，第118页。

而且与主流文化也格格不入”。2012 年，英国社区及地方发展部（Department for Communities and Local Government）发布题为《创造条件促进融合》（“Creating Conditions for Integration”）的文件，旨在改变旧的英国模式，加强对民族多样性的管理；融合的关键词是强调少数民族必须接受英国政策的共同价值观。① 这一政策实际上是对 18—19 世纪英国同化主义政策的回归和发展。

英国有一个很完善的学术辩论的传统，辩论涉及种族、移民和公民身份等问题，跨越数十年，发展了及其丰富的种族和种族主义、民族性以及集体身份等社会学领域的洞见，但是缺乏针对这些问题的比较视野。② 在这一点上，英国与法国等其他国家的多元文化政策存在差异。不同于法国无种族歧视的融合政策，这是基于对公民身份的一种抽象的、广泛意义的理解，英国的多元文化主义是从种族主义走向了另一个新的种族主义的极端。

一些源于英国自由主义传统的理念，为社会文化多元问题提供充分的理论和解决方案。诚然，多元文化主义较之种族主义和同化主义是一种进步。一方面，要体现文化多样性，在接受国家认同和民族国家共同价值观基础上，少数民族文化作为文化多样性的组成部分，应该得到重视和理解，双语教育必然成为保护本地少数民族权益的重要措施。另一方面，要突出主流文化在多民族国家的核心地位，避免形成新的种族主义。不可否认，“多元文化主义者支持或默许少数族裔形成自己独特的社区，保持自己独特的文化，除了客观上在一定程度上造成了种族之间的隔离之外，也延缓了甚至是阻碍了少数族裔在保持

---

① Romain Garbaye and Pauline Schnapper(eds.), *The Politics of Ethnic Diversity in the British Isles*(Basingstoke and New York: Palgrave Macmillan, 2014), p. 1.

② Romain Garbaye and Pauline Schnapper(eds.), *The Politics of Ethnic Diversity in the British Isles*(Basingstoke and New York: Palgrave Macmillan, 2014), p. 3.

自己文化的同时，能够入乡随俗，融入主流社会”[①]。

（二）多元文化语境下的多语制政策

多元文化一般与“多语制”并存。简言之，“单语制”是指通过一种语言进行交流，“多语制”则是指通过多种语言进行交流。“多语制”一般用于下列两种情形：一是一个国家有两种以上的官方语言，如瑞典；二是一个国家除了一种主要官方语言外，还有多种内部的语言变体，后者是包括非洲在内的第三世界国家的主要语言制度模式。[②] 实行多语制的主要是多语帝国、多语联邦或者新独立的多民族国家。在多语帝国中，社会语言的发展通常有两种可能：如果社会经济发展在数世纪内保持相对稳定，尤其在被统治阶级的社会经济和文化发展程度相对较低的社会语境下，由于学习统治者的语言十分有用，双语制必然得到发展；另一种可能是，多语或双语发展稳定，而且各有其使用领域，如母语主要用于私下里的交际功能，而统治者的语言用于公共交际和书面写作。[③] 在多语联邦政体下，说不同语言者往往可以根据自己的意愿组成联邦，并确保各邦及其语言享有平等权利。

在英国本土，英语无疑占有优势，但其他语言，如威尔士语、爱尔兰语等也同时存在。在海外殖民地中，各地的情形稍有不同，但大多实行双语或多语。例如，加拿大殖民地独立之后，法语加拿大和英语加拿大之间在一定程度上互相容忍，但在 19 世纪八九十年代向西部殖民的过程中引发了当地说法语的和信奉罗马天主教的少数民族的权利问题。多尔顿·麦卡锡曾说：“这是一个英属国家，我们越快地把我

---

① 王璐、王向旭：《从多元文化主义到国家认同和共同价值观》，《比较教育研究》2014 年第 9 期。

② Gerda Mansour, *Multilingualism and Nation Building Multilingual Matters* (Clevedon, Philadelphia, Adelaide: Multilingual Matters Ltd., 1993), p. 2.

③ Gerda Mansour, *Multilingualism and Nation Building Multilingual Matters* (Clevedon, Philadelphia, Adelaide: Multilingual Matters Ltd., 1993), p. 7.

们的法裔加拿大属民掌握起来，使他们在感情上英国化，教给他们英语，我们将来要防止的麻烦就越少。”[①] 经过博弈和斗争，这两族人民终于在一个世纪之后创立了一个政治联盟，基于的前提是“不同的文化兼容并蓄，省政府权力和中央政府权力之间的调和折中，以及继续保持英帝国成员国的地位”[②]。在美国独立前后，英语是官方语言，但同时也存在法语、西班牙语等其他语言社区，而拉丁语仍然是文法学校需要学习的语言。在英属印度，尽管英语一度是政府工作语言，但印地语仍然是普通老百姓的社交语言。

（三）多元文化语境下的多语教育政策

产生多语的原因有很多。首先是单纯的人口迁徙。当移民们来到一个新的国家，他们带来的语言相互接触，并与当地存在的语言发生联系。领土扩张是另一种迁徙，并导致类似的结果。不过领土扩张不一定导致大量的人口迁徙，仅凭士兵、商人和贵族，就可能通过军事和经济压力将他们的语言强加给殖民地。例如，历史上数千英属印度统治者就将英语传播给了如今8亿左右的印度人。导致多语发展的另一种情形是不同语言社群的政治联合，如加拿大联邦的英语和法语社群。[③] 在非洲，儿童通常都有机会接触到多种语言，他们在学龄前可能已经学会了两到三种地方语言，而官方语言（如英语），不同于口头本地语，是他们唯一需要在学校环境或乡下识字班级里学习的语言。在殖民地时期的非洲，如尼日利亚，三个敌对地区（北部、西部和东部）分别使用豪萨语、约鲁巴语和伊博语等地方语言，但独立之后的教育

---

① 格莱兹布鲁克：《加拿大简史》，山东大学翻译组译，山东人民出版社，1972，第260页。

② 格莱兹布鲁克：《加拿大简史》，山东大学翻译组译，山东人民出版社，1972，第300页。

③ John Edwards, *Multilingualism* (London and New York: Routledge, 2003), pp. 50-51.

政策却都赞同用英语进行早期教育。①

其实早在中世纪的英国就存在文化多元和多语制，在康沃尔、威尔士和苏格兰，凯尔特语言与英语、拉丁语和法语等并存，从事公共事务的人员往往需要掌握多语。在多语社会中，学校所扮演的角色很重要，甚至十分关键。普通家庭子女从小在使用本地语的学校完成小学甚至初等教育，但同时会学习英语或其他语言；在文法学校，教师会使用英语或法语教授拉丁语或希腊语。对于贵族家庭的孩子而言，他们的早期拉丁语教育往往都以英语作为媒介。“自孩子出生之后，无论是说拉丁语的家庭，或熟练掌握英语和拉丁语的双语家庭，孩子们也往往都通过英语来学习拉丁语。”②

到近代英国，多数学校仍然采用多语制，除了学习英语、拉丁语之外，还学习现代外语，如法语、德语等。对于移民和其他少数族裔而言，英语是学生必须掌握的第二语言，有条件的学校也可能配备掌握移民母语的教师为移民子女提供学业帮助。在海外殖民地，特别是在印度，多语教育特征十分明显。在 18 世纪末，英国浸信会传教士威廉·凯里为印度儿童创建了一所学校，教授他们波斯语和梵语、《圣经》、自然科学与算术；到 1799 年凯里加入新来的传教士队伍，为欧洲人开办了一家寄宿学校，用拉丁语、希腊语、希伯来语、波斯语和梵语教授课程；1801 年凯里加入由印度总督理查德·韦尔斯利伯爵创办的威廉堡学院，教授孟加拉文和梵文。在 19 世纪的印度学校，特别是 19 世纪中期之后，印地语是初级教育的主要教学语言，而英语则成为中等教育和高等教育的重要课程和主要的教学语言。印度教育委员会从国家层面推出所谓的《三语方案》（“Three Language Formula”），

---

① Gerda Mansour, *Multilingualism and Nation Building Multilingual Matters* (Clevedon, Philadelphia, Adelaide: Multilingual Matters Ltd., 1993), p. 96.

② Judith A. Jefferson and A. Putter, *Multilingualism in Medieval Britain (c. 1066-1520): Sources and Analysis* (Turnhout: Brepols Publishers, 2013), p. 143.

用以平衡学生的语言学习负担和发展多语制：第一，学习地方语和母语（在母语与地方语不同的地方）；第二，印地语或者在说印地语的地区学习另一门印度语言；第三，英语或其他现代欧洲语言。[①]

第三节　英语教育全球化视野的文化转向

当我们回顾英国对外扩张的历史时，不难发现其基本轨迹——“首先在地理疆域上从英格兰本土扩展到苏格兰、威尔士和康沃尔、爱尔兰，然后到海外的北美新世界，最后扩展到精神疆域的文学和艺术，以及科学和知识领域”[②]。在这里，培根、威廉·吉尔伯特（William Gilbert）和卡姆登（Camden）是精神领域的代表，斯宾塞、马娄、德雷克和拉勒福（Raleph）则是其他领域的代表。

特别是到19世纪末，由于海外殖民地国家的成功追随，本土工业革命成果的推动，以及对新教的强烈认同等诸多因素的影响，逐渐形成统一的英国文化和强烈的英国认同感。但国民能否体验到英国人特性，是否把自己看作民族的一部分，这两者存在明显的差异。[③] 这里的差异在很大程度上与人们在阶级结构中的地位和居住这个国家的地域相关。不过，新闻报纸、教育和文学作品打开了知识和文化全球化的通道，语言的标准化，民众对过去及现代文化史上的文学巨匠的普遍熟识，共同享有的《圣经》遗产和英国基督教著述等，这一切塑造了统一的文化，也使得政治和经济制度上的统一成为可能。与此同时，英国现代英语教育也伴随着英国教育逐渐从语言同化教育转向文化认

① Christopher Stroud and Mastin Prinsloo (eds.), *Language, Literacy and Diversity: Moving Words* (New York and London: Routledge, 2015), p. 121.

② A. L. Rowse, *The Expansion of Elizabethan England, 2nd ed.* (Basingstroke & New York: Palgrave MacMillan, 2003), p. 2.

③ C. W. 沃特森：《多元文化主义》，叶兴艺译，吉林人民出版社，2005，第94页。

同教育。

一、文化概念与英国文化的特质

（一）文化概念

"文化"是社会学中最普通的名词，但又是一个含义复杂的概念。文化在不同地域、不同历史时期界定着不同的范畴，并总是与民族联系在一起。

20 世纪英国马克思主义文化批评家雷蒙德·威廉斯认为，文化的定义可分为三类。一是"理想的"，文化是人类根据某种绝对的或普通的价值而追求自我完善的状态或过程；二是"文献的"，文化是思想性作品和想象性作品的实体；三是"社会的"，文化是对一种特殊的生活方式的描述。[①] 这一分类方法是基于前人对文化概念的研究。

18 世纪德国文学批评家、语言学家、历史学家赫尔德被誉为"民族国家主义之父"。"从文化的立场出发，赫尔德强调语言与文学之间的密切关系，认为文学与语言是相互影响、共同发展的，它们共同反映着一个民族的精神。"[②] 他认为维护一个民族的特性，首先在于维护一个民族的语言。"语言是一座人类思想的宝库，藏有每一个人以自身的方式做出的贡献；它是一切人类心灵持续活动的总和。"[③] 而文学则以不同的形式表达着一个民族、一个时代文化中最内在的精神。赫尔德说："东方的和西方的、希腊的和我们欧洲的诗歌最大的不同并不在于任何文学种类的差别，而是根源于民族、宗教、语言的共同作用，

---

① 雷蒙德·威廉斯：《漫长的革命》，倪伟译，上海人民出版社，2013，第 50 页。

② 曹卫东、张广海：《文化与文明》，广西师范大学出版社，2005，第 4 页。

③ J. G. 赫尔德：《论语言的起源》，姚小平译，商务印书馆，1998，第 104 页。

最终根源于其历史进步中不同的风俗习惯、感受、知识和经验。”[①] 在汤普森的观点基础上，赫尔德提出“文化是发展和提升人类才能的过程，这个过程通过吸收学术与艺术作品而得到推动，并与现时代的进步性有联系”[②]。

19世纪英国诗人、评论家马修·阿诺德（Matthew Arnold，1822—1888年）的文化概念则建立在古典文化的立场上，认为文化应该是“对完美的追求”，是“完美之学”，而作为文化的“完美”则是“构成人性之美与价值的所有能力的和谐发展”[③]。当英国大部分人在为英国的自由政体沾沾自喜并为自己争取更多自由权利时，阿诺德却在为其中隐含的无政府倾向深深忧虑。因而他提出以融合希伯来精神和希腊精神为特质的文化概念，旨在纠正英国国民已经走上的偏狭之路。[④] 他相信，通过观察、阅读和思考，基于追求完美的文化能帮助我们形成正确的判断，进而为我们提供非常有价值的实际服务。[⑤]

20世纪德国经济学家与社会学家阿尔弗雷德·韦伯（Alfred Weber，1868—1958年）试图从文化社会学角度区分文明与文化，认为文明是指理智和实用的知识及控制自然的技术手段，而文化则包含规范原则和理念的价值结构，是一种独特的历史存在和意识结构。[⑥] 而美国人类学家罗伯特·F. 莫菲（Robert F. Murphy，1924—1990年）

---

① Johann Gottfried Herder, *Against Pure Reason: Writings on Religion, Language, and History*, trans. & eds. Marcia Bunge (Minneapolis: Fortress Press, 1993), p. 144.

② 约翰·B. 汤普森：《意识形态与现代文化》，高铦等译，译林出版社，2005，第139页。

③ Matthew Arnold, *Culture and Anarchy*, eds. Janet Garnett (Oxford: Oxford University Press, 2006), pp. 34, 36.

④ 曹卫东、张广海：《文化与文明》，广西师范大学出版社，2005，第42页。

⑤ Matthew Arnold, *Culture and Anarchy*, eds. Janet Garnett (Oxford: Oxford University Press, 2006), p. 61.

⑥ 曹卫东、张广海：《文化与文明》，广西师范大学出版社，2005，第60页。

从社会人类学视角给文化下定义，认为“文化是人类知识、技术和社会实践活动的总和”[①]。德国哲学家和社会理论家尤尔根·哈贝马斯（Yürgen Habermas）则从公共领域的视角阐释现代语境下的文化问题，特别关注语言在交往行为中的作用。通过文学公共领域的建构，“一个介于贵族社会和市民阶级知识分子之间的有教养的中间阶层开始形成了”[②]。而文化的主体，也由传统的贵族精英文化转变成为世俗的大众文化。

（二）英国文化的多重特质

美国天主教历史学家约翰·奥马利（John W. O'Malley）认为西方文化源于古代“雅典与耶路撒冷”所在的地中海世界，主要包括：“（1）以赛亚和耶利米（Jeremiah）的先知文化；（2）柏拉图和亚里士多德等哲学家和科学家的文化；（3）荷马、伊索克拉底以及维吉尔和西塞罗等诗人、戏剧家、演说家和政治家的文化；（4）菲迪亚斯（Phidias）、伯里克里塔斯（Polycletus）、普拉克西列斯（Praxiteles）以及其他无数艺术家、工匠与建筑家的艺术和表演的文化。”[③] 这些文化从早期罗马传播到英国，经过 11—16 世纪的文艺复兴和宗教改革，进入近代世界，经过大不列颠社会语境的话语实践重构，形成英国特有的文化特质。

英国的文化可以说是民族文化、宗教文化和帝国主义的一个复杂综合体。孟德斯鸠认为英国人“在三件大事上走在世界其他民族的前

---

① 罗伯特·F. 莫菲：《文化与社会人类学》，吴玖译，中国文联出版社，1988，第 3 页。

② 尤尔根·哈贝马斯：《公共领域的结构转型》，曹卫东等译，上海学林出版社，1999，第 37 页。

③ 约翰·W. 奥马利：《西方的四种文化》，宫睿译，北京大学出版社，2012，第 5 页。

面：虔信、商业和自由”[①]。英国文化的思想渊源主要体现在“从王权到共和的政治思想”“理性主义与宗教精神”“自由主义”“保守主义”“社会主义”“英国国教精神”“殖民扩张思想”“重商主义”等方面。[②]这些特性与英国的历史发展密切相关，在不同历史时期，英国的文化表现出不同的发展趋势。

1. 文学艺术的宗教性与人文性

英国的文学艺术主要根植于基督教，从题材到形式，从语言到背后的精神特质都铭刻着基督教的印记。但经历了文艺复兴和宗教改革之后，英国的文学艺术从基督的“神性”破茧而出，闪耀出“人性”的光辉。

在文艺复兴时期涌现出四种艺术理论：第一种理论把艺术定义为对隐匿的实体的模仿，艺术因此具有一种启示的形式，在基督教思想家的眼中艺术是上帝思想的寓言；第二种理论的来源相近但较少受基督教思想的影响，它把艺术看作是对“美的理念”的永恒的模仿和体现；第三种理论发展了亚里士多德的某些观点，把艺术看作“自然的理想化”，也就是说，不是按其本来面目来表现事物，而是按照它们应该有的样子来表现；第四种理论是强调“创造性”的思想的主要源泉，它把自然看作是上帝的作品（塔索），把艺术看作堪与自然相媲美的有活力的形式。[③] 但在文艺复兴时期的任何一部作品，这四种理论常常是互相纠缠的。“在此前的千百年里，认为艺术乃是一种与上帝争耀的创造，似乎是亵渎神明的。而到了文艺复兴的时代，这种艺术观挟带着对柏拉图和亚里士多德的亦真亦假的仰赖，又纠结了形形色色的基督

① 钱乘旦、陈晓律：《在传统与变革之间：英国文化模式溯源》，浙江人民出版社，1991，第88页。

② 王磊：《世界大国（地区）文化外交：英国卷》，世界知识出版社，2013，第33—55页。

③ 雷蒙德·威廉斯：《漫长的革命》，倪伟译，上海人民出版社，2013，第12页。

教传统。”[①] 文学艺术创作从自然被神性所束缚，发展到体现出自然与神性的和谐，又以基督精神为养分破茧而出，实现自在的飞跃。正如英国文艺复兴时期诗人锡德尼所说：“只有诗人，不屑于为这种服从所束缚，为自己的创新气魄所鼓舞，在其造出与自然所产生的更好的事物中，或者在其崭新的、自然所从来没有的形象中，如那些英雄、半神、独眼巨人、怪兽、复仇女神等，升入了另一种自然，因为他就与自然携手并进，不局限于它的赐予所许可的狭窄范围，而是自由地在自己才智的黄道带中游行。”[②]

在英国，托马斯·莫尔和莎士比亚是主要的代表人物。托马斯·莫尔用拉丁语撰写的《乌托邦》是空想社会主义的第一部作品；莎士比亚则用英语写出了《哈姆雷特》《李尔王》等不朽的戏剧作品，体现了人性的光辉，代表着欧洲文艺复兴文学的最高成就。“莫尔正是西塞罗心目中的有教养的人文主义者的典型代表——能够把个人的哲学冥想与公共演讲和参与社会政治、外交事务结合起来。”[③] 而莎士比亚的戏剧在内容上可以说是社会政治、经济、文化和思想意识现状的集中体现，在语言上继承人文主义修辞学的遗产并集标准英语发展之大成，成为英国文学史上的巅峰，因其“体现从古典人文主义传统向本土性和民族性的重大转变，前者从南欧和地中海世界汲取力量，而后者标志着文艺复兴的结束”[④]。

2. 政治文化的保守主义与殖民扩张思想

一般说来，英国式保守主义具有以下传统：极度尊重历史和传统；

---

① 雷蒙德·威廉斯：《漫长的革命》，倪伟译，上海人民出版社，2013，第 13 页。

② 菲利普·锡德尼：《为诗辩护》，钱学熙译，人民文学出版社，1964，第 9 页。

③ Jerry Brotton, *The Renaissance* (Beijing: Foreign Language Teaching and Research Press, 2013), pp. 55-56.

④ Jerry Brotton, *The Renaissance* (Beijing: Foreign Language Teaching and Research Press, 2013), p. 124.

尊重权威和秩序；重视宗教和道德在人类社会中的作用；主张社会具有合理的等级。[①] 埃德蒙·伯克是第一位现代保守主义者，在政治上，他抨击民主，极力倡导谨慎，并以此作为公民政府的首要美德。[②]

英国的保守主义者从伯克到迪斯雷利（Benjamin Disraeli，1804—1881年），以及其他很多保守主义者，他们在不同情形下强调应该扩大政府的权威，支持土地贵族和英国国教会，促进个人自由，逐渐进行社会改革，保持权力和帝国的平衡。随着19世纪保守党的建立，英国政治界开始将伯克的政治理念转化为一些大体固定的政治观念，即重视政治权威、主张渐进的变化、尽可能保持民族的整体性等。同时，英国保守党还继承了英国式的父权制遗产，即信任有产阶级和传统贵族，认为他们在享有特权时也对社会负有照顾穷人的责任，即由财富的占有者主动让穷人分享自己的部分财产。[③] 旧保守主义宣称，中央政权和民间社会，地方政府和公共组织任务范畴的划分，是使英国的习惯和社会实践能保持繁荣的因素，并同时给精英提供了自治的空间。在整个19世纪，土地贵族和英国国教会统治着乡村，正如迪斯雷利所说：“教士和绅士，保留了古代遗风的精英们反对贪婪的议会斗争。”[④] 因而保守主义也是一种精英统治的信念。曼恩（Henry Maine）和其他一些保守主义理论家鼓吹保留“高级政治”，着重关注一些关于帝国的战略决策如欧洲大陆的权力平衡、货币、财产等政治问题，并将这些问题从公共政治讨论的领域分开。曼恩认为，在民主化进程中，这种

---

① 陈晓律：《1500年以来的英国与世界》，生活·读书·新知三联书店，2013，第39—42页。

② 雷蒙·威廉斯：《文化与社会：1780—1950》，高晓玲译，吉林出版社集团有限责任公司，2011，第12页。

③ Roy C. Macridis, *Contemporary Political Ideologies* (New York: Little, Brown and Company, 1986), pp. 76-80.

④ Benjamin Disraeli, *Sybil* (London: Folio Society, 1844), p. 340.

决策的变化隐藏得越深，实际的政治决策越有效能。[1]

在保守主义的对立面，则是激进主义者对财富和实力的渴求。尤其对 18 世纪的激进主义者而言，无论是诺曼征服留下的历史阴影，还是王权对新兴阶层的压制，无论是中世纪对人性的束缚，还是欧洲西班牙、葡萄牙等帝国的榜样，都赋予他们改革和发展的巨大原动力。凯瑟琳·威尔逊（Katherine Wilson）曾考察了 18 世纪英国城市大众阶层对于帝国的热望，发现这种热望在 18 世纪 30 年代被反对派政客煽动而起，反对派成功地将殖民地商人的利益与国家自身的利益联系起来。[2]

3. 经济理论的重商主义与自由贸易

激进主义者的殖民扩张思想与英国的重商主义政策不无关系。重商主义是 17—18 世纪英国占优势的经济理论，在很大程度上不仅决定了英国的对内外政策，直接导致了英格兰与苏格兰《联合法案》的签署，对于大英帝国的建立和对殖民地的政策也产生导向性影响。亚当·斯密在《国富论》（1776 年）中把重商主义的主要特征描述为“通过维持贸易顺差给国家带来财富”[3]。他指出重商主义制度重视商品的出口生产而忽视产品的消费，从而导致资源配置的失当。在亚当·斯密看来，重商主义政策的目的是通过贸易为国家聚敛财富。约·雷·麦克库洛赫（J. R. McCulloch）、理查·琼斯（Richard Jones）、约翰·英格拉姆（John Ingram）和雅各布·维纳（Jacob Viner）都持同样的

---

① Henry Maine, *Popular Government* (Indianapolis: Liberty Classics, 1990), p. 126.

② Katherine Wilson, *The Sense of the People: Politics, Culture and Imperialism in England* (New York: Cambridge University Press, 1995), p. 158.

③ Adam Smith, *An Inquiry into the Nature and Causes of the Wealth of Nations* (London: Elecbook Classics, 1998), p. 852.

立场。[1] 但也有其他的解释，认为重商主义是通过经济手段加强国家政治实力。伊·菲·赫克歇尔（Ei F Heckscher）认为其目的并不在于使国家的财富最大化而是使国家势力最大化。[2] 通过重商政策聚敛财富势必导致国家采取巩固和扩张领土的手段来巩固国家势力。政府通过调控经济活动实现国家目标，如紧缩针对敌对国家的贸易；也将政治活动作为实现经济目标的手段，如给予官方垄断以控制贸易路线。

在18世纪，英国越来越推崇好战主义者和扩展主义者的殖民政策，并相信自己的帝国将成为世界上的一种教化力量。亚当·斯密从道德和政治等方面对欧洲殖民扩张进行了批判。[3] 他坚持认为，统治和保卫殖民地的代价对征服者和被征服者而言都是具有毁灭性的。这些殖民地“对于帝国而言只是一种壮丽华美的装饰。如果帝国不能维持这种装饰的费用，就应当把它放弃”[4]。斯密对殖民统治的许多责难都源于其“自然”经济发展理论。“他认为，帝国的冒险，伴以其垄断公司和贸易保护政策，妨碍了商品经济的自然发展，导致资本的低效率分配，并且损害了社会的整体福利。”[5] 斯密在《国富论》中赞成同爱尔兰进行自由贸易，并主张英国在更广义层面上取消毫无价值的垄断。他说：“每个城镇和国家，与向所有国家开放的程度成正比，自由贸易并不会毁掉它们，相反，正如该商业体制的原则所能预期的，更能促进它的

---

① Aida Ramos, *Shifting Capital: Mercantilism and the Economics of the Act of Union of 1707* (Cham: Palgrave Macmilllan, 2018), p. 7.

② Ei F. Heckscher, *Mercantilism* (London: Routledge, 1935).

③ Jennifer Pitts, *A Turn to Empire: The Rise of Imperialism In Britain and France* (Princeton and Oxford: Princeton University Press, 2005), p. 52.

④ Adam Smith, *An Inquiry into the Nature and Causes of the Wealth of Nations* (London: Elecbook Classics, 1998), p. 1280.

⑤ Jennifer Pitts, *A Turn to Empire: The Rise of Imperialism In Britain and France* (Princeton and Oxford: Princeton University Press, 2005), p. 54.

繁荣。”① 在对待东印度公司的权力问题上，斯密认为由贸易公司建立的政府都是反常的和非法的，因为它们把两种内在相互冲突的利益结合在一起：一种是统治者的利益，另一种是商人们的利益。“自从东印度公司建立以后，其他英国人就被排除在了两地贸易之外。”②

由于斯密及其他经济学家的推动，英国重商主义的传统观念从18世纪晚期的工业革命开始逐渐衰落，转而开始接受自由贸易和斯密的自由放任经济学，并通过大英帝国，将以“开放市场和相对无障碍的国内和国际贸易”为特征的自由经济模式传播到全世界。③

4. 教育思想的古典主义与现代性

古典主义教育兴起于文艺复兴时期，也被称为古典人文主义教育。“它强调以古典著作作为课程的核心内容，因为在这些作品中人们发现了一种衡量现实生活的尺度，它是如此优越，甚至超越了作者们所生活的时代。”④ 但因为古典著作大多用希腊语或拉丁语写成，读懂这些古典作品的前提就是先学习希腊语和拉丁语。于是，在英国的文法学校和公学，拉丁语法和拉丁文学成为基础必修课。例如，托马斯·阿诺德1828年就任拉格比公学校长后力推公学教育变革，积极倡导古典人文主义教育和基督教教育，并把培养基督教绅士作为教育的目标。“阿诺德一方面密切注意古典文学的语言（他的继承者后来更加强调了这一点），另一方面出于基督教的目的试图树起一个文艺复兴的理

① Adam Smith, *An Inquiry into the Nature and Causes of the Wealth of Nations* (London: Elecbook Classics, 1998), p. 651.

② Adam Smith, *An Inquiry into the Nature and Causes of the Wealth of Nations* (London: Elecbook Classics, 1998), p. 837.

③ Brett Browden, Leonard Seabrooke, *Global Standards of Market Civilization* (London: Routledge, 2006), p. 192.

④ 易红郡：《英国教育思想史》，华东师范大学出版社，2017，第253页。

想——‘完美绅士’的典型。”[①] 在英国的大学里，语法、逻辑与修辞成为博雅教育中的三科。例如，“牛津一头扎进古典文学、亚里士多德的哲学以及中世纪流传下来的逻辑学里，剑桥则过分重视已经过时的数学教学，其理由是它们是严格的智力训练，是自由教育”[②]。以古典学科为核心的学术教育在很长一段时间里都占据英国中等和高等教育的主导地位。

“尽管越来越多的学生被吸引去学习古典作品，但人们发现，很多人缺乏天赋和领域能力去掌握这些古典作品中所隐含的文化。”[③] 到后文艺复兴时期，古典主义教育已成为一种文化滞后的表现。而且随着英格兰民族国家的兴起，希腊文和拉丁文遭遇到本国语的挑战。“在18世纪和19世纪，民主革命和工业革命强调民众使用本国语的重要性，于是课程开始冲破古典作品的垄断，把本国语作为传递文化的主要途径。”[④] 特别到了19世纪，随着科学教育的兴起，古典人文主义教育受到猛烈的抨击。在英国，一些学者把《爱丁堡评论》作为阵地，发表系列评论文章，对古典教育提出尖锐的批评。

另一方面，一些古典自由主义思想家则力图捍卫古典教育传统。1833年英国神学家和诗人约翰·纽曼主导了一场旨在恢复天主教内容的牛津运动（Oxford Movement），1851年应爱尔兰大主教保罗·库伦（Paul Cullen）的邀请，纽曼到都柏林筹建一所天主教大学，并于1852年就任都柏林大学校长。纽曼从1852年开始先后五次发表演说，后来

① 博伊德、金：《西方教育史》，任宝祥、吴元训译，人民教育出版社，1986，第371页。

② 徐辉、郑继伟：《英国教育史》，吉林人民出版社，1993，第158页。

③ 约翰·S. 布鲁巴克：《教育问题史》，单中惠、王强译，山东教育出版社，2012，第269页。

④ 约翰·S. 布鲁巴克：《教育问题史》，单中惠、王强译，山东教育出版社，2012，第270页。

汇集成一本书——《大学的理想》（*The Idea of a University*）。在书中，他强调大学教育应提供一种“自由教育”。他说：“自由教育造就的不是基督徒，也不是天主教徒，而是绅士。成为绅士是好事，具备有教养的智性，有敏锐的鉴赏力，有率直、公正、冷静的头脑，待人接物高贵有礼也是好事。这些都是广博知识所培养的品质。这些就是大学教育的目的。”①

与此同时，一些古典自由主义思想家开始接受现代语言和现代科学对教育的意义。约翰·密尔是英国著名古典自由主义思想家，在就任苏格兰圣安德鲁斯大学校长的演说中，他指出：“大学的目的不是培养熟练的律师、医生和工程师，而是培养有能力和有教养的人才。”②他特别推崇苏格兰那些古老大学的传统，尤其是古典语言教育。他认为古希腊文、拉丁文两种语言及其文学作品是普通教养的重要内容，有必要保持其在当时教育中所占的地位；同时，他相信古典教育与科学教育一样，也是一种知性教育，因为“科学教育是教我们如何思考，文学教育是教我们如何表达思想”③。这是他作为功利主义哲学家在当时面对科学教育的一种妥协。托马斯·阿诺德的儿子马修·阿诺德也是古典人文主义传统的继承者与传播者。“阿诺德建议，英格兰在现代语言盛行的情况下，更应该学习拉丁语和希腊语。”④“在古典主义教育

---

① John Henry Newman, *The Idea of a University: Defined and Illustrated* (Notre Dame: University of Notre Dame Press, 1982), p. 91.

② John Stuart Mill, "Inaugural Address Delivered to the University of St. Andrews," In *Essays on Equality, Law and Education*, ed. J. M. Robson (Toronto: University of Toronto Press, 1984), p. 218.

③ John Stuart Mill, "Inaugural Address Delivered to the University of St. Andrews," In *Essays on Equality, Law and Education*, ed. J. M. Robson (Toronto: University of Toronto Press, 1984), p. 221.

④ Herbert W. Paul, *Mathew Arnol* d (London: Macmillan and Co., Limited, 1925), pp. 111-112.

和科学教育孰轻孰重的论辩中，阿诺德更热衷于古典人文主义教育。”[①]针对赫胥黎1880年在梅森学院发表的《科学与文化》（*Science and Culture*）演讲，阿诺德于1882年在剑桥大学发表《文学与科学》（*Literature and Science*）的演讲，他指出：“这种艺术、诗歌和辩才事实上不仅有使我们精神振奋，使我们高兴的力量，而且它们还有一种力量——本质上这是它们的作者对生活批判的力量和价值……这种力量能够惊人地帮助我们，将现代科学的成果与我们的行为需要，与我们对美的需要联系起来。”[②] 到19世纪后期，英国的古典教育与科学教育优势此消彼长，古典与现代开始相互宽容，彼此接受，从而使英国教育呈现出越来越明显的“现代性”特征。

二、英国英语教育全球化的文化使命

从17世纪开始，英国人带着各种动机和使命踏上海外殖民地。传教士试图传播上帝的福音，商人试图获得梦想中的财富，而英国王室则试图借助他们实现帝国的荣光。经历了17世纪的地理探索和资源掠夺，到18世纪，特别是19世纪，英国为了维系殖民地统治，试图采取一种相对于军事控制更为长期和低成本的手段，那就是用英国文化作为维系海外殖民地与宗主国之间的纽带。这里的文化既包括宗教的、政治的和经济的，也包括科学、文学与艺术等范畴的文化。

针对大英帝国在殖民地的统治，有学者直言，“18世纪的大英帝国很缺乏道德感……汉诺威人在亚洲篡权，在非洲掠夺土地，在美洲贩卖奴隶。……维多利亚时代的英国人野心更大，他们不仅梦想着统治

---

① 易红郡：《英国教育思想史》，华东师范大学出版社，2017，第272页。

② Mathew Arnold,"Literature and Science,"In *The Oxford Authors：Mathew Arnold*,eds. Miriam Allott and Robert H. Super(Oxford:Oxford University Press,1986),p. 468.

世界，还要救赎这个世界。他们不满足于剥削其他民族，还要教化他们”[①]。200年来，大英帝国一直忙于奴隶贸易、战争和殖民，不仅输出了产品、资金和人，更希望输出它的文化。英国人在殖民地时期非常重视文化输出，英语成为英国对殖民地文化输出的首要方式，也是其他文化输出的基础。[②] 英国政府在殖民地统治中明确规定：立法机关的代表必须懂英语，所有会议基本上都用英语作为工作语言，所有文件用英语书写。

1. 新教文化的传播

18世纪早期英属美洲保持着新教文化的优势。1720—1760年的大觉醒运动（the Great Awakening）是新教复兴运动。“通过使17世纪英国出现的异端新教组织合法化，大觉醒运动为所有教派的和谐共存创造了基础。”[③] 18世纪新创办的殖民地大学就反映出宗教的多元化。1740年前只有清教的哈佛学院（1636年创办）和耶鲁学院（1701年创办）以及英国国教的威廉-玛丽学院（1693年创办），但1746—1769年间新增了六所学院：达特茅斯学院、布朗学院、普林斯顿学院和现在的哥伦比亚大学、拉格斯学院以及宾夕法尼亚大学。没有一所大学由既定教会控制，所有大学的管理机构都由不同信仰的人组成，招收学生时也不考虑宗教信仰，课程设置方面也将传统拉丁语和希腊语课程与自然科学和自然哲学相结合。例如，达特茅斯学院致力于教育生活在这片土地上的印第安部落中的年轻人，教他们学会阅读、写作和其他一些教化印第安儿童所必备的有用的知识，以及一切自由技艺和科学。

---

① 尼尔·弗格森：《帝国》，雨珂译，中信出版社，2012，第99页。

② 王磊：《世界大国（地区）文化外交：英国卷》，世界知识出版社，2013，第76页。

③ 加里·纳什等编著《美国人民：创建一个国家和一种社会·上卷1492—1877》（第6版），刘德斌主译，北京大学出版社，2008，第139页。

在维多利亚时代，教会为“欠发达”地区带来精神和物质的援助。对于印度，英国人一个普遍的假设就是，“印度的文化对于社会的落后负有责任，而英国的统治则是国家启蒙和发展的主要希望”[①]。在非洲殖民地也同样如此。在英国新一代的福音派教徒眼里，非洲人能够被教化。正如麦考莱所说：“给（非洲）阴郁的大陆播撒光明、自由和文明”的时刻到了。[②] 英国基督教教会和政府在非洲创办了学校和教育培训机构，使很多非洲人接受了英式教育，成为知识阶层。尽管他们身为非洲人，心里根植的却是盎格鲁-撒克逊文化，并以学习英语而自豪。

2. 政治文化的传播

1848 年首相约翰·罗素（Lord John Russell，1792—1878 年）曾在下议院发表演讲说：“英格兰的真正政策……是推广正义和公平，并以节制和谨慎的态度追求这一事业，不是成为这个世界的空想家，而是着重用道德制裁和支援手段维护正义。”[③] 这样的政治思想对此后的英国政策产生了很大影响。

约瑟夫·张伯伦（The Rt Hon Joseph Chamberian）是英国首位真正的、自觉的帝国主义政治家。[④] 他反复强调自己对“更广泛的爱国主义”的信仰，因为这种爱国主义“将整个英国包括在内”。另一个持这种“英国”概念的政治家是阿尔弗雷德·米尔纳（Alfred Milner，1854—1925 年），他说：“我是一个英国民族主义者。如果我也是一个帝国主义者，那是因为英国的岛国环境和长期的海上霸权使我们这个民族注定要去世界上各个遥远的地区开辟新的领地。我的爱国主义没

---

① Jennifer Pitts, *A Turn to Empire: The Rise of Imperial Liberalism in Britain and France* (Princeton and Oxford: Princeton University Press, 2005), p. 18.

② 尼尔·弗格森：《帝国》，雨珂译，中信出版社，2012，第 104 页。

③ 西蒙·詹金斯：《英格兰简史：从公元 410 年到 21 世纪的帝国兴衰》，钱峰译，化学工业出版社，2016，第 239 页。

④ 尼尔·弗格森：《帝国》，雨珂译，中信出版社，2012，第 214 页。

有地域界限，只有种族之分。……激发我爱国热情的不仅仅是英国的土地……还有英国人的语言、传统、精神遗产、原则和期望。”[①] 白人殖民地中也不缺乏对大英帝国概念狂热的人，他们甚至比英国本土居民更爽快地接受米斯郡伯爵的提议，将女王生日当天（5 月 24 日）作为年度“大英帝国日”。后来，加拿大（1901 年）、澳大利亚（1905 年）、新西兰和南非（1910 年）先后将该日定为官方公共假日。

在北美殖民地，英国政治文化的影响愈加明显。18 世纪中期，无论在地方事务还是在省一级事务中，一种称为辉格或“共和”的政治思想广泛传播。“这一从英国继承的思想主题是基于这样的信仰：集权在历史上是自由的敌人，把过多的权力授予某一个人或组织往往导致腐败和暴政。”[②] 到 1763 年，殖民地发行了大约 23 种报纸，许多报纸是翻印英国辉格党作家抨击腐败和正在蔓延的专制的文章。这些自由民主思想为后来因为推行《糖税法》（*Revenue Act or Sugar Act*，1764 年）、《货币法》（*Currency Act*，1751 年）、《印花税法》（*The Stamp Act*，1765 年）而激起的殖民地反抗奠定了思想基础，也为接踵而至的“美国独立”和美国联邦政体的创建埋下了火种。

3. 人文与科技的传播

早在 17 世纪，英国精英阶层像寻求军事和政治卓越一样追求文化的尊严。英国学者迫切地想证明“英国绝非‘荒蛮民族’，而是文学之母”[③]。17 世纪英国文化的土壤，也是科学发展和传播的沃土。[④] 经过

---

① Alfred M. Gollin, *Proconsul in Politics : A Study Of Lord Milner in Opposition And in Power*(London: Anthony Blond, 1964), pp. 128-129.

② 加里·纳什等编著《美国人民：创建一个国家和一种社会·上卷 1492—1877》（第 6 版），刘德斌主译，北京大学出版社，2008，第 143 页。

③ Lewis Einstein, *Tudor Ideals*(New York: Harcourt, Brace and Company, 1921), p. 305.

④ Robert K. Merton, *Science , Technology , and Society in 17th Century England*(New Jersey: Humanities Press, 1970), p. 238.

数代人的努力，英语成为优雅的文学语言和严谨的学术语言，在此后的世界文化领域扮演着一个重要角色。

文学家诸如斯威夫特、约翰逊，人文主义思想家诸如艾略特、阿斯卡姆，科学家诸如培根、牛顿，他们创造了卓越的科学和思想财富，这些财富与英国的强大联系起来，形成了独特的民族主义特性。从18世纪开始，英国取代法国成为欧洲最强的国家，英国文化，特别是科学新发现和工业革命新成果，对于外国人具有巨大的吸引力。特别在19世纪，英国政府利用其他国家民众对于英国科学技术的兴趣，继续大英帝国的文化和价值观输出，进而极大地推进了英语教育的全球化。

在菲力普森看来，“政府的理论兴趣点在于推进英语语言帝国主义，而其逻辑起点在于全球英语语言霸权的合法化与英语语言教学的职业化”[①]。这正是后来成立于1934年的英国文化委员会（British Council）所肩负的文化使命——发展国际文化教育事业，对外进行文化宣传和推广英语语言，促进国际理解，服务英国国家利益。[②] 1935年，威尔士王子（后来的爱德华八世）也曾说：“我们工作的基础必须是我们的语言……但是我们的目标不只在于传播我们的语言，……我们的目标在于帮助尽可能最广大的民众欣赏我们文学的荣光、我们对科学艺术的贡献，以及我们在政治实践上的杰出成就，这一目标最好通过推动海外对我们语言的学习来实现。”[③] 他们相信：“如果你熟悉别国的语言和文学，如果你了解并且喜爱这个国家，他的城市、艺术和

---

① Robert Phillipson, *Linguistic Imperialism* (Oxford: Oxford University Press, 1992), p. 137.

② British Council. *About us*, accessed on June 22, 2019, https://www.britishcouncil.org/about-us.

③ Robert Phillipson, *Linguistic Imperialism* (Oxford: Oxford University Press, 1992), p. 138.

人民，……你会本能地买他的产品，你会积极地支持他，……”① 他们还在世界各地举办英文书展和主题讲座，英国名人纪念诞辰，英国电影、音乐、戏剧展览，以及文学作品翻译等活动，“这些活动都是在不刻意强调英国文化独特性和优越性的氛围中进行，以淡化其文化传播色彩”②。

三、英国英语教育全球化的文化特征

美国人类学家、文化学家爱德华·霍尔（Edward T. Hall，1914—2009年）曾说：“在许多文化之中，与父母、祖父母的纽带，甚至与祖先的纽带不但不会切断，反而维持下来，得到强化。”③ 霍尔认为：“也许，文化中最重要的心理要素是认同作用（identification），认同是文化与人格的桥梁。”④ 文化变迁缓慢时，认同的效用很好，而在变迁迅猛的时代，认同作用反而会遭到极大的破坏。

特别在移民社会（或社区）中，一个孩子一般必须接受三种教育，首先是学习社会公认的行为和价值观；其次是学习一个受教育者所应具备的一般知识和看法；最后是学习他赖以谋生并借此为社会做出贡献的特殊技能。⑤ 特别是18—19世纪，英语教育除了作为一种在主流社会中的生存和发展技能之外，更重要的是作为一种文化认同的培养。随着时代的发展，英语教育在全球化发展中逐渐呈现独特的文化特征。

---

① J. M. Mitchell, *International Cultural Relations*（London: Allen & Unwin, 1986）, pp. 19-20.

② 曹德明主编《国外语言文化推广机构研究》，时事出版社，2016，第115页。

③ 爱德华·霍尔：《超越文化》，何道宽译，北京大学出版社，2010，第200页。

④ 爱德华·霍尔：《超越文化》，何道宽译，北京大学出版社，2010，第211页。

⑤ 雷蒙德·威廉斯：《漫长的革命》，倪伟译，上海人民出版社，2013，第134—135页。

1. 英语教育内容从古典语言转向古典文化

英国文化得以在其殖民地乃至全世界传播，既在于英语教育这一媒介，也在于英语语言所承载的古典文化成就。

奥古斯丁来到英格兰，被描述成“一手拿着拉丁文的布道手册，另一只手拿着拉丁文语法书”[①]。为了让英格兰人皈依基督教，当时创办了两类学校，文法学校教授拉丁文，歌咏学校教授教堂圣歌。这两类学校对特定技能的培训，是为了培养基督徒及其所代表的特定社会性格。[②] 当人们懂拉丁文之后，不仅能读《圣经》和神父的著述，也可能读到其他更多的东西，如维吉尔和奥维德的作品，从而奠定了英国古典教育的传统。

随着时间的推移，古典教育逐渐改变以语法教学为主的语言教育转向古典文化教育，古典学科也成为英语教育的重要内容。

第一，古典主义者强调古典语言教育对贵族和绅士教育的重要性，但并非每个人都应该学习拉丁语。中世纪时期及此后的很长一段时间里，人们学习拉丁语或希腊语时十分重视古典语言形式（语法）、逻辑和修辞，并将演讲与雄辩看作最重要的语言教育目的。到18世纪以后，以这样的方式教授一门死的语言，不仅浪费了孩子的时间和精力，也在一定程度上扼杀了孩子的天性。因而，人们呼吁对古典教育进行改革。约翰·洛克在《教育漫话》（*Some Thoughts Concerning Education*）中说：“我认为对于绅士而言，学习拉丁语绝对必要……如果父亲花费钱财和孩子的时间学习罗马语，而同时给孩子的规划是学一门手艺，实际工作中根本用不到拉丁语，……世间还有比这更荒谬的事吗？”[③]

---

① Arthur Francis Leach, *The Schools of Medieval England* (New York: Barnes and Noble, and London: Methuen & Co., Ltd., 1969), p. 3.

② 雷蒙德·威廉斯：《漫长的革命》，倪伟译，上海人民出版社，2013，第136页。

③ John Locke, *Some Thoughts Concerning Education* (London: J. and R. Tonson, 1779), p. 235.

一方面，洛克建议孩子学习一两年语法读写之后再开始学习拉丁语，他认为语法是成人理解语言时所需要的，而孩子们不用记着语法也能把拉丁语说得很完美。在他看来，“语言的形成不是基于语法或艺术，而是偶然的发生，以及人们的普遍使用”①。另一方面，洛克强调不能忘了学英语，相反，孩子们应该每天都用英语进行阅读。② 显然，洛克明确区分作为学术语言的拉丁语学习和作为生活语言或工作语言的英语学习。

第二，古典主义者普遍认为，拉丁语和希腊语承载了古人的智慧，这是现代语言所无法企及的。特别是19世纪，人们认可古典语言的重要性主要在于它们作为一般教养和知性教育的目的。约翰·密尔曾说：“在一般教养课程中唯一能排上号的语言和文学课程就是学习希腊文和拉丁文文学，我认为可以让这些学科继续维持它们目前在课程中所占据的位置。这一立场是基于学会母语以外的某种洗练的语言和文学的重要教育价值以及这些特定语言和文学本身所具有的独特价值。”③ 这些古典文学作品不仅反映古人积累起来的生活智慧，更把他们对人类本性和行为的敏锐洞察通过著述形式流传给了我们。约翰·纽曼也表示：“英语似乎不像希腊语那样，拥有一些确定的词汇来一般地或干脆利落地表达心智的圆熟或完美。”④ 在文艺复兴之后，特别是18世纪之后，人们更看重古典学科的人文价值。有些教育家认为学生们为了学

---

① John Locke, *Some Thoughts Concerning Education*(London: J. and R. Tonson, 1779), pp. 246-247.

② John Locke, *Some Thoughts Concerning Education*(London: J. and R. Tonson, 1779), p. 234.

③ John Stuart Mill, “Inaugural Address Delivered to the University of St. Andrews,” In *Essays on Equality, Law and Education*, ed. J. M. Robson(Toronto: University of Toronto Press, 1984), p. 225.

④ 约翰·亨利·纽曼：《大学的理想》，高师宁等译，贵族教育出版社，2003，第123页。

习一点点拉丁语和希腊语，浪费了多年的宝贵时间，因而要把这些语言从普通教育中剔除出去。不过密尔对此持坚决的反对态度，他认为其他孩子或年轻人失败的原因主要在于：他们只试图通过反复练习获得知识，但结果是智力没有提高，只是白白死记硬背了海量知识而已。[①] 密尔指出：“一般说来，苏格兰处于一种比英格兰优越得多的状态。在学的苏格兰青年不仅学习古希腊文、拉丁文，还能习得其他学科的知识。原因在于苏格兰进行的古希腊文、拉丁文的教学很出色。”[②]

第三，英语语言的标准化和英语文学的巨大成就为英语教育作为传承古典学科的媒介提供了条件。在教授孩子拉丁语时，洛克建议将英文写在两行拉丁文之间，让孩子能更容易地理解拉丁文。他说：“用这种拉丁文和英文相间排列的方法，让孩子具有一定的拉丁语知识，这样便可以接着阅读其他较容易的拉丁语书籍，如贾斯丁（Justin）或尤特洛波阿斯（Eutropius）。”[③] 洛克把英语作为教学语言，并建议采用翻译教学法进行拉丁语教学，进而帮助孩子们理解古典作品。到 18—19 世纪，英语经历了数百年的完善，已经发展成为标准英语和文学语言。约翰·纽曼对英语充满了信心，他说：“假如从此刻起天主教会在英伦三岛得到承认，假定英语由此而通过洗礼，皈依天主教……我们应该马上就获得大量的天主教著作，而且是英语的、纯正的英语的文学，高品位的文学。”[④] 而且纽曼认为：“一个民族的文学指的是其经典著作，而英语的经典著作英格兰早已有之，并早已得到承认。”[⑤] 他说，

---

① 约翰·密尔：《约翰·密尔自传》，柏洋译，江西教育出版社，2012，第 18 页。

② 约翰·密尔：《密尔论大学》，孙传钊、王晨译，商务印书馆，2013，第 21 页。

③ John Locke, *Some Thoughts Concerning Education* (London: J. and R. Tonson, 1779), p. 246.

④ 约翰·亨利·纽曼：《大学的理念》，高师宁等译，贵州教育出版社，2003，第 226 页。

⑤ 约翰·亨利·纽曼：《大学的理念》，高师宁等译，贵州教育出版社，2003，第 227 页。

我们可能会对弥尔顿或吉本本人感到厌恶，但他们已经成为英语文学不可缺少的组成部分。正是他们创造了英语，并用英语传承了古代文明。纽曼说：“某些杰出的大师，如莎士比亚、弥尔顿、蒲柏、《新教圣经》和《祈祷文》的作者胡克和艾迪生、斯威夫特、休谟和戈尔德斯密斯，是他们创造了英语。”[①] 这些具有伟大能力的人在各自的时代掌握了语言，并赋予语言以活力，娴熟地运用它，使它变得丰富、和谐、多样和准确。语言的力量和耕耘着的天才共同铸就了英语经典作品的丰碑。“英格兰的文学不再只是印在书中、关在图书馆里的文字，而是一种活生生的声音，它通过自己的表现力和感染力走进了世人的心中，它每天震动在我们的耳畔，表达着我们的思想。”[②]

爱德华·霍尔在《超越文化》(*Beyond Culture*，*1976* 年）一书中提到有关文化的一个悖论：语言最频繁地用来描写文化，可是它难以适应描写文化的艰巨任务。霍尔给出的解释是，语言的线性特征太强，其综合性不太够，它太受限制，太不自然；语言在很大程度上是它自身演化的产物，它具有太明显的人工斧凿的痕迹。但他仍然相信，“语言有一点却施惠于写作的人，它是使一切交流成为可能的媒介，而且是一切交流和一切文化依赖的媒介”[③]。霍尔的一个目的是为了表明非言语交际在跨文化交际中的重要性，他相信“非言语系统与民族背景关系密切，事实上，它们是民族特性的实质”[④]。例如，不同民族的人在身体语言方面体现显著的民族特性。同时，霍尔也试图强调语境的重要性。即便翻译机可以打印出篇幅很长的译文，但是这样的译文意

---

① 约翰·亨利·纽曼：《大学的理念》，高师宁等译，贵州教育出版社，2003，第230—231页。

② 约翰·亨利·纽曼：《大学的理念》，高师宁等译，贵州教育出版社，2003，第231页。

③ 爱德华·霍尔：《超越文化》，何道宽译，北京大学出版社，2010，第52页。

④ 爱德华·霍尔：《超越文化》，何道宽译，北京大学出版社，2010，第74页。

义不大，因为尽管词语和一些语法都译出来了，语义却被扭曲了。在他看来，“在实际生活中，代码、语境和意义只能被看作是同一事物的不同方面”[①]。基于上述原因，霍尔强调情景构架对于跨文化传播的重要性，进而建议外语教学采取情境教学法。他说：“与情景教学法相比，传统的语言学习和许多现行的习惯令人遗憾，它们仅仅是重复外语老师读书时使用过的方法。……老师给学生不完整的部件，要求学生根据硬记的规则加以组合。”[②]

2. 英语教育动机从宗教教育转向科学教育

英国宗教改革之前，宗教教育对学校教育的影响十分深刻，尤其是拉丁语作为宗教语言和学术语言，严重影响了英语教育的推广。宗教改革之后，学校得以改组，英语教育也成为各层次教育的重要内容和媒介。地主阶级的权利和文化，特别是它反科学和精英主义的一面，确实能解释 19 世纪英国中学教育中的某些问题；自由主义和最小政府的信条也显然是反对国家控制教育或引导教育发展的主要诱因。但是，安迪·格林并不把这些明显的联系作为探讨英国教育发展滞后和理解英国教育特性的基础。长期以来，英国的教育主要依靠教会办学和民间捐资办学。教会在培养识字能力，开启民智方面起到重要作用，但同时又通过使用古典语言作为传教和教育的媒介达到垄断知识和蒙蔽科学等目的。

首先，宗教教育对英国文化影响深远。马修·阿诺德坦言：“宗教改革很强劲，因其对《圣经》的诚挚回归以及真正按上帝的旨意行事；宗教改革又显得无力，因其未能真正领会和应用文艺复兴的核心理念。”[③] 学校教学似乎并未受到文艺复兴的指引，文法学校的教育传统

---

① 爱德华·霍尔：《超越文化》，何道宽译，北京大学出版社，2010，第 82 页。

② 爱德华·霍尔：《超越文化》，何道宽译，北京大学出版社，2010，第 115 页。

③ Matthew Arnold, *Culture and Anarchy*, ed. Jane Garnett(Oxford: Oxford University Press, 2006), p. 104.

还保留着，几乎没有什么改变。“文艺复兴所取得的主要成果，如在本地语文学、地理发现、新的绘画和音乐、新的哲学精神及自然探索，以及在个人观的变化等方面所取得的成就，对普通教育的标准形式几乎没有产生什么影响。”①

从 1824 年起，阿诺德在拉格比学校进行教学改革，“他的影响主要还不在于课程改革方面，而在于他重新确立了教育的社会目的，即培养信仰基督教的绅士”②。绅士教育成为英国学校教育的一个重要特征，也是渗透到英语教育中的重要文化特征。同时，针对当时人们遵循着陈旧的固有观念和习惯，阿诺德在《文化与无政府主义》（*Culture and Anarchy*）一书中表述自己写作的目的是“大力推荐文化，以帮助我们走出目前的困境”③。他说，文化是我们追求全面完美的有效途径，通过获取与我们有关的世界上最优异的知识，并通过这些知识，以新知与自由的思想改变旧识与机械的教条。这样看来，文化既是学习又是追求，既涉及文学文化的发展，又包括人性的所有方面。④

其次，工业革命推动科学教育的发展，改革并丰富了人文教育的内容。弗朗西斯·培根（Francis Bacon，1561—1626 年）不仅是英国著名唯物主义哲学家，也是实验科学的创始人。全世界的第一个科学协会是 1660 年创立的伦敦皇家学会（Royal Society of London），它使实验方法从此形成了制度，也使一部伟大的科学史由此发轫。⑤ 伴随着

① 雷蒙德·威廉斯：《漫长的革命》，倪伟译，上海人民出版社，2013，第 141 页。

② 雷蒙德·威廉斯：《漫长的革命》，倪伟译，上海人民出版社，2013，第 146 页。

③ Matthew Arnold, *Culture and Anarchy*, ed. Jane Garnett(Oxford: Oxford University Press, 2006), p. 5.

④ 雷蒙·威廉斯：《文化与社会 1780—1950》，高晓玲译，吉林出版集团，2011，第 127 页。

⑤ 艾伦·麦克法兰：《现代世界的诞生》，管可秾译，上海人民出版社，2013，第 254 页。

现代科学的发展是“现代理性”的成长，或者说“去魅”。[①] 有社会科学家认为，要确保国民经济保持可持续发展，要求民众识字率达到30％—40％，英国工业革命证实了这一点，截至1750年，英格兰和苏格兰民众的识字率超过了这一阈值。[②]

尽管英国工业革命与基础教育的普及之间的相关性存在争议，事实上，有些成功的矿主和矿山经理人没有受过教育，许多采矿和运输行业的工作也不要求识字能力，甚至纺织业、制陶业、金工和采矿四大主导行业中的文盲比例比传统产业都高。不仅那些扩张的经济领域中的大多数工作并不要求识字能力，最近的研究表明，即便是识字能力被视为就业优势的那些职业领域，如商业、专业工作和大规模农业等，其从业人员的识字能力也没有显著提高。[③] 一个事实是英国工业革命时期经济持续发展，教育发展水平却相对滞后。一个可能的结论则是，民众识字能力的普及对英国经济持续发展的贡献应该是正向的，但并不是英国工业革命的关键影响因素。其中一种解释是，早期的工业发展并不需要太多的技术能力，并不需要对教育机构提出更高的要求。[④] 安迪·格林认为，到工业革命的第二阶段，教育在提供新技术方面体现出更大的重要性。[⑤] 美国经济学和历史学教授戴维·兰德斯（David Landes，1924—2013年）区分制造业所需要的四类知识：写算

---

① Ernest Gellner, *Plough, Sword and Book: The Structure of Human History* (Chicago: The University of Chicago Press, 1989), pp. 107, 220.

② W. B. Stephens, *Education in Britain, 1750-1914* (Basingstoke and New York: Palgrave Macmillan, 1998), p. 56.

③ W. B. Stephens, *Education in Britain, 1750-1914* (Basingstoke and New York: Palgrave Macmillan, 1998), p. 59.

④ Andy Green, *Education and State Formation: Europe, East Asia and the USA, 2nd* ed. (Basingstoke and New York: Palgrave Macmillan, 2013), p. 48.

⑤ Andy Green, *Education and State Formation: Europe, East Asia and the USA, 2nd* ed. (Basingstoke and New York: Palgrave Macmillan, 2013), p. 49.

能力，工匠和技工的工作技能，工程师的科学原理及其应用培训，高水平的理论与应用科学知识。[①] 在工业发展的早期阶段，前两种知识的需求相对有限，并基本能通过家庭或学徒制等传统教育方式得以解决。但随着工业化发展，对科学和技术能力的需求增大，进而对教育提出新的要求。这不仅影响到中等和高等教育，也普遍影响到初等教育和对劳动阶级的教育。[②]

3. 英语教育目的从人文教养转向文化身份建构

语言在大多数情况下只是教育的媒介，但也成为社会文化身份建构的媒介。

（1）英语的文化身份建构特性

说话方式是社会阶级的一个标志，凡是在英国生活过的人，恐怕都不会低估它的重要性。“因为对于我们大多数人来说，某些声音、词语和节奏都蕴含着深厚的情感和记忆。我们应该跟群体中的其他成员一样，说同一种话，这种感觉也极其强烈。”[③] 模仿和改变这两股强大的推动力构成了语言必要的张力，而模仿和改变都发生在基于地域或文化的共同体中。“随着共同体的日益扩大以及传播系统的极大改善，某些语言（英语是其中最突出的一个）扩展开来，很红火，为许多不同群体提供了共同的语言工具。而即使在这些共同语言内部，随着言语共同体向外扩展的强烈趋势，在说共同语的不同群体中，发展与变异的过程也将以不同的方式延续下去。”[④]

英语的历史发展使其带有与生俱来的民族身份特性。“有一个重要

---

① David Landes, *The Unbound Prometheus. Technological Change and Industrial Development in Western Europe from 1750 to the Present* (Cambridge: Cambridge University Press, 1969), pp. 339-348.

② Andy Green, *Education and State Formation: Europe, East Asia and the USA, 2nd* ed. (Basingstoke and New York: Palgrave Macmillan, 2013), p. 50.

③ 雷蒙德·威廉斯：《漫长的革命》，倪伟译，上海人民出版社，2013，第226页。

④ 雷蒙德·威廉斯：《漫长的革命》，倪伟译，上海人民出版社，2013，第227页。

表征恰好与英格兰的社会结构和英格兰的法律身份缺位十分配套，那就是英语的平等主义性质（egalitarian nature）。”① 爱默生注意到了德国和英格兰在语言方面的差异：“在德国，有学问的人说一种言语，普通老百姓说一种言语。在一定程度上，可以这么说，德国伟大作家作品里的言辞几乎不可能从下层社会口中听到；但在英格兰，贵族的语言也是穷人的语言。在议会、在讲坛、在剧院，当演讲者站起来表达思想和情感时，使用的就是常用的语言；即使是街头老百姓，也能理解最美的言辞。仿佛他们的语言直接来自《圣经》，来自习惯法，或者来自弥尔顿、蒲柏、扬（Young）、科伯（Cowper）、彭斯（Burns）和司各特（Scott）等的作品。”②

英语在其发展时期主要流传于未受过教育的、无权无势的众庶之口，相当一部分与学识、富裕生活和权力相关的词汇源自于诺曼语或拉丁语。从理论上说，共同语一旦形成，全部词汇就可为所有人使用。尽管只有少数人才有机会接受长久而持续的教育，他们在学习拉丁语或法语的时候也说自己的语言，在这个过程中又使得自己的语言得到丰富和发展。从16世纪到18世纪末，当现代英语作为中央机构所使用的语言出现后，英国人开始用同一种共同语来书写，尽管口头语存在差异，但也在伊丽莎白一世时期开始走向统一的趋势。皇家学会“改良英语本土语言”委员会努力想清除语言中的杂质，而艾迪生和斯威夫特到后来的蒲柏和约翰逊博士则更关注建立一种“文雅的标准语”。③官员、学者、作家、教员和媒体，再加上出版商的推波助澜，都致力于使英语逐渐规范，充满文化和学问气息。

---

① 艾伦·麦克法兰：《现代世界的诞生》，管可秾译，上海人民出版社，2013，第236页。

② Ralph Waldo Emerson, *The Complete Essays and Other Writings of Ralph Waldo Emerson*, Brooks Atkinson(ed.)(New York: Random House, Inc. 1950), pp. 575-576.

③ 雷蒙德·威廉斯：《漫长的革命》，倪伟译，上海人民出版社，2013，第233页。

（2）英语教育中的文化身份建构

“标准语”无疑带有浓厚的“地域性”和“阶级印记”，在其形成后，英语进入“跨地域”发展，成为“修正性的标准语”。[①] 学校教育在英语的跨地域发展中起到重要作用，因而“修正性的标准语”可以等同于“公立学校英语”。[②] 例如，在美国的公立学校教育中，英语教育体现出跨地域发展的特征，以及后来形成的美国英语变体特征。

一方面，北美的深层结构，它的语言、法律、政治、阶级结构、宗教、亲属体系、结社性质，无不是英格兰殖民者造就的。“如今的美国人口中，具有英国血统的不到 20%。但无论他们的祖先来自何处，绝大多数美国人的文化之根都源于英格兰。”[③] 源于四次移民浪潮（1629—1640 年从英格兰东部迁徙至马萨诸塞的清教徒移民、1642—1675 年从英格兰南部迁徙至弗吉尼亚的保皇主义者及契约工人、1675—1725 年从英格兰北米德兰和威尔士迁徙至特拉华谷的移民、1718—1775 年从不列颠北部和北爱尔兰边界迁徙至阿巴拉契亚边远地区的讲英语者）的英国习俗仍然能在美国文化中找到痕迹：美国言语中的主要方言、美国生活的地域形态、美国政治中的复杂原动力、美国四种自由观念之间的持续冲突。

另一方面，18 世纪的美洲殖民地，人们虽然同样使用英语，但由于长期生活在不同于英国本土的环境下，不但形成了他们自己共同的经济利益，而且逐渐形成了独立的文化和社会心理。除了来自英国的移民，来自欧洲其他国家的新移民也迅速融入殖民地文化和社会。例如，英国议会针对北美殖民地的《糖税法》（1733 年）和《印花税法》（1765 年）是对北美殖民地自主性的极大威胁，进而遭到殖民地人们的

---

① 雷蒙德·威廉斯：《漫长的革命》，倪伟译，上海人民出版社，2013，第 239 页。

② 雷蒙德·威廉斯：《漫长的革命》，倪伟译，上海人民出版社，2013，第 240 页。

③ David Hackett Fischer, *Albion's Seed: Four British Folkways in America* (New York & Oxford: Oxford University Press, 1989), p. 3.

坚决抵制。各殖民地广泛的抵制没有赢得英国政府的妥协，却激发了北美殖民地人们的民主与独立精神，进一步增进了殖民地身份认同。在政治上和经济上，殖民地人们开始走到了一起。无论是之后的美国独立还是美国革命，都从民族国家层面激发了一种美国精神。约翰·亚当斯观察到，在战火开始之前美国革命就已经结束，其实质在于，居住在海外的英国人从精神层面已经转变成了美国人。[①] “在美国战争之后的半个世纪中，大不列颠政府越来越有意识地建构爱国主义，强调对君主制的忠诚、帝国的重要性、陆军和海军战绩的价值以及对由有德行、能干和可靠的英国精英分子对一个强大、稳固政府的期望。”[②] 安迪·格林认为，与欧洲大陆国家如法国和德国相比而言，英国的教育在民族国家形成中的作用缺乏连贯性，而且学校也没有被视为形成民族认同感的主要工具。[③] 这在客观上为海外殖民地的民族独立创造了条件。

本章小结

在世界经济趋向全球化的发展形势下，英国的英语教育政策受社会话语主体权力博弈影响，各种社会权力关系一方面从自身利益出发基于不同话语实践活动影响英国及其殖民地英语教育，同时又通过调整英语教育政策增进自身影响力，重构社会话语秩序。具体地说，英语教育的本体秩序从“标准英语”发展成各种“英语变体”，从语言技

① Alan Farmer, *Britain and the American Colonies, 1740-1789* (London: Hodder Education, 2008), p. 158.

② Linda Colley, *Britons: Forging the Nations, 1707-1837* (London: Pimlico, 1994), p. 145.

③ 安迪·格林：《教育、全球化与民族国家》，朱旭东、徐卫红等译，教育科学出版社，2004，第 103 页。

能教学走向职业能力培养，而技术的发展让英语教育以更快捷的方式向全球化发展。英语教育政策秩序也从民族同化走向文化融合与多元多语。同时，在英国的特有社会语境下，现代英语教育承担着重要的文化传播使命，包括新教文化、政治文化和文学艺术等。其全球化视野体现独特的英国式文化转向特征，在内容上从语言转向文化，在动机上从福音传播转向科学传承，在目的上从个体人文修养转向整体文化身份建构。

第五章　英国“现代英语”教育的价值与局限

大英帝国主要通过两种方式使得英语成为全球语言：一是通过输出语言使用者，殖民者在澳大利亚和北美地区建立永久定居点，征服土著居民，逐渐形成母语使用者新社区；二是通过对亚洲、非洲和大洋洲一些地区的殖民化，当地土著居民或者其精英分子学会了英语，从而成为双语者。[1] 自英国正式结束其殖民统治起，英语的使用范围仍然保留着，并在某些情况下还得以扩展。正如斯波斯基所说：“当今所有民族国家的语言政策都必须将英语这种全球语言作为一个要素纳入考虑之中。”[2] 回顾英国现代英语教育历经的数个世纪，无论是作为一种民族语言、国家语言还是帝国语言和全球语言，其阶段性发展和全球传播的起因和效果都给我们留下诸多思考，其作为语言文化教育、民族身份教育和国家战略都给我们留下了诸多价值和经验教训。

第一节　作为语言文化教育的重与轻

英语教育首先是作为一种语言文化教育。无论是对于本地民众、

---

① 吉布森·弗格森：《语言规划与语言教育》，张天伟译，外语教学与研究出版社，2018，第113页。

② Bernard Spolsky, *Language Policy* (Cambridge: Cambridge University Press, 2004), p. 91.

外来移民，还是殖民地居民，英语既是一种有利于社区生活和职业发展的语言技能，也是一种社会认同或文化同化的语言媒介，对于个人和族群的社会地位提升也具有重要作用。

一、语言政策和语言规划的社会与文化特性

（一）语言政策的社会与文化结构特性

美国宾夕法尼亚大学教授、泰米尔语研究专家哈罗德·希夫曼认为：“语言政策从根本上来说是一种社会结构（social construct）。它由各种具有显性特征的要素组成，这些要素可以体现在司法行政领域的司法语言、审判语言、行政语言、宪法语言或者法律语言中。……语言政策还是一种文化结构（cultural construct），它主要体现在信仰体系、语言态度、语言观念中，我们将这些统称为‘语言文化’（linguistic culture），具体地说，它包括各种思想、价值观、信仰、态度、偏见、宗教束缚以及语言使用者说话时所带来的其他各种‘文化包’（cultural baggage）。”① 希夫曼的主要观点是语言政策基于“语言文化”，包含各类政体所颁布的显性语言政策和言语社区的隐形语言政策，并认为语言文化的一些要素（如语言使用、语言态度）是语言政策的产物。

不过也有学者持不同看法。美国爱荷华大学副教授、社会语言学家戴维·约翰逊认为，除非有明确的证据，严谨的语言政策研究不应当在政策意图、政策文本和政策结果之间做出任何主观的因果判断。他说：“我们不应当将语言实践和语言教育实践都先验地归因于语言政策，因为没有语言政策的支持，语言实践和语言教育实践也可能存在。”②

---

① Harold F. Schiffman, *Linguistic Culture and Language Policy*, *2nd* ed. (London and New York: Routledge, 1996), p. 276.

② 戴维·约翰逊：《语言政策》，方小兵译，外语教学与研究出版社，2016，第3—4页。

尽管如此，我们仍然不能否认语言与文化之间、语言政策与语言实践之间的内在关联，以及这种关联对于语言教育产生的影响。

（二）语言规划的社会与文化取向

语言学家豪根的语言规划进程分为四个阶段：选择标准（选择语言变体）、编制标准（建立语言形式规范）、实施标准（推广）、扩建标准（更新）。[①] 他把“选择标准”和“实施标准”作为地位规划，把“编制标准”和“扩建标准”作为本体规划，语言的地位规划与本体规划密切相关。总体而言，“塑造语言的用途和社会功能的所有干预都可能对语言形式产生影响，包括这些形式的使用频率和赋予这些形式的社会价值”[②]。

“取向”（orientations）是语言规划的基础，与语言态度相关，并决定对语言的可接受态度的范围。[③] 例如，芬兰语言学家陶里（Valter Tauli）把语言看作一种手段（means），把语言规划定义为“规范和改善现有语言，或者创造共同语言、区域语言、国家语言或国际语言的有规律的活动”[④]。这就是一种取向。瑞兹（Richard Ruiz）认为语言规划的取向主要有三种：“语言作为问题”（language-as-problem）、“语言作为权利”（language-as-right）和“语言作为资源”（language-as-

---

① Einar Haugen, “The Implementation of corpus planning: Theory and Practice,” In *Progress in Language Planning: International Perspectives*, eds. J. Cobarrubias and J. A. Fishman(Berlin, New York & Amsterdam: Mouton Publishers, 1983), p. 273.

② Alexandra Jaffe, “Critical perspectives on Language Policy: The Corsican Example,” In *Ethnography and Language Policy*, ed. Teresa L. McCarty(New York: Routledge, 2011), p. 208.

③ Richard Ruiz, “Orientations of Language Planning,” *NABE Journal* 8, no. 2(1984): 16.

④ Valter Tauli, “The Theory of Language Planning,” In *Advances of Language Planning*, ed. Joshua A. Fishman(The Hague: Mouton, 1974), p. 56.

resource)。[①] 例如，把少数民族语言作为习得主体民族语言的障碍就是一种“语言作为问题”的取向，其目标是语言和文化的同化；在双语制体系中，允许少数民族学生既学习优势语言，又保留自己的母语，就是一种“语言作为权利”的取向；而“语言作为资源”取向则体现在将语言多样性和多语种教育理解为母语者和非母语者的资源，双方都要学习这两种语言。显然，语言规划同时反映政治、社会和文化因素。

二、“现代英语”教育的社会与文化特征和功能

英格兰在1066年遭受诺曼征服之后，导致英语产生巨变，最终影响了中世纪英语和现代英语的发展。“英语语言的历史就是英语语言规划和语言政策的历史，独特的政策累加效果造就了我们今天使用的语言。”[②] 在很长一段时间里，英语和诺曼法语形成一种竞争关系，前者主要用于民间口语交流，后者作为国家语言用于议会和法院，直到1650年英国议会通过一项法案，规定英语也可以用于这一领域。在学校教育中，特别是初等教育，英语作为教学语言被广泛用于教授拉丁语等语言以及其他课程。无论在英国本土，还是在其海外殖民地，作为一种语言文化结构，与英语相关的教育体现出较为明显的特征和发展趋势。

（一）英国本土的语言文化教育

1. 英语语言的社会与文化特性

在交际情境中，语言以多元而复杂的方式与文化相关联。它不仅表达社会共同享有的世界知识，也反映言语者的态度、观念和看法。

---

① Richard Ruiz,“Orientations of Language Planning,”*NABE Journal* 8,no. 2(1984): 18-25.

② 戴维·约翰逊：《语言政策》，方小兵译，外语教学与研究出版社，2016，第14—15页。

“在这两种情况下，语言都表达着文化现实。”① 在特定言语社区，语言使用者用特定语言表达特定意义。例如，常见的 table、Tisch、mesa 都表示同一种家具，英语中的 table 可以表示各种“桌子”，波兰语用 stol 表示餐桌，用 stolik 表示咖啡桌或电话桌。作为英格兰的民族语言，大不列颠的国家语言和大英帝国的帝国语言，英语的历史发展和教育作用体现出鲜明的社会和文化特性。

（1）英语的历史人文性

英语的历史就如同一个神话，年代久远，又扑朔迷离。英国人用不计其数的故事描述自己的历史和特性。尽管“盎格鲁-撒克逊语”是英语的前身，其结构即便是与中世纪英语相比较也差别巨大。詹姆斯·米尔罗伊（James Milroy）表示：“对于从古英语向中世纪英语的转化，一般认为，尽管突然，却仍然是渐进的。这一点支持了‘古老语言和未中断的传承’（the ancient language and unbroken transmission）的观念。然而古英语在结构上与现代英语或中世纪英语在许多方面都大不相同。”② 他认为英语的久远神话取决于古英语学者的智慧，能追寻古英语到中世纪英语未曾中断的传承。诸如《贝奥武甫》之类的古老文本，对于古英语传承的价值甚至超过了它们的文学价值。“阅读盎格鲁-撒克逊时期和中世纪的英格兰文学，尽管你需要一个习惯过程，但你仍觉得它相当熟悉，觉得乔叟很容易理解。”③ 乔叟与狄更斯之间，或者莎士比亚与王尔德之间，虽有差异，却又一脉相承。阅读这些历

---

① Claire Kramsch, *Language and Culture* (Shanghai: Shanghai Foreign Language Education Press, 2000), p. 3.

② James Milroy, "The legitimate language: Giving a history to English," *Prolongue to Alternative Histories of English*, eds. Richard J. Watts and Peter Trudgill (London: Routledge, 2002), p. 19.

③ 艾伦·麦克法兰：《现代世界的诞生》，管可秾译，上海人民出版社，2013，第 243 页。

史久远的鸿篇巨制，以及18—19世纪的伟大作品，都能感到"一种绵延不断的知性与情感的共鸣"，"仿佛至今仍然活在我们中间"。[①] 这在很大程度上反映了英语本身所具有的历史人文性。

（2）英语的主体平等性

许多其他欧洲语言体现出阶级和性的差异。在一些日耳曼语系中，老百姓的语言和知识分子的语言甚至属于毫不相干的语系，罗曼语系和其他一些语种尤其强调性的差异。与此相反，"英语是一种极其民主、积极和直率的语言。莎士比亚笔下的哈尔王子（Prince Hal）跟父亲谈话和跟福斯塔夫（Falstaff）谈话没有显著的差别，李尔王跟小丑谈话和跟女儿们谈话也没有鲜明的区别。乔叟小说中的人物形形色色，操用的语言却大体相同"[②]。同时，英语中关于性的区别，除了第三人称单数——"他""她""它"及其物主代词，其他名词、形容词、指示代词和疑问代词都没有性的区别。英语与生俱来的平等性使其为整个族群和社区所接受。在现代英语的形成过程中，它由一度是平民的语言发展成为国家通用语，无论在法律地位上还是社会与文化层面，都体现了其主体在现实中的平等性。

（3）英语的民族教育性

《新英语词典的出版建议》（*Proposal for the Publication of a New English Dictionary*，*1857* 年）指出，尽管英语词汇在词源上可以追溯到盎格鲁-撒克逊时期，英语的兴起却发生在1250年左右。导致英语发展的主要非语言推动力一方面在于英国社会发展的不平等，亦即迪斯雷利笔下的"两个民族"——富有的中上层和贵族阶层与贫穷的劳动阶层；而另一方面在于英国工业革命的第二阶段以及殖民帝国期间英

---

① 艾伦·麦克法兰：《现代世界的诞生》，管可秾译，上海人民出版社，2013，第279页。

② 艾伦·麦克法兰：《现代世界的诞生》，管可秾译，上海人民出版社，2013，第239页。

国社会和经济的迅速转型。[1] 19 世纪 30 年代的宪章运动试图为劳动阶层争取更好的工作条件、受教育权和选举权。选举公民权、全民教育和民族爱国情感培养被认为是解决当时社会问题的三种方案，其中爱国主义情感培养更简易可行，也更经济划算。语言在教育中起到关键的作用。“语言充满教育性，因为它是一个民族情感、思想和经验的象征。”[2] 因而语言成为民族统一的焦点。“很明显，言语的一致是人民团结的必要条件。语言社区是比宗教身份或政府更强的纽带，单语制民族，即便因宗教信仰或政治团体而分裂，仍然是一个文化的整体、倾向性的整体和影响力的整体。”[3] 就一个民族而言，语言不仅属于个人，也属于集体，因为它容纳了构成一个民族过去的所有经历。因此，“英语不仅是英格兰民族历史的遗迹，也是一种完美的教育工具”[4]。

2. 英语教育的社会与文化功能

（1）英语作为工具的语言教学

英语作为工具的语言教学主要体现两个方面的基本特征：一方面，英语作为英国历史上的平民语言，学校教育将其作为一种生活和工作的技能进行教学；另一方面，英语作为英国社会的通用语言，学校教育将其作为通往古典教育和学术教育的语言工具。

劳伦斯·斯通曾把 16 世纪的学校教育总结为三种形式，一是小学校为广大民众提供基本的读写教育；二是一些较低层次的文法学校和免费学校为读写能力较强的孩子提供时间更长的学徒教育，主要教授

---

① Richard J. Watts, *Language Myths and the History of English* (Shanghai: Shanghai Foreign Language Education Press, 2018), p. 32.

② Richard C. Trench, *On the Study of Words* (London: John W. Parker and Son, 1851), pp. 21-22.

③ George P. Marsh, *Lectures on English Language, 4th edition* (New York and London: Sampson Low, Son and Company, 1862), p. 221.

④ Tony Crowley, *Standard English and the Politics of Language, 2nd edition* (Basingstoke and New York: Palgrave Macmillan, 2003), p. 58.

学生英语语法和用英语教孩子数学、记账等较为实用的职业知识与技能；三是文法学校为贵族和城市资本家的子弟提供更为严格的古典知识教育，通常包括古典语言和语法、宗教教育等，为孩子将来进入大学和律师学院做准备。[①] 显然，16 世纪的教育仍然主要是一种贵族精英教育，但英国重商主义的社会背景又使得英语被当作一种生活、生存和虔信的技能性语言，同时使英语教育呈现出明显的阶级性特征。

一直到 17 世纪前期，英国教育循着先前的模式继续发展，特别是以文法学校为主的中等教育。不过还是有一个较为显著的变化，“英语的运用和实用性数学的发展，以及拉丁语语法学习的加强”[②]。在 1660 年到 1790 年，多数人认为穷人受教育是一件危险的事情，因为学问会促使他们寻求更高的社会地位，从而给社会的稳定性和精英阶层的优势地位带来威胁。[③] “在 19 世纪中期之前，统治阶级对大众教育缺乏明确和统一的态度，……无论是政治精英还是社会精英都未能为这一长期存在的困局找到令人满意的解决方案。”[④] 这一时期英国的公立教育发展缓慢，但 17 世纪清教主义给英国本土和北美新英格兰地区的教育带来重要影响，传教士为培养教徒的《圣经》阅读能力，致力于儿童的英语读写能力培养。在清教革命（Puritan Revolution）时期，教会提出一个从小学到大学及研究机构的宏大的国民教育计划，他们相信

---

① Lawrence Stone, “The Educational Revolution in England, 1560-1640,” *Past and Present*, no. 28(1964):42-44.

② Lawrence Stone, “The Educational Revolution in England, 1560-1640,” *Past and Present*, no. 28(1964):45.

③ Lawrence Stone,“Literacy and Education in England,1640-1900,”*Past and Present*, no. 42(1969):85.

④ Lawrence Stone,“Literacy and Education in England,1640-1900,”*Past and Present*, no. 42(1969):88-89.

“受了教育的民众是改革后联邦的重要支柱”[①]。公立教育直到1870年《初等教育法》实施之后才得到广泛实施。长期以来，英语教育的使命在于提高民众普遍低下的读写能力，以及为学习拉丁语提供一种合适的教学语言，这两方面都主要反映了英语教育的工具性特性。

（2）英语教育的文化传承功能

与贫民教育的没落相反，从17世纪中后期到18世纪，绅士教育成为英国教育的主要特征。“在17世纪，绅士阶层将孩子留在家中，聘请家庭教师，或者将他们送到诸如伊顿、威斯敏斯特、温切斯特等公学，借此与下层社会分隔开来。”[②] 绅士教育起始于16世纪末，彼时的三本著作——无名氏的《绅士的教育》、汉弗莱·吉尔伯特爵士的《伊丽莎白女王的学园》、克莱兰的《青年贵族的学校》——集中反映了绅士教育的博雅思想。到17世纪末约翰·洛克的《教育漫话》（*Some Thoughts Concerning Education*，1695年）成为绅士教育思想的代表之作。

绅士教育思想家和教育者们致力于人文和科学教育，既重视文化的传承，又重视实业人才的培养，既重视古典学科的教育，又重视现代语言的学习。“人文主义”被欧洲大陆的历史学家们用来描述中世纪晚期和16世纪早期一些学者的思想，他们痴迷于古代世界及其文学。英国历史学家斯金纳（Quentin Skinner）认为英格兰文艺复兴人文主义价值观的根源属于“新罗马派”（neo-roman）。[③] 他们的思想源自西塞罗、塞卢斯特（Sallust）、塞涅卡（Seneca）等，而不是亚里士多德

---

① Lawrence Stone, “Literacy and Education in England, 1640-1900,” *Past and Present*, no. 42(1969): 79.

② Lawrence Stone, “Literacy and Education in England, 1640-1900,” *Past and Present*, no. 42(1969): 71-72.

③ Quentin Skinner, *Liberty Before Liberalism* (Cambridge: Cambridge University Press, 1998), p. 11.

或柏拉图。中世纪人文主义思想家和神学家伊拉斯谟在《论正确的教学》（*De Ratione Studii*，*1511* 年）中为圣保罗学校制订了一份简要的课程框架。伊拉斯谟的追随者托马斯·埃利奥特在《行政官之书》（1531 年）一书中建设性地提出了人文主义教育的基本原则，他放弃使用拉丁语，改用平民的语言（英语）进行写作，这一划时代的决定使他得以面向新的更广泛的听众推介伊拉斯谟的计划，他的《行政官之书》也得以在 16 世纪的孩子心目中保持权威地位。① 16 世纪中期，一些用本地语撰写的论文倡导将人文主义教育理论的基本原理应用到普通文法学校的日常管理。罗杰·阿斯卡姆 1570 年出版的《论教师》（*The Schoolmaster*）也同样带来巨大影响。昆体良主张除了修辞，还应学习诗歌、历史和道德哲学等三科，并列举了各科必读作者，包括荷马和维吉尔等诗人，修昔底德、希罗多德、萨鲁斯特和李维等历史学家，以及西塞罗等哲学家。②

绅士教育在致力于文化传承的同时试图突破之前纯粹的古典教育，走向现实语境。“人文主义者作为一个团体深信古典学科的实用性。”③如维多里诺（Vittorino da Feltre，1378—1446 年）主张教育的目的是培养“完美的公民”（the complete citizen）。④

（二）海外殖民地的语言文化教育

1. 英语变体的社会与文化特征

英语变体受社会语言文化，特别是语言实践的影响。诺亚·韦伯

---

① Quentin Skinner, *Reason and Rhetoric in the Philosophy of Hobbes* (Cambridge: Cambridge University Press, 1996), p. 20.

② Quentin Skinner, *Reason and Rhetoric in the Philosophy of Hobbes* (Cambridge: Cambridge University Press, 1996), pp. 21-22.

③ 威廉·哈里森·伍德沃德：《文艺复兴时期的教育研究》，赵卫平、赵花兰译，山东教育出版社，2013，第 516 页。

④ William Harrison Woodward, *Vittorino de Feltre and Other Humanist Educators* (Cambridge: Cambridge University Press, 1921), p. 182.

斯特出版了《简明英语词典》，第一次尝试表现美国英语口语；后来又出版了《美国英语词典》，使用的就是英语的美国变体。[①] 如“辩护”一词的拼写是“defense”而不是“defence”，“劳动力”一词的拼写是“labor”而不是“labour”。罗伯特·洛思（Robert Lowth）于1762年首次出版了他的语法书《英语语法简记》（*A Short Introduction to English Grammar*）。他书中的语法规则实际上是描述性的，而不是规定性的，因为许多语法规则已经被提出来了，有的出现在语法书中，有的出现在其他作品中，例如，“当他的语法书中采用‘双重否定不合句法’的语言规则时，这一规则早已在社会上生根发芽，为大众所接受”[②]。“双重否定”的语法规则已经成为美国英语变体，特别是黑人英语的“标记”。

当然，美国人的文学艺术思想，并不是与英国的艺术形式决裂，而是要给旧的形式赋予新的共和主义精神。“康涅狄格州的诗人约翰·特朗布尔（John Trumbull）被比作斯威夫特。弥尔顿、德莱顿和蒲柏也被当作模仿的样板……甚至诺亚·韦伯斯特也未曾动摇他对约瑟夫·艾迪生那优美文风的执着，尽管他一直在尝试将美国英语打造成独具风格的语言。”[③] 共同的传统增强了大英帝国的凝聚力。一方面，英格兰的诗歌和文学使帝国的人们痴迷于华兹华斯（William Wordsworth）所描述的民族主义“静谧而哀愁的人性之音乐”[④]。另一

---

① 戴维·约翰逊：《语言政策》，方小兵译，外语教学与研究出版社，2016，第12—13页。

② Tieken-Boon van. Ostade, *The Bishop's Grammar : Robert Lowth and the Rise of Prescriptivism* (Oxford: Oxford University Press, 2010), p. 78.

③ 戈登·S. 伍德：《美国革命：美利坚合众国的缔造史》，赵辛阳译，中信出版集团，2017，第112页。

④ William Wordsworth, "Lines Written A Few Miles Above Tintern Abbey," In *21st Century Oxford Authors : William Wordsworth*, ed. Stephen Gill (Oxford: Oxford University Press, 2010), p. 51.

方面，我们浪漫的田园主义在某种程度上又是幅员辽阔的帝国产物。[①]雷蒙德·威廉斯写道：“她（英格兰）绿色的宁静，与现实的热带或不毛之地形成了对比；她（英格兰）的归属感和社区感，与殖民统治和独居异乡的紧张感形成反差。英格兰的禽鸟、树木、河流，说一口几近你乡音的本地人——都是那些殖民定居地想象的抑或现实的言辞。”[②]文化的纽带维系着英国和殖民地社会。

2. 殖民地英语教育的社会与文化功能

随着帝国主义者征服新的领土和民族，英语也不断获得胜利，迅速在帝国得以传播。英语不仅是征服者的语言，在帝国主义者看来，也是教化野蛮民族的工具。[③]

第一，大英帝国期望在殖民地传播英国语言和英国传统文化。在北美，尽管第一、二代移民为了维护传统文化做了巨大努力，但欧洲文化在登陆美国环境之后的传播过程并非一帆风顺。教育的功利主义仍然存在，人们仍然期望教育培养年轻人胜任专门的生活角色，因而无论是清教徒的教育努力，还是文法学校所沿袭的传统教育，都因为高度一致的教育形式而遭到抵制。肯尼思·默多克（Kenneth Murdock）写道，在1712年，因为波士顿拉丁语学校要求全面学习希腊语和拉丁语，学生们都没有时间学习其他科目，许多城镇宁可受罚也不愿意维持文法学校。[④]

第二，殖民地语言教育政策威胁甚至根除了某些土著民族的语言

---

① Jeremy Paxman, *The English : A Portrait of A People* (London and New York: Penguin Books, 1999), p. 144.

② Jeremy Paxman, *The English : A Portrait of A People* (London and New York: Penguin Books, 1999), pp. 144-145.

③ Tony Crowley, *Standard English and the Politics of Language*, *2nd ed*. (Basingstoke and New York: Palgrave Macmillan, 2003), p. 60.

④ 伯纳德·贝林：《教育与美国社会的形成》，王晨、章欢译，安徽教育出版社，2013，第51页。

和文化。例如，1887 年英国印第安人事务官员阿特金斯（J. D. C. Atkins）就积极提倡用英语取代土著语言，他说：“让印第安人尽快习得英语，这个问题不仅重要而且必要。……成年人须履行公民职责，孩子们须符合公民要求，而教育他们的主要目的就是让他们能够用英语阅读、写作和讲话，并能与说英语者进行业务往来。土语对他们承担公民义务和享受公民权利毫无优势。只有以英语为媒介，他们才能获得有关国家宪法及其规定的权利与义务知识。”① 他认为，要让美国印第安人走向文明，我们要做的第一步就是教会他们英语。在同一年，美国国会通过了《土地分配法和义务教育法》（*General Allotment and Compulsory Education Act*），该法基于同化思想为土著青年建立寄宿学校，学生在校内必须修剪头发、穿校服、进基督教堂，而且还不得使用土著语言。1887 年 11 月 14 日一份印第安事务局的命令写道：“在本机构管辖的所有学校中，务必使用英语进行各项教学活动。”② 事实上，19 世纪末，在那些从西班牙、墨西哥和俄罗斯手中夺得的领土上，尽管人们说其他语言，但无论是公立学校还是私立学校，只允许教授英语。同时，殖民语言政策也破坏了世界语言的多样性。③ 例如，在现今美国的土地上，原有 300 余种土著语言，只保存下来 175 种，其中只有 20 种仍作为儿童的第一语言。④

不过，也有学者持不同观点。克洛斯的《美国双语传统》（1998

---

① Francis Paul Prucha(eds.),*Documents of United States Indian Policy*,*3rd ed.* (Lincoln and London:University of Nebraska Press,2000),p. 173.

② Francis Paul Prucha(eds.),*Documents of United States Indian Policy*,*3rd ed.* (Lincoln and London:University of Nebraska Press,2000),p. 174.

③ 戴维·约翰逊：《语言政策》，方小兵译，外语教学与研究出版社，2016，第 19 页。

④ T. L. McCarty,"Schools as Strategic Tools for Indigenous Language Revitalization: Lessons from Native America,"In *Can Schools Save Indigenous Languages? Policy and Practice on Four Continents*, ed. N. H. Hornberger(Basingstoke and New York: Palgrave Macmillan,2009),pp. 161-169.

年）一书对美国历史上如何处理多语现象做了一项宏大的分析，得出的一个结论是美国对于少数民族语言权利的主流取向是包容性的。① 他说：“美国对于少数族群的权利非常大度地采取了宽容性的态度。”② 家庭、公共街道标志、教堂、电台节目、报纸和私立学校对非英语语言使用的宽容就是明显的例子。在宾夕法尼亚教育体系中，实施政府资助的德语推广，以及用非英语出版的联邦文件（小册子、海报等），公立学校使用双语教学，以及 18 世纪大陆会议（Continental Congress）期间发行的各种法文版和德文版出版物，这些都被克洛斯认为是美国社会对少数族裔语言的宽容。不过，“克洛斯往往低估了社会对非欧裔少数民族歧视的影响力，因为其研究重点主要是针对欧洲移民及其语言。”③

第三，英语教育成为殖民地科学文化传播的重要途径。大英帝国 100 余年建立起来的北美殖民地在 18 世纪独立，东印度公司利用武力和文化同化政策征服的印度发生了起义，从此英国人对自身世界地位的看法开始发生改变。18 世纪的“哲人们”对世界的阐释和展望以及作家们的意愿被西方军事行动和技术的显著优势所打破，于是海外殖民地对科学文明的向往开始超过古典学科。无论是培根的科学方法论奠基，还是近代波义耳（Robert Boyle）、卡文迪什（Henry Cavendish）、法拉第（Michael Faraday）、焦耳（James P. Joule）、达尔文、斯托克斯（George G. Stokes）、麦克斯韦（James C. Maxwell）、汤姆逊（Joseph John Thomson）等科学家的伟大成就，以及英国工业革命带来的诸多技术革命，都给世界文明打开了新的窗户。“维多利亚时代晚期的人很少会否认英国在全球事务中享有的中心地位：英国的工业、财政、海

① 戴维·约翰逊：《语言政策》，方小兵译，外语教学与研究出版社，2016，第 32 页。

② H. Kloss, *The American Bilingual Tradition* (Washington, D. C.: Center for Applied Linguistics, 1998), p. 51.

③ 戴维·约翰逊：《语言政策》，方小兵译，外语教学与研究出版社，2016，第 33 页。

军以及帝国权力确保了这样的卓越地位。”[①] 知识和利益成为英国与它帝国联系和接触的新的纽带，而英语和英语教育成为殖民地人民学习先进科学技术的重要途径。

三、“现代英语”教育作为语言文化教育的反思

（一）语言文化传播的价值优势

从全球来看，有人倾向于把英语语言当作一种带来经济机会的语言，但也有人把英语看作是一种语言和文化多样性的解构（destruction）。一方面，英语的全球传播表现为一种不可阻挡的文化霸权；另一方面，英语的传播创造了社会分割，而语言接触导致新的语言变体的产生。[②] 这里的“语言接触”（language contact）是一个社会语言学概念，表示“说不同语言者相互接触时导致语言之间的接触——人们必须相互交流，也可能相互学习各自的语言”[③]。无论是哪种情形，英语教育的全球化必然导致知识和信仰体系的重构以及跨文化交流的冲突。

受文艺复兴和宗教改革的影响，现代英语的传播有两个突出特点，一是传教先行，二是传播英国自由价值观。英国文学和哲学著作融合了基督教和自由价值观，英语语言承载着这样的知识和信仰体系，或者说文化。英语教育关涉知识和信仰体系的重构以及跨文化交流。

关于语言与宗教的关系。一方面，语言与宗教的关系不仅在于语

---

① 约翰·达尔文：《未终结的帝国：大英帝国，一个不愿消逝的扩张梦》，冯宇、任思思译，中信出版社，2015，第256页。

② Barbara A. Fennel, *A History of English: A Sociolinguistic Approach* (Beijing: Peking University Press, 2005), p. 264.

③ Barbara A. Fennel, *A History of English: A Sociolinguistic Approach* (Beijing: Peking University Press, 2005), p. 50.

言是传播宗教的工具，也因为宗教活动是语言教育的途径。16—17 世纪大英帝国的海外殖民都伴随着新教的传播，教会在传播福音的同时承担着初等教育的职能，英语教育也随之得到发展。另一方面，语言与宗教代表着民族身份的不同标准，而在民族身份建构中语言比宗教的作用更为重要。[①] 英国传教士以传教为目的，除了英语，在更多的时候会使用本地语，将《圣经》翻译成本地语，用本地语编写教义和读本，并支持本地语教育事业。

关于跨文化交流。一方面，跨文化经验常常涉及学习和使用第二语言，并给双语学习者的自我意识带来挑战和威胁。人们通常的体验是——“当我们放弃自己的母语，学习另一种语言，我们真正地暴露出缺陷和不足。”[②] 这种挑战不仅在于语言，也在于文化。英国的先进科学技术和深厚文化底蕴赋予英语高高在上之感，尤其当殖民地只有少数人有机会接受英国式精英教育时，这种差异和威胁更加显著。但从另一方面来说，跨文化交流并不一定给另一种语言或文化带来威胁。有人认为，在一个单语或双语国家，认可或发展另一种语言可能对原来的优势语言产生威胁，但多语或多元文化国家往往会致力于尊重差异，所有语言相互补充相互促进。[③] 这两种情形在英属印度不同时期都有体现。

（二）语言文化教育的政策劣势

在 16 世纪之前，英语作为本地语，无论是发音、拼写、用词还是

---

① John Myhill, *Language, Religion, and National Identity in Europe and the Middle East: A Historical Study*(Amsterdam & Philadelphia: John Benjamins Publishing Company, 2006), p. 12.

② E. van. Deurzen, *Paradox and Passion: An Existential Approach to Therapy and Counselling*(Chichester: Wiley, 1996), p. 57.

③ Debi P. Pattanayak, "Change, Language and the Developing World," In *Change and Language*, eds. Hywel Coleman and Lynne Cameron(Clevedon, Philadelphia and Adelaide: Multilingual Matters, 1996), p. 151.

语法，在各地方言中都还存在很大的差异。在16—17世纪，由于社会各界的共同努力，英语走上了规范化之路。到18世纪，英语完成了其规范化进程，成为一门“标准的”（standard）、“文雅的”（polite）现代语言。正因为英语的这一发展进程，在英语教育政策方面，呈现出偏重语言形式、侧重其工具性作用和倚重社会力量等特点。

1. 英语教育目的偏重语言形式

如前所述，17世纪的《钦定版圣经》和18世纪约翰逊的《英语词典》是英语标准化进程中里程碑式的标志。前者起到普及化作用，后者起到规范化作用，前者立足教会教育，后者立足学校教育，两者都强调英语的语言形式，两者都落实到书面语层次。但英语的规范化过程是从口头语开始的。

社会语言学家瓦特在《语言神话与英语历史》（*Language Myths and the History of English*，2011年）一书中提到，在英语从古英语到中世纪英语和从早期现代英语到现代英语的发展进程中，除了英语历史教科书中提到的两个语言学神话——“古老语言神话”（the ancient language myth）和“不间断传统神话”（the unbroken tradition myth），还有一个“伟大神话”（the myth of greatness/the greatness myth）或者说“英语的优越性神话”（the superiority of English myth）。他说，用“伟大”一词来修饰英语，不仅是一个“规模大”的认知概念，“‘伟大’也含有非凡、优秀、强势、影响力和热忱等意思”①。“伟大神话”是用以描述民族语言成为民族国家的官方语言，继而使得民族国家更加具有影响力、更强势和更受尊崇。

英语标准化进程的重大突破或许始于15世纪的“元音巨变”（Great Vowel Shift）。元音的发展可能一直延续到18世纪晚期，从乔

---

① Richard J. Watts, *Language Myths and the History of English* (Shanghai: Shanghai Foreign Language Education Press, 2018), p. 140.

叟时代到莎士比亚时代。在18世纪晚期英国曾经出版过一些有关口语标准化的著作，例如，爱尔兰演员兼英语语言学家托马斯·谢里丹（Thomas Sheridan）的《发音教程》（*A Course of Lectures on Elocution*，1762年）、约翰·沃克（John Walker）的《发音精要》（*Elements of Elocution*，1781年）和《英语读音词典与解析》（*A Critical Pronouncing Dictionary and Expositor of the English Language*，1791年）等。19世纪后期和20世纪前25年也为确立口语标准做了许多一致性的努力。“这些努力为英语口语的同质化（homogenisation）提供了持续的动力，这种同质化后来成为‘英语国家标准’的书面要求，让学生能接触标准的英语口语。”①

为了实现语言净化的目的，塞缪尔·约翰逊在编辑词典的过程中，尽力从普通生活交际活动和“文雅的作家”（polite writers）的文艺作品中收集词语。这里“文雅的作家”指的是“最好的作家”（the best writers）。在18世纪，语法学家和其他语言专家对“最好的作家”或“文雅的作家”的批评十分常见。② 例如，阿诺维克（Leslie Arnovick）在她的著作中就提到斯威夫特对情态动词“will”和“shall”用法的修订，并把这归结于18世纪语法学家的影响：“斯威夫特对一些可疑用法的修订和更正可以证实语言用法的不确定给18世纪作家带来困惑。他的这种不确定也说明用英语写作的其他人对此有着实际需求。”③ 这一现实需求为当时学校教育中强调语法教学提供了依据。

---

① Richard J. Watts, *Language Myths and the History of English* (Shanghai: Shanghai Foreign Language Education Press, 2018), p. 141.

② Richard J. Watts, *Language Myths and the History of English* (Shanghai: Shanghai Foreign Language Education Press, 2018), p. 185.

③ Leslie K. Arnovick, *Diachronic Pragmatics: Seven Case Studies in English Illocutionary Development* (Amsterdam: Benjamins, 1999), p. 47.

2. 英语教育定位侧重语言的工具性

一方面，英语教育的现状和英语自身的标准化发展决定了它的工具性定位。

詹姆斯和莱斯利·米尔罗伊（James and Lesley Milroy）在《语言权威：标准英语调查》（*Authority in Language*：*Investigating Standard English*，1985 年）一书中反复强调对人类语言现象的两种不同看法：一方面，理论语言学家认为语言是一种认知现象，因为语言是个人的精神产物；另一方面，标准的语言文化认为语言只属于一部分人，他们拥有权威，将语言规则强加给其他人。[①] “前一种观念不仅是认知的，也是社会的，因为对于社会人而言，没有任何人不习得语言。……但是第二种语言观则主张语言是文化的产物，等同于法律、艺术、教育、宗教和科学等文化成就。从这一意义上讲，语言超越个人，包含一整套规则和限制，迫使个体习得与传统社会规范相一致的语言行为形式。”[②] 一旦标准确立，或者在标准的形成过程中，标准语言必然会批判任何其他不符合合法语言概念的语言变体，批评其语言结构和使用的不足。

另一方面，英国古典教育传统优势和文化霸权使得英国英语教育倾向于工具化。

在安迪·格林看来，英格兰教育的所有重大变化与政治力量的转移有着密切联系。一方面，19 世纪 60 年代之前，教育领域中的主导力量是保守的英国传统主义，尽管从 19 世纪初开始，政治势力不断增长的中产阶级和工人阶级打着激进的功利主义哲学的幌子，对教育的传

① James Milroy and Lesley Milroy. "The Ideology of the standard language," In *The Routledge Companion to Sociolinguistics*, eds. Carmen Llamas, Louise Mullany and Peter Stockwell(London: Routledge, 2007), p. 135.

② Richard J. Watts, *Language Myths and the History of English* (Shanghai: Shanghai Foreign Language Education Press, 2018), p. 159.

统主义进行抨击，不过他们对教育体系的实际影响却是渐进的。另一方面，主流中产阶级自由主义思潮也未必特别有利于教育的发展，处于上升期的中产阶级自由放任政策实际上阻碍了教育的发展。①

即便在英国的海外殖民地，英语教育也呈现这一工具化倾向。在美国，普及初等教育完成之后，1870 年开始在城市发展公共中等教育。但 19 世纪末之前，能够继续上中学的小学生人数极少，中学是私立学校，属于传授传统课程的精英教育机构。后来日益增长的公立中学也是以私立中学为模式的，如“男子拉丁学校”和“古典中学”，通常要通过竞争激烈的考试才有机会就读。与私立学校一样，这些公立学校开设希腊语、拉丁语、历史、数学、自然科学等课程，力图把学生培养成社区里最杰出的专业、商业和社会角色。②

与此同时，文化精英集团操纵和捍卫他们的特权，针对殖民地采取文化帝国主义政策。这种文化霸权是为了证明外来者统治的合法性，以文明和进步教化愚昧和落后。文化帝国主义“在摧毁本土文化的权威地位并强加自己文化的同时，本土精英的自信心和创造力也随之土崩瓦解。”③ 体现在教育方面，英语及其他欧洲强势语言成为统治语言，本地语言和文化受到严重压制甚至在逐渐消亡。

3. 英语教育实践过分倚重社会力量

在 19 世纪中期之前很长一段时间里，英国主流社会始终反对国家干预教育。基于功利主义目的，社会团体和各阶层捐助教育旨在为本阶层培养人才，导致英国教育长期发展缓慢。

---

① Andy Green, *Education and State Formation: The Rise of Education Systems in England, France and the USA* (New York and London: Palgrave Macmillan, 1990), p. 33.

② 雷·马歇尔、马克·塔克：《教育与国家财富：思考生存》，顾建新、赵友华译，教育科学出版社，2003，第 24—25 页。

③ 约翰·达尔文：《未终结的帝国：大英帝国，一个不愿消逝的扩张梦》，冯宇、任思思译，中信出版社，2015，第 7 页。

一方面，将英语教育的主要责任交给了教会和民间团体，导致英语教育本身缺乏统一性和系统性。

毫无疑问，宗教办学和社会捐资助学在早期学校教育的发展中起着重要作用。“从 16 世纪到 19 世纪早期，促进欧洲学校发展的主要因素是教堂。”① 欧洲的大多数学校都是由教堂和宗教组织管理的，最初的目的也主要是为了满足基督教的利益。在英国，除了教会办学外，存在大量私人捐助的市镇学校，16—17 世纪出现的文法学校为当时英国达到较高的扫盲率发挥了一定的作用。根据托顿（Taunton）委员会 1868 年的学校调查，在英格兰和威尔士的中学主要有三类：面向上层阶级和贵族的私立寄宿学校，包括 9 所最著名的公学，实施古典教育；面向职业中产阶级的捐赠文法学校；以及面向自由技工和下层阶级的较小的私立学校。在 19 世纪的美国，许多学院和中等教育机构倾向于把古典教育和职业教育结合起来。然而数量最多的中学还是学园，其中部分是私立的，部分是“被合并的”，并接受公共资金。但最著名的中等教育机构是中学，可能是世界上最初完全免费的中等学校。其中第一所是成立于 1821 年的波士顿英语中学，之后类似的学校便如雨后春笋般地发展起来。②

文法学校普遍以向大学输送人才为目的，在课程开设和评价标准方面体现一种约定俗成的一致性；与之相反，教会学校和社会捐资兴办的多数私立学校普遍缺乏统一性和系统性。特别在英语教学方面，缺乏统一的课程标准，没有统一的教材，更没有统一的教学评价体系。

另一方面，英国教育机构长期缺乏受过专门训练的职业教师，英语教师良莠不齐。

---

① Andy Green, *Education and State Formation: The Rise of Education Systems in England, France and the USA* (New York and London: Palgrave Macmillan, 1990), p. 28.

② Andy Green, *Education and State Formation: The Rise of Education Systems in England, France and the USA* (New York and London: Palgrave Macmillan, 1990), p. 17.

在教会学校中，牧师兼任语言教师，用《圣经》读本和祈祷书作为教材，其主要目的是为学生参与教会活动做好语言上的准备——能听懂传教、唱圣歌、遵从宗教礼仪等。许多社会捐助的初级学校以培养学生基本的识字能力为目的，教师素质参差不齐，主妇学校就是一个明显的例子。

狄更斯曾把维多利亚女王时代的教师描写成为一群“笨蛋和骗子”，因为多数教师没有受过什么培训，教学水平很差。英格兰没有对教师的任职做出法律上的规定，教师流动性很大，很多都是兼职的。在 19 世纪 50 年代之前，教师培训机构非常稀少，早期试图通过政府资金建立教师教育机构的努力也遭到教会的强烈抵制。[①] 英国的英语语言教师培训十分糟糕，而且人数比例也很低。教师的工资非常低，1854 年男教师的工资大约每年 85 英镑，女教师每年 60 英镑，显然工资不是吸引人选择教师这一职业的主要原因。[②]

总之，从语言文化维度看，英语教育重视语言形式，这是英语标准化进程的客观要求。斯波斯基认为，与法国相类似，英国本地语用于宫廷和法院经历了一个漫长的过程，且得到本地语文学的支持；同时，由于人们强烈反对建立语言学会（Language Academy），标准化过程在很大程度上依赖于公务员、作者、教师、印刷商和独立专家的个体努力。[③] 英语教育重视语言的工具性，因为英语本身就是英国人的生活语言。

---

① Andy Green, *Education and State Formation: The Rise of Education Systems in England, France and the USA* (New York and London: Palgrave Macmillan, 1990), p. 23.

② John Hurt, *Education in Evolution: Church, State, Society and Popular Education, 1800-1870* (London: Hart-Davis, 1971), pp. 122, 142.

③ Bernard Spolsky, *Language Policy* (Cambridge: Cambridge University Press, 2004), p. 81.

第二节 作为民族身份教育的得与失

民族不同于以亲缘关系为纽带的部落，在于其集中的领土；民族也不同于部落、城邦或其他族群，不仅在于领土，更在于传承久远赋予其稳定性的共同文化。① 而民族主义（nationalism），简单地说，就是对民族的信仰。“民族主义是一种意识形态，以某种方式设想其共同体，主张这种集体身份优于其他身份，并以此名义寻求政治权利，理想的方式就是国家政体（或民族国家）。”② 在英国，民族意识产生于15世纪，并逐渐向民族国家迈进，到18世纪建立统一的民族国家。民族身份首先被看作是一种政治策略，是精英阶层通过教育手段针对芸芸众生的一种思想操控。

安迪·格林就曾高度评价19世纪教育所取得的这一成就，他说：“19世纪的教育体系开始承担起促进国家道德、文化和政治发展的基本任务。它成为世俗的教堂，旨在同化移民文化、改良宗教信条、推广指定的标准国家语言、塑造民族认同和民族文化、普及常规和理性思维的新习惯、鼓励爱国、灌输道德纪律等，更重要的是，灌输统治阶级的政治经济信条。”③ 即便因为种种原因英国的国家变革进程缓慢，19世纪30年代以及1870年之后仍然是英国教育发展最密集的时期。英语教育在民族身份教育和公民教育中扮演着重要角色，在文化同化的同时也对文化多样性产生负面影响。

---

① Steven Grosby, *Nationalism : A Very Short Introduction* (Oxford and New York: Oxford University Press, 2005), p. 7.

② Phillip Spencer and Howard Wollman, *Nationalism : A Critical Introduction* (London, Thousand Oaks and New Delhi: Sage Publications, 2002), pp. 2-3.

③ Andy Green, *Education and State Formation : The Rise of Education Systems in England , France and the USA* (New York and London: Palgrave Macmillan, 1990), p. 80.

一、语言文化与身份建构的关系

社群成员所使用的语言与社群身份有着天然的联系。人类社群首先就是以语言及其说话方式进行区分的。“口音、词汇和话语式样是说话者进行自我身份确认的方式，也是该言语成员或话语社区对说话者进行识别的途径。”[①]

在历史复杂和开放的现代社会，很难界定社群边界以及其成员的语言和文化身份。基于种族的社群身份似乎很容易界定，但即便同为白人或黑人，其基因仍然千差万别；地域身份同样存疑，居于同一地域的人种可能多样；至于民族身份，人口迁徙导致其构成更加复杂。“尽管过去有‘一种语言即一种文化’的固有观念，人们却可能集多个身份于一体，这些身份不仅历经岁月而发生变化，也可能彼此发生冲突。例如，一个移民的自我意识在母国与其社会阶层、政治观念或经济地位相关联，而在新的国家，可能与其民族身份、宗教产生更强烈的关联，……他的自我意识，或者说文化身份，会随之改变。”[②]

社群身份并非自然事实，而是一种文化观念。我们对一个人的文化和语言的感知是基于我们自身的文化和我们在周身所建构的典型模式（stereotypical models），而社群身份是少数民族、种族和民族概念或原型（stereotype）的聚焦与消散（focusing and diffusion）。[③] 在传统上，与少数民族或种族基础相比，欧洲人身份更多是建立在语言和民

① Claire Kramsch, *Language and Culture* (Shanghai: Shanghai Foreign Language Education Press, 2000), p. 65.

② Claire Kramsch, *Language and Culture* (Shanghai: Shanghai Foreign Language Education Press, 2000), p. 67.

③ Claire Kramsch, *Language and Culture* (Shanghai: Shanghai Foreign Language Education Press, 2000), pp. 67-68.

族身份以及“一种语言即一种文化”的模式之上。

民族身份通常基于标准语言表现出来，这一标准语言不同于其多样化的方言。当某一社群采用一种语言变体来区分同胞和外来者，必然会尽量保持这一变体的语法和词汇的稳定性，并通过国家教育体系教授这一语言。例如，在美国，人们无法抵抗英语的传播，即便受其困扰，甚至感到痛苦，他们仍将这一语言看作是盎格鲁-美国文化及其生活方式的图腾（totem）。人们维护某种语言权利，不是因为文化与语言之间一对一的关系，而是因为每一种语言提供了一种理解世界和相互理解的方式，既独一无二地共同拥有，又独一无二地彼此不同。[①]

二、英国本土“现代英语”教育与民族身份建构

安东尼·斯密斯把“共同的历史记忆”和“共同的大众文化”看作民族身份和种族身份的共同特征。[②] 而共同文化的核心则是语言。在怀德海看来，“语言体现了使用它的这个种族的精神生活。每个短语和词汇都包含了人们在犁地、居家和建设城市时的某些习惯性思维。从这个意义上来说，在不同语言之间，词汇和词组不会有真正的同义词”[③]。例如，在英语和拉丁语之间，其语言结构的差别十分明显，英语和法语之间的用词在内涵上也有显著差异。语言作为民族文化的核心，对民族身份建构产生积极影响。

---

① Claire Kramsch, *Language and Culture* (Shanghai: Shanghai Foreign Language Education Press, 2000), pp. 76-77.

② Anthony D. Smith, *National Identity* (Harmondsworth: Penguin Books, 1991), pp. 14, 21.

③ Alfred North Whitehead, *The Aims of Education and Other Essays* (New York: Macmillan, 1929), p. 102.

（一）基于身份建构的英语教育模式

1. 作为地位和职业的身份建构

在传统概念中，就像其他多数的工业化前文明社会，工业革命之前的英国社会是一个贵族统治（aristocracy）的等级社会，英国的世俗社会阶层主要包括两个，一是贵族（patrician），二是平民（plebeian）。到17世纪，在贵族与平民之间开始形成一个庞大的中间阶层。于是英国社会结构呈现明显的三级特征：“地主统治阶层（landed ruling class），规模小但收入特别高；‘中间阶层’（middle ranks），规模相对较大，甚至比现代意义的中产阶级（middle class）包括的范围更广；规模相对较小，但体量仍然很大的‘劳动阶层穷人’（labouring poor）团体。”① 在英国近代社会中，各阶层在保持相对稳定的状态下，又呈现出开放性和流动特征。②

一方面，上层社会利用传统的教育体系尽可能地维持本阶层的稳定性。例如，1603年之后，律师学院在理论上仅限于招收贵族子弟。但也有特殊的情况，“律师学院注册学生中存在地位和职业两种类别，有一些在注册名单里自称为贵族的学生实际来自资产阶级阶层”③。在大学的注册学生中，“有四分之一到五分之一自称为贵族的学生是城市居民，可能来自贸易或其他职业阶层”④。

英国历史学家琼·西蒙也相信这些“贵族”包括那些正接受专业和资产阶级职业培训的年轻人，将从事教会、法律、管理和贸易行业。

---

① Harold Perkin, *The Origins of Modern English Society*, *2nd ed*. (London and New York: Routledge, 2002), p. 14.

② 王晋新：《论近代早期英国社会结构的变迁与重组》，《东北师大学报（哲学社会科学版）》2002年第5期。

③ Lawrence Stone, “The Educational Revolution in England, 1560-1640,” *Past and Present*, no. 28(1964): 61.

④ Lawrence Stone, “The Educational Revolution in England, 1560-1640,” *Past and Present*, no. 28(1964): 62.

她说：“在贸易行业，年轻人有望过上体面的生活。……法律也是一个有用的行业，能即刻开启有钱有势的人生前景；这就是为什么律师是一个在理论上得以普遍接受，在实践上让年轻贵族对律师学院趋之若鹜的原因。”① 同样出于实际工作的需要，几乎很少有学校只教授拉丁语，更多的学校同时使用拉丁语和英语。

另一方面，17 世纪也是英国社会流动性很大的历史时期，人们试图通过自身能力和财富选择向上层社会流动，并出现一个与资产阶级关系密切的新贵族阶层，亦即“绅士”。在社会发展过程中，形成了具有英国民族特色的绅士文化，“融合多种文化价值观念，既包括贵族的传统，又包括了社会中间阶层和下层人士的价值观念”②。绅士阶级文化向上渗透改造了“根深蒂固的贵族文化”，向下开放“发挥了重要的链接作用”，为近代英国社会的人文认同起到关键的牵引和凝聚作用。③

17 世纪的英国教育以培养“绅士”为主要特征，无论是文法学校还是大学，其主要课程都是为培养“绅士”而设置。人文主义教育家希望学生能够通过学习古典文化知识，学会贵族的语言、礼仪和价值观；资产阶级教育改革家则希望培养实业家。洛克的绅士教育思想属于后者，他期望培养“具有良好教养、能力强、原则性强、有美德和慷慨之心”的绅士。④

作为绅士阶层的语言，应该是“文雅的”。在 18 世纪早期的英国，当“文雅”一词与语言的使用联系起来时，实际上等同于进入“文雅

---

① Joan Simon, *Education and Society in Tudor England* (Cambridge: Cambridge University Press, 1966), pp. 354-355.

② 舒小昀：《分化与整合：1688—1783 年英国社会结构分析》，南京大学出版社，2003，第 357 页。

③ 许洁明、秦元旭：《近代英国社会结构变迁中的文化牵引作用》，《四川大学学报（哲学社会科学版）》2012 年第 3 期。

④ John Locke, *Some Thoughts Concerning Education* (London: J. and R. Tonson in the Strand, 1913), p. 116.

社会”或者上层社会的一种途径。英国著名小说家笛福建议效仿“法兰西学院”在英格兰建立一个类似的学会，其职责是“鼓励文雅教育，完善和优化英语语言，提高被忽视的正确语言能力，建立纯正、得体的文风，净化所有因为无知或做作而引入的无规则附加词尾”①。在他看来，文雅的语言应该流畅、易于理解，还要去掉不必要的复杂句法。笛福的目的在于为作者的语言树立一个榜样，暗示了文雅的、纯正的语言就是正确的语言。笛福还进一步指出：“我因此希望这个学会完全由绅士构成，其中 12 位贵族，如果可能，12 位私人绅士（private gentlemen），另有 12 个虚位以待，……留给任何做出杰出贡献者。”②在他看来，贵族和绅士有资格决定什么是“文雅的英语”，并表示他们也可以决定哪 12 位学者允许进入该学会。不过，他认为牛津、剑桥的学者不一定符合该学会的要求，因为他们的语言往往不好理解。

“文雅的英语”涉及前面所述的英语标准化问题。英语的标准化问题也是一个意识形态过程，这一标准通常建立在最强大的社会阶层所使用的语言变体之上，其他阶层要跻身上层社会就必须接受并模仿这一标准语言规范。这就给英语教育赋予了重要作用。

2. 作为民族和文化的身份建构

伽达默尔（Hans-Georg Gadamer，1900—2002 年）认为：“语言具备一种独立的生命特性，它不取决于语言社区中的个体成员，但随着个体成员的融入，语言会带给他特定的信仰，和与世界之间独特的关联。”③ 从这个意义上说，语言凝聚了个人身份和集体身份。17 世纪

---

① Daniel Defoe, "An Essay Upon Projects," In *Eighteenth Century Prose*, eds. Louis Bredvold, Robert K. Root and George Sherburn (New York: Nelson, 1932), p. 3.

② Daniel Defoe, "An Essay Upon Projects," In *Eighteenth Century Prose*, eds. Louis Bredvold, Robert K. Root and George Sherburn (New York: Nelson, 1932), p. 4.

③ Hans-Georg Gadamer, *Truth and Method*, *2nd ed* (London and New York: Continuum Books, 2004), p. 440.

和18世纪的国语标准化运动促进了欧洲民族社团的形成和发展，被标准化和文字化的本地语成为民族主义运动的基础。语言成为民族认同的重要基础，国家和民族主义者都试图通过语言和文化教育增进民众的民族身份认同。

（1）作为民族身份建构的英语教育

在英国，从17世纪早期开始，随着信息的广泛传播和专业教师数量的显著增加，学校能更加自由地改编课程，选用更新的教材，并且更加重视本地语的教学。布林斯利（John Brinsley，1566—1630年）在他的著作中就极力倡导英语阅读教学，“他坚信（英语阅读训练）有助于帮助孩子纯粹而自如地用母语表达思想，……因为多数人都使用母语说话和写作，因为学习母语有助于培养对祖国的崇敬，……也因为在学校受教育的孩子继续学术深造的只是少数，而大多数会从事其他行业”①。显然，17世纪的英语教育受到新兴阶层的政治和经济影响，英语教育地位得到高度提升，不仅成为社会精英阶层工作、社交和职业发展的重要技能，也是国家进行对内增强民族认同，对外增强贸易和殖民统治的重要手段。

“语言的标准化观念成为18世纪广泛存在的语言‘文雅观’（ideology of politeness）的潜台词，这种语言文雅观集中反映了1688年之后英国上层和中间阶层社会生活的话语表征。同时，标准语言体现了有力的民族话语号召力，成为殖民主义者和帝国主义者的宣传工具。”②

（2）作为文化身份的英语教育

马歇尔对公民身份的理解强调的是对“社会遗产”（social heritage）的完全共享的权利。简·帕库勒斯基（Jan Pakulski）则认为完整的公

---

① Joan Simon, *Education and Society in Tudor England* (Cambridge: Cambridge University Press, 1966), p. 379.

② Richard J. Watts, *Language Myths and the History of English* (Shanghai: Shanghai Foreign Language Education Press, 2018), p. 159.

民身份涉及“完整的文化参与和不受歪曲地加以再现的权利”①。还有人把民族定义为一种文化社区，在进行身份选择或身份形成过程中，文化和民族选择通常可以互换。②

在17—18世纪，学者和文人们对英语和民族文化表现出强烈的焦虑感。约翰·德莱顿在《奥伦·泽比》(*Aureng-Zebe*，1675年)一书的结尾这样挖苦粗鄙的英语：“在骁勇的打闹中，冒失的布立吞人群情激昂/这些喧闹的家伙，叫嚣着‘吼！吼！吼！’/此刻，那卑劣的外国人冷眼旁观/嘴里嘟囔着：‘哈！这些部落野人！’”在德莱顿那个年代以及此后的数十年里，布立吞人即便在自己的文雅文化中都显得粗鄙，毋宁说在外国人眼中评价如何。③ 乔纳森·斯威夫特在1712年撰写的《关于纠正、改良和勘定英语的倡议》(*Proposal for Correcting, Improving and Ascertain the English Tongue*)对英国粗俗的语言表示忧虑，并建议“如果能将英语改良到某一特定标准，或许能够将它固定下来，……我们的作品才有可能得以妥善保存，获得尊重，我们的作者才有可能获得不朽”④。

乔治梅森大学的英语教授阿洛克·亚达夫(Alok Yadav)认为英国的文化民族主义起源于18世纪。尽管16世纪30年代以来都铎王朝国家机器、大英帝国和宗教改革这三方面的发展对英国历史产生划时代影响，18世纪的英国民族主义与16世纪及17世纪早期的英国民族

---

① Jan. Pakulski,“Cultural Citizenship,”*Citizenship Studies* 1, no. 1(1997):83.

② Yael Tamir, *Liberal Nationalism*(Princeton:Princeton University Press, 1993), p. 26.

③ Alok Yadav, *Before the Empire of English: Literature, Provinciality, and Nationalism in Eighteenth-Century Britain*(New York and Basingtoke:Palgrave Macmillan, 2004), p. 4.

④ Jonathon Swift, *Proposal for Correcting, Improving and Ascertaining the English Tongue*(Menston:The Scolar Press Limited, 1969), p. 15.

主义的背景仍然大有不同。[①] 其主要差别在于，这期间有一个从宗教主义向帝国主义的过渡。18 世纪，英国统治的帝国地位和英国文化的帝国野心更加凸显。在 1688 到 1815 年，英国文化在获取其帝国地位中经历了巨大的变化，在不同地域和不同形势下处在“再主张、再协商”的过程之中。“英国尽管在地缘政治上存在争议，这一情形在漫长的 18 世纪异常强烈，……对其文化的卓越性却无比自信。”[②] 无论对英国除英格兰之外的区域，还是英国的海外殖民地，人们对其文化身份的认同比民族身份更加显著。

有人认为，民族国家的身份建构常常以少数族裔的民族身份为代价。在这种情形下，学校教育被用来作为殖民同化手段，导致文化的破坏和文化身份的丧失。[③] 当然，为尊重少数人的权利，许多国家和地区实行多元文化语言政策，如在美国、澳大利亚等地，土著群体也享有特定（甚至平等的）的法律和政治权利；但这一政策也可能在政治上带来指责，例如，美国、西班牙共同体的发展就给作为官方语言的英语带来了压力。[④]

---

① Alok Yadav, *Before the Empire of English: Literature, Provinciality, and Nationalism in Eighteenth-Century Britain*(New York and Basingtoke: Palgrave Macmillan, 2004), p. 8.

② Alok Yadav, *Before the Empire of English: Literature, Provinciality, and Nationalism in Eighteenth-Century Britain*(New York and Basingtoke: Palgrave Macmillan, 2004), p. 13.

③ Michiyo Kiwako Okuma-Nyström, "Globalization, Identities, and Diversified School Education," In *Nation-Building, Identity and Citizenship Education: Cross-Cultural Perspectives*, eds. Joseph Zajda, Hoger Daun, Lawrence J. Saha(London: Springer, 2009), pp. 29-30.

④ 露丝·里斯特：《公民身份：女性主义的视角》，夏宏译，吉林出版集团有限公司，2010，第 136 页。

（二）作为公民身份的英语教育

1. 公民身份的概念

从古希腊罗马文明开始，“公民身份”就被西方世界定义为权利与义务。在民族国家中，“公民身份”通常作为一个法律概念，用以表示一个国家成员的法定身份。英国社会学家托马斯·马歇尔（Thomas Humphrey Marshall，1893—1981年）对“公民身份”的界定做出了巨大贡献。他发展了英国近代经济学家阿尔弗雷德·马歇尔（Alfred Marshall，1842—1924年）的有关研究成果。后者认为在对劳动阶级进行教育的过程中，他们会接受作为一个公民应有的私人和公共职责，他们会逐渐变成绅士。托马斯·马歇尔认为这里的“绅士”一词可以用“文明”一词替代，他说：“马歇尔并没有用公民的地位来界定绅士的生活，因为公民地位需要用所有人都被赋予的法律权利来表述。”[①]托马斯·马歇尔认为“公民身份”涉及市民、政治和社会三个方面的要素，其中市民要素包括“个人自由所必需的权利”，政治要素指“参与践行政治权力活动的权利”，社会要素涵盖所有“基于社会通行标准所应享受的经济福利与安全、社会遗产、文明生活等方面的权利”。[②]

在英国，市民权利、政治权力和社会权利大体上分别形成于18世纪、19世纪和20世纪。例如在18世纪，市民权利的形成主要归功于《人身保护法》（*Hobeas Corpus*）、《宽容法案》（*Toleration Act*）以及新闻检查制度的废除等；政治权利与选举权和议会成员资格等相关；而社会权利则与《定居与迁移法》（*Law of Settlement and Removal*）

---

① T. H. Marshall, *Citizenship and Social Class and Other Essays* (Cambridge: Cambridge University Press, 1950), p. 8.

② T. H. Marshall, *Citizenship and Social Class and Other Essays* (Cambridge: Cambridge University Press, 1950), p. 11.

和各种社会调查有关。[1]

英国不仅是一个多民族国家，从1707年开始逐渐演变成一个多元文化社会。到19世纪，英国被普遍认为是一个基于代表政府的中央集权式国家的典范，甚至认为在宗教和文化上也具有同质性，包括英国人自己也相信各民族之间的差异会自我消除，苏格兰人、威尔士人会逐渐英国化。[2] 尽管这种观点可能有些武断，但也暗示影响公民身份的要素超越了法律范畴。“权力不单单建立在物质基础之上，还涉及质疑现有法则、重构共同理解框架的能力。这就意味着文化公民身份在行政权力的正式结构内外都应占有位置。”[3] 美国当代著名人类学家罗纳托·罗萨尔多（Ronato Rosaldo）认为“文化公民身份指的是差异性权利，属于参与性民主意识的权利。在民主政体中，社会正义要求所有公民平等，即便因种族、宗教、阶层、性别和性取向等差异导致不平等”[4]。

2. 公民身份教育

公民身份教育一方面基于上述公民权利，另一方面是多元文化社会构建民族共同体的需要。民族共同体倡导自由、平等和友爱。19世纪北美的民族共同体得到巩固，美国政府采取民族同化政策，要求所有公民都学习英语，融入主流文化。种族民族主义认为，公民身份应

---

① T. H. Marshall, *Citizenship and Social Class and Other Essays* (Cambridge: Cambridge University Press, 1950), p. 14.

② Sir Bernard Crick, "Citizenship, Diversity and National identity," *London Review of Education* 6, no. 1(2008): 32.

③ Nick Stevenson, *Cultural Citizenship: Cosmopolitan Question* (Maidenhead: Open University Press, 2003), p. 4.

④ Ronato Rosaldo, "Cultural Citizenship and Educational Democracy," *Cultural Anthropology* 9, no. 3(1994): 402.

基于共同文化认同之上。“从民族国家的角度而言，多样性是一种威胁。”[①] 这种观念与清除文化野蛮性相联系。而公民民族主义则更多地把成员资格和基本权利与共同体的“法律—政治”界定联系在一起，民族共同体的权利和义务是普遍性的，不因文化而异。[②] 德国哲学家哈贝马斯（Jürgen Habermas）就曾为“宪法爱国主义”的民族主义观念辩护，认为“政治文化应为宪法爱国主义的共同性服务，对于多元社会中不同形式生活的共存，这种宪法爱国主义可以同时提高其（公民）多样性和整体性意识”[③]。帕雷科（Bhikhu Parekh）则建议建立共同文化，他说：“与任何其他社会一样，多元文化社会需要一个广泛共享的文化给以支撑。因为它牵涉到多种文化，需要通过彼此作用生成共享文化，相互尊重和培养多样性，并围绕一种共同的生活方式。”[④] 例如，美国文化就吸收了爱尔兰人、犹太人、非洲裔美国人以及其他少数民族文化的一些特征。

戴维·米勒（David Miller）基于文化多元主义把公民身份的观念分为三类，自由主义、自由意志论和共和主义，并认为第三种观念是促进公民身份共同理解，团结多元社会的基本出发点。[⑤] 对于多元文化的不同认识可能导致文化多元社会里不同的公民教育倾向，即单一文化教育或多元文化教育。

---

① Ronato Rosaldo,“Cultural Citizenship and Educational Democracy,”*Cultural Anthropology* 9, no. 3(1994):403.

② Nick Stevenson, *Cultural Citizenship: Cosmopolitan Question* (Maidenhead: Open University Press, 2003), p. 45.

③ Jürgen Habermas,“Citizenship and National Identity,”In *The Condition of Citizenship*, ed. Bart van Steenbergen(London, Thousand Oaks and Ne Helhi: Sage Publications, 1994), p. 27.

④ Bhikhu Parekh, *Rethinking Multiculturalism: Cultural Diversity and Political Theory* (Basingstoke and London: Macmillan Press Ltd., 2000), p. 219.

⑤ David Miller,“Citizenship and Pluralism,”*Political Studies* XLⅢ(1995):432-450.

多元文化教育是对欧洲中心论和单一文化教育的批评。在帕雷科看来，好的教育就是要让学生接触关于不同的好生活观念、不同的信仰体系和将熟悉的经验概念化的不同模式，让学生了解其他文化的精髓，以他们自己的方式看待世界和自身的优势与不足。帕雷科强调：“学生不仅是他们民族和文化社区的成员，也是其政治社区的公民，还是人类的一分子。良好的教育系统就应该满足上述三者的需要，应帮助学生理解历史、社会结构、文化、语言以及其他有关文化和政治社区的一切，以便他们能理解自己，并适应周围社区的生活。”① 基于这样的认识，帕雷科认为，对于民族身份的共识在多元社会中至关重要，有助于在不同社区中培养共同的归属感。但他也意识到这种民族身份的共识一方面十分必要，另一方面也有潜在的危险性。为此，他提出四个建议：第一，政治社区身份应置于政治结构之内；第二，多元社区成员归属于不同民族、宗教和文化团体，这种身份对他们十分重要；第三，共同体的民族身份界定应囊括所有公民，并让他们产生认同；第四，民族身份界定不仅要包括所有公民，还要同等尊重并在法律上具有平等身份。② 不同的公民身份教育理念必然影响到学校和社会的语言教育政策——单语制或多语制。

3. 公民身份教育中的英语教育

马歇尔相信公共基础教育作为公民教育的一部分，是一种重要的社会权利。尽管这一社会权利在 18 世纪和 19 世纪初的英国没有得到重视，却在公共领域中获得了较多的关注。“继供知识阶级阅读的杂志之后出现的让所有识字的人都可以阅读的报纸、公共集会、宣传竞争以

① Bhikhu Parekh, *Rethinking Multiculturalism : Cultural Diversity and Political Theory* (Basingstoke and London: Macmillan Press Ltd. , 2000), p. 227.

② Bhikhu Parekh, *Rethinking Multiculturalism : Cultural Diversity and Political Theory* (Basingstoke and London: Macmillan Press Ltd. , 2000), pp. 231-233.

及以推动公共事业为目标的社团等都是如此。”①

一方面，语言学家和作家们基于公共领域推动英语标准化进程，间接地促进英国公民身份教育。18世纪初，斯威夫特关于语言标准化的建议主要集中在语言学范畴，但同时也带动了一大批作家，如艾迪生、斯蒂尔和斯威夫特本人等，标准语言观念激发了他们的情感，并致力于以“文雅”或“文雅社会”之名进行写作，“他们共同努力，界定和示范文雅语言行为，将之作为一种文化和社会目标，既与语言行为形式密切关联的，同时也与标准语言相关”②。在17世纪末到18世纪初，语言标准化话题也将文学家与政治家联系起来，如笛福、艾迪生、斯蒂尔属于坚定的辉格党人，而蒲柏、阿布斯诺特（John Arbuthnot）、盖伊（John Gay）和圣约翰（St. John）等则属于托利党人。这对于推动英语的标准化进程起到重要作用。

另一方面，学校教育通过课程大纲要求和课程教学进行直接的公民身份教育。一般而言，国家的课程标准、学校的培养方案、课程的教学大纲等都会针对培养什么样的人（如“合格的公民”）或者达到怎样的教学目标（如“公民意识”）做出规定。“历史”和“语文”（官方语言或母语）课程通常被看作是最重要的公民教育课程。“历史”课程有利于培养公民的民族自豪感，本民族的“语言”和“文学”课程有利于培养公民的文化身份认同。“选择一种或另一种语言不仅取决于多语个体可以获得的语言资源，同时也是一种身份选择行为。”③ 学习本国的官方语言课程，有利于帮助学生融入主流社会；学习本民族

---

① T. H. 马歇尔、安东尼·古登斯等：《公民身份与社会阶级》，郭忠华、刘训练编，江苏人民出版社，2008，第31页。

② Richard J. Watts, *Language Myths and the History of English* (Shanghai: Shanghai Foreign Language Education Press, 2018), p. 172.

③ Jasone Cenoz, "Defining Multilingualism," In *Topics in Multilingualism*, ed. Charlene Polio (Beijing: The Commercial Press, 2016), p. 11.

的地方语，有利于提升学生的民族意识。

三、英国殖民地“现代英语”教育与民族身份重构

“在塑造英国人民的观念上，帝国的占有究竟起到了多少决定性的作用一直受到热烈的讨论。”① 对于许多英国人（包括苏格兰人和威尔士人）而言，帝国不仅意味着移民空间和发展机遇的改变，还意味着民族社区的地域延伸。例如，苏格兰人在印度和非洲殖民地扮演了重要角色，“他们也是对苏格兰人自我信念的巨大强化：关于苏格兰能够以独立的民族社群生存的坚定信念，并且还有独特的传统以及其走向现代化的独有路径”②。在这个过程中，英语教育及其蕴含的文化和价值观念必然对其帝国公民的身份建构产生深刻影响。

（一）英语教育中的英国化身份建构

在大英帝国的海外殖民地，学校教育为广大民众提供的教育与英国本土的教育十分近似，其主要目的在于社群的“英国化”。用艾伦·麦克法兰（Alan Macfarlane）的话说：“我们学会了玩一场‘做英国人’的游戏，我们变成了‘这个品种’（the Breed）的一分子。”③

在17—18世纪，美国的教育发展大多涉及英国化问题，无论是针对欧洲移民还是对印第安人和黑人。就教会教育而言，17世纪英国传教士旨在让印第安人皈依和得到教化，同时让移民行为高度合理化；18世纪则将主要目标转向黑人。

---

① 约翰·达尔文：《未终结的帝国：大英帝国，一个不愿消逝的扩张梦》，冯宇、任思思译，中信出版社，2015，第267页。

② 约翰·达尔文：《未终结的帝国：大英帝国，一个不愿消逝的扩张梦》，冯宇、任思思译，中信出版社，2015，第269页。

③ 艾伦·麦克法兰：《现代世界的诞生》，管可秾译，上海人民出版社，2013，第233页。

19 世纪 30 年代，南非殖民地的姆丰古人（Mfengu）选择与英国人结盟。1836 年 5 月，在一位名为约翰·艾利夫（John Ayliff）的传教士的领导下，大约 17 000 名姆丰古人在佩迪（Pedi）一个小村庄对上帝、教会及英国王室宣誓效忠。[①] 教会为姆丰古人提供教育，将他们培养成了非洲精英。例如 1857 年，一个卫斯理基金会在西斯凯（Ciskei）波福堡（Fort Beaufort）的一个村庄设立学校，作为对姆丰古人效忠英国的回报，后来成为南非最大的教育机构，为南非的孩子提供从初等教育到大学入学考试期间的全程教育。基督教教育和自由艺术教育突出英语语法和英语文学课程，深刻地影响一代又一代的姆丰古人。[②] 科萨人纳尔逊·曼德拉（Nelson Mandela，1918—2013 年）在回忆录中写道：“当我还是个孩子的时候，姆丰古人是社群中最先进的部分，他们充实了我们的牧师、警察、教师、文员和翻译队伍。”[③] 他们最先成为基督徒，成了文明人，成了英国化的南非人。他们与英国人的关系带来了一种政治目的和独立身份的意识。

（二）英语教育中的本地化身份重构

安迪·格林认为，“教育体系的原初功能在于培养社会的整合力和凝聚力，铸造国家公民和民族认同的新观念”[④]。在他看来，“教育体系，虽然在生源和观念上日益向国际市场开放，但仍然保留着主要由国家控制的民族性国家制度。……但是希望它们能够摒弃具有内部视角的文化民族主义意识形态陷阱，这种民族主义强调民族性和语言是

---

① 约翰·达尔文：《未终结的帝国：大英帝国，一个不愿消逝的扩张梦》，冯宇、任思思译，中信出版社，2015，第 275 页。

② Martin Meredith, *Mandela : A Biography* (New York: PublicAffairs, 2010), p. 17.

③ Nelson Mandela, *Long Walk to Freedom : An Autobiography of Nelson Mandela* (Boston, New York and London: Little, Brown and Company, 1994), p. 11.

④ 安迪·格林：《教育、全球化与民族国家》，朱旭东、徐卫红等译，教育科学出版社，2004，第 4 页。

民族认同的基础”①。

在英国海外殖民地，这种民族化进程既受到英国教育政策和教育思想的影响，也受到本地民族主义发展的推动。

1. 新的民族共同体意识

一方面，殖民地民族共同体意识受英国古典人文主义教育思想影响。伍德（Gordon S. Wood）认为：“古典的理念通过文艺复兴的作家，尤其是马基雅维利（Machiavelli）重现了活力，之后又通过詹姆斯·哈林顿（James Harrington）、诗人约翰·弥尔顿以及阿尔杰农·西德尼（Algernon Sidney）等作家融入了17世纪英国思想中。”② 到了18世纪，这些古典共和主义理想传遍了西欧，并蔓延到英国的海外殖民地，在革命运动的刺激下，与北美殖民者的自由民主思想合流，形成了具有强大凝聚力的公民意识。正如塞缪尔·亚当斯所说：“一个公民的一切都归功于共和国。”1776年马萨诸塞州、宾夕法尼亚州和弗吉尼亚州甚至采用了“共同体”（Commonwealth）的名称，“以表达他们与17世纪英国革命者有更密切的联系，以及他们向公共福祉更进一步的奉献”③。

另一方面，民族共同体意识也受英国自由主义教育思想的影响。安迪·格林认为：“民族性国家教育体系首先是在通过工业和社会的双重革命在现代资本主义国家得以产生的时刻建立起来的。民族主义意味着支持了自由主义的马志尼式民族国家理想，这种民族国家是通过统一较小的领土和民族单位而形成的。教育在把异质人口，尤其像美

① 安迪·格林：《教育、全球化与民族国家》，朱旭东、徐卫红等译，教育科学出版社，2004，第5页。

② 戈登·S.伍德：《美国革命：美利坚合众国的缔造史》，赵辛阳译，中信出版集团，2017，第104页。

③ 戈登·S.伍德：《美国革命：美利坚合众国的缔造史》，赵辛阳译，中信出版集团，2017，第107页。

国这样的移民国家，塑造成一个具有凝聚力的全体公民至关重要。”①

与欧洲大陆的其他国家如法国和德国相比，英国的教育体系无疑受到更多的自由主义思想影响。安迪·格林曾多次指出：“英国的教育在民族国家形成中的作用缺乏连贯性，而且学校也没有被视为形成民族共同感的主要工具。”② 这与英国对教育本身的认知密切相关。“英国教育最显著的特征在于自愿性。在18—19世纪，这种自愿方式在道德和教育上都优越于欧洲大陆实行的义务教育体系。因为与公民享有的，被视为英国品质必不可少的诸多自由相比，义务教育体系是与专制和顺从联系在一起的。自愿主义（或者在历史用语中的自愿捐助制度）意味着学生免于义务教育的自由和学校免于国家干预的自由。”③ 这种教育思想蔓延到英国海外殖民地，使得殖民地政府对本地教育的影响十分有限。

2. 新的民族身份建构

在海外殖民地，英国文化不仅遭遇本地文化，还面对不同背景移民的异族文化。在多元文化的交汇之中，还可能产生新的殖民文化。殖民地教育政策受不同民族文化的影响，逐渐发展出新的民族特征。

一方面，不同层次教育的分化促进新的社会分层。以美国为例，杰斐逊认为应该把人们分为两个阶层，对于劳动阶层，在读、写、算（3R）和共和国的价值观方面接受三年的教育就足够了，而对于“知识阶层”，要为社会提供领导者并形成有才华的贵族阶层，就有必要接受

---

① 安迪·格林：《教育、全球化与民族国家》，朱旭东、徐卫红等译，教育科学出版社，2004，第45页。

② 安迪·格林：《教育、全球化与民族国家》，朱旭东、徐卫红等译，教育科学出版社，2004，第103页。

③ 安迪·格林：《教育、全球化与民族国家》，朱旭东、徐卫红等译，教育科学出版社，2004，第103页。

最高层次的教育。[①]

另一方面，国民教育和民族教育的矛盾产生新的民族认同。到了19世纪的第二个30年，也就是所谓“改革时代”（the Reform Era），公立教育制度首先在北部各州巩固下来，从清教徒控制的东北部扩展到中西部和中部大西洋沿岸地区。学校教育越来越标准化，其组织形式也越来越专业化。[②] 教育改革分为两大阵营，一部分支持比较统一的公立教育体系，另一部分反对集权化，主张保留社区办学制度。[③] 前者采用英语教学，强调文化认同教育；而后者，如路德派教徒和门诺派教徒（Mennonites），则希望保持自身的文化特征，并用他们的母语进行独立办学。两大阵营之间的矛盾导致社区学校在19世纪中期经历了立法废止、撤销、再废止多次反复的过程。同时，黑人和印第安人也遭遇类似的境地，各蓄奴州制定法律禁止教奴隶识字，有些甚至禁止教育自由的黑人。“自由的黑人也认为隔离教育可能导致种族主义，而在公立学校中教师对黑人学生期望值很低。”[④] 但也正是在这样的矛盾斗争中产生新的民族认同，并导致殖民地民族身份的重构。

四、“现代英语”教育作为民族身份教育的反思

关于民族主义的研究通常会与语言联系起来，共同语言通常是塑造民族的首要和关键因素。在宏观层面，“作为个体或群体身份的一种

---

① Andy Green, *Education and State Formation : The Rise of Education Systems in England , France and the USA*（New York and London：Palgrave Macmillan，1990），p. 181.

② Andy Green, *Education and State Formation : The Rise of Education Systems in England , France and the USA*（New York and London：Palgrave Macmillan，1990），p. 187.

③ Andy Green, *Education and State Formation : The Rise of Education Systems in England , France and the USA*（New York and London：Palgrave Macmillan，1990），p. 190.

④ Andy Green, *Education and State Formation : The Rise of Education Systems in England , France and the USA*（New York and London：Palgrave Macmillan，1990），p. 191.

标志，语言可能发挥重要作用，如作为重要的边界标志，用以在相邻社群中区分具有不同语言习惯的亚群体，并且基于共同身份情感和群体利益团结本社群”①。在微观层面，“除了方言，语言差异也在常规社会环境中存在，身份群体也可能通过言语形式进行区分。当社会—经济层次差别很大时这种差异愈加明显”②。在英国本土和海外殖民地，“现代英语”教育对于民族身份构建产生不同的影响。在英国本土，民族身份的统一性给民众带来自豪感的同时也体现了诸多的无奈；在海外殖民地，民族身份的多样性似乎带给民众更多的实用性益处。

（一）英国本土“现代英语”教育中民族身份的统一性

在英国本土，英吉利民族试图通过民族同化政策融合威尔士、苏格兰和北爱尔兰，建立强大的不列颠民族。这在一定程度上是成功的。安迪·格林认为：“都铎王朝把英格兰拖入了民族铸造进程，镇压男爵和教会独立，国家权力早期中央化的成功及将英语作为唯一官方语言。英国宗教改革和与罗马教廷的分裂有助于巩固本土的新教认同和文化。”③ 霍布斯鲍姆（Eric J. Hobsbawm）也表示：“19 世纪，英国人特别热衷于吹嘘他们混杂的血统（布立吞人、盎格鲁-撒克逊人、斯堪的纳维亚人、诺曼人、苏格兰人、爱尔兰人等），并以其语言在语言学上的混合为荣。但将‘种族’拉向‘民族’的是将二者看作实质同义词，以一种近乎粗野的方式抽象出‘种族/民族’性格。”④

---

① Andrew Simpson, "Language and National Identity in Asia: a Thematic Introduction," In *Language and National Identity in Asia*, ed. Andrew Simpson (Oxford: Oxford University Press, 2007), p. 1.

② Basil Bernstein, *Class, Codes and Control* (*Vol. Ⅰ*): *Theoretical Studies Towards a Sociology of Language* (London and New York: Routledge, 2003), p. 46.

③ 安迪·格林：《教育、全球化与民族国家》，朱旭东、徐卫红等译，教育科学出版社，2004，第 103 页。

④ Eric J. Hobsbawn, *Nations and Nationalism since 1780: Program, Myths, Reality, 2nd edition* (Cambridge: Cambridge University Press, 1990), p. 108.

例如几百年来，英国政府在威尔士一直只推广英语，1862 年的修正案中规定了要用英语而非威尔士语来阅读和写作。[①] 尽管威尔士语还是被广泛使用，且不处于同等地位，但威尔士人还是认可了这种民族认同。不同于威尔士，苏格兰有浓厚的地方传统，包括有比英格兰更多的大学和教区学校体系，独特的文化自主性有着深厚的社区根基，并得到苏格兰教会的积极维护，因而要同化到英格兰、苏格兰和威尔士组成的大不列颠之中绝非易事。不过，新教在英格兰、威尔士和苏格兰之间起着黏合剂作用，在欧洲天主教和爱尔兰天主教之间的不断冲突中得到强化，加上在北美与法国之间的战争，一种更明显的英国认同感逐渐形成。

（二）英国殖民地“现代英语”教育中民族身份的多样性

在英国的海外殖民地，土著与移民构建多样性民族，呈现出“文化拼盘”或“文化马赛克”特色，也使得其民族身份呈相应的多样性特征。安迪·格林认为：“文化传播和渗透的这种复杂而各不相同的动力成为不同民族文化对全球化做出不同反应的基础。当所有的欧洲国家似乎要形成欧美文化模式的多样化和世界主义的混合物以同化其移民的文化制造物时，发达的亚洲国家似乎致力于二分的文化模式，一方面引进西方文化和产品，一方面又努力保存其民族文化的完整性。”[②]

以印度为例。如今，印度政府采取多语制教学体系，在不同教育层次对母语、地方语、印度语和英语进行教学。以下是其中的一种方案：[③]

---

① 安迪·格林：《教育、全球化与民族国家》，朱旭东、徐卫红等译，教育科学出版社，2004，第 110 页。

② 安迪·格林：《教育、全球化与民族国家》，朱旭东、徐卫红等译，教育科学出版社，2004，第 118。

③ B. Mallikarjun, “Language(s) in the School Curriculum: Challenges of the New Millennium,” *Language in India* 1, no. 4(2001), accessed on June 16, 2019, http://www.languageinindia.com/junjulaug2001/school.html.

小学教育：

第1—5年级——单语：母语或地方语；

第6—8年级——双语：母语或地方语、一种现代印度语或英语；

中学教育：

初级中学第9—10年级——三语：母语或地方语、现代印度语和英语；

高级中学第11—12年级——各州不同，多数州主要教授印地语和/或英语。

不过，印度各地学校的语言教学差异较大。“在各地的政府学校里，小学至少使用两种语言——本州的强势语言作为教学语言，印地语或英语作为语言科目，在印度绝大多数州的一年级都引入英语作为第二语言。”[①] 在实际操作中，语言教学的灵活性更大，有些学校甚至教授58—69种不同语言，有些作为教学科目，有些作为教学媒介。巴基斯坦的教学大纲中也采用多语制，但突出了英语的地位。与印度不同，巴基斯坦从一年级就开始教授英语，其他的学科课程也尽可能早地转向使用英语进行教学。[②] 各地政府充分肯定可利用的语言资源，发展多语能力，以满足地方身份、民族团结和全球经济发展的需求；而民众的态度则因为历史和地域原因倾向于学习特定语言。

---

① Suresh Canagarajah and Hina Ashraf, "Multilingualism and Education in South Asia: Resolving Policy/Practice Dilemmas," In *Topics in Multilingualism*, ed. Charlene Polio (Beijing: The Commercial Press, 2016), p. 356.

② Suresh Canagarajah and Hina Ashraf, "Multilingualism and Education in South Asia: Resolving Policy/Practice Dilemmas," In *Topics in Multilingualism*, ed. Charlene Polio (Beijing: The Commercial Press, 2016), p. 358.

由于英语在全球技术、经济和知识建构等方面的广泛作用，在民众心目中占有比本地语更高的位置。在地方上引入外资企业提供相关就业机会，更加提升了在本地学习英语的需求，使得英语成为“走向成功的通行证”和“民族进步的关键”①。但由于师资及其他教学资料的限制，政府或公立学校无法满足当地民众的英语学习需求，私立学校得到大力发展。在公立学校中，英语仅仅是一门教学科目；而在私立学校中，英语成为教学的常规媒介，私立学校的管理和教学也明显西化。② 显然，社会的不平等导致来自不同背景的学生接受差异化的英语教育，进而产生新的社会不平等和等级差异，对于社会关系和身份也产生影响。

第三节 作为国家发展战略的成与败

英格兰的与众不同在于其语言——英语是全民共用的语言。尽管可能口音不同，英语的语法和词汇却不分阶级。③ 尽管在历史上多次遭受外族入侵，英语始终是英国民众的通用语言。即便拉丁语成为中世纪全欧洲的精英语言和学术语言，“一个社会一直以来都是例外，它就是盎格鲁-撒克逊民族的不列颠”④。

---

① F. Shamim,“English as the Language for Development in Pakistan: Issues, Challenges, and Possible Solutions,”In *Dreams and Realities : Developing Countries and the English Language*, ed. H. Coleman(London: British Council, 2011), p. 291.

② Suresh Canagarajah and Hina Ashraf,“Multilingualism and Education in South Asia: Resolving Policy/Practice Dilemmas,”In *Topics in Multilingualism*, ed. Charlene Polio(Beijing: The Commercial Press, 2016), pp. 359-360.

③ 艾伦·麦克法兰：《现代世界的诞生》，管可秾译，上海人民出版社，2013，第238页。

④ Marc. Bloch, *Feudal Society : The Growth of Ties of Dependence*(London and New York: Routledge, 1993), p. 75.

在大不列颠的历史上，人们不仅仅使用拉丁语作为书面语言，古英语在很早的时候就被发展为文学和法律语言。阿尔弗雷德大帝期望青少年能够在学校里学好英语，之后能让那些更有天赋的人接着学习拉丁语。在他看来，“我们最好能将对我们有用的书翻译成我们能理解的语言，……英格兰的自由人，只要他们足够富有，能够投入到学习中，就让他们学习……以便他们能够阅读英文作品，让能够继续学习的人接着接受拉丁语教育，进而提高他们的社会层次”①。尽管在此后很长的时间里，英国曾经出现拉丁语、法语与英语并存的状态，英语仍然在不间断地发展。历经漫长的中世纪，在16世纪之后，英语终于实现了自身的标准化进程，成为英国建构民族国家和殖民帝国的核心要素。而英语教育作为一种国家发展战略而存在，并得到迅速发展。

一、语言教育作为一种国家发展战略

英国社会语言学教授丹尼斯·埃杰认为，语言政策既是一种个人和社区的语言行为，也是掌权者的语言行为。作为个人，“一种极端情况是，个人可能坚持保留自己的语言或者语言变体。……另一种极端情况是，个人可能在所有场合下都采用一种新的语言或语言变体。……介于两种极端情况之间的个人采取各种不同的规划或策略”②。政治意义上的社区一般存在两种类型：“一种是那些能够控制自我政治命运（‘国家’的社区），因此也是自治政府中处于明显掌权地位的、通常属于多数派的社区；另一种是那些不享有这种政治自治权利的少

① Pope Gregory, King Alfred, *King Alfred's West Saxon Version Gregory's Pastoral Care*, ed. Henry Sweet (Oxford: N. Trubner & Co. 1871), pp. 6-7.

② 丹尼斯·埃杰：《语言规划与语言政策的驱动过程》，吴志杰译，外语教学与研究出版社，2012，第140—141页。

数派社区。”[①] 无权社区在特定语境下可能采取不同策略，一是“融入另一社区或被另一社区同化”；二是“把维持自己的认同作为目标”；三是“保留自身的差异”，但选择各种合作策略，以免卷入纷争或者遭到压制。[②]

埃杰认为，语言政策的决策者主要分为三类，“第一类由个人组成：政治家、统治者以及舆论制造者扮演了主要角色，……第二类政策制定者是占统治地位的群体或社区。……第三种类型的政策制定者是国家本身”[③]。在制定和实施语言政策的时候，各类决策者往往从语言作为权利、资源或者问题等不同的角度进行考虑。“能够使用某种语言（包括某种特殊变体或者特殊领域的语言）是基本人权之一，……对国家和个人而言，语言能力尤其是能够使用多种语言的能力能够代表一种主要的经济和竞争力资源。此外，语言使用成为国家需要解决的问题，通常是因为或意味着国家面临社会分层（social division）和社会分裂（social fragmentation）。”[④]

在历史上，由于民族和地域冲突、军事和政治占领、宗教和文化渗透、移民和种族消亡等因素，导致各地语言社区发生显著变化。

关于移民，历史上多数西方国家对移民采取同化政策，在教育和其他公共领域要求移民使用主流语言。但随着移民规模的扩大，出现一些较大的移民社区，在非公共领域也容忍少数民族语言的使用。土著语言的逐渐消亡与历史上的同化政策有关，随着国家对语言多样性

---

① 丹尼斯·埃杰：《语言规划与语言政策的驱动过程》，吴志杰译，外语教学与研究出版社，2012，第 150 页。

② 丹尼斯·埃杰：《语言规划与语言政策的驱动过程》，吴志杰译，外语教学与研究出版社，2012，第 153—154 页。

③ 丹尼斯·埃杰：《语言规划与语言政策的驱动过程》，吴志杰译，外语教学与研究出版社，2012，第 166—167 页。

④ 丹尼斯·埃杰：《语言规划与语言政策的驱动过程》，吴志杰译，外语教学与研究出版社，2012，第 167—168 页。

的重视，政府及相关机构尝试采取积极保护措施。英语全球化是导致各国语言政策调整的主要因素。英国前殖民地国家基于历史与现实因素，采取英语单语、双语或多语制；许多非殖民地国家也基于英语作为国际通用语在经济、科技和文教中的优势地位，将英语作为除母语之外的一种重要语言，在教育体系中占据重要位置。总之，语言教育被作为一种涉及国家安全和发展的重要国家战略，使得语言政策和语言规划越来越受到掌权者的重视。

二、“现代英语”教育作为英国的发展战略

尽管英国到19世纪才开始正式发展国家教育，但英国的教育作为国家发展的战略体现在不同历史时期的不同层次上，特别是现代英语教育，在民族国家发展时期和大英帝国时期，反映了不同战略目的和发展特征。

（一）作为大不列颠的发展战略

1. 历史背景

在英国历史上，亨利八世坚持要求宗教自主权，促成1533年通过《上诉法案》宣称英格兰为独立国家；1558年伊丽莎白一世支持新教，使得英格兰站在当时欧洲和海上霸主西班牙国王腓力二世的对立面，但同时也催生了英格兰的爱国主义和新教认同。1707年的《联合法案》化解了英格兰与苏格兰之间的仇恨，共同塑造了“英国性”。[①]

尽管近代英国特性得益于盎格鲁-撒克逊历史，但远非简单的民族中心主义。英国人既具有来自信奉自由的盎格鲁-撒克逊后代的种族身份，也有着源于历史性法律和王国宪法的制度性身份，漫长的历史将

---

① 约翰·达尔文：《未终结的帝国：大英帝国，一个不愿消逝的扩张梦》，冯宇、任思思译，中信出版社，2015，第15页。

古凯尔特布立吞人、撒克逊人和诺曼人融为一体，直到 17、18 世纪，盎格鲁-撒克逊主义成为英格兰民族的核心身份。[①] 丰富的英语词汇受惠于英国人的种族多样性，但到 17、18 世纪时，多元文化在英国本土已经不再是一个显著特征。

2. 英语作为国家语言的战略决策

1489 年，英国议会宣布禁止使用法语，这是英语正式成为英国官方语言的标志。事实上，在 15 世纪中期，英国政府就已经发布了“官方文书标准”（Chancery Standard），作为政府政令的英语书写参考范例，也是英语标准化进程的开端。此后，1611 年《钦定版圣经》和 1755 年约翰逊的《英语词典》更是成为英语标准化发展中的两个重要里程碑。经历 17—18 世纪的努力，英语终于实现了其自身的标准化，并以国家发展战略的高度在英格兰、威尔士、苏格兰和北爱尔兰进行教育推广。

3. 英语教育作为国家发展战略的基本特征

（1）教育主体逐渐由教会学校向世俗学校转移

从 16 到 17 世纪，教育管辖权由教会组织向世俗机构转变，英语教育的主体除了家庭（教师）之外，由单一的教会学校转变为教会学校和世俗学校互补，由社会慈善事业捐助的小学（主妇学校、ABC 学校等）和中学（文法学校、学园、技术学校等）迅速发展。但充分完整的公共教育体系直到 1870 年才正式建立。

（2）教育目的由宗教虔信向学术和实用转变

教会学校的主要目的是培养基督信徒，以教授拉丁文为主，学会唱圣歌和做礼拜。即便在文法学校，也以教授基督教义为主。宗教改革之后，尽管学校还继续学习拉丁文，也有宗教课程，但学校开始更

---

① Colin Kidd, *British Identities Before Nationalism: Ethnicity and Nationhood in the Atlantic World, 1600-1800* (Cambridge: Cambridge University Press, 2004), p. 75.

多地教授英文和用英文进行古典课程的教学。文法学校以培养学生学术能力为主，旨在为大学输送人才；技术学校以传授实用学科知识为主，旨在为行业培养实用型人才。

(3) 教育定位由精英教育向大众教育转变

在19世纪中期之前，无论是英国统治阶级还是教会，都对国民教育持保守态度。初级教育局限于3R以及诸如缝纫和木工之类的实用性科目。而中等教育则是一种学术教育，主要由收费的文法学校为中产阶级服务。但与此同时，大众教育开始逐渐得到重视。

在整个19世纪期间，大众教育的主力还是自愿社团，大多数学校由国民协会（National Society）和不列颠及海外学校委员会（the British and Foreign School Society）所控制，分别代表着国教和非国教。[①] 但支持力度十分有限，一方面，自愿团体为大众教育提供少量的经费支持，这种情形直到1870年《初等教育法》通过之后才得以改观；另一方面，社会主流依然建议没有必要教会穷人写作和计算，卫理公会也禁止在他们的学校里教授写作。

1870年《初等教育法》试图通过建立民主的学校委员会（School Boards）为所有孩子提供初级教育。英国政府正式在全国实施国民教育，在凡是教会学校和私立学校没有覆盖的地方开办公立学校。在19世纪末期，大众教育得到较大程度的发展。1881年自愿学校与公立寄宿学校分别为14 370所和3692所，到1902年分别为14 000所和6000所。[②]

遗憾的是，1902年教育法案废除了这一学校委员会制，支持宗教组织和文法学校。1902年教育法促使国立中等学校的出现，进一步巩

---

① Andy Green, *Education and State Formation: The Rise of Education Systems in England, France and the USA* (New York & London: Palgrave Macmillan, 1990), pp. 6-7.

② Michael G. Malhull, *Dictionary of Statistics* (London: Routledge and Sons, 1884), p. 111.

固了统一的教育管理体系。“原有的为普通家庭孩子从初等教育进入中等教育的综合学校委员会制（integrated board school system）被取消了，取而代之的奖学金制（a scholarship system）选拔少数人进入文法学校，从而加强了精英主义者和传统主义者对于儿童教育的操控。”[①] 在新的世纪里，公共中等教育得到了较好的发展。

4. 英语教育政策的主要影响因素

（1）世俗权力对抗教会权力的胜利

英国的宗教改革和新教的崛起可以被看作是英国世俗权力对抗教会第一阶段的胜利。“英格兰新的精神生活由于土生土长的由威克里夫领导的几乎已被遗忘的改革运动而呈现出自己的特点。”[②] 在苏格兰也同样为人民精神的复兴增强了力量。而威克里夫和威廉·廷代尔的英译《圣经》不仅将拉丁语拉下了神坛，让普通英国人也有机会与上帝直接对话，还让英语教育成为推动学校教育改革的重要手段，从而摆脱教会教育的束缚，直接导致世俗权力对抗教会权力的又一次胜利。

（2）精英阶层对学校教育的影响

一般认为，英国在 1870 年之前还没有一个充分完整的公共教育体系。“经典的公共教育体系——接受国家资助和调控的学校，精细的管理机构——首先出现在欧洲大陆，特别是德国、法国、荷兰和瑞士。这些国家在 19 世纪 30 年代之前就有基本形态的公共教育体系……只有英国、欧洲南部国家以及美国南部各州在这一方面还相当滞后，英国甚至到下一个世纪才建立起完整的一体化公共教育体系。”[③]

究其原因，首先在于自由主义教育思想的影响。亚当·斯密在 18

---

① Kevin Manton,“The 1902 Education Act,”*History Today*,no. 12(2002):19.

② 托马斯·马丁·林赛：《宗教改革史·下卷》，刘林海等译，商务印书馆，2016，第 24 页。

③ Andy Green,*Education and State Formation : The Rise of Education Systems in England , France and the USA*(New York and London:Palgrave Macmillan,1990),p. 3.

世纪提出自由放任的信条和最小国家原则，到19世纪成为自由主义的基本原则，应用到教育领域形成非政府干预教育的观点，赫伯特·斯宾塞的《国家教育自我失败》（*State Education Self Defeating*，1851年）和塞缪尔·斯迈尔斯（Samuel Smiles）的《自救》（*Self Help*，1859年）也褒扬个人主义信念，抨击国家对教育的干预。① 到19世纪70年代约翰·斯图亚特·密尔和马修·阿诺德承认，反对国家干预教育是英国教育落后的主要原因。②

（3）国家和社会对大众教育的需求

尽管有许多反对声音，但至少有三种观点对于19世纪的大众教育表示支持：第一，19世纪和20世纪的历史表明，大众教育对于一个发达和先进的工业化社会至关重要；第二，军事力量取决于工业力量，要寻求帝国扩张就必须加强大众和技术教育；第三，作为民族统一的途径，大众教育十分重要。③

此外，人口模式也影响着教育模式：更长时间和更高消费的人才培养可能导致出生率下降，人口较少的家庭愿意花费更多的金钱和时间用于教育。④ 英国19世纪的情况基本如此，而且，由于18世纪末19世纪初大批移民进入英国城市，导致城市人口急剧增加，学校无法承受。同时，英国家庭结构在19世纪发生了较大的变化：18世纪时多数上层社会的教育发生在家庭，由家庭教师承担教育责任；19世纪包括上层社会在内的阶层将教育功能转移到学校，甚至寄宿学校。但一直

---

① 安迪·格林：《教育、全球化与民族国家》，朱旭东、徐卫红等译，教育科学出版社，2004，第64页。

② 安迪·格林：《教育、全球化与民族国家》，朱旭东、徐卫红等译，教育科学出版社，2004，第65页。

③ Lawrence Stone，“Literacy and Education in England，1640-1900，”*Past and Present*，no. 42（1969）：87-88.

④ Lawrence Stone，“Literacy and Education in England，1640-1900，”*Past and Present*，no. 42（1969）：93.

到 1870 年《初等教育法》颁布之后，大众教育才迎来大的发展机遇。

（二）作为大英帝国的发展战略

1. 历史背景

17 世纪中期，随着英国在北美建立了几个殖民地之后，大英帝国的雏形开始出现。在北美殖民地，尽管国王向弗吉尼亚公司颁发特许状的初衷是向“仍生活在黑暗和对上帝处于可怕的无知”中的土著民族传播基督教，但恐怕大多数移民的想法和约翰·史密斯船长是一致的，他坦率地说，“所有的目的只为利润，却要披着宗教的外衣”①。殖民者更多的是怀着物质性而非精神性的目的穿越大西洋的。英法七年战争以英国胜利告终，英国于 1760 年获得了法国在北美的大片领土；但随后发生于 1775—1783 年的美国独立战争让英国丧失了北美的 13 个殖民地。这同时也标志着大英帝国第一个发展阶段的结束。在这期间，英国政府主要受保守党重商主义经济政策影响，金融资本家和新贵族在海外殖民政策中扮演了重要角色。

在亚洲的印度和孟加拉地区，1757 年，英国远征军通过普拉西之战推翻了孟加拉的统治者，1760 年在万迪瓦什对印度军队大获全胜。“1783 年，由于这些事件，英国人在东南沿海获得了决定性的政治影响力，成为孟加拉的实际统治者。”② 在印度，根据《阿拉哈巴德条约》，莫卧儿皇帝将孟加拉、比哈尔和奥里萨邦的行政管理权授予了东印度公司，包括征税权。受边沁功利主义和斯密的经济自由主义思想影响，早期英国殖民政府除了维持和平及征税外，并没打算对其现行管理体系进行重大改革。“孟加拉著名的英国总督沃伦·黑斯廷斯（1773—1785 年在任）的统治方式与他的印度前任孟加拉的地方行政长官完全

---

① 加里·纳什等编著《美国人民：创建一个国家和一种社会·上卷 1492—1877》（第 6 版），刘德斌主译，北京大学出版社，2008，第 70 页。

② P. J. 马歇尔主编《大英帝国史》，樊新志译，世界知识出版社，2018，第 14—15 页。

一样。”[1]

澳大利亚和新西兰也先后于 1788 年和 1840 年成为英国殖民地。究竟 1788 年英国在澳大利亚建立殖民地是否出于商业和战略目的，马歇尔认为，没有发现有说服力的证据来支持上述理论。他说：“传统的解释是，在新南威尔士殖民是为囚犯提供一个定居点。……虽然这种说法没有充分解释白人澳大利亚国家建立的原因，但是这似乎仍然是其主要的因素。”[2] 同时，与横渡大西洋较短的航程相比，远涉重洋到澳大利亚的开销一直限制着英国的自由移民。一直到 19 世纪 50 年代，在维多利亚和新南威尔士发现了金矿，才导致白人移民迅速增长。而在新西兰，英国则试图强行建立一种新制度。

在南非，“英国对这个高度复杂的社会的兴趣起初主要限于在极具战略意义的开普敦港周围维持稳定的秩序，该港是通往印度的中转站”[3]。当然，吸引殖民者的还有黑奴贸易，直到 1807 年英国废除了奴隶贸易。英国政府效仿其他殖民地，对非洲殖民地实行有限的间接统治。直到 19 世纪后期，在南非发现了丰富的矿产后，这里才开始吸引更多的英国移民。

从 19 世纪 70 年代开始，英国内部对于帝国的意义和前途开始表示担忧。与奉行自由贸易和自由政治的自由党不同，保守党奉行帝国主义立场，鼓吹英国民族主义。1872 年，保守党领袖迪斯雷利在一次演讲中对同胞说：“你们是乐意做一个富有舒适的英国人，受欧洲大陆种种原则约束然后终其一生，还是愿意做一个伟大国家的、一个帝国的臣民？”[4] 19 世纪末期曾任殖民大臣的张伯伦不仅重视物质方面，也期

---

① P. J. 马歇尔主编《大英帝国史》，樊新志译，世界知识出版社，2018，第 15—16 页。

② P. J. 马歇尔主编《大英帝国史》，樊新志译，世界知识出版社，2018，第 33 页。

③ P. J. 马歇尔主编《大英帝国史》，樊新志译，世界知识出版社，2018，第 35 页。

④ P. J. 马歇尔主编《大英帝国史》，樊新志译，世界知识出版社，2018，第 54 页。

望通过帝国事业，大力提升英国人的道德品质。“他希望公众能够得到有关帝国知识的全面教育，从而能够肩负起帝国公民的伟大责任。”[①]

2. 帝国战略语境下的殖民地英语教育

随着帝国的扩张，帝国主义也反映到文化和教育上，特别在 19 世纪后期，“各层次的帝国文化都弥漫着帝国的主题、形象和动机。各种各样适于年轻人的音乐、戏剧、小说、诗歌、文学以及各种展览和广告都充斥着帝国的思想”[②]。这种帝国文化得到了教育界的支持，除了私立学校，在公立学校也有人尝试将一些“好的”素材列入课程，通过学校教育宣扬帝国文化。英语教育在传播英国科技和文化中起到重要作用。不同殖民地的战略决策、发展特征和原因各不相同，其中美、澳殖民地与英属印度的英语教育各具特色。

（1）美、澳殖民地的同化与多元语言教育政策

从 17 世纪开始，英国逐渐对北美洲和大洋洲进行殖民。不同于其他殖民地，北美和大洋洲的特点是人口稀少、文明程度低。教育的对象主要有两类，一是本地土著；二是移民后裔。殖民政府采取十分明确的教育政策，对于前者是同化政策，对于后者则以继承英国古典教育传统为主。

就英语教育而言，一方面，殖民地政府针对本地少数族裔采取语言同化政策，在学校教育中几乎完全用英语替代本地语；另一方面，针对移民后裔，由于移民的母语不同，早期殖民地政府采取不同的语言政策，在不同教派、不同语言社区采取不同的语言教育政策，后期殖民地政府，特别是独立之后，学校教育采取单语（如澳大利亚、新西兰）和以英语教育为主的双语（如加拿大）或多语政策（如美国）。

美、澳殖民地的英语教育政策与英国对殖民地政策及殖民地独立

---

① P. J. 马歇尔主编《大英帝国史》，樊新志译，世界知识出版社，2018，第 57 页。

② P. J. 马歇尔主编《大英帝国史》，樊新志译，世界知识出版社，2018，第 58 页。

运动密切相关。

首先，北美一直是英国最寄予厚望的殖民地，英国人期望把北美建设成为宗教自由、经济繁荣和政治民主的理想之地。最早的清教徒因宗教原因移居北美；随后就是白人殖民者通过屠杀印第安土著兼并土地，贩卖黑奴发展种植业和采矿业等途径攫取巨额经济利益；在英国战胜法国及其他殖民国家独霸北美之后，开始将这里当作统治制度的实验场所。在政治上，“总体来说，英国政策就是要确保由伦敦任命的总督对被视为非常重要的事务行使充分的帝国权力，而在其他方面让殖民者通过他们的立法会议或地方议会管理自己的事务”[①]。但是，这一政策并没能维系大英帝国的长治久安。到18世纪后期，“英国之所以丧失美洲殖民地，是因为它要强行将殖民地融入大英帝国的体制里面”[②]。地理上的隔绝、当地的经济利益、民族主义思想的勃兴和数十年来英国对殖民的忽视，都在鼓励着殖民地独立的热情。

其次，澳大利亚和新西兰作为殖民地总体上并不受英国重视，前者曾经是英国犯人的流放地，后者也只是一片不毛之地。殖民政府对本地土著采取种族灭绝和同化政策，英语成为唯一的官方语言和学校的教学语言。但随着19世纪末移民的多样化，澳大利亚逐渐开始采取多元文化政策和多语制政策。

（2）英属印度的英国化和本地化语言教育政策

在印度，语言政策与大英帝国的战略决策密切相关。18世纪中期到19世纪中期是英属印度统治的第一阶段，东印度公司兼具政治统治和经济贸易功能，主要以军事控制、经济剥削、尊重本地宗教文化为基本特征；19世纪中期到20世纪初为第二阶段，英国政府在印度建立代议政府，取代东印度公司形式管理职能，推行文官制度，以少数人

---

① P. J. 马歇尔主编《大英帝国史》，樊新志译，世界知识出版社，2018，第30页。

② 戴维·罗伯兹：《英国史：1688年至今》，鲁光恒译，中山大学出版社，1990，第135页。

统治大多数人。

就英语教育而言，大致可以把1835年作为一个重要的分界线。英国18世纪中期占领印度之后，宗教团体随之进入印度，并承担了主要的英语教育责任；在1813年特权法案颁布之后，英国政府开始承担在英属印度的教育责任，但仍然以发展本地文化教育为主；到1835年公共教育委员会主席麦考莱提交《备忘录》，本廷克总督通过参事会决议，正式将英语确定为印度官方语言，同时正式在印度实施英语教育。英语不仅成为传播英国科技和文化的工具，英语语言与文学也成为学校教育的重要科目。但到19世纪后期和20世纪初，尽管英语仍然是事实上的官方语言，但印度语在民族主义运动中得到复兴并一跃成为官方语言。在学校教育中，多语制成为必然的选择。

究其原因，首先，印度悠久的历史文化、复杂的宗教和种姓特征，以及帝国在北美的经验教训，迫使英属印度采取谨慎的语言文化政策。“在传统概念里，帝国是自由的英国社群在英国商业和战略的保护伞下移民的地方。”① 1765年东印度公司吞并孟加拉，东印度公司“员工”享有的财富和权利引起了本土的警惕和震惊。更重要的是，通过武力征服和文化同化政策在种族和文化复杂的印度似乎不起作用。为了避免重蹈北美殖民地的覆辙，政治和文化精英们试图寻找更合适的策略解决印度问题。18世纪伟大的东方学学者威廉·琼斯爵士试图给予其他文明知识上的平等。这在一定程度上影响了英属印度的英语教育政策。

其次，高昂的殖民统治成本和印度复杂的政治势力迫使英国寻求更加高效的政治和文化策略。19世纪政治家、历史学家托马斯·麦考莱以及古典自由主义哲学家约翰·斯图亚特·密尔提出“自由帝国主

---

① 约翰·达尔文：《未终结的帝国：大英帝国，一个不愿消逝的扩张梦》，冯宇、任思思译，中信出版社，2015，第188页。

义”思想。密尔在《论代议制政府》（1861）中提到麦考莱关于秩序和进步的宏大主题，他认为代议政府是一种方式，并非一种结果。在他看来，好的政府的第一要素是改善民众的德行和智性，其次是利用这些好的品质实现合适的目标。[①] 好的政府的一个重要责任就是促进民众的进步，“一方面在于它在多大程度上普遍地促进社区的精神文明，包括智性、德行以及行动与效率等；另一方面在多么完美的程度上发挥现有的德行、智性和积极性，以最大的效率管理公共事务”[②]。

为此，密尔认为，政府职员的聘任应该基于竞争性考试。国家应该在全国发展自由教育，学校应该以此为理想和成功的手段，培养学生在竞争中谋取高位，这是在全国提高教育质量的唯一途径。[③] 1858 年维多利亚女王接手印度的统治权，在招募政府公职人员时，英属印度排除种族和宗教的影响，除了从牛津、剑桥招募少量行政精英外，更多的是雇佣通过英国式教育培养出来的能说英语的本地精英，并与他们合作来实施治安和税务管理，从而实现“几百人统治几百万人”。

三、“现代英语”教育作为国家发展战略的反思

（一）不同阶级博弈的深层影响

17—18 世纪，尽管英国资产阶级开始走上政治舞台，贵族阶层的影响仍然不容忽视。19 世纪资产阶级不同利益集团的政治博弈也同样影响到包括英语教育在内的英国学校教育。

---

① John Stuart Mill, *Considerations on Representative Government* (London: The Electric Book Company Ltd., 2001), pp. 35-36.

② John Stuart Mill, *Considerations on Representative Government* (London: The Electric Book Company Ltd., 2001), p. 38.

③ John Stuart Mill, *Considerations on Representative Government* (London: The Electric Book Company Ltd., 2001), pp. 258-259.

安迪·格林提到，安德森特别强调地主阶层的权利及其对英国社会形成的影响力。[①] 安德森在《当代危机起源》一文中表示，英国是“所有主要欧洲国家中第一个进行资产阶级革命，但也是最妥协，最不彻底的一个”[②]。17 世纪的革命改变了英国的社会结构，为资产阶级农业和商业的发展开辟了道路，却没能改变其上层建筑。英国革命的继承者不是资产阶级，而是那些勉强称得上资本家的地主阶级、贵族以及附属于他们的商业资本家。

汤普森（Edward P. Thompson，1924—1993 年）对此持不同看法，他认为安德森过分地强调了 19 世纪地主阶级的支配权。在他看来，一方面，18 世纪的贵族阶层构成了极度成功和自信的资产阶级，他们对社会不再采取一种消极态度，相反，对农业采取一种进取的姿态；另一方面，资产阶级对社会的渗透已经产生意义深远的影响。[③] 同时，亚当·斯密和查尔斯·达尔文被认为是中产阶级思想界的里程碑式的人物，“新教教会和自由政治经济学盛行的中产阶级文化构成了维多利亚时期英国中产阶级无可争议的领导地位的坚实核心”[④]。

从 17 世纪到 19 世纪，无论是英国本土的教育还是海外殖民地教育，民众识字教育或精英教育，人文教育或科学教育等制度与政策，掌握政治话语的阶级影响，在一定程度上是政治博弈的结果。

统治阶级政治话语是决定英语地位的首要因素。回顾英语的发展历史，在诺曼征服之前，朝廷、文学和行政管理使用的语言都是盎格

---

① Andy Green, *Education and State Formation: The Rise of Education Systems in England, France and the USA* (New York and London: Palgrave Macmillan, 1990), p. 216.

② Perrry Anderson, “The Origins of the Present Crisis”, *New Left Review*, no. 23 (1964): 28.

③ Edward P. Thompson, “The Peculiarities of the English,” In *The Poverty of Theory and Other Essays, 4th ed.* (London: Merlin Press Ltd., 1981), pp. 253-254.

④ Andy Green, *Education and State Formation: The Rise of Education Systems in England, France and the USA* (New York and London: Palgrave Macmillan, 1990), p. 219.

鲁-撒克逊语；而之后的一个半世纪里，皇家几乎所有文件都用拉丁语书写；1200—1350 年拉丁语作为国家语言被诺曼法语取代；与此同时，这一外族统治者的语言与本族民众的语言逐渐融合，产生了早期英语，并在 1362 年之后又取代法语成为朝廷和议会的揭幕语言。1489 年英国议会全面停止使用法语，这一重大历史事件成为英语作为英国国家语言和现代英语的标志。

英国英语的地位发展经历了一个漫长的过程，背后的原因十分复杂。安德森（Benedict Anderson）曾经从三个不同侧面对此进行了分析。[①] 第一，拉丁语自身的本质变化，这是最次要的原因。在文艺复兴过程中，人文主义者们试图复兴古代经典学说，人们用来写作的拉丁语变得越来越西塞罗化（Ciceronian），与基督教会及日常生活之间的距离越来越远。第二，宗教改革的影响，而宗教改革的成功又部分归功于印刷业的发展。马丁·路德致力于《圣经》的德语翻译，使得他成为第一个畅销书作家，继而大大激励了英国新教主义者使用本地语（英语）进行《圣经》翻译和传教。第三，则是后来的专制君主使用行政集权手段对本地语进行的缓慢地域发展不平衡的推广。这一分析在很大程度上能说明现代英语是多种话语主体社会关系综合作用的结果。

（二）教育制度与政策的具体体现

1. 精英教育与大众教育

受英国古典教育传统的影响，精英教育曾一度是英国政府和社会的核心教育理念。无论是文艺复兴和宗教改革之前教会对教育的把持，还是之后文法学校与大学对古典教育的捍卫，其目的都是为了培养精英人才，为统治阶级服务。19 世纪中期之后，英国公立教育得到大力扶持，特别是公立中等教育，为大众教育铺平了道路。但总体而言，

---

① Benedict Anderson, *Imagined Communities: Reflections on the Origin and Spread of Nationalism*, *Revised ed*. (London and New York: Verso, 2006), pp. 39-40.

英国的大众教育程度仍然很低，没有为后工业革命时代的发展提供足够动力。

在海外殖民地，英国同样采取精英教育政策。一方面，大众教育成本高，不符合英国殖民统治的主要利益。约翰·达尔文（John Darwin）曾直言：“对于帝国蓝图的设计者而言，重新塑造统治区本地身份从来都不是他们所能控制的。对于帝国的大部分区域，他们缺乏深入殖民基层的资源。大众教育对于他们的殖民政权而言太过昂贵。”① 在北美和大洋洲，白人统治者占绝对优势，在一定时期甚至剥夺了土著的受教育权。另一方面，精英教育有利于培植一个合作阶层。人力的限制意味着英国人必须依赖与本地文化保护者的合作，这些人包括本地教师、牧师和法律制定者以及口头传统的守护者。达尔文相信，正是因为这一原因，英国人不会排斥本地文化传统，而是选择与利益团体结盟，制造一个“新的传统”秩序，实现双赢目的。

从历史的经验来看，精英教育至少能起到两个作用——社会分层与控制。“殖民主义为一个新的社会阶级创造了空间来调和统治者和被统治者间的关系，但这个空间在移民社会里显得更加狭小，原住民在那里被边缘化。这是一个全新的服务阶级，他们熟悉白人统治阶级的语言和文化特性。这个阶级包括随着殖民主义的到来而熟悉行政的官僚、精通法律的律师以及擅长医疗技术的医生。还有一些老师，他们的任务是要培训这些说英语的精英，以及一些作家和记者。”② 在达尔文看来，对这个新社会精英阶层的观念和情感的塑造要归因于三个强大的推动力：首先，英国人给他们带来了自由；其次，一种全新的文学语言给他们传递了新的信息；最后，受过教育的精英对英国人种族

---

① 约翰·达尔文：《未终结的帝国：大英帝国，一个不愿消逝的扩张梦》，冯宇、任思思译，中信出版集团，2015，第 270 页。

② 约翰·达尔文：《未终结的帝国：大英帝国，一个不愿消逝的扩张梦》，冯宇、任思思译，中信出版集团，2015，第 271 页。

歧视及独裁的憎恨激发起他们对自治的不懈追求。其结果是，在行政管理上，富有且会说英语的精英阶层填补了英国人设置的官员职位；在文化上，他们不仅模仿英国文化，同时保留了母国文化的强烈意识。“从文化和政治上来说，帝国虽具有破坏性，但也有创造性。”①

2. 私立学校与公立学校

在近代英国，人们反对国家干预教育，教会学校和私人捐资办学是主要的教育机构。一直到19世纪中期，英国政府才建立教育委员会，拨款资助各地，在教会学校和私立学校没有覆盖到的地方建立公立学校。

事实上，在私立学校和公立学校的问题上，人们一直存在一些误区。一方面，人们反对国家干预教育并非反对国家投资兴办教育，而是反对国家以统一的标准办教育，从而限制创造性。另一方面，私立学校因其自身体制优势，具有更大的活力。约翰·丘伯（John E. Chubb，1954—2015年）等研究者以制度理论的视角分析学校后得出结论说：“学校是其所处的制度环境的产物。公立学校受到民主控制制度的管理，必然烙上了这种制度的印记。公立学校是高度科层化的、缺乏高效运作的工作体系；而私立学校则不然，其所处的制度环境是非中心化的，充满了竞争和选择，所以他们的组织特性与前者大不相同。他们拥有自主权、目标明确、管理有力、加强教师专业化和团队合作精神，这些都是公立学校向往的，但是却不一定能实现的目标。”②但是，公立学校同样具有自身的重要性，特别在体现教育公平和国家教育战略等方面具有私立学校不可替代的作用。

---

① 约翰·达尔文：《未终结的帝国：大英帝国，一个不愿消逝的扩张梦》，冯宇、任思思译，中信出版集团，2015，第276页。

② 约翰·E. 丘伯、泰力·M. 默：《政治、市场和学校》，蒋衡等译，教育科学出版社，2003，第71页。

3. 单语制、双语制与多语制

语言规划和政策受国家政策的直接影响，同时，单语制、双语制和多语制在不同历史时期和不同地域都扮演着一个重要角色。

首先，无论在英国本土，还是海外殖民地，由于越来越多的移民，导致许多地方多语多文化现象十分突出，如北美、澳大利亚等地城镇。在近代英国，政府对移民采取同化政策，鼓励甚至迫使移民学习主流语言。在学校教育中，英语往往是唯一的教学语言，其结果之一是“由语言迁移引起的第三代少数民族语言能力的丧失”；到 19 世纪末 20 世纪初，由于“少数民族社区规模的扩大”“人们对多元文化表现出的自信”和“跨国主义产生的影响”等原因，许多移民开始不仅在非公共领域，甚至在其各自语言社区的公共领域也使用本民族语言。① 如报纸、杂志等公共媒体和私人培训学校等教育机构。

其次，在英国殖民扩张过程中，许多土著语言或少数族裔面临消亡，“说这些语言的人由于地理的隔绝和社会经济的边缘化，没有融入主流社会的机会”②。随着社会对民族文化和语言多样性的重视，保存土著语言或少数族裔语言、在初等教育中使用双语教学等被逐渐纳入政府语言教育政策和学校教育实践当中。在英语的全球化过程中，英语既被认为威胁到语言多样性和民族语言活力的保持，又成为获取技术知识的手段或有效的世界通用语。③

4. 民族身份教育与文化认同教育

语言规划与民族和国家的形成在很大程度上反映了欧洲民族主义

① 吉布森·弗格森：《语言规划与语言教育》，张天伟译，外语教学与研究出版社，2018，第 6—7 页。

② 吉布森·弗格森：《语言规划与语言教育》，张天伟译，外语教学与研究出版社，2018，第 7 页。

③ 吉布森·弗格森：《语言规划与语言教育》，张天伟译，外语教学与研究出版社，2018，第 8 页。

的语言观。但是，“语言在欧洲民族认同建立和国家形成中的作用从来都不能一概而论”[①]。例如，威尔士人比苏格兰人更重视语言作为民族认同的标志，而英国十分重视英语对于国家和文化身份的重要意义。

近代英国比较看重民族身份教育，并把语言同化看作民族身份教育的核心。随着英国的扩张，特别对于海外殖民地移民而言，他们更倾向于在文化身份上认同大英帝国，而不是英吉利民族。

即便到了第二次世界大战，英国的主流观点坚持认为，帝国作为以英国为中心的国家联合体仍然会继续存在，这不仅依赖于英国的资金、技术和战略防御，而且也依赖于英国的价值、制度及观念。在达尔文看来，这种自信主要来自于英国三个关键的特征：“首先，就英国本身来说，帝国的大脑和中心是一个开放的社会，在政治上也很自由。……其次，英国人同样自信英国的经济是动态的且适应性很强。……最后，大多数（也许是所有）英国领导者都认为只要采取了正确的防范措施，他们的帝国就会继续享有非凡的地缘战略安全。”[②]

本章小结

回溯英国“现代英语”教育的历史变迁，我们可以比较清晰地认识到英国“现代英语”教育的成败得失。作为一种语言文化教育，英国现代英语教育对于民族语言规范化发展和构建文化共同体有着十分重要的意义，初期的语言本体标准化发展为后期的全球传播奠定了坚实的基础，但在教育中过分强调技能和工具性，过分倚重社会力量。作为一种民族身份建构的重要途径，英国“现代英语”教育以其丰富

---

① 吉布森·弗格森：《语言规划与语言教育》，张天伟译，外语教学与研究出版社，2018，第 17 页。

② 约翰·达尔文：《未终结的帝国：大英帝国，一个不愿消逝的扩张梦》，冯宇、任思思译，中信出版集团，2015，第 360—361。

的民族文学基础、深厚的古典学科传统和自由的社会价值观念，对于民族身份、公民身份和全球文化身份的建构发挥了重要作用。作为国家发展战略的一部分，英国“现代英语”教育在不同历史阶段，基于不同社会发展特征，采取不同教育策略，无论是精英教育还是大众教育，无论是私立学校还是公立学校，无论是单语、双语还是多语，无论是民族同化还是文化认同政策，都有效地服务于英国的国家发展战略。

结　语

剑桥大学艾伦·麦克法兰教授曾说："英格兰的教育制度是我们理解现代世界起源之谜的关键，正如中国的儒家教育制度是凝聚昔日中华文明的关键。"① 从16世纪后半叶英格兰诞生开始，这种教育制度便支撑着英国的政治系统。在英国从一个偏于世界一隅的民族国家发展成为跨越东西半球的日不落帝国的过程中，"现代英语"教育起着重要作用。英语作为立国的工具，通过民族认同教育，有效地促进了英格兰民族和国家的形成；英语作为教化属地内有色人种最重要的方式之一，通过文化同化教育，极大地增强了英属殖民地与英国在文化和价值观上的联系；作为全球化手段，受多元文化政策影响，"现代英语"发展成为国际通用语，有效促进文化公民身份的建构。

一

"现代英语"教育在近代英国数百年的历史变迁中呈现出显著的民族性、文化殖民和全球化特征，充分反映出英语地位发展的内在逻辑。

第一，"现代英语"教育成为英国民族同化的重要途径。在近代英国，英语是在摆脱数百年法语优势而崛起之后才逐渐发展成为英国的

① 艾伦·麦克法兰：《现代世界的诞生》，管可秾译，上海人民出版社，2013，第232页。

民族语言，它的地位在文艺复兴时期才真正得到巩固，英语取代拉丁语和法语成为教育、法律、文学和商业活动的语言。“随着标准英语的兴起，英语才真正拥有民族身份。”① 英国政府采取民族同化政策，试图在全国推广英语教育。威尔士在1536年《联合法案》颁布之后就将英语作为官方语言，除在初等教育中部分地使用威尔士语外，英语基本上是唯一的教学语言。不同于民族意识相对较强的苏格兰，威尔士人似乎从一开始就被看作是英国的一部分。威尔士民族的社会主体身份被选择性地忽略了，英国语言教育政策背后的理据是“要让不同民族的人建成一个团体或社区，必须让他们说同一种语言，他们才可能具备义务之类的观念”②。

无论是威尔士人与苏格兰人，还是移居英国的海外移民，英语教育是他们融入主流社会的重要途径。当然，英国的民族同化教育并非在所有地方都一帆风顺。1800年爱尔兰与大不列颠王国联合之后，1831年国家初等教育体系的建立在一定程度上可以看作是中上层社会的一项运动，以教化贫穷和对抗的爱尔兰人。③ 但爱尔兰人始终未能完全融入大不列颠。

第二，“现代英语”教育成为大英帝国殖民统治的工具。从一定意义上说，“现代英语”自形成之日起，就作为帝国语言跟着英国殖民者的步伐迅速得以传播，并担当起宗教、政治和文化殖民的媒介。罗伯特·菲力普森（Robert Phillipson）在《语言帝国主义》（*Linguistic Imperialism*，1992年）一书中将英语称为“杀手”语言（‘Killer’

---

① Barbara A. Fennel, *A History of English : A Sociolinguistic Approach* (Beijing: Peking University Press, 2005), p. 259.

② Francis Paul Prucha (eds.), *Documents of United States Indian Policy , 3rd ed.* (Lincoln and London: University of Nebraska Press, 2000), pp. 173-174.

③ Robbie McVeign and Bill Rolston, "Civilising the Irish," *Race & Class* 51, no. 1 (2009): 2-28.

language)，“无论在不列颠、北美、南非、澳洲还是新西兰，英语的传播无一例外都以牺牲其他语言为代价”①。由于英语的传播，大不列颠的康沃尔人所使用的凯尔特语、古普鲁士语（Old Prussian）、曼岛语（Manx）等语言在16—18世纪相继消亡；类似地，北美殖民时期之前上千种本地语言到如今大约只有200种保存了下来，澳大利亚大约也消失了200种语言。②

诚然，有人认为本地语的消亡并不能完全归咎于英语的传播。格拉赫（Manfred Görlach）指出，在19世纪东非，传教士、商人和行政官员通常使用通用语或本地语与当地人交流。③ 在印度有超过20种语言被当作国家的官方语言，当英国殖民者在印度进行殖民统治时，选择尊重本地悠久的历史和文化，在竭力推广英语教育的同时，扶持本地的主要语言。印度1947年独立时，甘地认为需要一种单一的印度民族语言团结全国人民。印地语与乌都语是一种语言形式两种语言标签，并且因是穆斯林的语言而兼有一种宗教身份，于是前者成为印度人的官方语言，而后者成为巴基斯坦的官方语言。④

但是，在这些前殖民地国家，英语仍然是官方语言或通用语，精英们仍然以学习英国文化为荣。显然，与民族身份相比较，文化身份认同在英语学习中成为更重要的影响要素。正如，美国社会语言学教授戴维·约翰逊在讨论语言政策的批判性概念时表示，“我们一方面有

---

① Robert Phillipson, *Linguistic Imperialism* (Oxford: Oxford University Press, 1992), p. 17.

② Barbara A. Fennel, *A History of English : A Sociolinguistic Approach* (Beijing: Peking University Press, 2005), pp. 50, 209, 265.

③ Manfred Görlach, *The Linguistic History of English* (Basingstoke: Macmillan, 1997): 12.

④ Andrew Simpson, "Language and National Identity in Asia: a Thematic Introduction," In *Language and National Identity in Asia*, ed. Andrew Simpson (Oxford: Oxford University Press, 2007), p. 8.

必要认识到语言政策有排斥少数民族语言、土著语言及其使用者的力量，同时，特别是当语言政策的目的是为了促进少数民族语言和土著语言的推广、教育和使用时，语言政策也能产生相反的效果”[1]。

第三，“现代英语”教育促进了英语全球地位的确立。尽管英国到 19 世纪才成为一个现代国家，英语教育在 18 世纪就已经出现全球化趋势。正如美国加州大学历史学教授詹姆斯·弗农（James Vernon）所说：“17 世纪末播下的种子，在 18 世纪中叶发出新芽，并在 19 世纪 30 年代到 80 年代开枝散叶。”[2] 英语得以在全球传播，并逐渐成为全球通用语，是因为它是世界强国的语言。英国是 18—19 世纪世界上最强大的政治、经济和工业国家。但这种优势首先是在军事力量，然后才是技术和经济的优势。芭芭拉·芬内尔认为英语的扩张主要经历了两个阶段。[3] 英国殖民主义为英语的第一阶段扩张搭建了舞台。以英语为媒介的教育一方面成为巩固帝国殖民统治的主要工具，另一方面又传播了语言自身。在英语发展成为全球语言的第二阶段，英语起到的主要作用是传播知识。英国作为工业革命的先行者，掌握了许多先进科学技术。其他国家如果需要这些新的工业知识，使用英语这一媒介是最直接的方式，这就反过来巩固了英语的国际地位。

在这一现代化和全球化过程中，把握话语主体优势的始终是社会地位、经济实力或人口占优势的那一批人。在英国本土，英格兰人占据话语主体优势，于是以伦敦方言为主体的英语从各种民族语言中脱颖而出成为英国的官方语言；18 世纪中叶之后中产阶级开始凸显自身

---

① David Cassels Johnson, *Language Policy* (Basingstoke and New York: Palgrave Macmillan, 2013), p. 8.

② James Vernon, *Distant Strangers: How Britain Became Modern* (Berkeley, Los Angeles and London: University of California Press, 2014), p. 117.

③ Barbara A. Fennel, *A History of English: A Sociolinguistic Approach* (Beijing: Peking University Press, 2005), p. 256.

的实力，各社会主体推动了英语的标准化进程。在海外殖民地，定居北美的绝大多数为北欧移民，而移民中又以英国人占据人口优势，其中加拿大在 1530 年之后曾有大批法国殖民者，但在安妮女王之战（1702—1713 年）和法国-印第安之战（1754—1763 年）之后，又让英国人占据了优势；在澳大利亚和新西兰，绝大多数移民也是来自不列颠群岛；在非洲和印度，尽管英国人数量很少，英语原本属于少数民族语言，却因其军事、政治和文化优势将英语传播开去，继而使得英语成为本地官方语言（或之一）。时至今日，英语已经成为一种国际性语言，不仅原英属殖民地国家将英语作为官方语言（或之一），而且更多的国家将英语作为第二语言学习。

二

回顾英国“现代英语”教育的历史变迁，有利于我们厘清社会发展与语言教育之间的密切关系，有利于新时期国家语言政策和规划的有效实施，有利于我们借鉴过去，启迪未来。

张西平教授曾总结西方主要语言推广的经验，认为应该“将本民族语言的向外推广纳入其强国战略体系”，“有专门的机构和专门的资金作保证”，“将语言的推广和文化的推广紧密结合”。① 这些经验无疑也包括英语的推广在内。基于英国“现代英语”教育的历史经验，我们认为，国家语言规划应符合话语主体社会关系和国家战略，国家语言政策应尊重话语主体社会身份和民族身份认同，国家语言教育政策应有利于知识和信仰体系重构以及跨文化交流。

英国语言规划主要涉及英语作为民族和国家通用语以及少数民族

① 张西平、柳若梅编《世界主要国家语言推广政策概览》，外语教学与研究出版社，2008，第 4—8 页。

语言的地位及其教育。而我国的国家语言规划则主要涉及汉语和少数民族语言的规划及其教育。

在中国语言规划工作中，主要是两个方面的问题。一是国家官方语言，即汉语普通话的标准化问题。在建国之后，吕叔湘先生高度重视汉语的标准化问题，他从20世纪50—90年代，一直全身心地投入到这项重要的工作。[①] 他说：“在当前的语文工作中，首要的工作是促成现代汉语的规范化，也就是促成标准语（文学语言）的确立和普及。”[②] 这里包含两项工作，一是标准语的规范，二是推行标准语。这些工作主要依赖于宣传工作者、研究与教学人员、作家和翻译家、电台播音员和演员等的共同努力。吕叔湘尤其强调研究和教学工作，研究的结果要体现在词典和语法里，而标准语的教学，就得主要依靠广大的中、小学教师。[③] 中国语言规划的第二个方面是少数民族语言问题。中国的语言种类多样，地域和语系分布广，包括“300余种分属东方的汉藏语系，西方的印欧语系，北方的阿尔泰语系和南方的南亚语系、南岛语系的语言。”[④] 由于汉语普通话的推广，少数民族中大多数有着基本的汉语识字能力。同时，针对少数民族语言活力下降甚至濒于消亡的可能，我国采取了大量保护措施，如创新改革少数民族文字、制订标准语、传统民族语言拉丁转写、术语规范化和信息化处理等。[⑤] 在少数民族教育中，“有通用民族语言的少数民族，在以招收少数民族学生为主的学校和专业中，使用少数民族文字课本，使用少数民族语言教学，同时从适当年级开始（一般从小学低年级开始）开设汉语文课程，实

---

① 陈章太：《吕叔湘先生与中国的语言规划》，《中国语文》2004年第5期。

② 吕叔湘：《社会主义建设和语文工作》，《语文学习》1955年第9期。

③ 吕叔湘：《社会主义建设和语文工作》，《语文学习》1955年第9期。

④ 黄行：《中国语言资源多样性及其创新与保护规划》，《语言学研究》2017年第1期。

⑤ 黄行：《中国语言资源多样性及其创新与保护规划》，《语言学研究》2017年第1期。

行双语教学”[1]。

总体而言，英语的优势作用、经济全球化和教育国际化对我国的语言规划和语言教育政策提出了新的挑战。首先，我们要认识到发展国家通用语的重要性。“从世界语言生态系统看，中文在很大程度上与那些只有四五百万人口国家的语言是同样脆弱的。”[2] 中文不仅具有承载数千年中华文明的历史和文化功能，同时也是维持国家安全、区域稳定、国际话语的重要战略武器。尽管最近十余年来中国在全球大力推广中文和中国文化教育方面取得了显著成效，但仍然与中国作为一个大国其语言应该作为区域通用语乃至国际通用语的目标存在相当大的距离。其次，为保持语言和文化多样性，我们有必要加大对少数民族语言的保护力度，采取切实措施，寻找、记录、描述少数民族语言文字及其作品，加强民族文化的传承与发展。为此，我们需要加强研究和实践探索，科学规划，基于新时期特别是未来发展趋势，正确处理好中国语言和外语之间的关系、汉语与少数民族语言之间的关系，充分发挥各种语言的优势，为我国和全世界的和平稳定、共同繁荣做出贡献。

① 道布：《中国的语言政策和语言规划》，《民族研究》1998 年第 6 期。

② 周小舟、沈骑：《全球化背景下语言教育规划的中国问题——著名语言生态学家 Robert Phillipson 教授访谈录》，《语言政策与语言教育》2017 年第 1 期。

参考文献

一、中文文献

（一）译著

[1] CHEYNEY E P. 英国史：上卷［M］. 余楠秋，译. 上海：上海民智书局，1933.

[2] HARVIE C and MATTHEW H C G. 十九世纪英国：危机与变革［M］. 韩敏中，译. 北京：外语教学与研究出版社，2013.

[3] LANGFORD P. 十八世纪英国：宪制建构与产业革命［M］. 刘意青，康勤，译. 北京：外语教学与研究出版社，2013.

[4] 阿特巴赫，马越彻. 亚洲的大学：历史与未来［M］. 邓红风，主译. 青岛：中国海洋大学出版社，2006.

[5] 埃杰. 语言规划与语言政策的驱动过程［M］. 吴志杰，译. 北京：外语教学与研究出版社，2012.

[6] 奥马利. 西方的四种文化［M］. 宫睿，译. 北京：北京大学出版社，2012.

[7] 奥斯特勒. 语言帝国：世界语言史［M］. 章璐，等译. 上海：上海人民出版社，2011.

[8] 巴沙姆. 印度文化史［M］. 闽光沛，等译. 北京：商务印书馆，1999.

［9］贝林. 教育与美国社会的形成［M］. 王晨，章欢，译. 合肥：安徽教育出版社，2013.

［10］比德. 英吉利教会史［M］. 陈维振，周清民，译. 北京：商务印书馆，1996.

［11］伯克. 语言的文化史：近代早期欧洲的语言共同体［M］. 李霄翔，李鲁，杨豫，译. 北京：北京大学出版社，2007.

［12］勃里格斯. 英国社会史［M］. 陈叔平，等译. 北京：中国人民大学出版社，1991.

［13］博伊德，金. 西方教育史［M］. 任宝祥，吴元训，译. 北京：人民教育出版社，1986.

［14］布鲁巴克. 教育问题史［M］. 单中惠，王强，译. 济南：山东教育出版社，2012.

［15］达尔文. 未终结的帝国：大英帝国，一个不愿消逝的扩张梦［M］. 冯宇，任思思，译. 北京：中信出版社，2015.

［16］戴雪，雷特. 思索英格兰和苏格兰的联合［M］. 戴鹏飞，译. 上海：上海三联书店，2016.

［17］迪斯高尔，高尔，博格. 教育研究方法：第六版［M］. 徐文彬，侯定凯，范皑皑，等译. 北京：北京大学出版社，2016.

［18］费尔克拉夫. 话语与社会变迁［M］. 殷晓蓉，译. 北京：华夏出版社，2003.

［19］弗格森. 帝国［M］. 雨珂，译. 北京：中信出版社，2012.

［20］弗格森. 语言规划与语言教育［M］. 张天伟，译. 北京：外语教学与研究出版社，2018.

［21］福柯. 知识考古学［M］. 谢强，马月，译. 北京：生活·读书·新知三联书社，1998.

［22］盖尔纳. 民族与民族主义［M］. 韩红，译. 北京：中央编译出版社，2002.

［23］高善必．印度古代文化与文明史纲［M］．王树英，等译．北京：商务印书馆，1998.

［24］格莱兹布鲁克．加拿大简史［M］．山东大学翻译组，译．济南：山东人民出版社，1972.

［25］格林．教育、全球化与民族国家［M］．朱旭东，徐卫红，等译．北京：教育科学出版社，2004.

［26］格林．教育与国家形成：英、法、美教育体系起源之比较［M］．王春华，等译．北京：教育科学出版社，2004.

［27］根室．澳新内幕［M］．符良琼，译．上海：上海译文出版社，1979.

［28］哈贝马斯．公共领域的结构转型［M］．曹卫东，等译．上海：上海学林出版社，1999.

［29］哈斯金斯．大学的兴起［M］．梅义征，译．上海：上海三联书店，2007.

［30］哈斯金斯．《拉丁语体育文学》［M］．滕海区，译//哈斯金斯．大学的兴起．梅义征，译．上海：上海三联书店，2007.

［31］韩礼德．语言与社会［M］．苗兴伟，译．北京：北京大学出版社，2015.

［32］赫尔德．论语言的起源［M］．姚小平，译．北京：商务印书馆，1998.

［33］洪堡特．论人类语言结构的差异及其对人类精神发展的影响［M］．姚小平，译．北京：商务印书馆，2010.

［34］霍尔．超越文化［M］．何道宽，译．北京：北京大学出版社，2010.

［35］霍根，塔普，麦奎因．澳大利亚概况［M］．吴江霖，译．广州：广东人民出版社，1979.

［36］霍兰．《牛津大学的起源》［M］．郭子林，刘渝，译//哈斯金

斯. 大学的兴起. 梅义征，译. 上海：上海三联书店，2007.

[37] 霍利迪. 简明英国史 [M]. 洪永珊，译. 南昌：江西人民出版社，1985.

[38] 加勒特. 印度的遗产 [M]. 陶笑虹，译. 上海：上海人民出版社，2005.

[39] 坎农. 英语史 [M]. 尹敬勋，译. 北京：中国对外翻译出版公司，1987.

[40] 康德利夫，艾雷. 新西兰简史 [M]. 广东化工学院《新西兰简史》翻译组，译. 广州：广东人民出版社，1978.

[41] 柯蒂斯. 爱尔兰史：下册 [M]. 江苏师范学院翻译组，译. 南京：江苏人民出版社，1974.

[42] 科班. 中世纪大学：发展与组织 [M]. 周常明，王晓宁，译. 济南：山东教育出版社. 2013.

[43] 克拉克. 澳大利亚简史：上册 [M]. 中山大学《澳大利亚简史》翻译组，译. 广州：广东人民出版社，1973.

[44] 孔佩雷. 教育学史 [M]. 张瑜，王强，译. 济南：山东教育出版社，2013.

[45] 库尔克，罗特蒙特. 印度史 [M]. 王立新，周红江，译. 北京：中国青年出版社，2008.

[46] 拉斯达尔. 中世纪的欧洲大学——博雅教育的兴起 [M]. 邓磊，译. 重庆：重庆大学出版社，2011.

[47] 拉斯克，斯科特兰. 伟大教育家的学说 [M]. 朱镜人，单中惠，译. 济南：山东教育出版社，2013.

[48] 赖特. 语言政策与语言规划——从民族主义到全球化 [M]. 陈新仁，译. 北京：商务印书馆，2012.

[49] 兰格伦. 农夫皮尔斯 [M]. 沈弘，译. 北京：中国对外翻译出版社，1990.

［50］里斯特. 公民身份：女性主义的视角［M］. 夏宏，译. 长春：吉林出版集团有限公司. 2010.

［51］林赛. 宗教改革史：上册［M］. 孔祥民，等译. 北京：商务印书馆，2016.

［52］林赛. 宗教改革史：下册［M］. 刘林海，等译. 北京：商务印书馆，2016.

［53］罗伯兹. 英国史：1688年至今［M］. 鲁光恒，译. 广州：中山大学出版社，1990.

［54］洛克. 教育漫话［M］. 傅任敢，译. 北京：教育科学出版社，1999.

［55］马歇尔 P J. 大英帝国史［M］. 樊新志，译. 北京：世界知识出版社，2018.

［56］马歇尔 T H，古登斯，等. 公民身份与社会阶级［M］. 郭忠华，刘训练编. 南京：江苏人民出版社，2008.

［57］马歇尔，塔克. 教育与国家财富：思考生存［M］. 顾建新，赵友华，译. 北京：教育科学出版社，2003.

［58］马宗达，赖乔杜里，达塔. 高级印度史：下［M］. 张澍霖，等译. 北京：商务印书馆，1986.

［59］麦克法兰. 现代世界的诞生［M］. 管可秾，译. 上海：上海人民出版社，2013：232.

［60］密尔. 密尔论大学［M］. 孙传钊，王晨，译. 北京：商务印书馆，2013.

［61］密尔. 约翰·密尔自传［M］. 柏洋，译. 南昌：江西教育出版社，2012.

［62］摩根. 牛津英国通史［M］. 王觉非，等译. 北京：商务印书馆，1993.

［63］莫尔顿. 人民的英国史［M］. 谢琏造，等译. 北京：生活·

读书·新知三联书店，1958.

［64］莫菲. 文化与社会人类学［M］. 吴玖，译. 北京：中国文联出版社，1988.

［65］纳什，等. 美国人民：创建一个国家和一种社会，上卷1492—1877（第6版）［M］. 刘德斌，主译. 北京：北京大学出版社，2008.

［66］内尔. 澳大利亚文明［M］. 李尧，刘新民，等译. 北京：中国文学出版社，1998.

［67］纽曼. 大学的理念［M］. 高师宁，等译. 贵阳：贵州教育出版社，2003.

［68］帕尔默. 教育究竟是什么？100位思想家论教育［M］. 任钟印，诸惠芳，译. 北京：北京大学出版社，2008.

［69］潘尼迦. 印度简史［M］. 简宁，译. 北京：新世界出版社，2014.

［70］丘伯，默. 政治、市场和学校［M］. 蒋衡，等译. 北京：教育科学出版社，2003.

［71］屈勒味林. 英国史：中册［M］. 钱端升，译. 北京：商务印书馆，1943.

［72］时代—生活图书公司. 王冠上的宝石：英属印度［M］. 杨梅，译. 济南：山东画报出版社，北京：中国建筑工业出版社. 2001.

［73］斯波斯基. 语言管理［M］. 张治国，译. 北京：商务印书馆，2016.

［74］索绪尔. 普通语言学教程［M］. 高名凯，译. 北京：商务印书馆，1980.

［75］汤普森. 意识形态与现代文化［M］. 高铦，等译. 北京：译林出版社，2005.

［76］威廉斯. 漫长的革命［M］. 倪伟，译. 上海：上海人民出版

社，2013.

[77] 威廉斯. 文化与社会：1780—1950 [M]. 高晓玲，译. 长春：吉林出版社集团有限责任公司，2011.

[78] 韦布. 美国教育史：一场伟大的美国实验 [M]. 陈露茜，李朝阳，译. 合肥：安徽教育出版社，2010.

[79] 沃尔波特. 印度史 [M]. 李建欣，张锦冬，译. 上海：东方出版社，2015.

[80] 沃特森. 多元文化主义 [M]. 叶兴艺，译. 长春：吉林人民出版社，2005.

[81] 伍德. 美国革命：美利坚合众国的缔造史 [M]. 赵辛阳，译. 北京：中信出版集团，2017.

[82] 伍德沃德. 文艺复兴时期的教育研究 [M]. 赵卫平，赵花兰，译. 济南：山东教育出版社，2013.

[83] 辛哈，班纳吉. 印度通史：第四册 [M]. 张若达，等译. 北京：商务印书馆，1973.

[84] 休谟. 论政治与经济 [M]. 张正萍，译. 杭州：浙江大学出版社，2011.

[85] 雅斯贝尔斯. 什么是教育 [M]. 邹进，译. 北京：生活·读书·新知三联书店，1991.

[86] 英厄姆. 现代乌干达的形成 [M]. 钟丘，译. 北京：商务印书馆，1973.

[87] 约翰逊. 语言政策 [M]. 方小兵，译. 北京：外语教学与研究出版社，2016.

[88] 詹金斯. 英格兰简史：从公元 410 年到 21 世纪的帝国兴衰 [M]. 钱峰，译. 北京：化学工业出版社，2016.

（二）中文著作

[1] 曹德明. 国外语言文化推广机构研究 [M]. 北京：时事出版

社，2016.

［2］曹卫东，张广海. 文化与文明［M］. 南宁：广西师范大学出版社，2005.

［3］陈晓律. 1500 年以来的英国与世界［M］. 北京：生活·读书·新知三联书店，2013.

［4］程汉大. 英国法制史［M］. 济南：齐鲁书社，2001.

［5］胡壮麟. 语言学教程［M］. 北京：北京大学出版社，2002.

［6］蒋孟印. 英国史［M］. 北京：中国社会科学出版社，1988.

［7］孔士谔，吴闻天. 世界移民问题［M］. 北京：商务印书馆，1937.

［8］李赋宁. 英国文学论述文集［M］. 北京：商务印书馆，1991.

［9］李赋宁. 英语史［M］. 北京：商务印书馆，1991.

［10］李维屏，张定铨，等. 英国文学思想史［M］. 上海：上海外语教育出版社，2012.

［11］李娅玲. 中国外语教育政策发展研究［M］. 北京：北京大学出版社，2012.

［12］李肇忠. 近代西欧民族主义［M］. 人民出版社，2011.

［13］梁实秋. 英国文学史［M］. 北京：新星出版社，2011.

［14］林承节. 印度民族独立运动的兴起［M］. 北京：北京大学出版社，1984.

［15］刘鸿武. 黑非洲文化研究［M］. 上海：华东师范大学出版社，1997.

［16］刘意青，刘炅. 简明英国文学史［M］. 北京：外语教学与研究出版社，2008.

［17］鲁子问，等. 外语政策研究［M］. 北京：北京大学出版社，2012.

［18］牛道生. 英语的全球化及其对世界的影响［M］. 北京：北京

大学出版社，2013.

［19］齐世荣. 英国：从称霸世界到回归欧洲［M］. 西安：三秦出版社，2005

［20］钱乘旦，陈晓律. 在传统与变革之间：英国文化模式溯源［M］. 杭州：浙江人民出版社，1991.

［21］瞿葆奎. 印度、埃及、巴西教育改革［M］. 北京：人民教育出版社，1991.

［22］尚会鹏. 印度文化史［M］. 杭州：浙江大学出版社，2016.

［23］寿纪瑜，译. 盎格鲁-撒克逊编年史［M］. 北京：商务印书馆，2004.

［24］舒小昀. 分化与整合：1688—1783 年英国社会结构分析［M］. 南京：南京大学出版社，2003.

［25］束定芳. 中国外语战略研究［M］. 上海：上海外语教育出版社，2012.

［26］孙正达. 英国［M］. 北京：当代世界出版社，1997.

［27］王虹. 当代英国社会与文化［M］. 上海：上海外语教育出版社，2003.

［28］王鉴. 民族教育学［M］. 兰州：甘肃教育出版社，2002.

［29］王克非，等. 国外外语教育研究［M］. 北京：外语教学与研究出版社，2012.

［30］王磊. 世界大国（地区）文化外交：英国卷［M］. 北京：世界知识出版社，2013.

［31］王守仁，方杰. 英国文学简史［M］. 上海：上海外语教育出版社，2006.

［32］王振华，陈志瑞，李靖堃. 列国志：爱尔兰［M］. 北京：社会科学文献出版社，2007.

［33］肖明翰. 英语文学之父——杰弗里·乔叟［M］. 北京：社会

科学文献出版社，2005.

［34］肖明翰. 英语文学传统之形成：中世纪英语文学研究（上、下册）［M］. 北京：社会科学文献出版社，2009.

［35］徐辉，郑继伟. 英国教育史［M］. 长春：吉林人民出版社. 1993.

［36］易红郡. 英国教育的文化阐释［M］. 上海：华东师范大学出版社，2009.

［37］易红郡. 英国教育思想史［M］. 上海：华东师范大学出版社，2017.

［38］张西平，柳若梅. 世界主要国家语言推广政策概览［M］. 北京：外语教学与研究出版社，2008.

［39］张西平，柳若梅. 世界主要国家语言推广政策概览［M］. 北京：外语教学与研究出版社，2008.

［40］张勇先. 英语发展史［M］. 北京：外语教学与研究出版社，2014.

［41］赵蓉晖. 国家战略视角下的外语与外语政策［M］. 北京：北京大学出版社，2012.

［42］中国大百科全书总编辑委员会. 中国大百科全书：教育［M］. 北京：中国大百科全书出版社，1985.

［43］周巧红. 英语嬗变研究［M］. 长沙：湖南人民出版社，2006.

［44］周玉忠，王辉. 语言规划与语言政策：理论与国别研究［M］. 北京：中国社会科学出版社，2004.

［45］朱孝远. 近代欧洲的兴起［M］. 上海：学林出版社，1997.

（三）中文论文

［1］BURNETTD G. 英国的多元文化教育与公民教育［J］. 刘绪，译. 湖南师范大学教育科学学报，2014，(4).

［2］陈建平. 中外大学机构身份话语建构比较研究［J］. 中国外语，2016，（4）.

［3］陈建平. 中英美大学机构身份的话语建构策略比较［J］. 现代外语，2017，（1）.

［4］陈志伟，吴艳梅. 英国少数族裔教育政策的阶段性特征与核心价值［J］. 民族教育研究，2018，（5）.

［5］程冷杰，江振春. 英国民族国家形成中的语言因素［J］. 外国语文，2011，（3）.

［6］道布. 中国的语言政策和语言规划［J］. 民族研究，1998，（6）.

［7］黄行. 中国语言资源多样性及其创新与保护规划［J］. 语言学研究，2017，（1）.

［8］李宇明. 语言竞争试说［J］. 外语教学与研究，2016，（2）.

［9］刘道义，龚亚夫. 中国学校外语教育的发展［J］. 中小学外语教学，2001，（1）.

［10］吕叔湘. 社会主义建设和语文工作［J］. 语文学习，1955，（9）.

［11］倪胜利. 英国支持少数民族教育发展特殊政策及问题思考［J］. 当代教育与文化，2016，（6）.

［12］沈弘. 《农夫皮尔斯》B 文本汉译本序［J］. 外国文学评论，1998，（1）.

［13］石坚，郎加泽仁. “葛兰西文化主导权理论”之误读［J］. 海南大学学报（人文社会科学版），2019，（3）.

［14］王春雨. 野蛮与文明的融合变奏——英雄史诗《贝奥武甫》的蛮族文化传统与英国文化精神［J］. 东北师范大学学报（哲学社会科学版），2013，（6）.

［15］王辉，王亚蓝. “一带一路”沿线国家语言状况［J］. 语言战

略研究，2016，(2).

［16］王继辉.《贝奥武甫》与魔怪故事传统［J］. 外国文学评论，1996，(1).

［17］王继辉.《贝奥武甫》中的罗瑟迦王与他所代表的王权理念［J］. 外国文学，1996，(1).

［18］王继辉. 再论《贝奥武甫》中的基督教精神［J］. 外国文学，2002，(5).

［19］王晋新. 论近代早期英国社会结构的变迁与重组［J］. 东北师大学报（哲学社会科学版），2002，(5).

［20］王璐，王向旭. 从多元文化主义到国家认同和共同价值观［J］. 比较教育研究，2014，(9).

［21］肖明翰.《贝奥武甫》中基督教和日耳曼两大传统的并存与融合［J］. 外国文学评论，2005，(2).

［22］肖明翰. 乔叟的作者意识与“乔叟性”［J］. 外国文学评论，2015，(3).

［23］肖明翰. 乔叟对英国文学的贡献［J］. 外国文学评论，2001，(4).

［24］肖明翰. 乔叟文学思想初探［J］. 外国文学，2011，(3).

［25］肖明翰. 寓意陷阱与《农夫皮尔斯》的不确定性［J］. 外国文学研究，2008，(3).

［26］肖明翰. 中世纪英语戏剧的早期发展［J］. 四川师范大学学报（社会科学版），2009，(4).

［27］许洁明，秦元旭. 近代英国社会结构变迁中的文化牵引作用［J］. 四川大学学报（哲学社会科学版），2012，(3).

［28］许志强. 近代早期英国民族国家意识的产生与发展［J］. 齐齐哈尔大学学报（哲学社会科学版），2015，(10).

［29］杨红秋. 诺曼人入侵对英语词汇的影响——读乔叟《坎特伯

雷故事集》[J]. 山东外语教学，1986，(1).

[30] 仰海峰. 葛兰西的霸权概念研究 [J]. 山东社会科学，2005，(11).

[31] 易红郡. 英国的种族问题和种族教育 [J]. 教育史研究，2004，(1).

[32] 喻冰峰. 停滞中的变革——“不信奉国教者学园”在英国的兴起与发展 [J]. 现代大学教育，2013，(6).

[33] 张加民. 诺曼征服与中世纪英语 [J]. 河南大学学报（社会科学版），2004，(3).

[34] 张奎武.《圣经》对英国文学的影响初探 [J]. 东北师大学报（社会科学版），1986，(2).

[35] 张伟，郭方. 语言、印刷媒介与近代早期英国民族国家的形成 [J]. 杭州师范大学学报（社会科学版），2009，(5).

[36] 周小舟，沈骑. 全球化背景下语言教育规划的中国问题——著名语言生态学家 Robert Phillipson 教授访谈录 [J]. 语言政策与语言教育，2017，(1).

[37] 周有光. “求同存异”和“创新保旧”——纪念《民族语文》10 周年 [J]. 民族语文，1989，(4).

（四）中文论文集

[1] 赫德森. 1700—1850 年英国的贸易、工业及城市化 [M] //袁利宏，译. 钱乘旦，高岱. 英国史新探：全球视野与文化转向. 北京：北京大学出版社，2011.

[2] 琼斯. 苏格兰讲席教授与上流学院（1720—1746） [M] //洪特，伊格纳季耶夫. 财富与德性. 杭州：浙江大学出版社，2013.

[3] 李赋宁. 英国文学论述文集 [M] //北京：外语教学与研究出版社，1997.

（五）中文报纸

［1］李宇明. “一带一路”需要语言铺路［N］. 人民日报，2015-9-22（7）.

［2］沈骑. “一带一路”倡议下中国语言规划的五大任务［N］. 光明日报，2017-5-7（12）.

（六）中文报告

［1］范俊军，编译. 联合国教科文组织关于保护语言与文化多样性文件汇编［R］. 北京：民族出版社，2006：30.

二、英文文献

（一）英文著作

[1] ADAMS D W. Education for extinction: American Indian and boarding school experience 1875-1928[M]. Kansas: University Press of Kansas, 1995.

[2] ADAMS L D, KIROVA A. Global migration and education: schools, children and families[M]. New York and London: Routledge Taylor & Francis Group, 2006.

[3] AGER D. Language policy in Britain and France: the processes of policy[M]. London and New York: Cassell, 1996.

[4] ALGEO J. The Cambridge history of the English language, Vol. Ⅵ: English in North America[M]. Cambridge: Cambridge University Press, 2001.

[5] ANDERSON B. Imagined communities: reflections on the origin and spread of nationalism[M]. Revised edition. London and New York: Verso, 2006.

[6] ARNOLD M. Culture and anarchy[M]. GARNETT J. Edit.

Oxford:Oxford University Press,2006.

[7] ARNOLD M. Literature and science[M]//ALLOTT M,SUPER R H. The Oxford Authors:Mathew Arnold. Oxford:Oxford University Press, 1986.

[8] ARNOVICK L K. Diachronic pragmatics:seven case studies in English illocutionary development[M]. Amsterdam:Benjamins,1999.

[9] AUSTIN J L. How to do things with words[M]. Oxford:Oxford University Press,1984.

[10] AXTELL J. The invasion within:the contest of cultures in colonial North America[M]. New York and Oxford:Oxford University Press,1985.

[11] BAKER C,GALASINSKY D. Cultural studies and discourse analysis[M]. London:Sage Publications,2001.

[12] BARNARD F M. Herder on nationality,humanity,and history [M]. Montreal & Kingston • London • Ithaca:McGill-Queen's Univerisity Press,2003.

[13] BARBER C. Early modern English[M]. London:Andre Deutsch, 1976.

[14] BAUGH A,CABLE T. A history of the English language[M]. Beijing:Foreign Language Teaching and Research Press,London:Routledge, 2001.

[15] BEDDOE J. The races of Britain:An contribution to the Anthropology of Western Europe[M]. Bristol:J. W. Arrowsmith,1885.

[16] BENTHAM J. An introduction to the principles of morals and legislation[M]. Kitchener:Batoche Books,2000.

[17] BERNSTEIN B. Class,codes and control,Vol. Ⅰ:theoretical studies towards a sociology of language[M]. London and New York:

Routledge,2003.

[18] BERRY J W, SAM D L. Acculturation and adaptation[M]// BERRY J W, SEGALL M H, KAGITCIBASI C. Handbook of cross-cultural psychology, Vol. 3: social behaviour and applications, 2nd ed. Boston: Allyn & Bacon, 1997.

[19] BINDER F M. The age of the common school, 1830-1865[M]. New York: John Wiley & Sons, 1974.

[20] BLACK G. Jewish London: an illustrated history[M]. Derby: Breedon Books, 2003.

[21] BLAIR J. The Anglo-Saxon age[M]. Beijing: Foreign Language Teaching and Research Press, 2013.

[22] BLOCK M. Feudal society: the growth of ties of dependence [M]. London and New York: Routledge, 1993.

[23] BREWER J. Commercialization and politics[M]//MCKENDRICK N, BREWER J, PUMB J H. The birth of a consumer society. London: Europa Publications Limited, 1983.

[24] BRINSLEY J. A consolation for our grammar schools[M]. New York: Scholars' Fascimiles & Reprints, 1943.

[25] BROTTON J. The Renaissance[M]. Beijing: Foreign Language Teaching and Research Press, 2013.

[26] BROWDEN B, SEABROOKE L. Global standards of market civilization[M]. London: Routledge, 2006.

[27] BRUNNER K. An outline of Middle English grammar[M]. Grahame Johnston trans. Oxford: Basil Blackwell, 1970.

[28] BURCHFIELD R. The Cambridge history of the English language, Vol. Ⅴ: British English and overseas: origins and development[M]. Cambridge: Cambridge University Press, 1994.

[29] BURCHFIELD R. The English language[M]. Beijing: OUP & FLTRP, 1992.

[30] BURKE P. William Dell, The universities, and the radical tradition [M]//ELEY G and HUNTS W. Reviving the English Revolution. London: Verso, 1988.

[31] BURNLEY D. A history of the English language: a source book, 2nd ed. [M]. London: Routledge, 2000.

[32] BURROW J A, TURVILLE-PETRE T. A book to Middle English, 2nd ed. [M]. Maiden & Oxford: Blackwell Publishing, 1996.

[33] BURTON J H. Autobiography of Dr. Alexander Carlyle of inveresk 1722-1805 [M]. Edinburgh and London: William Blackwood, 1910.

[34] BYRAM M. From foreign language education to education for intercultural citizenship [M]. Shanghai: Shanghai Foreign Language Education Press, 2014.

[35] CAMPBELL J. The Anglo-Saxons[M]. Oxford: Phaidon Press, 1982.

[36] CARPENTER K, MANSEL P. The FrenchÉmigrés in Europe and the struggle against revolution, 1789-1814[M]. Basingstoke: Macmillan press Ltd., 1999.

[37] CARPENTER K. Refugees of the French Revolution: Émigrés in London, 1789-1802[M]. Basingstoke: Macmillan Press Ltd., 1999.

[38] CHAUCER G. Canterbury tales[M]. Beijing: Foreign Language Teaching and Research Press, Oxford: Oxford University Press, 1995.

[39] CLAKE N. The Cambridge history of the English language, Vol. Ⅱ (1066-1476)[M]. Cambridge: Cambridge University Press, 1992.

[40] CLARK J W. Early English: a study of Old and Middle English

[M]. New York: Norton Library, 1964.

[41] COBARRUBIAS J, FISHMAN J A. Progress in language planning: international perspectives[M]. Berlin, New York and Amsterdam: Mouton Publishers, 1983.

[42] COHEN A. The symbolic construction of community[M]. London: Routledge, 1985.

[43] COHEN S S. A history of colonial education, 1607-1776[M]. New York: John Wiley & Sons, 1974.

[44] COLEMAN M C. American Indian children at school, 1500-1930[M]. Jackson, MS: University of Mississippi Press, 1993.

[45] COLLEY L. Britons: forging the nations, 1707-1837[M]. London: Pimlico, 1994.

[46] COMMAGER H S. The empire of reason: how Europe envisioned and America realized the enlightenment[M]. Garden City, N. Y. : Doubleday, 1977.

[47] CONWAY D. A nation of immigrants? a brief demographic history of Britain[M]. London: Civitas, 2007.

[48] COPPER R L. Language planning and social change[M]. Cambridge: Cambridge University Press, 1989.

[49] CORRIE M. A concise companion to Middle English literature [M]. Maiden & Oxford: Wiley-Blackwell, 2009.

[50] CORSON D. Language policy across the curriculum[M]. Clevedon: Multilingual Matters Ltd. , 1990.

[51] CORSON D. Language policy in schools: a resources for teachers and administrators[M]. Mahwah, London: Lawrence Erlbaum Associate, Inc. Publishers, 1999.

[52] CREMIN L A. American education: the colonial experience,

1607-1783[M]. New York: Harper & Row, 1970.

[53] CROWLEY T. Standard English and the politics of language, 2nd ed. [M]. Basingstoke and New York: Palgrave Macmillan, 2003.

[54] CROWLEY T. The politics of language in Ireland 1366-1922 [M]. London and New York: Routledge, 2000.

[55] Cubberley E P. Readings in public education in the United States[M]. New York: Houghton Mifflin, 1934.

[56] CUNNINGHAM W. Alien immigrants to England, 2nd ed. [M]. WILSON C. Edit. London: Frank Cass, 1969.

[57] DAVIS P. The Victorians [M]. Beijing: Foreign Language Teaching and Research Press. Oxford: Oxford University Press, 2007.

[58] DEFOE D. An essay upon projects[M]//BREDVOLD L, ROOT R K, SHERBURN G. Eighteenth century prose. New York: Nelson, 1932.

[59] DEURZEN E van. Paradox and passion: an existential approach to therapy and counselling[M]. Chichester: Wiley, 1996.

[60] DILKE C W. Greater Britain [M]. New York: Cambridge University Press, 2009.

[61] DISCENZA N G. The King's English[M]. New York: State University of New York Press, 2005.

[62] DISRAELI B. Sybil[M]. London: Folio Society, 1844.

[63] DOWNIE J A. The development of political press [M] // JONES C. Britain in the first age of party, 1680-1750: essays presented to Geoffrey Holmes. London and Ronceverte: The Hambledon Press, 1987.

[64] EDWARDS J. Multilingualism[M]. London and New York: Routledge, 2003.

[65] EINSTEIN L. Tudor ideals[M]. New York: Harcourt, Brace and Company, 1921.

[66] ELKINS S M. Slavery: a problem in American institutional and intellectual life, 3rd ed. [M]. Chicago and London: The University of Chicago Press, 1976.

[67] ENDELMAN T M. The Jews of Britain, 1656-2000[M]. Berkely, Los Angles, London: University of California Press, 2002.

[68] ENGELS F. On certain peculiarities of the economic and political development of England[M]//Marx and Engels on Britain. Moscow: Foreign Languages Publishing House, 1962.

[69] EMERSON R W. The complete Essays and other Writings of Yalph Waldo Emerson[M]. ATKINSON B. Edit. New York: Random House, Inc. 1950.

[70] FARMER A. Britain and the American colonies, 1740-1789[M]. London: Hodder Education, 2008.

[71] FAVEL A. Philosophies of integration: immigration and the idea of citizenship in France and Britain, 2nd ed. [M]. Basingstoke and New York: Palgrave, 2001.

[72] FENNEL B A. A history of English: a sociolinguistic approach [M]. Beijing: Peking University Press, 2005.

[73] FIDLER D P, WELSH J M. Empire and community: Edmund Burke's writings and speeches on international relations[M]. Colorado and Oxford: Westview Press, 1999.

[74] FISCHER D H. Albion's seed: four British folkways in America [M]. New York & Oxford: Oxford University Press, 1989.

[75] FISHMAN J A. The relationship between Micro-and Macro-sociolinguistics in the study of who speaks what to whom and when[M]// PRIDE J, HOLMES J. Sociolinguistics. London: Penguin Books, 1972.

[76] FOUCAULT M. The archeology of knowledge[M]. A. M.

Sheridan Smith, trans. London: Routledge, 2002.

[77] FRASCA R. Benjamin's printing network: disseminating virtue in early America[M]. Columbia: University of Missouri Press, 2006.

[78] FREEBORN D. From Old English to Middle English[M]. Shanghai: Shanghai Foreign Language Education Press, 2009.

[79] GADAMER H. Truth and method, 2nd ed. [M]. London and New York: Continuum Books, 2004.

[80] GAMLING D. The invention of monolingualism[M]. New York, London, Oxford, New Delhi, Sydney: Bloomsbury, 2015.

[81] GARBAYE R, SCHNAPPER P. The polities of ethnic diversity in the British Isles[M]. Basingstoke and New York: Palgrave Macmillan, 2014.

[82] GARFORD F W. Educative democracy: John Stuart Mill on education in society[M]. Oxford: Oxford University Press, 1980.

[83] GELLNER E. Plough, Sword and book: the structure of human history[M]. Chicago: The University of Chicago Press, 1989.

[84] GILLBORN D. 'Race', ethnicity and education: teaching and learning in multi-ethnic schools[M]. Taylor & Francis e-Library, 2005.

[85] GILLINGHAM J, GRIGGITHS R A. Medieval Britain[M]. Beijing: Foreign Language Teaching and Research Press, 2013.

[86] GLASER E. Judaism without Jews: Philosemitism and chritian polemic in Early Modern England[M]. Basingstoke and New York: Palgrave Macmillan, 2007.

[87] GOLLIN A M. Proconsul in politics: a study of Lord Milner in opposition and in power[M]. London: Anthony Blond, 1964.

[88] GöRLACH M. The linguistic history of English[M]. Basingstoke: Macmillan, 1997.

[89] GRAMSCI A. Selections from the prison notebooks[M]. HOARE Q,SMITH G N. Edit. London:Lawrence & Wishart,New York:International Publishers,1971.

[90] GREEN A. Education and state formation:Europe,East Asia and the USA,2nd ed. [M]. Basingstoke and New York:Palgrave Macmillan, 2013.

[91] GREEN A. Education and state formation:the rise of education systems in England,France and the USA[M]. New York and London: Palgrave Macmillan,1990.

[92] GREEN I. Humanism and Protestantism in Early Modern English education[M]. Farnham:Ashgate Publishing,2009.

[93] GREENFELD L. Nationalism:five roads to modernity[M]. Cambridge:Harvard University Press,1992.

[94] GREGORY P,KING ALFRID. King Alfred's west Saxon Version Gregory's pastoral care[M]. SWEET H. Edit. Oxford:N. Trubner & Co. , 1871.

[95] GRILLO R D. Dominant languages:language and hierarchy in Britain and France[M]. Cambridge:Cambridge University Press,1989.

[96] GROSBY S. Nationalism:a very short introduction[M]. Oxford and New York:Oxford University Press,2005.

[97] GUTEK G L. Education in the United States: A historical perspective[M]. Upper Saddle River,N. J. :Prentice Hall,1986.

[98] HABERMAS J. Citizenship and national identity [M] // STEENBERGEN B van. The condition of citizenship. London,Thousand Oaks and Ne Helhi:Sage Publications,1994.

[99] HARRIS M. The structure,ownership and control of the press, 1620-1780[M]//BOYCE G, CURRAN J, WINGATE P. Newspaper

history from the seventeenth to the present day. London:Constable,1978.

[100] HASKELL A. A Middle English anthology[M]. Detroit: Wayne State University Press,1985.

[101] HASTINGS A. The construction of nationhood-ethnicity, religion and nationalism[M]. Cambridge: Cambridge University Press, 1997.

[102] HAUGEN E. The implementation of corpus planning: theory and practice[M]//COBARRUBIAS J, FISHMAN J A. Progress in language planning: international perspectives. Berlin: Mouton de Gruyter, 1983.

[103] HEATH A F, FISHER S D, RASENBLATT G, SANDERS D, SOBOLEWSKA M. The political integration of ethnic minorities in Britain[M]. Oxford: Oxford University Press, 2013:28.

[104] HELEN M J. Education in Early Modern England[M]. London: Macmilan Press Ltd., 1998.

[105] HECKSCHER E F. Mercantilism[M]. London: Routledge, 1935.

[106] HERDER J G. Against pure reason: writings on religion, language, and history[M]. BUNGE M. trans. & eds. Minneapolis: Fortress Press. 1993.

[107] HILL C. Puritanism and revolution: studies in interpretation of the English Revolution of the 17th century[M]. London: Sector & Warburg, 1958.

[108] HILL C. The world turned upside down[M]. London: Penguin. 1972.

[109] HOBSBARM E. Nations and nationalism since 1780: program, myths, reality, 2nd ed. [M]. Cambridge: Cambridge University Press,

1990:108.

[110] HOBSBARM E. The age of Revolution,1789-1848[M]. New York:Vintage Books,1996:30.

[111] HOBSON J A. Imperialism:a study[M]. New York:Cosimo Classics,2005:361.

[112] HOGAN-BRUN G,MAR-MOLINERO C,STEVENSON P. Discourses on language and integration[M]. Amsterdam/Philadelphia: John Benjamins Publishing Company,2009:19.

[113] HOGG R M. The Cambridge history of the English language, Vol. Ⅰ, the beginning to 1066[M]. Cambridge: Cambridge University Press,1992.

[114] HOLDSWORTH W S. A history of English law,Vol. 2[M]. London:Methuen,1922.

[115] HOPKINS A G. Globalization in world history[M]. New York:Norton,2003.

[116] HOROBIN S,SMITH J. An introduction to Middle English [M]. Edinburgh:Edinburgh University Press,2002.

[117] HOUSTON R A. Scottish literacy and the Scottish identity: illiteracy and society in Scotland and Northern England,1600-1800[M]. Cambridge:Cambridge University Press,1985.

[118] HOWATT A P R. A history of English language teaching [M]. Shanghai:Shanghai Foreign Language Education Press,1999.

[119] HUGHES G. A history of English words[M]. Oxford:Blackwell, 2000.

[120] HUGHES M. Nationalism and society:Germany 1800-1945 [M]. London:Hodder Arnold,1988.

[121] HURT J. Education in evolution: church, state, society and

popular education，1800-1870[M]. London：Hart-Davis，1971.

[122] JAFFE A. Critical perspectives on language policy：the corsican example[M]//MCCARTY T L. Ethnography and language policy. New York：Routledge，2011.

[123] JEFFERSON J A，PUTTER A. Multilingualism in medieval Britain（c. 1066-1520）：sources and analysis[M]. Turnhout：Brepols Publishers，2013.

[124] JEWELL H M. Education in Early Modern England[M]. London：Macmillan Press Ltd. ，1998.

[125] JOHNSON D C. Language policy[M]. Basingstoke and New York：Palgrave Macmillan，2013.

[126] JONES J G. Early modern Wales，c. 1525-1640[M]. Houndmills & London：Macmillan Press Ltd. ，1994.

[127] JONES P F. The Jews of Britain：a thousand years of history [M]. Adlestrop，Gloucestershire：Windrush Press，1990.

[128] KAHAN A S. Aristocratic liberalism：the social and political thought of Jacob Burckhardt，John Stuart Mill and Alexis de Tocqueville [M]. New York and Oxford：Oxford University Press，1992.

[129] KAPLAN R B，BALDAUF Jr. R B. Language panning：from practice to theory[M]. Clevedon and Bristol：Multilingual Matters Ltd. ，1997.

[130] KIDD C. British identities before nationalism：ethnicity and nationhood in the atlantic world，1600-1800[M]. Cambridge：Cambridge University Press，2004.

[131] KLOSS H. The American bilingual tradition[M]. Washington，D. C. ：Center for Applied Linguistics，1998.

[132] KNIGHT E W. Education in the United States[M]. Boston：

Ginn and Company, 1929.

[133] KRAMSCH C. Language and culture[M]. Shanghai: Shanghai Foreign Language Education Press, 2000.

[134] KRAUSHAAR O F. Private schools: from Puritans to the present[M]. Bloomington, IN: The Phi Delta Kappa Educational Foundation, 1976.

[135] LABOV W, FANSHEL D. Therapeutic discourse: psychotherapy as conversation[M]. New York: Academic Press, 1977.

[136] LANDES D. The unbound Prometheus: technological change and industrial development in Western Europe from 1750 to the present [M]. Cambridge: Cambridge University Press, 1969.

[137] LASS R. The Cambridge history of the English language, Vol. Ⅲ (1476-1776) [M]. Cambridge: Cambridge University Press, 1999.

[138] LEACH A F. The schools of Medieval England[M]. New York: Barnes and Noble, and London: Methuen & Co., Ltd., 1969.

[139] LOCKE J. Some thoughts concerning education[M]. R. H. Quick, M. A. Edit. London: Cambridge University Press, 1913.

[140] LOCKE J. The educational writings of John Locke[M]. AXTELL J L. Edit. Cambridge: Cambridge University Press, 1968.

[141] LOEWENSTEIN D. Cambridge history of Early Modern English literature[M]. Cambridge: Cambridge University Press, 2004.

[142] LUU L B. Immigrants and the industries of London, 1500-1700[M]. London and New York: Routledge, 2016.

[143] MACAULAY T B. Critical and historical essays, Vol. Ⅱ [M]. Boston and Houghton: Mifflin and Company, 1900.

[144] MACRIDIS R C. Contemporary political ideologies[M]. New York: Little, Brown and Company, 1986.

[145] MADSEN D L. Early national education, 1776-1830[M]. New York: John Wiley & Sons, 1974.

[146] MAINE H. Popular government[M]. Indianapolis: Liberty Classics, 1990.

[147] MALHULL M G. Dictionary of statistics[M]. London: Routledge and Sons, 1884.

[148] MANDELA N. Long walk to freedom: an autobiography of Nelson Mandela[M]. Boston, New York and London: Little, Brown and Company, 1994.

[149] MANSOUR G. Multilingualism and nation building multilingual matters[M]. Clevedon, Philadelphia, Adelaide: Multilingual Matters Ltd., 1993.

[150] MARSH G P. Lectures on English language, 4th ed. [M]. New York and London: Sampson Low, Son and Company, 1862.

[151] MARSHALL T H. Citizenship and social class and other essays[M]. Cambridge: Cambridge University Press, 1950.

[152] MARX K, ENGELS F. The German ideology[M]. ARTHUR E J. Edit. London: Lawrence & Wishart, 1970.

[153] MCCARTY T L. Schools as strategic tools for indigenous language revitalization: lessons from native America[M]//HORNBERGER N H. Can schools save Indigenous languages? policy and practice on four continents. Basingstoke and New York: Palgrave Macmillan, 2009.

[154] MCLACHLAN H. English education under the test acts: being the history of the nonconformist academies 1662-1820[M]. Manchester: Manchester University Press, 1931.

[155] MEREDITH M. Mandela: a biography[M]. New York: Public Affairs, 2010.

[156] MERIWETHER C. Our colonial curriculum[M]. Washington, D. C. :Capital,1978.

[157] MERTON R K. Science, technology, and society in 17th century England[M]. New Jersey: Humanities Press,1970.

[158] MILES D. The tribes of Britain[M]. London: Weidenfeld and Nicolson,2005.

[159] MILL J S. Inaugural address delivered to the University of St. Andrews[M]//ROBSON J M. Essays on equality, law and education. Toronto: University of Toronto Press,1984.

[160] MILL J S. Considerations on representative government[M]. London: The Electric Book Company Ltd. ,2001.

[161] MILL J S. On liberty[M]//GRAY J,SMITH G W. John Mill on liberty in focus. London & New York: Routledge,2003.

[162] MILLER D. On nationality[M]. Oxford: Clarendon Press, 1995.

[163] MILROY J, MILROY L. The ideology of the standard language [M]//LLAMAS C, MULLANY L, STOCKWELL P. The Routledge companion to Sociolinguistics. London: Routledge,2007.

[164] MILROY J. The legitimate language: giving a history to English [M]//WATTS R J, TRUDGILL P. Prolongue to alternative histories of English. London: Routledge,2002.

[165] MITCH D. The role of Human capital in the First Industrial Revolution[M]//JOE M. The British Industrial Revolution: an economic perspective. Boulder: Westview,1998.

[166] MITCHELL B, ROBINSON F C. A guide to old English[M]. Maiden & Oxford: Wiley-Blackwell,2011.

[167] MITCHELL J M. International cultural relations[M]. London:

Allen & Unwin,1986.

[168] MORALES L,GIUGNI M. Social capital,political and migration in Europe:making multicultural democracy work[M]. Basingstoke and New York:Palgrave Macmillan,2011.

[169] MYHILL J. Language,religion,and national identity in Europe and the Middle East:a historical study[M]. Amsterdam & Philadelphia:John Benjamins Publishing Company,2006.

[170] NEVALAINEN T. An introduction to Early Modern English [M]. Edinburgh:Edinburgh University Press,2006.

[171] NEWMAN J H. Historical sketches, v. 3 [M]. London:Longmans,Green and Co. ,1909.

[172] NEWMAN J H. The idea of a university:defined and illustrated [M]. Notre Dame:University of Notre Dame Press,1982.

[173] O'DAY R. Education and society 1500-1800[M]. London and New York:Longman,1982.

[174] O'REILY C C. The irish language in Northern Ireland:the politics of culture and identity[M]. Basingtoke and New York:Macmillan Press Ltd. ,1999.

[175] OKUMA-NYSTRöM M K. Globalization, identities, and diversified school education[M]//ZAJDA J,DAUN H,SAHA L J. Nation-Building,identity and citizenship education:cross-cultural perspectives. London:Springer,2009.

[176] ORME N. Education and society in Medieval and Renaissance England[M]. London and Ronceverte:Hambledom Press,1989.

[177] OSTADE I T van. An introduction to Late Modern English [M]. Edinburgh:Edinburgh University Press,2009.

[178] OSTADE I T van. The Bishop's grammar:Robert Lowth and

the rise of prescriptivism[M]. Oxford:Oxford University Press,2010.

[179] PAGE J W. Imperfect sympathies:Jews and Judaism in British romantic literature and culture[M]. New York:Palgrave MacMillan,2004.

[180] PAREKH B. Rethinking multiculturalism: cultural diversity and political theory [M]. Basingstoke and London: Macmillan Press Ltd. ,2000.

[181] PAUL H W. Mathew Arnold[M]. London: Macmillan and Co. ,Limited,1925.

[182] PAXMAN J. The English:a portrait of a people[M]. London and New York:Penguin Books,1999.

[183] PERKIN H. The origins of modern English society,2nd ed. [M]. London and New York:Routledge,2002.

[184] PHILLIPSON R. Linguistic imperialism[M]. Oxford:Oxford University Press,1992.

[185] PIETERSE J N. Globalization as hybridization [M] // FEATHERSTONE M,LASH S,ROBERTSON R. Global modernities. London:Sage,1995.

[186] PITTS J. A turn to empire:the rise of imperial liberalism in Britain and France [M]. Princeton and Oxford: Princeton University Press,2005.

[187] PRUCHA F P. Documents of United States Indian policy,3rd ed. [M]. Lincoln and London:University of Nebraska Press,2000.

[188] RAMOS A. Shifting capital:mercantilism and the economics of the act of Union of 1707[M]. Cham:Palgrave Macmilllan,2018.

[189] RAMPTON B. Language in late modernity:interaction in an urban school[M]. Cambridge:Cambridge University Press,2006.

[190] REAGAN T. Non-Western educational traditions: local approaches

to thought and practice, 4th ed. [M]. New York and London: Routledge Taylor and Francis Group, 2018.

[191] REBOUL J. French migration to Great Britain in response to French Revolution: war, culture and society, 1750-1850[M]. London and New York: Palgrave Macmillan, 2017.

[192] RICENTO T. An introduction to language policy: theory and method[M]. Maiden, Oxford and Carlton: Blackwell Publishing Ltd., 2006.

[193] RICENTO T. Language policy and political economy: English in a global context[M]. Oxford and New York: Oxford University Press, 2015.

[194] ROBERTSON R. Globalization: social theory and global culture[M]. London: Sage, 1992.

[195] ROMAINE S. The Cambridge history of the English language, Vol. Ⅳ(1776-1997)[M]. Cambridge: Cambridge University Press, 1998.

[196] ROTH C. A history of the Jews in England[M]. London: Oxford University Press, 1942.

[197] ROWSE A L. The expansion of Elizabethan England, 2nd ed. [M]. Basingstroke & New York: Palgrave MacMillan, 2003.

[198] SACKS J. The persistence of faith[M]. London: Weidenfeld and Nicolson, 1991.

[199] SAPIR E. Language: an introduction to study of speech[M]. New York: Harhcount, Brance & Company, 1921.

[200] SAUSSURE F de. Course in general linguistics, 1st ed. [M] BASKIN W. trans. New York, London: McGraw-Hill, 1966.

[201] SCHIFFMAN H. Linguistic culture and language policy[M]. London and New York: Routledge, 2002.

[202] SEELEY J R. The expansion of England: two courses of lectures[M]. London: Macmillan and Co. ,Ltd. ,1883.

[203] SETON-WASTON G H N. Nations and states: an enquiry into the origins of nations and the politics of nationalism[M]. London: Methuen Publishing,1977.

[204] SHOHAMY E. Language policy: hidden agendas and new approaches[M]. London and New York: Routledge. 2006.

[205] SIMON J. Education and society in Tudor England[M]. Cambridge: Cambridge University Press,1966.

[206] SIMPSON A. Language and national identity in Asia: a thematic introduction[M]//SIMPSON A. Language and national identity in Asia. Oxford: Oxford University Press,2007.

[207] SKINNER Q. Liberty before liberalism[M]. Cambridge: Cambridge University Press,1998.

[208] SKINNER Q. Reason and rhetoric in the philosophy of Hobbes [M]. Cambridge: Cambridge University Press,1996.

[209] SMITH A D. National identity[M]. Harmondsworth: Penguin, 1991.

[210] SMITH A. An inquiry into the nature and causes of the wealth of nations[M]. CANNAN E. Edit. London: The Electric Company Ltd. , 1998.

[211] SMITH J W A. The birth of modern education: the contribution of the dissenting academies 1660-1880[M]. London: Independent Press Ltd. ,1954.

[212] SMITH L M. The making of Britain: the Middle Ages[M]. London: Macmillan Publishers Ltd. ,1985.

[213] SMOUT T C. A history of the Scottish people 1560-1830[M].

London:Fontana Press,1987.

[214] SORENSEN J. The grammar of empire in Eighteenth-Century British writing[M]. Cambridge:Cambridge University Press,2000.

[215] SPENCER P,WOLLMAN H. Nationalism:a critical introduction [M]. London,Thousand Oaks and New Delhi:Sage Publications,2002.

[216] SPOLSKY B. Language policy[M]. Cambridge: Cambridge University Press,2004.

[217] SPURGEON C F E. Five hundred years of Chaucer criticism and allusion,1357-1900,Vol. 2[M]. New York:Russell,1960.

[218] STEPHEN J. Literature,language and change:from Chaucer to the present[M]. London:Routledge,1990.

[219] STEPHENS W B. Education in Britain, 1750-1914 [M]. Basingstoke and New York:Palgrave Macmillan,1998.

[220] STERN H H. Fundamental concepts of language teaching [M]. Oxford:Oxford University Press,1983.

[221] STEVENSON N. Cultural citizenship:cosmopolitan question [M]. Maidenhead:Open University Press,2003.

[222] STRONG A. A short history of English literature[M]. New York:Oxford University Press,1921.

[223] STROUD C,PRINSLOO M. Language,literacy and diversity: moving words[M]. New York and London:Routledge,2015.

[224] SWAIN A. Education as social action: knowledge, identity and power[M]. Basingstoke and New York:Palgrave Macmillan,2005.

[225] SWIFT J. Proposal for correcting,improving and ascertaining the English tongue[M]. Menston:The Scolar Press Limited,1969.

[226] SZASZ M C. Indian education in American colonies, 1607-1783[M]. Albuquerque:University of the New Mexico Press,1988.

[227] TAMIR Y. Liberal nationalism [M]. Princeton: Princeton University Press, 1993.

[228] TAULI V. The theory of language planning[M]//FISHMAN J A. Advances of language planning. The Hague: Mouton, 1974.

[229] THOMPSON E P. The peculiarities of the English[M]//The poverty of theory and other essays, 4th ed. [M]. London: Merlin Press Ltd., 1981.

[230] TODD J. A dictionary of British and American women writers 1660-1800[M]. London: Rowmen & Allanheld, 1987.

[231] TOLLEFSON J W. Language policies in education: critical issues[M]. Malwah, N. J. and London: Lawrence Erlbaum Associates, 2002.

[232] TOLLEFSON J W. Planning language, planning inequality [M]. London: Longman, 1991.

[233] TOMBS R. The English and their history[M]. New York: Vintage Books, 2016.

[234] TOMLINSON S. Race and education: policy and politics in Britain[M]. London: Open University Press, 2008.

[235] TRENCH R C. On the study of words[M]. London: John W. Parker and Son, 1851.

[236] TREVELYAN B M. Illustrated history of England, 3rd ed. [M]. London, New York and Toronto: Longman, 1956.

[237] TREVELYAN C E. On the education of the people of India [M]. London: Longman, 1838.

[238] UNGERER F. English media texts past and present: language and textual structure[M]. Amsterdam and Philadelphia: John Benjamins Publishing Company, 2000.

[239] VALMAN N. The Jewess in nineteenth-century British literary

culture[M]. Cambridge:Cambridge University Press,2007.

[240] VERNON J. Distant strangers: how Britain became modern [M]. Berkeley,Los Angeles and London:University of California Press, 2014.

[241] VIOLET T. A petition against the Jews,presented to the King's Majestie and the parliament[M]. London:N. P,1661.

[242] WAKELIN M F. Discovering English dialects[M]. Oxford: Shire Publications,1978.

[243] WALL M. The Anglo-Saxon Age: the birth of England[M]. Stroud,GL:Amberley Publishing,2016.

[244] WALVIN J. Passage to Britain: immigration in British history and politics[M]. Harmondsworth:Penguin Books,1984.

[245] WALVIN J. Slavery and British society, 1776-1846 [M]. London and Basingstoke:The Macmillan Press Ltd. ,1982.

[246] WATTS R J. Language myths and the history of English[M]. Shanghai:Shanghai Foreign Language Education Press,2018.

[247] WHITEHEAD A N. The aims of education and other essays [M]. New York:Macmillan,1929.

[248] WILLIAMS J L,HUGHES G. R. The history of education in Wales[M]. Llandysul:Christopher Davies,1978.

[249] WILLIAMS R. Culture and society,1780-1950[M]. New York: Doubleday & Company,1960.

[250] WILLIAMS R. Keywords: a vocabulary of culture and society, revised ed. [M]. New York:Oxford University Press,1985.

[251] WILSON K. The sense of the people: politics, culture and imperialism in England[M]. New York:Cambridge University Press,1995.

[252] WINDER R. Bloody foreigners: the story of immigration to

Britain[M]. London:Little,Brown Book Group,2004.

[253] WOOD S. Immigrants and exiles: Scotland 1830s to 1930s [M]. Glasgow:Hodder Gibson,2001.

[254] WOODWARD W H. Vittorino de Feltre and other humanist educators[M]. Cambridge:Cambridge University Press,1921.

[255] WORDSWORTH W. Lines written a few miles above Tintern Abbey[M]//In GILL S. 21st Century Oxford authors:William Wordsworth. Oxford:Oxford University Press,2010.

[256] YADAV A. Before the empire of English:literature,provinciality, and nationalism in eighteenth-century Britain[M]. New York and Basingtoke: Palgrave Macmillan,2004.

[257] ZUBRZYCKI J. Polish immigrants in Britain: a study of adjustment[M]. The Hague:Springer-Science+Business Media,1956.

[258] 刘炳善. A short history of English literature[M]. Shanghai: Shanghai Foreign Language Education Press,1991.

(二)英文论文

[1] ANDERSON P. Components of the national culture[J]. New Left View,1968(50).

[2] ANDERSON P. The origins of the present crisis[J]. New Left Review,1964(23).

[3] BURROW J A. Versions of "Manliness" in the poetry of Chaucer, Langland,and Hoccleve[J]. Chaucer Review,2013(3).

[4] CRESSY D. Educational opportunity in Tudor and Stuart England [J]. History of Education(Quarterly),1976,16(3).

[5] CRICK Sir B. Citizenship, diversity and national identity[J]. London Review of Education,2008,6(1).

[6] DODD G. Trilingualism in the Medieval English bureaucracy:

the use-and disuse-of languages in the Fifteenth-Century Privy Seal Office [J]. Journal of British Studies, 2012(2).

[7] FOOT S. The making of Angelcynn: English identity before the Norman Conquest[J]. Transactions of the Royal Historical Society, 1996 (6).

[8] FRANKLIN B. Proposals relating to the education of youth in Pennsylvania[J]. The Journal of General Education, 1976.

[9] GRANT C. Observations on the state of society among the Asiatic subjects of Great Britain[J]. Report from the Select Committee of the House of Commons on the Affairs of the East India Company, 1832.

[10] HARRIS Z. Discourse analysis[J]. Language, 1952, 28, (1).

[11] HAUGEN E. Planning for a standard language in Norway[J]. Anthropological Linguistics, 1959, 1(3).

[12] LAWRENCE S. The education revolution in England, 1560-1640 [J], Past & Present, 1964, 28(1).

[13] MACHAN T W. Language contact in Piers Plowman[J]. Speculum, 1994(2).

[14] MALLIKARJUN B. Language(s) in the school curriculum: challenges of the new millennium[J/OL]. Language in India. 2001, 1 (4). [2019-6-16]. http://www.languageinindia.com/junjulaug2001/school.html.

[15] MANTON K. The 1902 Education Act[J]. History Today, 2002(12).

[16] MCVEIGN R, ROLSTON B. Civilising the Irish[J]. Race & Class, 2009, 51(1).

[17] MILLER D. Citizenship and pluralism[J]. Political Studies, 1995(XLIII).

[18] MITCHELL T F. The language of buying and selling in Cyrenaica [J]. Hespéris, 1957(44).

[19] MODOOD T. Establishment, multiculturalism and British citizenship[J]. Political Quarterly, 1994(1).

[20] NAKHAIE R. Muslin, socio-cultural integration, and pride in Canadian democracy[J]. Canadian Ethnic Studies, 2018, 50(3).

[21] ORME N. Education in Medieval Wales[J]. The Welsh History Review, 2015(4).

[22] PAKULSKI J. Cultural citizenship[J]. Citizenship Studies, 1997, 1(1).

[23] PHILLIPS J K. Foreign language education: whose definition? [J]. Modern Language Journal, 2007(2).

[24] RAFTERY D, MCDERMID J, JONES G E. Social change and education In Ireland, Scotland and Wales: historiography on nineteenth-century schooling[J]. History of Education, 2007(36).

[25] RAUERA C. The sources of the Old English Martyrology[J]. Anglo-Saxon England, 2002(32).

[26] REYHNER J. American Indian language policy and school success[J]. The Journal of Language Minority Students, Vol. 12, Special Issue Ⅲ, Summer, 1993 [2019-6-30]. http://jan. ucc. nau. edu/-jar/BOISE. html

[27] ROBINSON F C. Syntactical glosses in Latin manuscripts of Anglo-Saxon provenance[J]. Speculum, 1973, 48(3).

[28] ROSALDO R. Cultural citizenship and educational democracy [J]. Cultural Anthropology, 1994, 9(3).

[29] RUIZ R. Orientations of language planning[J]. NABE Journal, 1984, 8(2).

[30] SPLITTER L J. Asking some hard questions about citizenship, morality and identity[J]. Public Organization Review, 2012(6).

[31] SPOLSKY B. Reassessing Maori regeneration[J]. Language in Society, 2003(4).

[32] STONE L. Literacy and education in England, 1640-1900[J]. Past and Present, 1969(42).

[33] SUÁREZ S D. The English spelling reform in the light of the works of Richard and Mulcaster and John Hart[J]. Sederi, 1996(7).

[34] TATE W E. Educational records: Ⅱ some sources for the history of English grammar schools[J]. British Journal of Educational Studies, 1953. 1(2).

[35] THACKRAY A. National knowledge in cultural context: the Manchester Model[J]. American Historical Review, 1974(79).

[36] VAN DE VIJVER F J R, PHALET K. Assessment in multicultural groups: the role of acculturation[J]. Applied Psychology: An International Review, 2004(53).

(三)英文论文集

[1] BUGARSKY R. Language situation and general Policy[M]// BUGARSKY R, HAWKESWORTH C. Language planning in Yugoslavia. Columbus: Slavica Publishers, 1992.

[2] BUTTERFIELD A. National histories[M]//CUMMINGS B, SIMPSON J. Cultural reformations: Medieval and Renaissance in literary history. Oxford: Oxford University Press, 2010.

[3] CANAGARAJAH S, ASHRAF H. Multilingualism and education in South Asia: resolving policy/practice dilemmas[M]//POLIO C. Topics in Multilingualism. Beijing: The Commercial Press, 2016.

[4] CENOZ J. Defining multilingualism[M]//POLIO C. Topics in

Multilingualism. Beijing: The Commercial Press, 2016.

[5]DHERAM P. English language teaching in India: colonial past VIS-A-VIS curricular reform[M]. //BRAINE G. Edit. Teaching English to the world: history, curriculum, and practice. Mahwah, New Jersey, London: Lawrence Erlbaum Associates, Publisher, 2005.

[6] HALL S. Representation: cultural representation and signifying practice[C]. London and Thousand Oaks: Sage, 1997.

[7] HYMES D. Language in culture and society: A reader in linguistics and anthropology[C]. New York: Harper & Row Publishers, 1964.

[8] MACAULAY T B. Minute on Indian education[C]//SHARP H. Selections from educational records. Delhi: National Archives of India, 1965.

[9] PATTANAYAK D P. Change, language and the developing world [C]//COLEMAN H, CAMERON L. Change and Language. Clevedon, Philadelphia and Adelaide: Multilingual Matters, 1996.

[10] SHAMIM F. English as the language for development in Pakistan: issues, challenges, and possible solutions[C]//COLEMAN H. Dreams and realities: Developing Countries and the English language. London: British Council, 2011.

[11] SHARP H. Selections from educational records: Part 1, 1781-1839[C]. Calcutta: Superintendent of Government Printing, 1920.

[12] SHRANK C. The formation of nationhood[C]//KINNEY A. F. The Oxford handbook of Shakespeare. Oxford: Oxford University Press, 2011.

[13] WRIGHT L. Mixed-language accounts as sources for linguistic analysis[C]//JEFFERSON J A, PUTTER A. Multilingualism in Medieval Britain: c. 1066-1520. Turnhout: Brepols Publishers, 2013.

（四）英文报告

[1] Despatch to Bengal[R]//SHARP H. Selections from educational records: part 1, 1781-1839. Calcutta: Superintendent of Government Printing, 1920.

[2] FROW M. Roots of the future: ethnic diversity in the making of Britain[R]. London: Commission for Racial Equality, 1997.

[3] GLOVER S, GOTT C, LOIZILLAN A, et al. Migration: an economic and social analysis. RDS Occasional Paper, No. 6[R]. London: Home Office, 2001.

[4] MACAULAY T B. Minute[R]. [2019-2-28]. http://www.columbia.edu/itc/mealac/pritchett/00generallinks/macaulay/txt_minute_education_1835.html.

[5] Minutes of Evidence[R]//Report of the Royal Commission on the Alien Immigration, Vol. Ⅱ, 1903.

（五）英文电子文献

[1] British Council. About us[EB/OL]. [2019-06-22]. https://www.britishcouncil.org/about-us.

[2] DEFOE D. The True-Born Englishman: A Satyr[M/OL]. 1701. [2019-4-29]. https://babel.hathitrust.org/cgi/pt?id=coo.31924013179399&view=1up&seq=12.

（六）其他英文文献

[1] Ministry of Education, London. English for Immigrants[Z]. 1963. [2019-3-26]. https://eric.ed.gov/?id=ed060679.

[2] WEBER M. The Nation[Z]//From Max Weber: Essays in sociology. GERTH H. H. and MILLS C. W. Trans. London: Routledge & Kegan Paul, 1948.